Jutta Blume

Revolutionsfußball

Coverillustration: Tanja Buttenborg

Jutta Blume

REVOLUTIONSFUßBALL

Stuttgart 2004

Edition Noëma

Bibliografische Information Der Deutschen Bibliothek

Die Deutsche Bibliothek verzeichnet diese Publikation in der Deutschen Nationalbibliografie; detaillierte bibliografische Daten sind im Internet über <http://dnb.ddb.de> abrufbar.

∞

Gedruckt auf alterungsbeständigem, säurefreien Papier
Printed on acid-free paper

ISBN: 3-89821-399-4

Printed in Germany

ERSTER TEIL

Eins

Der Busfahrer schaltete kurzerhand in den Rückwärtsgang. Sie war ohnehin der einzige Fahrgast. Sie hatte die Haltestelle verpasst, weil sie weit und breit kein Gebäude außer diesen paar Baracken gesehen hatte. Die Außenstelle der Universität hätte sie dort nicht vermutet. Sie hatte sich schon vorher gefragt, ob sie nicht schon am Ende der Welt angekommen war. Wieso sollte die Universität hier Außenstellen haben? Verwies nicht das Wort Universität auf etwas Zentrales, auf das Zentrum des Wissens? Wieso sollte sich das Zentrum des Wissens in dieser Einöde verstecken? Der Busfahrer fuhr mit einer Wahnsinnsgeschwindigkeit, so als würde er gar nicht erst erwarten, dass Leute ein- und aussteigen wollten. Nachdem er die Haltestelle rückwärts angefahren hatte, bedankte sie sich höflich und purzelte halb auf die Straße. Er war schon wieder angefahren, noch bevor sich die Türen ganz geschlossen hatte.

Sie strich ihr Jackett glatt, fuhr sich mit den Händen durch ihre mittellangen Locken, die sie mal wieder seit einer Woche nicht durchgebürstet hatte, dies auch vor dem heutigen Vorstellungsgespräch nicht für nötig befunden hatte und begann nervös auf ihrer Unterlippe herumzukauen. Die halbe Stunde Yoga am frühen Morgen hatte sie kaum entspannt, und jetzt wünschte sie, dass sie sich statt dessen mehr Schlaf gegönnt hätte. Auf der anderen Straßenseite stand sie vor einem rostigen Maschendrahtzaun, der ein halb-verwildertes Gelände abgrenzte, auf dem einige aus Pappkarton gefertigte Baracken herumstanden. Am Tor hingen zwei Schilder: ein gut lesbares, von Hand beschriftetes mit den Worten ZU VERKAUFEN und ein verrostetes Metallschild, das besagte, dass hier die Humboldt-Universität zu Berlin, Fachbereich Physik, Institut für empirische Sozialforschung in der Physik ansässig war. Sie hatte aufgegeben, sich darüber Gedanken zu machen, was das denn genau sein sollte. Sie war auf die zu besetzende Stelle durch einen vergilbten Aushang im Hauptgebäude aufmerksam geworden, an einem Schwarzen Brett, an dem sie im Laufe ihres Studiums nie stehengeblieben war. Sie hatte das Stellenangebot zunächst für um Jahre veraltet gehalten, war dann aber erstaunt über das Datum des Bewerbungsschlusses gestolpert. Das war vor einer Woche gewesen. Jetzt überquerte sie ein merkwürdiges

Gelände im tiefsten Köpenick auf der Suche nach Baracke V und ohne die geringste Ahnung, wie sie Professor Farendorf weismachen sollte, dass unbedingt sie die Stelle bekommen sollte, wo sie doch noch nicht einmal wusste, was der genaue Aufgabenbereich dieses Fachgebiets war.

Baracke V war ein unglaubliches Gerümpellager. Im Gang stapelten sich Schreibtische, Altpapierberge (oder war es archiviertes Material?) und Metallschrott in allen Größen und Formen. Sie war froh, dass das Zimmer von Professor Farendorf gleich rechts neben dem Eingang lag, und sie nicht in die Tiefen dieser Müllhalde vordringen musste. Sie klopfte. Hatte sie wirklich kein Sekretariat entdeckt? Als auf das Klopfen keine Reaktion kam, besah sie noch einmal die umliegenden Zimmertüren. Diese entbehrten jedoch bis auf das WC-Herren jeglicher Beschriftung. Sie beschlich der Verdacht, dass Professor Farendorf an diesem Institut der einzige Mitarbeiter war. Sie klopfte nochmals an seiner Tür. Sie vernahm ein leicht genäseltes ‚Ja'. Man sah, dass der Professor versuchte, schnell wieder eine aufrechte Position auf seinem Stuhl einzunehmen anstatt der versunkenen, in der er sich befunden hatte.

„Sie sind Frau..." Er zögerte einen Moment und schaute auf ein Blatt, das auf seinem Schreibtisch lag, „Radke. Ist das richtig?"

„Ja."

„Setzen Sie sich doch." Er deutete auf einen dunkelbraunen Plastikstuhl mit einem Riss in der Lehne.

„Danke."

Er blickte wiederum auf seine Papiere und sank dabei ein beträchtliches Stück in sich zusammen. Ihr Blick richtete sich direkt auf seine gerötete von einem grauen, verwuschelten Haarkranz umrandete Halbglatze. Die Wangen hingen schlaff dem Schreibtisch entgegen.

Im Zimmer herrschte ein merkwürdiger Geruch vor. Das war kein normaler Schweißgeruch, auch wenn Professor Farendorfs dunkel gefärbten Achselhöhlen anzusehen war, dass er stark schwitzte. Es war eine starke Ausdünstung von Alkohol, der einmal durch das menschliche Stoffwechselsystem gewandert war. Er sah von den Papieren, die sie als ihre Bewerbung hatte ausmachen können, wieder zu ihr auf.

„Frau Radke, ihrer Bewerbung entnehme ich, dass sie aus Bremen stammen. Was hat sie denn bewogen, nach Berlin zu kommen?" Er sah sie aus seinen kleinen blauen Augen in dem rosigen Gesicht herausfordernd an.

Sie war perplex. Worauf wollte der Professor hinaus?

„Ich wollte das Studium als Chance nutzen, eine Veränderung in meinem Leben vorzunehmen.“

„Ich beglückwünsche sie zu ihrer Wahl. Berlin ist eine herausragende Stadt. Die meisten unserer Studenten kommen nur wegen des Studiums her und ziehen dann zurück in die Nester, aus denen sie gekommen sind.“ Sein Blick war noch immer direkt, aber sie hatte inzwischen eher das Gefühl, als würde er durch sie durch schauen und vor sich hin träumen.

„Na ja, manchen Leuten liegt das großstädtische Leben nicht so,“ erwiderte sie, um überhaupt etwas zu sagen. Noch immer verstand sie nicht, worauf das Gesprädch hinauslaufen sollte.

„Wenn diese Landeier wenigstens bei ihren Schweinen und Kühen bleiben könnten. Aber dass sie meinen, sie müssten Wissenschaft betreiben. Wissen sie, Wissenschaft setzt einen gewissen weltoffenen – wie sagt man doch gleich – kosmopoliten Geist voraus, den diese Menschen einfach nicht aufbringen können. Und dieser Geist zeigt sich eben an dem Verhältnis der Menschen zu unserer Hauptstadt.“ Er schien geistig wieder in sein Büro zurück gekehrt zu sein. Die letzten Sätze formulierte er sehr bestimmt, fast etwas wütend.

„Verstehe,“ gab sie zurück, obwohl sie nichts verstand.

Professor Farendorf sah auf seine Armbanduhr. „Sie müssen entschuldigen, ich muss jetzt zur Mittagspause. Wir sehen uns dann am Montag um 9 Uhr hier.“

Sollte das etwa heißen, dass sie die Stelle bekommen hatte? Und dass sie immer noch nicht wusste, was ihre Aufgabe sein würde?

„Heißt das etwa, das ich eingestellt bin?“

„Ja selbstverständlich. Man begegnet selten so verständigen Menschen wie Ihnen.“ Er war schon aufgestanden und auf dem Weg zur Tür. Sie eilte schnell aus dem Büro, da sie annahm, dass er es abschließen würde.

Montag früh ereilte sie die böse Überraschung. Sie sollte auf dem morgigen, jeden Dienstag stattfindenden, Kolloquium zur empirischen Sozialforschung in den Naturwissenschaften den Professor vertreten, da dieser zu einem wichtigen Roboterfußballturnier nach Holland reiste. Als Vortragsentwurf gab es zwei schmierige, von Hand beschriebene Seiten, die mit den Worten ‚Die Matrix der sozialen Unschärferelation‘ betitelt waren. Sie verstand kein Wort der Notizen, versuchte aber, sie in sinnvolle Sätze zu verpacken.

Außer dem Dienstagskolloquium hatte ihr Institut wenige in die Öffentlichkeit gehende Aufgaben wahrzunehmen. Sie war außerdem verantwortlich für eine zweiwöchentliche Lehrveranstaltung, die sich im Grunde genommen mit ‚Grundlagen der Statistik' bezeichnen ließ, auch wenn sie einen anderen, hochtrabenderen Namen hatte. Dort wiegte sie zehn bis fünfzehn von ihrer Grundhaltung her gelangweilte Studenten in den Schlaf. Den Stoff entnahm sie einem Vorlesungsskript des zweiten Semesters.

Ihr zweiter Auftritt auf dem Dienstagskolloquium zusammen mit dem Professor Farendorf berührte sie in peinlichster Weise, später sollte sie sich allerdings an solche Vorfälle gewöhnen. Der Professor hatte sie schon zu dem Veranstaltungsort in Mitte, neben dem Hauptgebäude der Humboldt-Universität vorgeschickt. Sie erwartete ihn am Eingang mit all seinen Unterlagen, die sie noch einmal in eine lesbare und vor allem vortragsfähige Form gebracht hatte. Als sie den Professor erblickte, war es eigentlich schon geschehen. In einem weitausladenden Torkeln verfing sich sein Fuß an einer der Treppenstufen, und er schlug der Länge nach hin, inmitten von einem Pulk Studenten, die gerade den Gang passierten. Sie musste sich arg zurückhalten, nicht in das erschallende Gelächter mit einzustimmen. Der Professor, scheinbar taub für die offene Demütigung, sammelte seine Leibesfülle vom Boden auf, klopfte seinen alten Anzug ab, und setzte sein Torkeln in Richtung des Veranstaltungsraumes fort. Sie musste ihm hinterher rennen, und ihm seine Unterlagen direkt unter die Nase halten, damit er sich daran erinnerte, dass er hier etwas vortragen sollte. Schon bei der Einleitungsrede sah man ihn dann in seinem Sitz zusammengesunken, kaum überhörbare Schlafgeräusche von sich gebend. Als er an der Reihe war, tippte sie ihn zaghaft an der Schulter an, musste dann aber doch auf den Ratschlag eines Kollegen: ‚Sie können ihn ruhig schütteln', hören. Bei dem Zupacken in die Fettmasse seines Oberarmes, das nun einmal zum Schütteln dazugehörte, überkam sie ein Ekelgefühl, das sie ihre Tätigkeit zum ersten Mal hinterfragen ließ.

Das sollte sie in näherer Zukunft öfter tun. Zu der Einsicht, dass ihre Stelle absolut überflüssig war, kam sie fast zeitgleich mit der Aufnahme ihrer Arbeit. Da es sich aber um eine keineswegs schlecht bezahlte Tätigkeit handelt, die zudem auch noch den in der modernen Arbeitsgesellschaft seltenen Vorteil bot, relativ stressfrei zu sein, von gewissen Momenten der Peinlichkeit, die ihr Chef auslöste, einmal abgesehen, war an eine Aufgabe dieser Arbeit keinesfalls zu denken. Wenn sie auch bestimmt keine großartige Referenz in ihrem Lebenslauf darstellen würde. Sie war keine Physikerin, sondern Soziologin, und der Arbeitsmarkt für ihresgleichen bot nur begrenzte

Wahloptionen. Sie war ein pragmatisch orientiertes Kind ihrer Zeit, die den Idealismus gleich hinter das finstere Mittelalter einordnete. Sie hatte sich schon lange mit dem Gedanken abgefunden, dass sie nie das würde tun können, was ihren Neigungen entsprach. Was ihre Neigungen waren, wusste sie nicht.

Während sie also eines Morgens in ihrem Büro saß und den Vormittag in einem Internetchatzirkel zum Thema ‚Gibt es zeitgenössische Schlager?' totschlug; der Professor war heute nicht am Institut erschienen, und niemand vermisste ihn, irritierte sie ein Geräusch, das scheinbar aus dem Nebenzimmer drang, einer jener vielen Gerümpelkammern in der Baracke, in die sie nie einen Fuß gesetzt hatte. Das Geräusch war ein durchdringendes periodisch wiederkehrendes Piepen, das einer bestimmten nervigen Weckerabart zugerechnet werden konnte. Mit diesem Geräusch im Hintergrund ließ sich kein weiterer klarer Gedanke fassen, noch nicht einmal, was den zeitgenössischen Schlager anbetraf. Sie klinkte sich aus dem Gespräch aus, das sie schon seit einer halben Stunde langweilte, da deren Teilnehmer doch nur die Garderobe von Stars diskutierten, die in Wirklichkeit nichts als blasse Sternchen waren, und ging hinüber zum Nebenzimmer.

Das Zimmer war vollgestopft mit jenem undefinierbaren Metallschrott, der anscheinend jede Ecke dieser Baracke einnahm. Dazwischen lagen Kabel, Lämpchen und Teile von ausgeschlachteten Computern herum. Sie hatte keine Ahnung, ob all diese Dinge etwas mit der Arbeit ihres Instituts zu tun hatten oder ob sie aus einer vergangenen Zeit stammten, in der diese Baracke welchen Zwecken auch immer gedient hatte. Das aufdringliche Piepen ließ nicht nach und wurde bei genauerem Hinhören von einem Rattern begleitet, dass sie an die elektrische Eisenbahn ihres kleinen Bruders früher erinnerte. Es kam aus der Ecke unter dem Fenster, das von einer Jalousie verdunkelt war, die bestimmt seit Jahren nicht bewegt worden war. Das Objekt, das jene Geräusche von sich gab, war ungefähr einen Meter hoch und bestand aus verschweißten Abwasserrohren. Bei genauerem Hinsehen waren zwei Beine auszumachen, an die alte Kinderrollschuhe angeschweißt waren, solche von der guten alten Art, die mit den Disco-Rollern und später den Inline-Skates in Vergessenheit geraten waren. Am oberen Ende des Gebildes war ein Metallwürfel angebracht, aus dem jenes Piepen drang. Das Rattern rührte von einer Bewegung der Rollen der Rollschuhe her, die nicht vom Fleck kamen, da das Ding in dieser Ecke zwischen weiterem Gerümpel eingezwängt war.

Sie beschloss, das elektronische Wesen zu befreien und kam sich dabei vor wie mitten in einem Science-Fiction-Film. Allmählich begann sie den Sinn all des Metallschrotts in der Baracke zu erahnen. Das Wesen, einmal befreit, begann auf seinen Rollen durch den Raum zu joggen und wich ihr sogar aus, wenn sie sich ihm in den Weg stellte. Sie entdeckte auf dem Fensterbrett eine alte Coladose. In Erinnerung an alte Schulhofszenen, bei denen sie allerdings immer nur Zuschauerin gewesen war, zermatschte sie diese Dose und kickte sie dem Wesen, das eindeutig als Roboter zu bezeichnen war, zu. Dieser hielt in seinem Joggen inne, stoppte die Dose in ihrer Bewegung und lieferte einen einwandfreien Rückpass. Das Zimmer war natürlich zu klein zum Fußballspielen, und so wichen sie auf den endlos langen Gang aus. Ihre einzige Sorge bestand darin, dass der Professor doch noch zur Arbeit erscheinen würde. Sie wusste nicht, wie er reagieren würde, wenn er sie mit seinem Lieblingsspielzeug entdeckte. Die Sorge löste sich allerdings nach 20 Minuten in Luft auf, als der Roboter plötzlich an die Seite des Ganges fuhr und seine Funktionen einfach abschaltete. Sie konnte ihn nicht mehr dazu bringen, sich freiwillig in das Zimmer zurückzubewegen, aus dem er gekommen war. Sie musste ihn tragen, und er war für seine Körpergröße von einem Meter ziemlich schwer. Nachdem das bewerkstelligt war und der Roboter wieder in seiner Ecke mit Schrott verbaut war, kehrte sie an ihren Schreibtisch zurück. Die Papiere auf ihrem Schreibtisch waren ihr merkwürdig fremd, der Bildschirmschoner ihres Computers verströmte Langeweile und sie wusste wirklich nicht, was sie tun sollte. Jetzt dazu überzugehen, einige Artikel zu redigieren, oder ihren Vortrag fürs nächste Seminar vorzubereiten, erschien ihr absurd. Zeit für diese Dinge würde sie auch noch morgen haben. Würde sie so werden wie Professor Farendorf, wenn sie längere Zeit an diesem Institut verbrachte? Sie kritzelte auf einen Zettel: INSTITUT FÜR ANGEWANDTEN ROBOTERFUSSBALL c/o Institut für empirische Sozialforschung in der Physik. Das eine war jedenfalls nicht sinnloser als das andere.

Sie warf den Stift von sich, zog hastig ihre Jacke über und verließ das Institut. Eine plötzliche Sehnsucht nach Realität trieb sie auf die Straße. Vielleicht hatte der Professor Recht. Vielleicht sollten man bei Schweinen und Kühen bleiben, wenn man die Welt der Wissenschaft nicht verstand. Vielleicht war dieser Job nichts für sie, wenn sie statt einer staubigen Baracke lieber an der frischen Luft sein wollte. Sie wollte die Stadt im Licht des frühen Herbstes sehen, statt im unbarmherzigen Neonlicht zu sitzen. Wenn sie schon im tiefsten Köpenick saß, wieso nutzte sie nicht die Nähe zum Stadtrand? Der Müggelsee musste hier irgendwo in der Nähe sein. Ein Waldspaziergang um die Mittagszeit an einem Wochentag versprach, dass sie dabei nicht allzu vielen Leuten begegnen würde. Dass sie alleine sein könnte mit dem Rascheln des

Laubes, durch das ihre Füße streiften. Sie würde die Wege verlassen und zwischen den Bäumen umherstreifen. Dann würde sie sich am Ufer des Sees auf einen Baumstamm setzen, der schräg über das Wasser wuchs. Und sie würde die Beine baumeln lassen. Sie würde über die ruhige Wasserfläche schauen und ein wenig geblendet sein vom Sonnenlicht, das sich darin spiegelte. Boote würden nicht unterwegs sein. Ein Paar Enten würden unterhalb ihrer Füße passieren, in der Hoffnung, dass sie Brotkrumen werfen würde. Dann würde sie einen kalten Hintern bekommen und ihren Spaziergang fortsetzen. Das Leben konnte so schön sein. Wann war sie nur zum letzten Mal im Wald gewesen?

Sie überquerte die Straße und las sich die Route des Busses auf dem Schild an der Bushaltestelle durch. Hirschgarten klang vielversprechend. Noch immer fehlten ihr entscheidende geografische Kenntnisse, was die Randbezirke Berlins anging. So konnte sie momentan nur ihrer Intuition folgen. Der Bus kam bald. Die hintere Tür öffnete sich einen Moment vor der vorderen und zu ihrem Entsetzen schob sich eine fettleibige Person heraus, wie es in dieser Gegend nur eine geben konnte. Sie schwankte einen Moment zwischen dem Impuls, schnell in den Bus zu springen und dem, so zu tun, als stünde sie nur zufällig hier herum, auch wenn ihr kein sinnvoller Grund einfiel, warum sie zu dieser Uhrzeit an dieser Bushaltestelle stehen könnte. Sie zögerte einen Moment zu lange, denn schon vernahm sie die näselnde Stimme des Professors, der sie mit ihrem Namen anrief. Sie zuckte unwillkürlich zusammen. Professor Farendorf tat hingegen so, als wäre es die normalste Sache der Welt, dass er ihr statt im Büro an der Bushaltestelle begegnete.

„Frau Radke, gut dass ich sie treffe. In meinem Kamin muss eine tote Katze liegen. Immer, wenn ich anfange zu heizen, stinkt die gesamte Wohnung nach Verwesung. Sie müssen mir helfen. Ich bin etwas zu beleibt, um in den Tiefen meines Kamins herumzustochern."

„Wieso bestellen Sie nicht einfach den Schornsteinfeger?"

„Nein. Dieses Subjekt kommt mir nicht in die Wohnung. Der Mensch ist doch nur Schornsteinfeger geworden, um sich bei den Leuten, in deren Kaminen Haustiere verwesen, schamlos an der Mini-Bar zu bedienen. Bei Ihnen bin ich mir ganz sicher, dass Sie abstinent leben."

Schön wäre, wenn ich mir da auch so sicher wäre, dachte sie. Da sie nicht wusste, worauf das Ganze hinauslaufen sollte, antwortete sie unverbindlich. „Ich bin mir nicht sicher, dass ich Ihnen helfen kann."

„Sie könnten sich das einmal ansehen. Sie wissen, vier Augen sehen mehr als zwei."

Es gab Bitten, die waren eigentlich unverschämt, und man war sich nicht sicher, ob man überleben würde, wenn man auf sie einging.

„Sie können eine Person Ihres Vertrauens mitbringen, wenn es das ist, was Ihnen Bedenken verursacht."

Das war natürlich absurd. Da teilte sie tagelang mit keinem anderen Menschen als dem Professor die Baracke, und nun sollte sie an einem anderen Ort auf einmal Begleitschutz benötigen.

„Gut. Fahren wir."

„Ich meine das Angebot ernst. Sie können wirklich einen Bekannten anrufen."

„Nicht nötig."

Sie überquerten die Straße und stellten sich an die gegenüberliegende Bushaltestelle.

Professor Farendorf wohnte zentral, an der Stelle, an der die Oranienburger Straße auf den Monbijoupark traf und an der des Nachts die Prostituierten in ihren Dienstuniformen patrouillierten. Tagsüber waren sie nicht so auffällig. Er wohnte in einer bescheidenen Einraumwohnung, die wider Erwartens extrem aufgeräumt war. Es lag weder Metallschrott herum, noch saßen Fußballroboter in irgendwelchen Ecken. Auch leere Flaschen gab es keine. Die Küche war so steril, als hätte sie im letzten halben Jahr kein Mensch betreten. Nur der Geruch von Verwesung schuf eine etwas unangenehme Atmosphäre, und es war nicht zu leugnen, dass der Geruch vom Ofen herrührte.

Sie war sich nicht sicher, was sie zur Behebung des Geruchs unternehmen sollte, er konnte schließlich nicht von ihr erwarten, dass sie in seinen Kachelofen kroch. Während sie ratlos im Zimmer stand und es vermied, sich allzu aufmerksam umzuschauen, weil sie das für indiskret hielt, machte sich Professor Farendorf an seiner Hausbar zu schaffen, bot ihr aber zu ihrer Erleichterung nichts an.

„Könnten Sie so freundlich sein, mit der Taschenlampe, die sie im Flur im Regal finden, alle Spalten zwischen Ofen und Wand auszuleuchten und mir zu sagen, ob sie dort ein Kadaver entdecken können?"

„Aber natürlich. Wo im Regal sagten Sie?"

„Im untersten Fach links."

Die Taschenlampe stand neben einem Päckchen Rattengift. Sie fragte sich, ob sie nicht doch in einem Horrorfilm gelandet war. Aber manchmal war es besser, nicht zu fragen, sondern lieber die gängigen Bilder im Kopf und ihre Konnotationen zu verlassen und einfach nur zu sehen. Zum Beispiel, ob Leichen in der Ecke lagen. Sie konnte kein Kadaver entdecken. Ein paar Staubflocken bewegten sich durch die Wärme des Lichts, das war alles.

„Da ist nichts."

„Aber Sie riechen es auch, nicht wahr?"

„Ja, allerdings. Aber Sie sollten wirklich den Schornsteinfeger anrufen. Fragen sie einfach nach einem anderen, nicht dem Alkoholiker. Ich kann wirklich nichts machen."

„Noch eine Sache. Könnten Sie sich einen Handschuh anziehen und in den Ofen hineingreifen? Er ist aus. Den Handschuh finden sie ebenfalls in dem Regal im Flur."

Sie verbog ihre Hand, während sie die Innenwände des Ofens abtastete, soweit sie vordrang.

„Da ist auch nichts."

„Ich weiß wirklich nicht, wie ich Ihnen danken soll."

„Ist schon gut. Ich habe ja gar nichts gemacht."

„Hören Sie, ich würde Sie ja zu einem Getränk einladen, auch zu einem antialkoholischen, aber ich verstehe, dass es hier in der Wohnung mit dem Gestank wirklich nicht auszuhalten ist. Ach, es ist eine Last mit dieser Wohnung. Wie soll ein alter Mann wie ich mit diesem ganzen Mist fertig werden? Die Hausverwaltung verarscht mich nach Strich und Faden. Und von meinem Gehalt kann ich mir noch nicht mal eine Putzfrau leisten."

Hoffentlich hörte die Selbstmitleidtirade des Professors bald auf. Sie wünschte sich nichts sehnlicher, als wieder in ihrem ruhigen Büro in der Baracke zu sitzen.

„Also, ich fahre dann mal wieder zur Arbeit," unterbrach sie ihn.

„Lassen Sie's gut sein. Machen Sie sich einen schönen Nachmittag. Ich würde Sie ja noch unten zu einem Gläschen einladen, aber ich muss dort gleich einen Kollegen treffen, und na ja, wie soll ich sagen, wenn ein alter Professor mit einer jungen Dame in einer Bar gesehen wird, gibt es natürlich Gerede."

„Machen Sie sich keine Gedanken. Ich will Sie nicht aufhalten. Sie sind mir nichts schuldig."

Sie machte drei Schritte rückwärts zur Tür, um ihre Absicht zu unterstreichen.

„Warten Sie." Der Professor kramte in seiner Hosentasche. „Nehmen Sie wenigstens das." Er drückte ihr ein Fünf-Mark-Stück in die Hand und ließ seine schweißigen Finger dabei ihre Hand berühren. Sie hätte das Geld zurückweisen sollen, aber schon der Gedanke, noch einmal den Kontakt der Hände zu riskieren, war ihr zu viel. Sie murmelte „danke“ und ging ihm voraus die Treppen hinunter. Auf der Straße angelangt warfen sie sich gegenseitig nur eine schnelles „Auf Wiedersehen“ zu. Sie konnte gerade noch sehen, wie er sich zu einem Mann im Blaumann, der ihr merkwürdig bekannt vorkam, an den Tresen setzte und ihn mit Händeschütteln begrüßte.

Sie versuchte, den Tag mit einem Schulterzucken abzuschütteln. Inzwischen begann es dunkel zu werden. Sie suchte drei Kneipen weiter Zuflucht, hängte sich dort an den Tresen, bestellte einen Rotwein und rauchte drei Zigaretten hintereinander. Abstinent sah sie also aus. Vielleicht sollte sie es auch werden. Sie wollte in keinem Fall so enden wie ihr Chef.

Nachdem sie ihren Rotwein ausgetrunken hatte und wortlos das Fünfmarkstück auf den Tresen gelegt hatte, machte sie sich auf den Nachhauseweg.

Vor ihrer Wohnungstür saß Rüdiger. Sie war wirklich nicht in der Stimmung, Besuch zu empfangen. Rüdiger abzuweisen, war allerdings nicht leicht. Er war eine jener Gestalten, die im Leben nicht nur mit ihrem Namen gestraft waren und die man vor lauter Mitleid nicht ertragen konnte. Dabei war Rüdiger weder besonders hässlich noch unfreundlich. Er war viel mehr ein Relikt einer Vergangenheit, die für sie abgeschlossen war und die sie nicht wieder heraufbeschwören wollte. Sie fühlte sich von Rüdiger irgendwie verfolgt.

„Ich bleibe wirklich nicht lange,“ sagte Rüdiger, ihre Ablehnung schon vorwegnehmend. „Ich dachte, du würdest mich vielleicht zu einem Tee einladen und mir zu meinem neuen Job gratulieren.“

„Was machst du denn?“ fragte sie desinteressiert, während sie die Tür aufschloss und ihren Rucksack in die Ecke pfefferte.

„Ich bin Bibliothekar.“

„Du bist Bibliothekar? Ich dachte, du könntest Buchstaben nur noch mittels einer Lupe entziffern,“ spielte sie auf seine Kurzsichtigkeit an, trotz der er keine Brille tragen wollte. „Wenn du einen Tee willst, musst du dir einen machen. Ich habe gerade keine Lust dazu.“

Rüdiger ging pfeifend in die Küche und stellte den Wasserkessel auf den Herd.

„Ich arbeite in der Uni-Bibliothek. Es ist ganz einfach. Ich muss nur aufpassen, dass niemand etwas mitnimmt.“

„Du meinst, dass niemand etwas klaut. Dann bist du aber Detektiv und nicht Bibliothekar."

„Kannst du mal aufhören mit mir zu reden, als wäre ich komplett geistesgestört?"

„Was erwartest du von mir, nachdem ich den Tag damit verbracht habe, imaginäre Katzenkadaver in Kachelöfen zu suchen? Etwa, dass ich mir noch mehr Schwachsinn anhöre?"

„Es tut mir leid. Ich kann auch gehen. Ich wusste nicht, dass du so schlechte Laune hast," sagte Rüdiger mit eingezogenem Kopf und schlich sich zur Wohnungstür hinaus. Sie widersprach nicht.

Sie nahm den pfeifenden Wasserkessel vom Herd und goss sich einen Johanniskrauttee auf. Sie wollte noch eine Stunde Yoga machen und sich dann ins Bett legen. Auf dem Weg in ihr Zimmer begegneten ihr ihre 32 Lebensjahre im Spiegel. Sie drehte ihn kurzerhand um.

Es war unmöglich. Sie konnte sich nicht konzentrieren. Nervös lief sie von einer Seite des Zimmers zur anderen. Zwölf Schritte, dazwischen ein Schluck Johanniskrauttee. Wiederholung der Prozedur. In einer Richtung lief sie auf ein Poster zu, ein Gemälde, dass eine Frau mit verbundenen Augen zeigte. Sie hatte vergessen, wer der Künstler war. Sie hatte es auf einem Trödelmarkt für 50 Pfennig erstanden. Jetzt mochte sie es nicht mehr. Die Blindheit der Frau war bedrohlich, weil sie zu viel von ihren seelischen Qualen verriet. Auf der anderen Zimmerseite eine moosgrüne Couch aus leicht angestoßenem Samt. Was für eine furchtbar deprimierende Farbe. Wie war sie jemals auf die Idee gekommen, sich freiwillig mit Depression zu umzingeln. Als wenn das eigene Leben nicht schon deprimierend genug gewesen wäre. Sie floh in die Küche. Die Küche war ein neutraler Ort, den sie normalerweise mit ihrer Mitbewohnerin Johanna teilte. Da ihre Wohnpartnerschaft eine zweckmäßige war, hatten sie sich nie um eine gemeinsame Ästhetik bemüht. Die Küche hatte schlichte weiße Wände, an denen nichts als einfache Regale hingen. Keine Bilder. Die hölzernen Küchenstühle hatten ebenfalls eine äußerst sachliche Form. Es gab in diesem Raum nichts Bedrohliches, nichts, das ein Eigenleben hätte entwickeln können. Sie setzte sich auf einen der drei Stühle und nippte an ihrem Tee. Doch es dauerte nicht lange, da fand sich auf dem Stuhl gegenüber ihre Mutter ein. Ihre Mutter, die ihr nie an einem Küchentisch gegenüber gesessen hatte. Sie lächelte ihr freundliches aber abweisendes Lächeln, dass sie bis zum letzten Moment durchgehalten hatte. Nicht einmal der Schmerz hatte die Maske der eisigen Freundlichkeit von ihrem Gesicht wischen können. Sie wollte ihre Mutter ohrfeigen, als könnte sie sie damit aus der Erstarrung wecken, selbst heute noch träumte sie manchmal von dieser Ohrfeige und erwachte unter einer erdrückenden Scham, denn Todkranke gehörten nun einmal nicht geohrfeigt.

Wenn ihre Mutter doch alleine in aller Ruhe hatte sterben wollen, wieso hatte sie ihre Tochter dann überhaupt zu sich gerufen? War es nur ihre Neugier, die sie darauf hatte bestehen lassen, einmal in Aungenschein zu nehmen, was aus ihrem Produkt geworden war, nachdem sie es vor 24 Jahren achtlos hatte liegen lassen? Katrin war in dem Moment, als sie ins Krankenhaus gerufen wurde, bereit sich zu versöhnen. Sie wollte alles verzeihen, egal, was geschehen war. Genau das sollte sie allerdings nie erfahren. Nachdem sie ihrer Mutter ihre gesamte Lebensgeschichte aufgetischt hatte, brachte diese nicht die erwartete Gegenleistung. Sie blieb eine Fremde, eine Fremde, der sie sich anvertraut hatte und die sie betrogen hatte. Zum zweiten Mal. Und noch immer erschien sie ihr, fordernd und abweisend zugleich, ein kleiner Vampir, der darauf wartete, ihr Leben abzusaugen.

Dann war da Rüdiger, den nur der Zufall mit ihrer Mutter verband, der aber in ihrer Erinnerung nie wieder diese Bindung loswerden würde. Rüdiger war ihre Mutter, sie war Rüdigers Mutter, wie auch immer, nie würden sie ein normales Verhältnis haben können. Warum war er nicht einfach dort geblieben, warum hatte er sie mit der Erinnerung verfolgen müssen? Warum hatte sie ihm nicht gleich am ersten Tag die Tür vor der Nase zugeknallt?

Wenn sie die Nase voll hatte von der Frau, die ihr fremder war als jede Fremde auf der Straße, setzte sie sich ins Raucherzimmer und starrte durch die Qualmwolken in der Luft in den Krankenhausgarten. Krokusse sprossen auf gepflegten Rasenflächen. Die Rosen hielten noch immer gestutzt ihren Winterschlaf. Katrin rauchte damals nicht, aber die Anwesenheit von Rauchern fand sie beruhigend. Das waren wenigstens Menschen, die etwas zum Festhalten gefunden hatten. Wenn es auch nur die Sucht war. Einer von ihnen, der jüngste unter ihnen war Rüdiger. Sie traf ihn jeden Tag dort, und er war kein Patient. Eigentlich waren es Wahnsinnige, die sich dort versammelten, Leute, die kurz nach einem Schlaganfall wieder rauchten. Lebensmüde, die sich an ihrem letzten Laster im Leben festhielten. Rüdiger, der wegen seinem an Lungenkrebs verreckenden Vater dort war. Doch was wusste man über die Beweggründe von Menschen? Es konnte vieles geben, das Rüdiger eine Trotzreaktion abverlangte. Sie lernten sich kennen. Sie verbrachten mindestens genauso viel Zeit miteinander wie mit ihren siechenden Elternteilen. Am Ende vielleicht mehr, weil sie begannen, sich auch außerhalb des Krankenhauses zu treffen.

Das Dümmste, was sie tun konnten, war, miteinander ins Bett zu gehen. Sie taten es trotzdem. Vielleicht handelte Katrin unverantwortlicher als Rüdiger. Sie war immerhin acht Jahre älter als er, der damals gerade mal die Volljährigkeit erreicht hatte und insgesamt einen ziemlich orientierungslosen Eindruck machte. Ihm fehlten theoretisch noch zwei Jahre zum Abitur, aber er tat alles, um sie in der Praxis zu verdoppeln. Immerhin löste so ein sterbenskranker Vater Verständnis bei den Lehrkräften aus. An dem Tag, als ihre Mutter für immer die Augen schloss, trennte sie sich von Rüdiger, auch wenn sie nie ein Paar gewesen waren. Oder vielleicht trennten sie sich auch nicht, trennten sich nur von der sexuellen Gewohnheit. Von da an wurde alles eher schlimmer. Auf einmal fühlte sie sich als Mutterersatz für einen Jungen, der in Kürze seinen zweiten Elternteil verlieren sollte. Sie stand ihm bei, hatte aber genug von der Auseinandersetzung mit dem Tod. Sie wollte nur noch weg.

Vier Jahre später stand Rüdiger vor ihrer Tür in Berlin. Sie hätte damals schon wissen sollen, dass er niemand anderes als der Geist ihrer toten Mutter war. Nachdem sie ihm einmal die Tür geöffnet hatte, war der Geist geblieben, während Rüdiger kam und ging. Mal war er er selbst, mal war er nichts als die Personifizierung ihrer Mutter. Sie hatte genug von der Maskerade der beiden.

Sie nahm die Teetasse, aus der sie kaum getrunken hatte und schleuderte sie mit voller Wucht nach ihrem Gegenüber. An der Wand blieb ein Wasserfleck zurück. Sie machte sich keine Mühe, die Scherben zusammen zu kehren.

Zwei

Professor Farendorf leerte mit seinem Kollegen, dem Hausmeister des Hauptgebäudes der Humboldt-Universität einige Biere und erklärte ihm lang und breit seine neuesten Fortschritte auf dem Gebiet der Robotertechnologie. Davon verstand dieser zwar wenig, hatte aber durchaus ein offenes Ohr. Über seine privaten Angelegenheiten verlor der Professor fast nie ein Wort. Vielleicht, weil er keine privaten Angelegenheiten hatte. Selbst der Verwesungsgeruch und das vermeintliche Katzenkadaver waren ihm zu intim. Er hatte seinen Kollegen noch nie zu sich nach Hause eingeladen, auch wenn sie sich immer hier, in unmittelbarer Nähe seiner Wohnung trafen.

Selbst wenn er nicht mehr in der Lage war, alleine die Treppen hochzugehen, bat er ihn nicht um Hilfe. Er hielt dann einfach ein Schläfchen auf dem Barkocker und wartete, bis er wieder nüchterner wurde. Er lud überhaupt keinen Menschen zu sich nach Hause ein. Die einzigen Menschen, die jemals seine Wohnung betreten hatten, waren eine Putzfrau, die er nur einmal gesehen und in einem plötzlichen Anfall von Antipathie zu diesem Anlass entlassen hatte, und jetzt seine junge Kollegin, die so wenig redete. Vielleicht hatte er deshalb Vertrauen zu ihr gefasst. Jetzt fragte er sich, ob seine Einladung ein Fehler gewesen war. Er war sich sicher, dass sie ihn für einen alten Sonderling hielt, den sie mit ihrer Stelle notwendig in Kauf nehmen musste. Die Jugend von heute war im Grunde wenig tolerant, wenn die Toleranz nicht in barem Geld bezahlt wurde.

Drei

Sie freundete sich in der folgenden Woche mit dem Roboter an. Wenn der Professor nicht im Haus war und sie auch sonst wenig zu tun hatte, ging sie in das Zimmer des Roboters hinüber und befreite ihn zu einer Partie Fußball oder hielt auch nur ein Schwätzchen mit ihm, wobei der Roboter wenig sagte außer seinem aufdringlichen Piepen. Manchmal blieb er auch stumm, genauso wie er an manchen Tagen keine Lust zeigte, Fußball zu spielen. Dann blieb er in seiner Ecke sitzen, obwohl sie ihn von dem bewegungshinderlichen Gerümpel befreite. Sie hatte seine Programmierung noch immer nicht durchschaut. Heute war ein solcher Tag, an dem er weder Fußball spielen noch einen Laut von sich geben wollte. Obwohl sie mehr Lust hatte, ein wenig auf dem Flur zu kicken, setzte sie sich nun dem Metallwesen gegenüber und betrachtete es. Es war nicht gerade hübsch und war in seiner Gestalt auf seine Funktion reduziert und bis auf die beiden Beine und Arme wenig dem menschlichen Körper nachempfunden. Ihm fehlte jegliche Andeutung eines Gesichts, und so konnte sie nicht mit Bestimmtheit sagen, ob sie zu seinem Gesicht oder seinem Hinterkopf sprach. Es war im Grunde auch nicht wichtig. Sie war sich darüber im Klaren, dass sie genauso gut hätte Selbstgespräche führen können.

„Ich schätze, du kennst den Professor schon etwas länger als ich. Er erscheint mir etwas verschroben. Neulich hat er mich sogar zu sich nach Hause gebeten, um ihm bei der Suche nach einem Katzenkadaver in seinem Ofen zu helfen. Ich muss sagen, ich hatte ziemliche Angst bei der Sache. Ich habe als Kind gelernt, dass es nicht gut ist, mit fremden Menschen mit nach Hause zu gehen, schon gar nicht mit älteren Herren. Aber mir ist nichts passiert. Der Professor hat die Sache seitdem nie wieder erwähnt. Ich glaube, sie war ihm selber im Nachhinein peinlich. Ich glaube, dass er seitdem etwas freundlicher geworden ist. Aber meistens ist ihm sowieso alles egal, weil er zu betrunken ist.

Ich glaube, es gibt zu viele Alkoholiker in diesem Land. Ihr Sportler seid da konsequent, wenn ihr dem von Anfang an abschwört. Aber ich bin keine Sportlerin. Ich habe Angst, dass ich eines Tages so enden werde wie der Professor, zurückgezogen von der Welt und verschroben, mit wenig Lust zum Reden und zuweilen das Vergessen der Sinnlosigkeit im Alkohol suchend. Irgendwie muss es doch auch andere Wege geben. Ich trinke nicht gerne mit Leuten zusammen. Die meisten Menschen werden mir unsympathisch, wenn sie betrunken sind. Sie können nicht mehr zuhören, sie gefallen sich in der Wiedergabe immergleicher Geschichten oder sie greifen meine Person mit Worten an. Oder sie werden körperlich zudringlich. Das alles gefällt mir nicht. Wenn ich alleine trinke, kann ich mich unbeschwert dem Flug meiner Gedanken hingeben, ich kann der Müdigkeit erliegen, die mir in die Knochen kriecht und mich wortlos in mein Bett zurückziehen, wann auch immer mich das Verlangen überkommt.

Normalerweise versuche ich zur Entspannung Yoga zu machen, aber in dieser Stadt fällt es mir nicht immer leicht, ohne die Hilfe von Alkohol abzuschalten. Es gibt keine Ruhe, und das sage ich, die den ruhigsten Arbeitsplatz hat, den man sich vorstellen kann. Ich weiß nicht, warum ich nach Berlin gekommen bin. Vielleicht weil ich dachte, dass es hier unendlich viele Möglichkeiten gäbe, nur bin ich mir nie darüber klar gewesen, wofür ich eine Möglichkeit gesucht habe."

Das Telefon klingelte im Nachbarzimmer, und obwohl der Roboter gerade mit einem Piepen antwortete, verließ sie den Raum. Das war nicht gerade höflich, doch sie legte wenig Wert auf Höflichkeiten. Der Vorteil dieses Arbeitsplatzes war, dass er nur ein Mindestmaß davon erforderte.

„Guten Tag, Müller ist mein Name. Bin ich dort richtig beim Institut für angewandten Roboterfußball?"

Ach du Scheiße! Wie konnte das passieren? Es waren doch nur ein paar Kritzeleien auf einem Schmierzettel gewesen. Oder existierte schon längst, was sie glaubte erfunden zu haben? Sie bemühte sich, schnell die Fassung wiederzugewinnen und in einem geschäftlichen Tonfall zu antworten.

„Ja, das ist richtig, nur ist mein Chef leider im Moment nicht im Hause. Kann ich ihm etwas ausrichten?"

„Nun, sagen sie ihm, dass die Firma Adidas daran interessiert wäre, einen Werbevertrag mit Ihrem Institut abzuschließen. Es handelt sich dabei um ein äußerst lukratives Angebot, genaue Zahlen kann ich leider am Telefon nicht nennen. Ich wäre Ihnen daher verbunden, wenn sie umgehend einen Termin mit Ihrem Vorgesetzten für mich vereinbaren könnten."

„Aber selbstverständlich. Leider liegt mir seine Terminplanung der nächsten Zeit nicht vor, aber ich werde sie gerne zurückrufen. Wie ist Ihre Telefonnummer?"

Ihre Hand zitterte nach Beendigung des Gesprächs so sehr, dass sie kaum mit dem Hörer die Telefongabel traf. Wie sollte sie das alles nur dem Professor weismachen? Und würde er sie an seinen Werbemillionen beteiligen?

Erschrocken fiel ihr Blick auf die Uhr. Sie war tatsächlich länger im Institut geblieben, als sie musste. Das war ihr bisher noch nie passiert. Sie musste sich beeilen, rechtzeitig zu ihrer Kinoverabredung zu kommen.

Auf dem Weg zum Kino konnte sie nicht anders, als mit ihren Gedanken zu den zukünftigen Werbeeinnahmen abzudriften. Sollte es sogar möglich sein, die Werbegeschichte an dem Professor vorbeizuschleusen? Wenn sie Herrn Müller einfach einen Bekannten als ihren Chef vorstellte? Den trotteligen Rüdiger zum Beispiel, den sie mit ein paar tausend Mark würde abspeisen können? Wenn der Coup geglückt war, brauchte sie nur noch abzuhauen. Zurück in die Provinz, Schweine züchten, wie der Professor sagen würde. Nie wieder die Ausdünstungen seines durch den Körper geflossenen Alkohols inhalieren. Nie wieder diese Fettmasse schütteln, um ihn zu wecken, wenn er einen Vortrag halten sollte. Nie wieder Rüdiger vor ihrer Wohnungstür sitzen sehen und am liebsten gleich wieder auf dem Treppenabsatz umkehren wollen. Sie träumte von den Dingen, von denen Lottospieler träumten. Plötzlich merkte sie, dass die U-Bahn seit einiger Zeit stillstand. Außerdem fiel ihr auf, dass sie der letzte verbleibende Fahrgast in ihrem Wagon war. Auch im Nachbarwagon sah es nicht anders aus. Panisch schaute sie aus dem Fenster, doch dort herrschte Dunkelheit vor. Plötzlich öffnete sich eine Tür des Wagons und ein Mensch in BVG-Uniform trat ein, schlenderte auf sie zu und setzte sich auf die Sitzbank ihr gegenüber.

„Gemütlich hier, oder?"

„Hm."

„Sie sind nicht so gesprächig."

„Wo sind wir überhaupt?"

„In der Kehranlage. Bleiben Sie ruhig sitzen. In zehn Minuten fährt der Zug zurück."

„Was ist denn bitte schön eine Kehranlage? Ist das eine Waschstraße für Züge?"

Er brach in schallendes Gelächter aus.

„Was ist denn daran komisch? Außerdem haben Sie kein Recht, sich über ihre Fahrgäste lustig zu machen. Ich habe heute sogar einen Fahrschein gekauft."

„Ist ja schon gut. Das Wort Kehranlage kommt von Umkehren, nicht von Saubermachen."

„Ach so. Wie oft treffen Sie verlorene Fahrgäste in der Kehranlage?"

„Selten. Meistens sind es Schnapsdrosseln, die ich hier treffe."

„Was machen Sie dann mit denen?"

„Ich rufe den Sicherheitsdienst, dass er sie am nächsten Bahnhof abholen soll."

„Haben Sie die für mich auch schon bestellt?

„Aber nein. Was denken Sie von mir?"

„Das Sie ein Unmensch sind. Was können denn die armen Obdachlosen dafür, dass es draußen kalt ist."

„Weiß ich doch nicht, ob die kein zu Hause haben, oder sich nur nicht heim trauen, weil sie ein bisschen neben der Kappe sind. Ich mache nur meinen Job. Denen passiert ja nichts. Sie werden ja nur an die frische Luft gesetzt. Ist auch ganz gut zum Ausnüchtern."

„Ach so."

„Nun, es war nett mit Ihnen zu plaudern. Unsere Reise geht jetzt weiter."

Damit verließ er den Waggon wieder. Sie atmete erst auf, als das Gebrumm der Zugmotoren ertönte.

Ihre Freundin wartete alleine und sichtlich genervt vor dem Kino. Der Film hatte bereits begonnen.

„Wo warst du denn so lange?"

„Ich war in der Kehranlage."

„Hä?" Es blieb keine Zeit für Erklärungen, wenn sie den Film nicht ganz verpassen wollten.

„Was würdest du tun, wenn du, sagen wir einmal, mit einem Mal zwei Millionen Mark verdienen würdest?" fragte Katrin, als sie später in einem Café saßen.

„Ach, ich mag solche Fragen nicht."

„Sag doch mal bitte."

„Das Übliche wahrscheinlich: erst mal verreisen und dann den Rest so anlegen, dass ich in meinem Leben nicht mehr so viel arbeiten muss. Keinerlei Luxus, sondern mehr Freizeit erkaufen."

„Und welche der folgenden Variationen einer Geschichte hört sich am glaubhaftesten an:

Eine Mitarbeiterin an einem Institut für Physik findet zufällig eine Elf von Fußballrobotern im Gebäude. Das Hobby ihres Chefs ist der Bau von Fußballrobotern. Eines Tages nimmt die Mitarbeiterin einen Anruf einer Sportbekleidungsfirma entgegen, die einen Werbevertrag mit dem Konstrukteur von Fußballrobotern machen will. Sie ist erstaunt und sagt, ihr Chef wäre nicht anwesend. Dann beschließt sie, den Anruf zu verschweigen und statt dessen jemand anderes als ihren Chef auszugeben, um selbst das Geld für den Werbevertrag zu kassieren."

„Also bis jetzt ist die Geschichte schon mal völlig unrealistisch."

„Das sind aber noch die Ausgangsbedingungen. Jetzt kommen die Varianten: Erstens: Sie fragt einen trotteligen Freund, an dem ihr nicht allzu viel liegt, ob er den Chef spielen will und zahlt ihm dafür ein paar Tausend Mark. Den Rest des Geldes streicht sie selber ein. Danach kündigt sie sofort ihre Stelle und setzt sich ins Ausland ab. Sie erliegt allerdings den Versuchungen des Geldes und gönnt sich zunächst ein recht luxuriöses Leben. Später geht ihr das internationale Jetset auf die Nerven und sie hängt mit internationalen Hippies herum. Das ist auch nicht besser. Ihr letztes Geld wird geklaut und sie kommt zurück und sucht sich einen Job als Putzfrau.

Zweitens: Die Sportbekleidungsfirma zieht das Angebot zurück, der Professor merkt nichts von der Geschichte und das Leben geht weiter wie immer.

Drittens: Der Professor bekommt durch einen dummen Zufall alles heraus, ist schwer empört, kassiert trotzdem das Geld und entlässt seine Mitarbeiterin. Sie verlässt das Land mittels Autostop und schnorrt sich einige Zeit in der internationalen Hippie-Gemeinde durch.

Viertens: Der trottelige Bekannte erweist sich als nicht ganz so trottelig und behält das gesamte Geld für sich und macht sich damit aus dem Staub. Sie schwört sich, ihn bis ans Ende der Welt zu verfolgen, um Rache zu nehmen und glaubt seine Spur in der internationalen Hippie-Gemeinde zu finden."

„Ich verstehe den Stellenwert der internationalen Hippie-Gemeinde in der Geschichte nicht. So wie du die Geschichte erzählst, ist das Schicksal der Mitarbeiterin doch ohnehin vorgezeichnet, egal, ob sie nun das Geld bekommt oder nicht: Früher oder später wird die internationale Hippie-Gemeinde sie kriegen. Mich würde mal interessieren, ob du in deinem neuen Job so wenig zu tun hast, dass du den ganzen Tag damit verbringen musst, Geschichten zu erfinden. Was machst du eigentlich genau?"

„Ich arbeite am Institut für angewandten Roboterfußball, ansässig am Institut für empirische Sozialforschung in der Physik."

„Ich bitte dich, kannst du einmal eine ernste Antwort geben?"

„Es fällt mir schwer."

Vier

Der Praktikant in der Werbeabteilung der Firma Adidas sinnierte über seinen grandiosen Plan. Ein glücklicher Zufall hatte ihm die Adresse des Instituts für angewandten Roboterfußball in die Hände gespielt. Zwar war er über die Existenz einer solchen Institution extrem verwundert, aber andererseits gab es eine Menge Dinge, die man sich kaum vorstellen konnte. Jedenfalls war er glücklich, diese Kuriosität entdeckt zu haben. Er war sich sicher, dass, wenn er dieses Projekt, unter Dach und Fach gebracht, vorstellen würde, ihm seine berufliche Zukunft gesichert war. Dass er im Begriff war, im Namen der Firma ein großzügiges Angebot in Bezug auf die Bezahlung zu machen, störte ihn nicht, denn man würde sofort die Genialität der Kampagne erkennen, und sich über die Ausgaben keine Gedanken mehr machen. Er kritzelte ein paar Entwürfe von Robotern im Adidas-Sportdress auf seinen Notizblock. Wie diese Roboter wohl aussahen? Er zeichnete verschiedene Entwürfe, von denen einige deutlich von Star-Wars beeinflusst waren.

Er hatte zwar noch die Preisänderungen in einem bereits gestalteten Werbeprospekt vorzunehmen und die Bestellnummern einzutragen, doch all dies hatte in seinen Augen keine Wichtigkeit mehr.

Fünf

Sie konnte es nicht erwarten, am nächsten Tag wieder ans Institut zu kommen. Sie musste eine gesamte Elf zusammen bekommen. Bisher war sie nie auf die Idee gekommen, nach weiteren Robotern zwischen den Schichten des Schrotts, der das Gebäude füllte, zu suchen. Nun brannte sie darauf, weitere bislang ungeöffnete Zimmer zu durchstöbern. Zu ihrer Enttäuschung war der Professor den ganzen Tag anwesend und versorgte sie zudem mit langweiligen, aber zeitraubenden Schreibarbeiten. Sie hoffte inständig, dass die Sportartikelfirma noch nicht von sich aus wieder anrufen würde.

Als die Firma sich zwei Tage später meldete, der Professor war glücklicherweise abwesend, wusste sie nicht, ob sie vor Wut alle Fensterscheiben des Instituts zertrümmern sollte, oder ob sie ihren Kopf neben das Telefon legen sollte und dort einen See von Tränen erzeugen. So blieb sie wie erstarrt sitzen, die Hand noch auf dem Telefonhörer, durch den die schlechten Nachrichten gedrungen waren. Mit allem hatte sie gerechnet, nur nicht damit, dass Herr Müller ein inkompetenter, aufschneiderischer Praktikant war. Was nützte ihr die Entschuldigung des Firmenchefs höchstpersönlich, wenn ihr das Geschäft ihres Lebens entgangen war? War sie wirklich dazu verdammt, drei Tage in der Woche in einem Büro, das bald abgerissen werden sollte, zu hocken, einen Tag in der Woche Statistikseminare abzuhalten, und einen Tag in der Woche als persönliche Weckbeauftragte eines Professors, den niemand für voll nahm, auf einem Worthülsen produzierenden Kolloquium von Wissenschaftlern zu sitzen, die ihre Aufgabenfelder allesamt selbst erfunden hatten? Sie saß vielleicht eine halbe Stunde so da, vielleicht auch zwei Stunden, vielleicht auch fünf Minuten. Im Aschenbecher lag nur eine Zigarettenkippe, die auf fünf Minuten hindeutete. Plötzlich sprang sie vom Sitz auf und ging in ein vertraut gewordenes Nachbarzimmer hinüber. Sie warf ein wenig Schrott durch die Gegend, hockte sich unter das Fenster neben ihren heute wieder außerordentlich schweigsamen Freund und begrub sich selbst in Schrott. Zu schade, dass der Roboter keine Hand besaß, die sie hätte halten können. So schlug sie die Hände vors Gesicht und begann zu schluchzen bis der Roboter ein ungewohntes Piepen von sich gab, das dem eines Rauchmelders glich. Sie sah den Roboter erstaunt an und nahm dabei die Rauchschwaden wahr, die unter einem Türspalt ins Zimmer zogen. Scheiße, das war wirklich ein Rauchmelder. Sie schüttelte den Schrott ab und sah aus dem Fenster. Auch dort zog schwarzer Rauch vorbei. Sie mussten hier so schnell wie möglich heraus. Sie grub den Roboter aus und schnitt sich dabei in den Finger. Das Fenster hatte keinen Griff. Sie hätte einen Vierkantschlüssel benötigt, um es zu öffnen. Ihr blieb nur die Tür zum Flur. Sie fand einen alten Stofffetzen, der einmal ein Putzlappen gewesen sein mochte, in einer Ecke und knotete sich ihn, so gut es ging, um den Kopf. Dann klemmte sie sich den Roboter unter den Arm und riss die Tür zum Gang auf. Es war höllisch heiß. Sie sah keine Flammen, alles, was sie wahrnehmen konnte, war dichter Rauch. Ihr blieb keine andere Möglichkeit, als zu rennen und zu hoffen, dass sie durchkommen würde. Das war der Moment, als ihr einfiel, dass sie auch hätte die Fensterscheibe einschlagen können. Den Menschen, die behaupteten, dass äußerste Panik zu geistiger Klarheit führte, wäre somit das Gegenteil bewiesen. Sie wollte sich später mit dieser Erkenntnis befassen, falls sie jemals dieses Inferno verlassen sollte. Sie rannte, während ihr der Rauch in den Lungen stach, und sie fast das Bewusstsein verlor. Endlich fand sie sich mit dem Roboter auf der Wiese neben dem Gebäude wieder. Sie keuchend und der Roboter stumm und gleichgültig wie zuvor. Von Ferne hörte sie Feuerwehrsirenen.

Sie musste so schnell wie möglich von der Wiese verschwinden. Sie durften sie hier nicht finden.

Sechs

Professor Farendorf hatte eine vage Erinnerung, dass er etwas vergessen hatte, als er den zehnten Schnaps in Folge hinunterkippte. Der Barmann versuchte Smalltalk mit ihm. „Heute wohl einen schlechten Tag erwischt, Herr Professor?“ Das „Herr Professor“ betonte er spöttisch. „Na ja, mach dir nichts draus, kann ja mal vorkommen. Ich gebe dir einen Rat, lass dich einfach für heute krank schreiben. Es hat ja keinen Sinn, dass du in diesem Zustand noch arbeiten gehst. Nimm‘s mir nicht übel, es ist nicht böse gemeint.“

„Ja ja.“ Frau Radke. Er hatte Frau Radke vergessen. Oder hatte er sie vorher doch noch angerufen, und es war niemand ans Telefon gegangen? Man würde ihn wegen Mordes in den Knast stecken.

„Sei so gut, gib mir noch einen.“

„Ich finde, du hast wirklich genug für heute. Geh nach Hause und schlaf dich aus. Wenn du willst, bringe ich dich nach oben.“

„Nein, nicht nötig,“ sagte der Professor, während der Barhocker unter ihm wegsackte. Morgen musste er aus dieser Stadt verschwinden. Doch vorerst wollte er nur noch schlafen. Der Schmerz in seinem Arm, der vom Aufprall auf den Boden herrührte, war irrelevant.

Sieben

Sie verfluchte den Roboter für seine undurchschaubare Schaltung. Sie konnte ihn doch nicht kilometerweit unter dem Arm tragen. Genauso wenig konnte sie mit ihm in einen Bus einsteigen. Noch weniger konnte der Roboter allerdings neben ihr her stadteinwärts joggen. Alle Möglichkeiten waren fatal. Sie schleppte sich und ihren schweren Begleiter mit den letzten Kräften bis zur nächsten Brachfläche, wo sie den Schutz einiger das Laub verlierender Birken suchte. Sie schaute den Roboter an. Er war unversehrt entkommen. Dann schaute sie an sich hinunter. Ihre Kleidung war rußig und klebte verschwitzt an ihrem Körper. Sie sah, dass sie zitterte, obwohl sie es nicht spürte.

Sie zwang sich, klar zu denken. Sie musste jetzt einen Plan verfolgen. Erstens: Den Roboter verstecken und sich später um ihn kümmern. Verhindern, dass er in Zwischenzeit, falls ihn eine Aktivphase überkommen sollte, davonlief. Zweitens: Irgendwie nach Hause kommen und die rußigen Kleidungsstücke entsorgen. Sie konnte auf keinen Fall wieder am Institut vorbeigehen, denn das würde endlose Verhöre nach sich ziehen.

Sie sah sich den Platz etwas genauer an. Er war recht spärlich bewachsen. Zwischen hohen, einzeln stehenden Grasbüscheln lagen alte aufgeplatzte Sofakissen und Waschmaschinenteile Außer den Birken gab es keine Bäume. Weiter hinten war ein großer Sandhügel. Sie lehnte den Roboter an den Baumstamm und sah sich den Hügel genauer an. Er war kaum bewachsen und recht locker. Es sollte möglich sein, den Roboter hier einzugraben, was natürlich mit der Gefahr verbunden war, dass er Sand ins Getriebe bekommen könnte. Sie musste es trotzdem riskieren. Es war ein merkwürdiges Gefühl, ein Wesen, dass manchmal als lebendig wahrnehmbar war, zu begraben. Sie musste sich daran erinnern, dass er im Grunde eine simple mechanische Konstruktion war. Als sie ihn mit nichts als den eigenen Händen verscharrt hatte, entfernte sie sich weiter stadtauswärts. Sie hatte Angst, zu sehr aufzufallen, wenn sie in einen Bus einstieg. Der Bus, der sie zur Arbeit brachte, transportierte immer nur wenige Fahrgäste. Sie wollte die nächste S-Bahnstation finden, aber ohne dabei nach dem Weg zu fragen. Von der S-Bahn erhoffte sie sich eine größere Anonymität, ein Untergehen in der Masse. Sie durfte nicht riskieren, dass sich jemand an sie erinnerte.

Als sie einige Stunden später in ihrer Wohnung eintraf, war es bereits dunkel. Ihre Mitbewohnerin war aus dem Urlaub zurückgekehrt und beschallte die Wohnung mit lauter Country-Musik. Sie saß im Flur, den Telefonhörer zwischen Ohr und Schulter geklemmt. Sie grüßte Katrin mit einem Kopfnicken, wobei sie in der Bewegung innehielt und die Stirn runzelte. Katrin murmelte „Hallo“ und vermied jeden Blickkontakt. Sie fühlte sich ertappt. Sie musste einen recht wildes Bild abgeben. Sie hatte selbst keine Ahnung, welche Spuren die Ereignisse an ihr hinterlassen hatte, aber sie war sich sicher, dass gleich die Frage ertönen würde: ‚Wie siehst du denn aus?‘

Katrin ging schnell in ihr Zimmer und zog die Tür hinter sich zu. Sie wollte einfach nur ihre Ruhe haben. Gab es keinen Ort, an dem sie ganz vor anderen Menschen sicher war? Johnny Cash war auch in ihrem Zimmer deutlich zu hören. Sie konnte ihrer Kleidung nicht schnell genug entkommen. Sie schlüpfte in einen Bademantel und stopfte die getragene Kleidung in eine Plastiktüte, die sie sorgfältig verknotete. Der beißende Geruch des Rauchs haftete auch ihrer nackten Haut an. Es war ekelhaft, roch jetzt fast noch unangenehmer als vorher. Was, wenn sie den Geruch nie wieder loswerden würde? Wenn er sich in ihrer Nase festgefressen hätte? Sie brauchte so schnell wie möglich Wasser und Seife. Sie hielt es keine Sekunde länger aus.

Als sie den Flur in Richtung Badezimmer durchquerte, hatte ihre Mitbewohnerin aufgehört zu telefonieren.

„Wo kommst du denn her?“

„Ach, das erkläre ich dir lieber später. Wie war dein Urlaub?“

„Traumhaft. Ich hätte noch Wochen bleiben können. Einfach nur relaxen, am Strand aalen, Cocktails schlürfen... Bevor ich es vergesse, vorhin hat dein Professor von der Universität angerufen, wie hieß er doch gleich? Auf jeden Fall klang er etwas verwirrt. Ist der immer so? Er wollte wissen, ob du heute schon zu Hause warst, aber er wollte dir nichts ausrichten lassen, sondern später noch mal anrufen.“

Das war äußerst merkwürdig. Er hatte noch nie bei ihr zu Hause angerufen. Sollte er schon von dem Brand erfahren haben?

„Wann hat er angerufen?“

„Das ist noch nicht so lange her. Vor einer Stunde vielleicht.“

Die Polizei musste ihn informiert haben. Würde sie schon morgen eine Vorladung erhalten? Und selbst wenn, was hatte sie zu befürchten? Sie war unschuldig. Sie konnte selber nicht sagen, warum sie Angst vor der Polizei hatte.

Sie setzte ihren Weg ins Bad fort. Das heiße Wasser war eine Wohltat und ließ sie einen Moment vergessen, dass sie vom Pech verfolgt war. Mit der schwarzen Suppe, die sich von ihrem Körper löste, floss alles aus ihr heraus. Die Wohnung des Professors, die beklemmende Baracke, Rüdiger, ihre Mutter, einfach alles fiel von ihr ab und landete in der Kanalisation. Sie selbst wurde Wasser, ihr fester Körper löste sich auf und mischte sich in das allgemeine Fließen.

Doch sofort stieg die Realität wieder in ihr hoch. Sobald sie diese Dusche verließ, würde sie ihrer Mitbewohnerin Erklärungen abgeben müssen. Was war eine bessere Erklärung als die Wahrheit? Sie hatte in einer Gerümpelkammer gesessen und sich mit einem Roboter unterhalten, als sie den Brand bemerkte und fliehen konnte. Sie hatte so sehr unter Schock gestanden, dass sie gleich vom Ort der Katastrophe fortgegangen war. Sie war eine Weile verstört in der Gegend herumgeirrt, bevor sie nach Hause gefahren war.

Nein, es war besser zu sagen, dass sie in ihrem Büro gesessen hatte, statt in einer Gerümpelkammer in ein Gespräch mit einem Roboter vertieft. Doch was würde sie sagen, wenn sich herausstellen sollte, dass der Brand in ihrem Büro ausgebrochen war? Sie musste in einem Nebenzimmer gewesen sein und etwas gesucht haben. Aber so lange, dass inzwischen ein Brand in vollem Gange sein konnte? Wenn sie mit einer einzigen Lüge anfing, begann sie, sich in Widersprüche zu verstricken, die Logik der Ereignisse zu verletzen. Wenn sie die Wahrheit erzählte, wurde sie ganz und gar unglaubwürdig.

Sie musste sich beruhigen, klare Gedanken fassen, eine Strategie überlegen. Bestenfalls konnte sie ihren Job verlieren, weil sie sich während ihrer Arbeitszeit mit Robotern unterhielt, statt langweilige Artikel zu schreiben. Es gab keinen Grund, dieser Arbeit nachzutrauern. Andererseits, warum sollte sie sich mit nervigen Verhören herumplagen und nicht einfach gleich allem den Rücken kehren? Was sie auch von sich geben würde, klang unglaubwürdig. Besser war es, gleich ganz zu schweigen.

Das Wasser war nur noch lauwarm, ihre Haut hingegen schon fast faltig. Sie trocknete sich in Zeitlupentempo ab und kuschelte sich in ihren Bademantel. Dann ging sie in die Küche und kochte sich einen Johanniskrauttee. In der Küche saß Johanna und schnipselte Gemüse.

„Willst du etwas mitessen?"

„Nein danke, ich glaube, ich habe keinen Hunger." Ihr fiel ein, dass sie seit dem Frühstück nichts mehr gegessen hatte. Ihr war noch immer schlecht vor Aufregung.

„Sag mal, was ist eigentlich mir dir los? Irgendwas stimmt doch nicht."

„Nichts, ich hatte einen schlechten Tag. Außerdem glaube ich, dass ich krank werde. Ich trinke noch einen Tee und lege mich gleich ins Bett."

„Du solltest lieber Holundertee trinken. Der lässt dich deine ganze Grippe in einer Nacht ausschwitzen."

„Hm. Ich habe jetzt keine Lust, noch einen Tee zu kochen. Gute Nacht."

Sie wollte die Unterhaltung über Teesorten und ihre fingierte Grippe nicht fortsetzen. Sie hatte keine Kraft mehr, sich Lügen auszudenken. Sie wollte nur noch ihre Ruhe haben. Sie überkam Panik, wenn sie sich die nächsten Tage vorstellte. Dort würden immer noch die Fragen ihrer Mitbewohnerin sein, später sicher die Fragen der Polizei, der Universität, des Professors, der Freunde, so viele Fragen, zu denen sie keine stimmige Geschichte hatte. Umso stärker wurde ihr Drang, so schnell wie möglich das Weite zu suchen. Vorher musste sie allerdings noch ein Versprechen einlösen.

Die Befreiung des Roboters war mit einem unmenschlichen Verbrechen verbunden. Aber es war der beste Weg. Was das Verbrechen noch unentschuldbarer machte, war allerdings die Tatsache, dass sie gar nicht wusste, was sie mit dem Roboter anfangen sollte. Das Vernünftigste wäre wohl gewesen, ihn dem Professor zurückzugeben. Aber auch dies hätte Erklärungen erfordert, die sie sich entschlossen hatte, nicht mehr abzugeben.

Sie begab sich an dem auf den Brand folgenden Tag in die Nähe der Freifläche, wo sie ihren Freund lebendig begraben hatte. Sie lauerte auf einen unbeobachteten Zeitpunkt. Auf der anderen Straßenseite gab es zweistöckige Reihenhäuser. Der ideale Ort, um junge Familien mit Kindern zu finden. Familien, die ihre spießigen Reihenhaustreppenhäuser für sicher hielten. Familien, die arglos die Werbezettelausträger ins Haus ließen.

Gleich beim dritten Haus hatte sie Erfolg. Nachdem sie auf ihre Meldung ‚Das Wochenblatt' beim zweiten Klingeln eingelassen worden war, entdeckte sie am unteren Treppenabsatz das Objekt ihrer Begierde. Sie klapperte prophylaktisch ein wenig mit den Briefkastendeckeln, so als würde sie Zeitungen einwerfen. Der Kinderwagen war im Prinzip extrem hässlich, dafür aber nagelneu. Sicherlich war es schwierig, Modelle zu finden, die nicht mit kitschigen Bärchenmustern versehen waren. Selbst ein Teddybär saß noch im Wagen. Sie löste die Feststellung der Räder und schob den Kinderwagen aus dem Haus und über die noch immer menschenleere Straße.

Der Roboter erwartete sie stumm, so wie sie ihn zurückgelassen hatte, bis zum Hals im Sand begraben. Er sah wirklich erbärmlich aus. Sie musste sich zusammenreißen. Für jeden normalen Menschen war dies nur ein Haufen Blech neben einem Haufen Sand. Hatte man jemals schon erbärmliches Metall gesehen?

Sie grub den Roboter aus, der gleich daraufhin wild mit den Beinen zu zappeln begann, was es schwierig machte, ihn in den Kinderwagen zu verfrachten. Dieser war allerdings wie genau nach den Maßen des Roboters gefertigt. Vielleicht war es ja auch so, dass sie sich deshalb so zu dem Roboter hingezogen fühlte, weil er die Maße eines Kleinkindes hatte und er einen Beschützerinneninstinkt in ihr weckte. Verlorene Mutterliebe, die nie erwidert werden würde.

Sie deckte ihn mit einer mitgebrachten alten Wolldecke bis über die nicht vorhandenen Ohren zu, stülpte eine Wollmütze über den Blechkubus, der an der Stelle eines Kopfes herausragte und schnallte das ganze Paket im Kinderwagen fest.

Es war seltsam, mit einem Kinderwagen durch die Straßen eines Außenbezirks zu schieben. Sie hatte noch nie einen Kinderwagen geschoben, weder mit noch ohne Inhalt. Alles musste einmal zum ersten Mal geschehen. Und die Umstände waren in jedem Fall mildernde. Sie hatte nichts gegen Kinder, nur hatte sie nie einen Bezug zu Kleinstkindern herstellen können. Die Mittel der Kommunikation waren begrenzt auf Schreien, große Augen machen und Lachen. Die Mittel der Kommunikation, die sie mit Professor Farendorfs Roboter verbanden, waren noch beschränkter. Das sporadische Piepen des Roboters schien in keinem Bedeutungs- oder Funktionszusammenhang zu stehen. Die Kommunikation mit Menschen konnte allerdings noch beschränkter sein, wenn auch das Mittel dazu, die gemeinsame Sprache, gegeben war. Statt einen Austausch herzustellen, produzierte sie nachgeplapperte Allgemeinplätze und Missverständnisse auf ganzer Linie. Konnte es sein, dass die Kommunikation von nicht sprachbegabten Wesen zuweilen besser funktioniert? Und wenn dem so war, lag der Fehler von Babys nicht etwa darin, dass sie keiner Worte kundig waren, sondern darin, dass sie allzu sehr bereit waren, Worte aufzuschnappen und sich anzueignen. So hatte sie die Sache bisher noch nie betrachtet, aber diese Weise rückte ihr ‚Kind' in ein noch viel besseres Licht, da es gar nicht gewillt war, Worte aufzuschnappen, jedenfalls bislang noch nicht.

Dass es in diesem Moment, in dem es im Kinderwagen lag, gerade heftig piepen musste, war allerdings ein wenig unangenehm. Hastig schob sie die Straße entlang aus Angst vor Blicken, die ein niedliches Kindchen erspähen wollten. Natürlich gab es diese in dieser Stadt nicht im Übermaß. Selbst vor den alten Damen hatte die Kommunikationsunlust nicht Halt gemacht.

Sie lief bestimmt zwei Stunden mit dem Kinderwagen gehetzt durch die Stadt. Ein öffentliches Verkehrsmittel zu benutzen, erschien ihr zu riskant.

Zu Hause verstaute sie den Kinderwagen samt Inhalt zunächst im Kohlenkeller, so lange sie nicht wusste, ob ihre Mitbewohnerin da war. Es tat ihr ein wenig leid, ihr Baby schon wieder lieblos der Einsamkeit zu überlassen, nach allem, was es durchgemacht hatte. Aber es ging nicht anders.

Kaum hatte sie die Wohnungstür aufgeschlossen, überfiel sie Johanna schon mit unangenehmen Neuigkeiten:

„Die Kriminalpolizei war hier und hat nach dir gefragt."

„Die was? Was wollen die denn von mir?"

„Wollten sie mir nicht sagen. Aber der Kommissar hat seine Nummer dagelassen, du sollst dich spätestens morgen bei ihm melden."

Sie reichte ihr eine Visitenkarte wie aus einem Fernsehkrimi:

> Oberkommissar Manfred Richter
> Abteilung II a
> Kriminalpolizei Berlin
> Tel. 42354671

„Du bist nicht in irgendwelche komischen Geschichten verwickelt, oder?"

„Ich bin so ahnungslos wie du."

Katrin ging jeglichem Gespräch aus dem Weg. Wenn Johanna und sie es in den zwei Jahren, die sie schon zusammen wohnten, nicht geschafft hatten, miteinander zu reden, brauchten sie jetzt auch nicht damit anzufangen. Bisher hatte ihr Zusammenleben funktioniert wie eine Ehe vom soliden Typ: Weil man sich nichts zu sagen hatte, brauchte man sich auch nicht zu streiten. Wenn ihr Johanna hingegen solche Fragen stellte, die nur aus dem Mund einer Mutter oder eines Ehemanns stammen konnten, fragte sie sich, ob sie sich die ganze Zeit über in Bezug auf ihr Verhältnis getäuscht hatte, die Indifferenz, die ihr Johanna entgegenbrachte, keine Toleranz war sondern ein wohlwollendes mütterliches Beobachten, das beim Abgleiten vom Weg der Normalität in teilnehmende (und daher intolerante) Besorgnis umschlug.

Sie selbst wusste von Johanna nicht viel mehr als die Eckdaten ihres Lebenslaufs, die ihr Johanna beim WG-Vorstellungsgespräch ungefragt aufgetischt hatte, weil sie es so gewohnt war und nicht anders konnte. Zu Johannas Eckdaten gehörte nicht nur, dass sie gerne Country-Musik hörte, sondern auch, dass sie ein sehr ordentlicher Mensch war, der alle seine wichtigen persönlichen Dokumente in der obersten Schreibtischschublade aufbewahrte.

Sobald ihre Mitbewohnerin aus dem Haus gegangen war, entnahm sie der Schublade Johannas Pass und ersetzte ihn durch den ihren, was auf den ersten Blick nicht auffallen würde, da sie nicht annahm, dass Johanna ihn jeden Tag durchblätterte. Obwohl man bei einer gewissen Spezies von ordnungsliebenden Menschen nie wissen konnte. Sie konnten immerhin Angst haben, dass ihnen ihre Identität verloren ging.

Johannas Kreditkarte entwendete sie nur für den Augenblick, in dem sie im Internet den Flug buchte. Sie tat dies alles nicht in böser Absicht, Johanna um Geld zu betrügen – obwohl sie merkte, dass ihr dies auch nicht gerade in der Seele weh tat – sondern aus dem Zwang heraus, unter anderem Namen das Land verlassen zu müssen, und weil Online-Buchungen nur mit Kreditkarte möglich waren.

Sie hatte gerade ihren Rucksack fertig gepackt und überlegte nun, ob sie Johanna oder irgendwelchen anderen Menschen einen Abschiedsbrief schreiben sollte – das Problem war jedoch, dass sie wirklich nicht wusste, was dieser zum Inhalt haben sollte – als es an der Tür klingelte. Sie fuhr zusammen, und das Adrenalin verströmte sich kribbelnd durch ihren gesamten Körper. Richtig, da war ja noch Kommissar Richter, den sie natürlich nicht angerufen hatte. Wieso hätte sie dies auch tun sollen? Sie hatte ihm nichts zu sagen, und ihre Vermutung, dass der Brand aus dem Grunde gelegt worden war, dass sich die Uni eines überflüssigen Fachgebiets entledigen wollte und durch die Vernichtung der Baracke noch den Grundstückswert ihrer Immobilie zu steigern trachtete, würde die Kriminalpolizei wenig interessieren, denn die Suche nach Tatmotiven war ihr eigener Job, abgesehen davon sollte die Kripo selber schlau genug sein, das Offensichtliche zu sehen.

Sie schlich auf Zehenspitzen zur Tür und legte ihr Ohr lauschend dagegen. Es gab leider keinen Türspion. Hörte sie ein schweres Atmen auf der anderen Seite oder war das nur ihr eigenes, das ihre paranoide Phantasie für ein fremdes nahm?

„Hey Katrin, mach die Tür auf, ich weiß, dass du da drin bist. Ich beobachte das Haus seit zwei Stunden, und ich habe dich kommen und nicht wieder gehen gesehen."

Sie riss die Tür auf. Es war nur Rüdiger. Sie wusste nicht, ob sie erleichtert sein sollte.

„Komm schnell rein. Ich will nicht, dass jemand mitbekommt, dass ich hier bin." Sie lotste ihn in ihr Zimmer und schloss auch diese Tür hinter ihnen. „Was willst du denn hier?" giftete sie ihn gleich an.

„Ich sehe, du willst verreisen?" fragte er, ohne auf ihre Worte einzugehen.

„Ja Rüdiger, ich muss hier weg. Ich stecke ganz schön tief in der Scheiße. Deswegen kommst du mir auch äußerst ungelegen."

„Vielleicht kann ich dir ja aus der Scheiße heraushelfen, wenn du mir sagst, um was es geht."

Das Grinsen auf seinem Gesicht gefiel ihr nicht. Es hatte etwas Hinterhältiges, das sonst gar nicht seine Art war.

„Wieso willst du mir auf einmal helfen? Das wäre ja etwas ganz Neues. Außerdem wärst du der Letzte, dem ich mich anvertrauen würde."

„Warum denn nicht? Du kennst mich doch schon so lange."

„Gerade deswegen."

„Habe ich jemals Geheimnisse ausgeplaudert?"

„Nein, das nicht, aber ich habe dir auch nie welche anvertraut. Der Punkt ist, dass du nicht über deine eigene Welt hinausschauen kannst. Noch nie konntest. Du hast nie etwas anderes getan, als den armen verstoßenen Sohn gespielt, der als Kompensation für den Verlust seiner Mutter die Liebe der gesamten Welt verdient hat."

„Katrin, erstens hast du vergessen, dass deine Mutter damals gestorben ist und nicht meine und zweitens brauche ich ganz einfach Geld."

„Ich habe keins."

„Wenn du so tief in der Scheiße steckst und unbedingt fliehen musst, dann musst du doch mindestens eine Bank ausgeraubt haben."

„Schön wäre es. Hör zu, mein Plan ist gescheitert, und trotzdem wird man mich verdächtigen, ganz egal, wofür."

„Katrin, ich habe wirklich jahrelang bewiesen, dass ich schweigen kann. Jahrelang habe ich deinen privaten Psychiater gespielt, ohne einen Pfennig dafür zu nehmen. Gib mir jetzt zweihundert Mark und du kannst mir dein ganzes Herz ausschütten. Letzte Gelegenheit, denn ich sehe, du wirst mich verlassen."

„Du Arsch. Ich habe dich schon vor Jahren verlassen. Du bist derjenige, der mir hinterher gelaufen ist." Sie zog sich langsam an. Auf dem Schreibtisch lag noch immer das leere Blatt und der angekaute Kugelschreiber, die ihre Absicht bekundeten, einen Abschiedsbrief zu schreiben.

„Gut, bring mich zum Flughafen. Unterwegs erzähle ich dir alles, und am Flughafen hole ich zweihundert Mark aus dem Geldautomaten. Die bekommst du übrigens nicht für deine hervorragenden Dienste, sondern dafür, dass du mich für immer in Ruhe lässt, ist das klar?"

Rüdiger folgte ihr schweigend aus der Wohnung.

Erst in der U-Bahn richtete sie wieder ein Wort an ihn, mit gedämpfter Stimme, so dass die anderen Fahrgäste nicht mithören konnten. Als sie ihre Geschichte beendet hatte, sah Rüdiger sie ungläubig an.

„Deswegen bist du auf der Flucht? Du hast doch nichts verbrochen, außer der Sache mit dem Pass vielleicht. Aber der Rest sind doch nur Hirngespinste. Dafür kann dich niemand in den Knast sperren. Höchstens in die Klapse."

„Was noch schlimmer wäre."

Rüdiger sagte nichts mehr. Sie überreichte ihm am Flughafen die versprochenen 200 DM, und sie tranken schweigend ein Bier. Rüdiger umarmte sie herzlos, nachdem sie eingecheckt hatte.

In Malaga verbrannte sie als erstes Johannas Pass. Sie wusste, dass das ein fundamentaler Fehler war. Aber sie schuldete es Johanna. Von jetzt an würde sie ohne einen Namen durchkommen müssen, weder mit einem fremden noch mit ihrem eigenen. In diesem Moment entsprang die Idee, nur mit einem Lächeln durchzukommen. Hier lag eine echte Herausforderung, und sie gab einem nicht vorhandenen Gott ein Versprechen, dass sie nicht mehr zu formulieren brauchte, denn die Zeit des Formulierens war für sie abgelaufen.

Acht

Es fehlten noch drei Monate und zwölf Tage bis zu dem Zeitpunkt, an dem sie wieder würde reden dürfen. Wer wusste schon, ob sie bis dahin noch in der Lage sein würde, ihre Stimme zu erheben oder ob ihre Stimmbänder längst verkümmert sein würden – ja, ob sie es nicht schon längst waren, ob sie nicht viel mehr als ein Krächzen zustande bringen würde oder noch nicht einmal das?

Sie saß an der Bar und starrte das Etikett ihrer Bierflasche an. Sie betrachtete sehnsüchtig das Zigarettenpäckchen, das ihr Nachbar achtlos auf den Tresen gelegt hatte, aber sie wagte es nicht zu rauchen, denn in letzter Zeit verursachte das Rauchen bei ihr schnell einen Hustenreiz, der sie zwingen würde, ihre Stimme zu erheben. War ein Husten schon ein Bruch des Schweigens? Nicht sprachlich, aber doch eindeutig mit Bedeutung belegt.

Die Bierflasche türmte sich in ihrem dunklen Braun vor dem Barkeeper auf, den sie dadurch in zwei Hälften gespalten wahrnahm. Auf dem Etikett prangte ein seine knallrote Zunge auskotzender schwarzer Adler. Sein eines Auge schaute ausdruckslos durch sie hindurch. Er war blind für die Welt. Sie hingegen sah alles. Ihre Augen hatten in dem vergangenen Jahr, acht Monaten und achtzehn Tagen dazugelernt. Vorher hatte sie es nicht verstanden zu sehen. Die Behauptung einiger Menschen, dass die Wahrnehmungsweise der Welt zu sehr durch Bilder bestimmt sei, hatte sich als nicht wahr erwiesen. Die Welt war eindeutig durch Worte bestimmt. Aber dies war eine Erkenntnis, zu der sie nie gelangen würden, solange sie nicht ihrem eigenen Schweigen lauschten. Das taten die meisten nicht einmal fünf Minuten lang. Vielleicht in den letzten fünf Minuten vor dem Einschlafen, aber sie glaubte eher, dass sie dann noch im Halbschlaf Diskussionen mit sich selbst führten.

Sie setzte die Flasche an die Lippen. Spürte die kühle feuchte Rundung ihre Oberlippe küssen. Wie lang lag der letzte Kuss eines menschlichen Wesens zurück? Es war gleichgültig geworden im Verlauf der Zeit. Sicher, dort waren Momente gewesen, in denen sie vor Verlangen fast vergangen war. Waren gekommen und waren vorbeigegangen, während sie dem Rauschen der Blätter der Bäume gelauscht hatte und sich am Blau des Himmels berauscht hatte. Noch immer war sie überzeugt, dass es besser so war und dreieinhalb Monate erschienen ihr eine bedenkliche Nähe für einen Augenblick, der ihr Leben wieder der Normalität zurückgeben sollte, wo sie dieser Normalität doch in einer Weise entwachsen war, die sie gleichsam mit den Bildern hatte eins werden lassen.

Sie könnte ihren ‚Vertrag' verlängern. Niemand konnte sie zwingen, jemals wieder die Stimme zu erheben. War es nicht eine Verlockung, stumm zu bleiben wie der Adler auf der Bierflasche, nur nicht so blind wie dieser? Es gab Dinge, die sie entbehrte, in der Tat, aber das alleine war noch kein Grund, das Laster der sprachlichen Bedeutungszuschreibungen wieder zu beginnen. Es lag nur keine Herausforderung darin, den Vertrag zu verlängern. Es kam ihr feige vor. Die echte Herausforderung lag darin, mit dem ganzen Quatsch wieder zu beginnen, obwohl er sinnlos war. Die verbleibende Zeit konnte sie förmlich als Schonfrist genießen.

Die Zeit der Meditation war lange vorbei, auch wenn sie damals geglaubt hatte, dass sie nie wieder damit würde aufhören können. Immer auf der Suche nach dem inneren Frieden. Welch eine lächerliche Idee. Der Versuch, den inneren Frieden als Bild zu denken, musste fehlschlagen, konnte nur als Klischee eines gealterten dümmlich grinsenden Fakirs gedacht werden. Der innere Frieden war ein abstrakter Begriff einer idealistisch gefärbten Selbstfindungsideologie, die sie verabscheute, oder erst zu verabscheuen gelernt hatte, obwohl sie im Grunde schon immer zu kritisch dafür gewesen war. Sie wusste, dass die Menschen, die sie sahen, sie für gewöhnlich in eine Schublade dieser Ideologie einordneten, und sie hatte kein Mittel, ihnen zu erklären, dass dem nicht so wahr. Ihre Entscheidung, nicht mehr zu reden war von keiner Ideologie geleitet, sondern war das Ergebnis einer vernünftigen Analyse gewesen. Egal was sie sagte, immer hätte sie sich nur reinreden können. Die Worte waren nichts als ein Werkzeug der anderen, willentlich falsch zu verstehen. Sie musste jetzt zugeben, dass die Meditation eine Sackgasse war, eine Verklärung, die mit dem Schweigen über sie hereingebrochen war, die aber mit dem Flug ihrer Gedanken verflogen war. Ihre Gedanken wollten sich einfach nicht auf den inneren Frieden einschwören lassen.

All jene Hippies, die zuviel redeten, wenn sie nicht gerade total bekifft in der Gegend verstreut herumlagen. Wenn sie ihnen erklärte, dass sie meditierte, begriffen sie natürlich, dass sie eine ernsthafte Mission der Selbstfindung hatte und ließen sie daher in Ruhe. Nichts begriffen sie. Am Anfang hatte sie auch nichts begriffen. Hatte nur die Notwendigkeit, ihr Leben grundlegend zu verändern mit einer fast schmerzhaften Dringlichkeit verspürt. Wenn sie den Wunsch hatte, sich zu erklären, auch wenn sie dazu keine Worte gebrauchte, hatte sie auch nichts begriffen, das sah sie jetzt.

Sie musste zugeben, dass sie noch immer nichts begriffen hatte, außer dass sie sich momentan einen Kuss oder eine Zigarette wünschte, beides orale Befriedigungen, von denen man nicht genau sagen, konnte, ob sie mit dem Schweigen konform gingen, war doch zumindest das Küssen eine orale Ausdrucksform.

Sie saß im Schneidersitz auf dem Boden ihres ‚Hauses'. Die Hitze draußen war unerträglich, der Lärm der Zikaden ebenfalls. Sie hätte nie geglaubt, dass so kleine Tiere einen solchen Lärm veranstalten konnten. Manchmal fühlte sie sich eher wie in einer Fabrikhalle als in der freien Natur. Sie liebte diesen Ort und konnte sich immer weniger vorstellen, ihn jemals wieder zu verlassen, auch wenn sie ursprünglich nur für ein paar Wochen gekommen war, um wieder geistige Klarheit zu erlangen. Sie war schnell von Malaga so weit wie möglich aus der Zivilisation geflohen. Als sie ankam, an einem Ort, dessen Existenz sie aus Gesprächen von zwanzigjährigen Hippie-Kindern auf der Heimreise zu ihren Eltern und ihrer beginnenden Karriere, die einen Sommer lang den Geschmack der Freiheit hatten kosten wollen, ohne ihn jemals gegen ihr bequemes Leben in der Zivilisation eintauschen zu wollen, aufgeschnappt hatte, war dieser schon fast von diesen Alternativtouristen verlassen. Sie verliebte sich sofort in den Ort. Die überwinternden Bewohner waren meist schweigsam und angenehm, und man lief sich nicht zu oft über den Weg. Erst das erste Maiwochenende gab ihr einen Vorgeschmack, dass sie sich hier eigentlich im Zentrum der Zivilisation befand, in deren Fluchtzentrum, das für Wochenendflüchtlinge ebenso brauchbar war, wie für Dauerflüchtige wie sie selbst. Doch die Zivilisation, vor der sie flüchteten haftete ihnen unweigerlich an, und machte sich dort breit, wo sie sich aufhielten.

Inzwischen hatte sie sich fast häuslich eingerichtet. Ihr Haus, das waren einige aufeinander geschichtete Steine, die sich in eine Felsnische schmiegten und von einem Dach aus Schilfrohr und Plastikplanen und Tüchern überspannt war. Sie hatte das Haus auf ihren Erkundungen des Tals gefunden. Wie viele andere solcher Häuser und ausgebauter Höhlen war es gebaut, wieder verlassen, von anderen bewohnt, die daran weitergebaut hatten und wieder verlassen hatten, bis sie es gefunden hatte, die es auch eines Tages wieder verlassen würde. Sie hatte es ihrerseits eingerichtet, den sandigen Boden mit Decken ausgelegt, eine Küchennische und eine kleine Kochstelle aus Steinen gebaut, ihre wenigen Küchenutensilien an Haken an der Dachkonstruktion aufgehängt. In einer Ecke stand eine erblindete Spiegelscherbe, daneben ein grüner Zweig in einem leeren Marmeladenglas, das als Blumenvase diente, daneben lagen ihre drei Bücher und ihre wenige Wäsche zum Wechseln. Das Foto von Rüdiger und sich, das sie beide in Granada gemacht hatten und das sie erst neben dem Spiegel aufgestellt hatte, hatte sie wieder in einem Kistchen verstaut.

Die Hitze löste in ihr ein schier unstillbares Bedürfnis nach Zucker aus, das sie nur unzureichend mit frischen Feigen befriedigen konnte, auch wenn sie davon solche Unmengen aß, dass sie manchmal Bauchschmerzen bekam. Im Moment waren ihre Feigen verzehrt, und sie würde erst abends wieder weiter ins Tal hineingehen, um Jagd auf die blauen Früchte zu machen. Im Moment mochte sie sich keinen Schritt durch die Sonne bewegen. Dabei wäre es viel besser jetzt zu einer der Höhlen am Berghang hinaufzuklettern, denn in deren Schatten würde eine angenehme Kühle herrschen. Sie konnte sich jedoch nicht überwinden, einen Schritt in die knallende Sonne hinauszutun, aus Angst, dass sie schlagartig in einem Schwindelanfall zusammenzubrechen.

Dann waren da die Fliegen. Die Fliegen waren ein gutes Argument dafür, den Aufstieg zu wagen. Oben am Berghang gab es derer weitaus weniger. Die Fliegen erdreisteten sich, sie morgens zu wecken, indem sie ihr in die Nasenlöcher krochen und um ihren Kopf herumschwirrten. Sie gingen erst abends nach Sonnenuntergang wieder schlafen. Unten an der Quelle, wo die ganzen Eintagshippies hausten und die Fliegen mit ihren Exkrementen fütterten, war es allerdings noch viel schlimmer. Jetzt ging gerade eine Fliege zwischen ihren Zehen spazieren. Sie nicht zu verscheuchen war eine gute Übung für die Meditation.

Was war Meditation? Sie erinnerte sich an ein Buch mit dem Titel: 'Was ist Meditation?' Meditation bedeutete aber gerade, sich nicht zu erinnern, sondern das Denken ganz und gar abzuschalten. Das war ihr schon immer schwergefallen. Manchmal hatte sie das Gefühl, dass ihre Gedanken eine eigene Welt bildeten, über die sie keine Macht hatte, und die merkwürdig zirkulär gestaltet war. Das Abschalten ihrer eigenständigen zirkulären Gedankenwelt versuchte sie über eine einfache Übung: Sie vergaß ihre eigene Existenz und beschränkte sich auf die Wahrnehmung der Umgebung. Da lag hinter ihr die Höhle aus rauem, weißen Kalksandstein, die sie zwar nicht sah, deren Kühle sie jedoch im Rücken spürte. Vor ihr lag langgestreckt das Tal, der gegenüberliegende Hang mit trockenem dornigem Gestrüpp bewachsen. Über dem Hang begann der unbarmherzig blau strahlende Himmel, auf dem sich keine Wolke zeigte. Zur Linken schloss sich das Tal, zur Rechten lag das Meer, das sie jedoch von dieser Höhle aus nicht sehen konnte. Die Luft war von dessen salzigem Geruch erfüllt und alle Geräusche die sie vernahm, wehten vom Meer herüber: das sanfte Auflaufen der Wellen, zuweilen das nervige, insektenähnliche Gebrumm von Motorbooten, der dumpfe Rhythmus einer Trommel und immer wieder Fetzen von Stimmen. Das Tal war sehr hellhörig. Die Beobachtung der Umgebung war natürlich noch keine Meditation. Als nächstes hieß es in diese Welt der sinnlichen Wahrnehmung eintauchen und darüber das Selbst und seine Befindlichkeit auszuschalten. Der dritte Schritt war dann die Rückkehr in dieses Selbst, das nun weder Gedanken noch Befindlichkeiten seiner Körperteile kannte und das Ausschalten der sinnlichen Wahrnehmung. Dieser Schritt war das Eintauchen in die Tiefen einer völligen inneren Leere. Sie erreichte dieses Stadium nur selten. Meistens verharrte sie im Stadium der Konzentration auf die Sinneswahrnehmung der Umgebung oder sie fiel, wenn sie diese versuchte abzuschalten, in die Wahrnehmung ihrer Gliedmaßen und deren Schmerzen aufgrund der unbequemen Körperhaltung zurück.

Für die anderen Hippies war sie nur die Verrückte mit den strahlenden Augen und dem verwunderten Blick, von der man nicht sagen konnte, ob sie auf einem Drogentrip hängen geblieben war oder ob sie aus irgendwelchen Gründen ein Schweigegelübde abgelegt hatte. Sie wusste das, weil man über sie redete, als wäre sie nicht nur stumm, sondern auch taub. Wenn sie die neu angekommenen Hippies zum ersten Mal besuchte, las sie das Misstrauen in ihren Augen, dass sich hauptsächlich auf ihre spärlichen materiellen Besitztümer bezog, von denen sie fürchteten, dass sie sie ihnen streitig machen könnte. Sie wagten nie, sie wegzuschicken, auch wenn sie merkten, dass sie perfekt verstand. Der Blick aus ihren blauen Augen schüchterte sie ein. Mit einer schweigenden Person konnten sie nicht umgehen. Sie merkte ihre Erleichterung beim ersten Mal, als sie wieder fortging. Später wurde sie dann als harmlos aber verrückt eingestuft. Ihr Kommen und Gehen wurde ebenfalls schweigend akzeptiert, gelegentlich wurde ihr ein Teller Essen zugeschoben. Sie erregte also auch Mitleid.

Was manchmal durchaus praktisch war, denn so konnte sie sich darauf einrichten, dass andere für sie sorgten, wenn sie selbst sich nicht die Mühe machen wollte. Die körpereigene Faulheit konnte unbegrenzt sein und soweit gehen, dass sie ihre körperliche Existenz vergaß. Aber es war erstaunlich, wie sehr Menschen davon ausgingen, dass eine schweigende Person sich nicht allein in der Welt zurechtfinden konnte. Sie konnte sich sehr wohl allein in der Welt zurechtfinden. In der Tat war sie lange nicht mehr so sehr auf sich gestellt gewesen wie jetzt. Am Anfang hatte sie den Vorzug genutzt, um sich noch weiter der Meditation widmen zu können. Jetzt meditierte sie schon seit einiger Zeit nicht mehr, aber sie wusste nicht, ob dieser Wandel irgend jemandem aufgefallen war. Für die anderen war sie einfach nicht verstehbar, Punkt. Sie hielten sie für äußerst mysteriös, was aber nicht bedeutete, dass sie sich großartig Gedanken über sie machten. Wer machte sich an diesem Ort schon Gedanken über andere?

Zu Beginn des Sommers, als sie die Einsamkeit kaum noch ertragen hatte, war sie abends zum Strand gelaufen, hatte sich in der Dunkelheit mit den Füßen über die steilen Hänge des Canyons getastet, eine Taschenlampe hatte sie nie benutzt. Das entsprach keiner Überzeugung, lag nur einfach daran, dass sie keine mitgebracht hatte. Allmählich hatte sie sich an den Zustand gewöhnt und die tastende Fortbewegung schätzen gelernt. Auf diese Weise hatte sie fast jeden Abend ‚Freunde' besucht, das waren zumeist Menschen, die nur wenige Wochen blieben und von denen sie nach wie vor wenig wusste, mit denen sich aber in angenehmer Atmosphäre zusammen rauchen und in den Sternenhimmel schauen ließ.

Das Schweigen hatte die Meditation nicht vereinfacht. Die Konzentration auf das Innere blieb aus, selbst, wenn man sich kommunikativ von der Umwelt abschnitt. Statt dessen hatte es ihr aber geholfen, eine neue Dimension der Umwelterfahrung zu erreichen, es hatte ihre Sinne geschärft, nicht aber ihre innere Stimme. Ihre Augen hatten in der Zeit eine merkwürdige Veränderung erfahren. Sie war erschrocken, als sie zum ersten Mal wieder ihrem Spiegelbild begegnet war. Die Augen verströmten ein Leuchten, das ihr aus der Vergangenheit ganz fremd war, so als wären sie mit radioaktiven Brennelementen bestückt worden. Es war fast furchteinflößend, dann aber doch wieder sympathisch verrückt. Sie liebte es, verrückt auszusehen. An diesem Tag verliebte sie sich in ihr Spiegelbild, ohne aber gleichzeitig die Sehnsucht zu entwickeln, ihm so bald wie möglich wieder zu begegnen. Es war ein sehr offenes und aufgeklärtes Liebesverhältnis.

Es hätte auch alles ganz anders kommen können. Zum Beispiel hätte sie Rüdiger mitnehmen können anstatt sich von ihm um Geld erpressen zu lassen, ohne dass er wirklich ein Druckmittel in der Hand gehabt hätte. Sie hätte ihr großzügig verschenktes Geld auf diese Art eigennütziger anlegen können. Warum hatte sie ihn so sehr gehasst? Warum war sie so entschlossen gewesen, ihn für immer loszuwerden? Im Grunde genommen war er ein lieber Junge. Vielleicht ein wenig trottelig. Vielleicht war er der einzige Mensch, der ihr je vertraut hatte. Zugegeben, sie waren zu verschieden, wobei der Altersunterschied noch der geringste war. Sie war der Meinung, dass sie eine Person war, die ihr eigenes Leben im Griff hatte. Alle Entscheidungen, auch die, ihrem bisherigen Leben den Rücken zu kehren, hatte sie bewusst getroffen. Rüdiger dagegen ließ sich treiben, klammerte sich an Strohhalmen fest, oder an Joints, um zu vergessen. Trotzdem hätte sie seine Zuneigung annehmen können.

Sie hätte sich auch in Rüdiger verlieben können, warum eigentlich nicht? Sie hätte all das auskosten können, was nur der eigene Geist unter dem Aspekt der Sehnsucht produzieren konnte. Konnte sich Sehnsucht aber auf einen Menschen beziehen, der an der eigenen Seite stand? Lebte die Sehnsucht nicht gerade von der Distanz? Und doch implizierte sie auch ein Auskosten zusammen verbrachter Momente, ein Ansammeln eines paradiesischen Einheitszustandes, der nicht ansammelbar war, nicht wirklich existierte. Es gab nur Momentaufnahmen, die später eine lückenhafte Erinnerung bilden würden. Es war unmöglich, einen Zeitraum zu erinnern, die Erinnerung sprang zwischen Fetzen, vermochte nur unter äußerster Willensanstrengung eine Kontinuität herzustellen und schweifte selbst dabei ab.

Welche Frau hatte nicht schon immer von einem jungen Geliebten geträumt, der so bewundernswert war in seiner Jugend, dessen Zuneigung aufbaute, weil sie dem üblichen Muster der Suche der Männer nach jungen hübschen Frauen entgegenlief?

Und doch träumte sie nicht allzu viel von der Liebe, das Thema war in ihrem Leben immer eher unwichtig gewesen, und sie hatte nie verstanden, wie ihm andere Leute eine solche Relevanz beimessen konnten. Es war durchaus möglich, sich selbst zu genügen, und dadurch ersparte man sich sogar einiges an unnötigen Auseinandersetzungen. Die große Liebe, die diese rationale Einsicht aus den Angeln hob, war in ihr Leben noch nie hereingebrochen, und sie fragte sich, wenn dies bis jetzt nicht geschehen war, ob es dann jemals noch geschehen sollte oder ob sie einfach nicht die Veranlagung zu solchen Gefühlswellen hatte.

Hätte sie sich in Rüdiger verliebt, es wäre eine Liebe gewesen, die wusste auf welchen Beinen sie stand und auf welchen eben nicht. Es wäre keine große Leidenschaft über sie hereingebrochen außer vielleicht einigen hormonell induzierten Momenten.

Sie hätte mit Rüdiger an einem perfekten sonnigen Tag in einem Café gesessen, einen Seufzer des Glücks ausgestoßen und ihren Blick gegen das Blau des Himmels gewandt auf dem vereinzelte Schäfchenwolken langsam passierten. Es wäre ein später Vormittag oder auch ein früher Nachmittag gewesen und sie wären vorher ein wenig nebeneinander durch die malerischen Gassen Granadas gelaufen. Sie hätten keine besonderen Pläne gehabt, außer sich treiben zu lassen. Die Alhambra wäre ihnen noch immer zu voll und sie hätten keine Lust gehabt, Stunden für Eintrittskarten anzustehen. Rüdiger interessierte sich auch nicht besonders für Kultur und Geschichte. In diesem Moment würde er den ersten Joint des Tages bauen, obwohl Katrin Bedenken hätte, dies in Spanien auf offener Straße zu tun. Aber Rüdiger war für sich selbst verantwortlich, auch wenn sie in diesem Fall mitverhaftet worden wäre.

Sie wären seit einigen Tagen in Granada und dort in einem billigen Hostel abgestiegen, in einem Zimmer, dass sie mit zwei anderen teilten, weil sie sich kein Doppelzimmer leisten könnten. Sie planten bald an den Strand weiterzufahren und dort im Freien zu schlafen. Einmal hätten sie nachts im Park nach einem ruhigen Platz Ausschau gehalten, um übereinander herzufallen, doch alle Plätze waren auch nachts belebt und die Polizei patrouillierte ständig den Hauptweg auf und ab. Aber es war egal, sie konnten auch kiffen und knutschen.

In diesem Moment hätten sie sich nicht allzu viel zu sagen gehabt in ihrem Glück. Beide hätten sich einfach in die Betrachtung des Himmels der gegenüberliegenden Häuserfassaden und der Passanten vertieft. Katrin hätte Rüdigers Hand ergriffen, die ihr bald darauf wieder entglitten wäre.

„Weißt du Rüdiger, wie können wir uns verlieben, wenn wir wissen, dass wir voneinander als unsere Ex-Beziehungen reden werden? Wie können wir uns verlieben, wenn wir wissen dass unser Begehren sich in Genervtheit oder auch nur Langeweile verkehren wird? Wie können wir die körperliche Nähe auskosten, wenn uns mehr und mehr die Mängel des anderen Körpers in die Augen fallen werden, nunmehr von dem Band der Gewohnheit aneinander gekettet, nicht von echtem Verlangen? Der Körper braucht seine Portion 37-Grad-Wärme. Je öfter wir sie bekommen, desto schwerer fällt uns der Entzug. Wie können wir unsere Meinungen austauschen, wenn wir wissen, dass sich unsere Meinungsverschiedenheiten niemals lösen werden und unsere Diskussionen sich im Kreis drehen werden? Wie können wir uns überhaupt unterhalten, wenn wir wissen, dass uns schon bald die Themen ausgehen werden und unsere Unterhaltung eine ewige Wiederholungsschleife passieren wird?

Wie können wir überhaupt nur einen Tag miteinander verbringen, wenn wir wissen, dass das Zusammensein schon bald nicht mehr so spannend sein wird wie am ersten Tag? Wie können wir uns kennen lernen wollen, gut wir kennen uns bereits, ich meine als Mann und Frau kennen lernen, wenn wir dadurch den Reiz des Neuen für immer verlieren?

Bald schon werde ich dich einreihen und du wirst mich einreihen in eine Kette vergangener Liebschaften, ein Glied unter vielen, jedes individuell aber nicht mehr hervorstechend. Mein Glanz wird in deinen Augen erlöschen. Du wirst in aller Seelenruhe an mich denken können, ohne dass du Sehnsucht verspüren wirst. Ich werde dir unbewegt zuschauen können, wie du mit einer anderen knutscht, und der Pfeil der Eifersucht wird mich nicht treffen.

Sag mir also, wenn wir all das wissen, wie können wir uns verlieben?“

„Wer sagt denn, dass ich in dich verliebt bin?“

Sie hätten, um der Langeweile einer banalen Beziehung zu entgehen, ein Gangsterpärchen werden und gemeinsam Banken überfallen können. Einfache Bonnie-und-Clyde-Romantik. Die innere Einheit durch Schaffung von äußeren Problemen herstellen.

Entgegen ihrer absurden Rüdiger-Phantasien, war ihre romatischste Begegnung in den letzten zwei Jahren eine, die sie in Granada gemacht hatte. Sie saß in einer engen Gasse vor einer arabischen Teestube. Dort waren einige kleine Tische und Korbsessel aufgestellt. Auf einmal setzte sich eine Person zu ihr, stellte sich als Ali vor, ergriff ihre Hand und sagte: „Ich könnte dich auf der Stelle heiraten." Er war sehr nett, auch wenn sie ihn nicht kannte. Sie brachte es nicht über das Herz, ihm mit Schweigen zu antworten. So kritzelte sie auf einen Zettel: Das geht leider nicht. Ich bin rechtlich gesehen niemand mehr. Ich habe meine Identität vernichtet. Ich habe vor ein paar Tagen meinen Pass verbrannt.

Wie war die Zahl zwei aufgekommen? War sie von Anfang an da gewesen, oder hatte sie sich allmählich in ihrem Bewusstsein geformt? Wenn sie sich allmählich geformt hatte, hatte sie die zwei dann auf die Zeit zurückgerechnet, in der die zwei noch nicht in ihrem Bewusstsein präsent gewesen war, sie aber trotzdem schon geschwiegen hatte, so wie man die Untersuchungshaft später mit der urteilsgemäßen Gefängnisstrafe verrechnete? Zwei Jahre waren ein mildes Urteil, wenn man es so betrachtete. Sie schob die Frage nach dem Ursprung als unsinnig beiseite. Nicht für diese Nacht bestimmt.

Der Adler kotzte noch immer an seiner Zunge, die leider im Hals festgewachsen war. Ihr Tresennachbar bot ihr eine Zigarette an, indem er ihr das geöffnete Päckchen entgegenschob. Sie konnte nicht ablehnen.

„Du redest nicht viel, nicht wahr?" bemerkte er, schien aber nicht wirklich eine Antwort zu erwarten. Sie sah ihn an, bis er ihr Feuer gab. Sie verschluckte sich gleich beim ersten Zug am Rauch. Sie hatte lange nicht mehr geraucht. Die Fähigkeit war ihr irgendwo zwischen den Hippies abhanden gekommen, als sie angefangen hatte, den Zustand der permanenten Bekifftheit zu hassen. Das war der Anfang vom Ende gewesen. Sie hatte das Strandleben und die Hippies lange hinter sich gelassen. Den Ort liebte sie noch immer, aber er war nicht mehr ihr Ort gewesen. Hippieorte veränderten sich rasant.

Aber noch mehr hatte sie sich verändert. Der innere Frieden war nicht mehr das Ziel und daher hatte sie beschlossen, zurück in die Stadt zu ziehen. Was sie keinen Tag von den zwei Jahren abrücken ließ.

Sie schüttelte den Kopf, was eine verspätete Antwort auf die Frage des Mannes am Tresen sein mochte, doch er schenkte ihr schon keine Beachtung mehr, sondern war dazu übergegangen, dem Barkeeper seine Lebensgeschichte zu erzählen, die dieser bestimmt schon in- und auswendig kannte. Dennoch lieh er dem Mann geduldig ein Ohr, während er Gläser spülte. Trank hier überhaupt jemand etwas anderes als Bier aus Flaschen?

Der Mann erzählte eine herzzerreißende Geschichte, die ihren Höhepunkt darin fand, dass seine Frau mit einem reichen alten Touristen durchgebrannt war, weil er einfach keinen Job finden konnte, um ihr gelegentlich Geschenke machen zu können, geschweige denn genug Geld hatte, um sich und sie überhaupt zu ernähren.

Sie hatte ihr Höhlendasein aufgegeben, als der zweite Winter mit Sturm, Regen und Kälte kam. Der Strand hatte sich bis auf einige letzte Höhlenhippies geleert. Die meisten wohnten in den Höhlen in der Nähe des Strandes. Auf der Seite der Bar lag die Kolonie der deutschen Ex-Junkies, auf der Seite der Burg, eines verfallenen Gebäudes ohne Dach, das einen halben Turm und Burgzinnen aufwies, wohnten junge italienische Hippie-Punks. Mit beiden Kolonien hatte sie wenig zu tun. Sie kannte alle vom Sehen. Selbstverständlich hatte sie sich nie mit ihnen unterhalten. Sie akzeptierten sie, stellten keine Fragen, wenn sie sich zu ihnen setzte, doch seit sie aufgehört hatte zu kiffen, schuf auch dies keine soziale Bindung mehr.

Weiter hinten im Tal, dort, wo ihr Haus lag, wohnten einige eigenbrötlerische Einsiedler, die wahrscheinlich tagelang genauso wenig redeten wie sie selbst. Mit einem von ihnen, er war ihr nächster Nachbar, pflegte sie eine merkwürdige Freundschaft, die nicht auf Kenntnis von Vergangenheit und Zukunft beruhte. Sie beruhte im großen und ganzen auf den Austausch von Geschenken. In San Pedro war die Nahrungsbeschaffung mit einigen Schwierigkeiten verbunden. Die größte war der Fußweg, der Hinweg, nur mit dem Müll der vergangenen Woche beladen, noch ein vergleichsweise harmloser Spaziergang, der Rückweg hingegen ein beschwerlicher Gepäckmarsch, der einem das Gefühl gab, sich von einem menschlichen Wesen in einen Packesel verwandelt zu haben. Hinzu kam im Sommer die Hitze, im Winter der Regen und der kalte Wind vom Meer her, der einen direkt gegen den kargen Berghang drücken wollte.

Einkaufen war ein äußerst rationales Geschäft. Der Wasseranteil des zu Transportierenden durfte nicht zu hoch sein. Frisches Obst und Gemüse waren ohnehin kaum erhältlich. Milchprodukte waren verboten, da die Hitze sie innerhalb von Stunden sauer werden ließ.

All diese Dinge konnten nur direkt vor dem Laden konsumiert werden und dann im Magen mit sich herumgetragen, was allerdings den Marsch um so beschwerlicher machte.

Hinzu kam die Schwierigkeit, dass sie nicht wirklich Geld hatte, um einzukaufen. Es blieb die Frage nach altem Brot beim Bäcker, aber was an anderen Orten in Spanien eine Selbstverständlichkeit war, wurde hier zum Problem, weil die Schnorrerpopulation überhand genommen hatte, besonders wenn man über keinen verbalen Überzeugungskünste verfügte.

Der Einkauf beschränkte sich also prinzipiell auf Reis, Mehl, Spaghetti, Tomatenmark, Kaffee, Zucker, das Gemüse des Tages, Kerzen, Knoblauch. Manchmal glaubte sie, dass ihre Vitaminzufuhr sich einzig und allein auf Knoblauch beschränkte. In der letzten Zeit dachte sie immer daran, ihrem Nachbarn ein Geschenk mitzubringen.

Im Sommer nahm sie den Rückweg durch das Barranco, ein ausgetrocknetes Flusstal. Wenn ihr vor dem Einbruch der Dunkelheit Zeit blieb, ließ sie sich von einem Feigenbaum zum nächsten treiben, schlug sich den Bauch mit den blauen Früchten voll bis ihr Mund von deren weißen Saft verklebte und der Magen revoltierte. Danach füllte sie eine Plastiktüte mit den Früchten und fügte sie dem Gepäck auf ihrem Rücken hinzu. Manchmal hatte sie Glück und fand einen der kleinen Mandelbäume mit reifen Mandeln. Früher hatte sie sich unter Mandelbäumen immer richtige alte knorrige Bäume vorgestellt, vielleicht wegen der berühmten Mandelblüte, die nicht wirklich von so winzigen Bäumen herrühren konnte, die etwa so groß waren wie die Strauchrosen im Garten ihrer Eltern. Von den Kaktusfeigen hielt sie sich in der Regel fern, außer wenn sie viel Zeit und Geduld und die nötigen Werkzeuge mitbrachte. Ihre erste Neugierde hatte ihre zehn Fingerkuppen mit Stacheln durchsetzt, die sie erst im Verlauf der nächsten Tage wieder mühevoll entfernt hatte, und die in dieser Zeit jeden Handgriff zur Tortur gemacht hatten.

Sie liebte den Gang durchs Barranco, trotz allen Schweißes, den sie dort verloren hatte, sie liebte die von den Feigenkakteen überwucherten Terrassenfelder, das immens hohe Schilfgras am Ortseingang von Las Negras, in dessen Dickicht sich der Müll sammelte, die von den steinigen Hängen aufragenden ‚Pitas', die meterhohen Blütenstände der Agaven, die etwas sehr phallisches an sich hatten, und die die Hippies am Strand verwendeten, um daraus Trommeln zu bauen. Ihr unteres Ende war breit wie ein Baumstamm und innen hohl.

Ihren Nachbarn hatte sie in ihrem ersten Feigenfieber kennen gelernt. Sie hatte nicht aufhören können zu essen und zu pflücken und hatte eine große Tüte mit den süßen klebrigen Früchten gefüllt. Sobald sie in ihrer Höhle angelangt war, kam ihr die Menge an Feigen pervers vor, und als ihr Nachbar an der Höhle vorbeilief (er nahm diesen Weg nicht oft, normalerweise benutzte er den auf der anderen Seite des Tals, und sie glaubte, das lag daran, dass er sie nicht stören mochte, was sie sehr schätzte) winkte sie ihn heran und gab ihm die Tüte, aus der sie die Hälfte bereits auf eine alte Zeitung in der Ecke ihrer Höhle ausgeleert hatte.

Er bedankte sich mit wenigen Worten, sah, dass sie nicht an einer Konversation interessiert war, oder wahrscheinlich wusste er schon von ihrer mysteriösen Verschwiegenheit, und ging danach seines Wegs. Am nächsten Tag fand sie vor ihrem Höhleneingang ein paar dunkelrote Tomaten und drei Kartoffeln, als sie von der Meditation zurückkam. Von dem Moment an liebten sie sich, ohne sich je zu kennen. Sie liebten sich in der Weise wie man sein Meerschweinchen liebt, oder besser wie das Meerschweinchen einen liebt, als die Person die Futter gibt. Manchmal bekam sie das Gefühl, dass dieser Mann noch einsamer war als sie selbst, die seit Ewigkeiten kein Gespräch geführt hatte, doch sie glaubte dass er, obwohl er redete, auch seit Ewigkeiten kein Gespräch geführt hatte.

Es verging seitdem keine Woche, in der sie keine Geschenke austauschten. Mal waren es die Reste des gekochten Essens, mal am Wegesrand gepflückte Früchte, mal etwas aus dem Laden Mitgebrachtes. Einmal brachte der Nachbar sie in die Verlegenheit, ein Geschenk ablehnen zu müssen. Er hatte sich in den Eingang ihrer Höhle gesetzt und angefangen, liebevoll einen Joint zu konstruieren. Nur den Deutschen eilte der Ruf voraus, Joints zu rauchen. Alle anderen konsumierten ihr Kraut in Pfeifen oder Chillums. Sie war sich also fast sicher, dass er nur ihr zuliebe Blättchen und Tabak aufgetrieben hatte, und die Ungeschicklichkeit seiner Finger verriet die Ungewohntheit der Handlung.

Sie rauchte zu dem Zeitpunkt schon lange nicht mehr. Das THC befreite die Gehirnströme, unterband aber deren Konzentration. Sie brauchte Konzentration, um ein höheres Niveau der meditativen Versenkung zu erreichen. Er hatte von Anfang an ihr Kopfschütteln missachtet oder fehlinterpretiert. Vielleicht nahm er es als einen Kommentar von Ablehnung aus Höflichkeit auf. Als sie nun wiederum den Kopf schüttelte, als er ihr sein Werk inklusiv eines Feuerzeugs reichte, stand er beleidigt auf, zuckte mit den Schultern und ging, wahrscheinlich zur Bar, wo seine Spendabilität gewürdigt werden würde. Sie hatte keine Worte, um zu erklären, doch selbst wenn sie Worte gehabt hätte, hätte er verstanden? Er war nicht aus spirituellen Gründen nach San Pedro gekommen. Er hatte seine Wahl dazwischen getroffen, in der Stadt aus Mülltonnen zu leben und in dunklen Hauseingängen auf alten Zeitungen zu schlafen oder hier sein bescheidenes Dasein mit der Natur zu fristen. Sie wusste dies aus Gesprächen, die sie mitgehört hatte.

Der Zwischenfall beeinträchtigte ihre Freundschaft jedoch nicht nachhaltig. Beide hatten den Status von Sonderlingen, die sich alles herausnehmen konnten.

Nachdem sie ihren Nachbarn kennen gelernt hatte, ging sie auch des öfteren an dessen ‚Haus' vorbei zur dritten Quelle im Tal. Das Haus war ein Zelt und eine aus aufgehäuften Steinen gebaute Höhle, die auf einer der alten Ackerbauterrassen lag. Die Terrasse hatte die sattgrüne Farbe des darauf wachsenden Grases. Das ganze Tal bestand aus solchen alten Terrassen, die einst zum Fischerdorf San Pedro gehört hatten. Einige waren verfallen, einige mit Agaven überwuchert, doch manche waren geräumig, mit festen Mauern, die noch Jahrhunderte halten würden, und sogar die alten Bewässerungsrinnen waren noch intakt. Sie fragte sich wirklich, warum niemand diese Terrassen nutzte, wo die Einsiedler im hinteren Teil des Tals alle Zeit der Welt hatten und praktisch kein Geld, um ihre Nahrungsmittel zu kaufen. Doch sie fand nie eine Antwort auf die Frage, nahm jedoch selbst auch nie den Ackerbau auf. Es gab zwischen den Terrassen noch alte Obstbäume, die sie nach und nach in ihre Sammelgründe einbezog.

Die dritte Quelle war ein spärliches Rinnsal, das aus einem Metallrohr im Berghang kam. Olivares, ihr Nachbar, hatte darunter einen aufgeschnittenen Plastikkanister gestellt, der als Waschbecken diente. Die Quelle hatte gegenüber der an der Burg gelegenen den Vorteil, dass sich hier keine Massen drängten, und gegenüber der unterhalb ihrer Höhle im Tal gelegenen den Vorteil, dass diese nicht wie jene um die Mittagszeit von Wespen übervölkert war. Die Quelle war nicht zu verwechseln mit der Wasserhöhle, zu der im Sommer ganze Touristengruppen pilgerten, sich dort mit der roten Erde einschmierten und dann nackt und befreit zum Strand zurück marschierten, wo sie sich im Meer abspülten, ihre ordentliche Sommerkleidung wieder anzogen und zurück nach Las Negras liefen. Wenn die Wasserhöhle touristenfrei war, war sie ein sehr ruhiger und meditativer Ort. Das Wasser im roten Höhleninneren war kühl, der Boden unter den Füßen glitschig. Am Eingang der Höhle hatten sich einige unscheinbare Blumen verirrt. Den Körper in das Wasser der Höhle eintauchen zu lassen wie in eine mit kaltem Wasser gefüllte Badewanne an einem heißen Sommertag, kostete einige Überwindung, nicht wegen des Kälteschocks, sondern wegen der kleinen grünen Würmer, die in dem sonst klaren Wasser schwammen und die an einem Ende so etwas wie einen Saugnapf hatten, etwa wie Blutegel, doch die Würmer hefteten sich nicht an ihren Körper und so wusste sie nie, wozu dieser Saugnapf wirklich nützlich war. Wieder eine Frage, auf die sie keinerlei Antwort fand, auch wenn sie noch so viele Gespräche belauschte. Die meisten Hippies aus den Strandhöhlen kamen nie ins hintere Tal. Ihre einsiedlerischen Nachbarn konnte sie nicht aushorchen, da sie sie immer nur einzeln antraf. Die Nähe der Touristen mied sie, denn diese taten nichts anderes als sie sofort anzustarren und spekulative Gespräche über den Grund ihrer Verrücktheit anzufangen.

„Ich glaube, sie muss auf irgendwelchen Drogen hängen geblieben sein. Ich habe mal gehört, dass dieses, wie heißt es doch gleich, Stechapfel, mit 50prozentiger Wahrscheinlichkeit zum Wahnsinn führt."

„Selbst Marihuana ist gefährlicher als man denkt. Die meisten drogeninduzierten Fälle von Paranoia sind auf Marihuana zurückzuführen."

„Nein, wirklich? Aber vielleicht ist sie wirklich stumm. Sie sieht ein bisschen krank und unterernährt aus, wer weiß, vielleicht hat eine Krankheit ihr die Sprache geraubt."

„Ich habe mal von einer Person gehört, die ein Schweigegelübde abgelegt hat, ich glaube aus religiösen Gründen."

„Aber das ist doch Fanatismus, das ist doch nichts anderes als Wahnsinn."

Sie konnte sich das nicht anhören. Sie behandelten sie, als wären alle stummen Menschen notwendigerweise auch taub, oder als wären alle ‚wahnsinnigen' Menschen auch nicht in der Lage, einem Gespräch zuzuhören und dessen Sinn zu verstehen. Es war etwa so, als würden sie in Anwesenheit eines zweijährigen Kleinkindes die Störungen in seiner frühkindlichen Entwicklung diskutieren und denken, das Kind könnte auch nicht im geringsten merken, dass es in einer verunsichernden Weise Gesprächsthema war.

Der zweite Winter war unerträglich, und sie hatte keine Lust mehr zu meditieren, keine Lust mehr auf die Einsamkeit ihrer Höhle, keine Lust mehr auf die spärliche Diät ihrer Ernährung, teils auf Armut, teils auf mangelndes Angebot zurückzuführen. Sie musste zurück in die Stadt, sie musste eine Arbeit finden, die sie trotz ihrer Stummheit ausführen konnte, sie musste andere Menschen als Hippies und Einsiedler sehen, auch wenn sie nach wie vor keine zwischenmenschlichen Beziehungen würde herstellen können.

Sie hatte das Plastikplanendach ihrer Höhle ungefähr hundertmal repariert, sie war immer auf der Suche nach neuen Planenfetzen, die sie dazu verwenden konnte, sie hatte ihr Bett hundertmal verschoben, um nicht nachts von den steten Tropfen auf eine Stelle ihres Schlafsacks geweckt zu werden. Sie hasste den modrig-feuchten Geruch ihrer nicht mehr trocknenden zerlumpten Kleidung, die Kälte, die in die Tiefe ihrer Knochen gekrochen war. Sie konnte nicht mehr, keinen Tag länger. Sie packte ihre wenigen noch brauchbaren Kleidungsstücke und den Schlafsack in ihren verstaubten Rucksack, stellte ihre vom Ruß geschwärzten Blechtöpfe ordentlich auf das Küchenbrett, leerte ihre Blumenvase und fegte den Boden ihrer Höhle mit einigen Schilfwedeln. Sie packte ihre letzten Vorräte in Plastiktüten, verknotete diese sorgfältig und stellte sie in die Steinhöhle ihres Nachbarn Olivares, der gerade nicht anwesend war, sie wusste nicht, ob er gerade überhaupt im Tal war. Sie ging, ohne sich von jemandem zu verabschieden und ohne zu wissen, ob sie irgendwann wiederkehren würde, und ob sie dann ihre Höhle noch unbewohnt vorfinden würde. Sie traf niemanden auf dem Weg nach Las Negras. Sie nahm den nächsten Bus nach Almería und gab dort ihr letztes Bargeld für eine Nacht in einem Hotelzimmer aus. Sie verbrannte sich an der heißen Dusche in einer unbeschreiblichen Sucht nach heißem Wasser, sie sank seufzend in das viel zu weiche Bett, für das ihr Rücken nicht mehr gemacht war, sie befriedigte sich selbst so ausgedehnt wie sie wollte, ohne die Angst gestört werden zu können und erlebte einen Höhepunkt der Lust, wie sie ihn von keiner sexuellen Begegnung her mehr kannte.

Am nächsten Tag kaufte sie alle lokalen Zeitungen, setzte sich mit ihnen und dem gepackten Rucksack in ein Café und wusste nicht, wo sie die nächste Nacht verbringen würde.

Sie kreuzte alle Angebote an, die Adressen und nicht nur Telefonnummern angaben, und das waren nicht viele. Sie stahl einen Stadtplan und klapperte alle Adressen ab. Die erste war ein schäbiges, zehntklassiges Restaurant in einem Industriegebiet, in dem die lokalen Arbeiterinnen und Arbeiter zu Mittag zu essen pflegten. Das Lokal stank nach altem Frittierfett, es gab keine Speisekarte, nur drei Gerichte des Tages zur Auswahl, die sich letztendlich nur in der Auswahl der Fleischsorte unterschieden. Sie betrat es ungünstigerweise genau zur Mittagszeit, als es von hungrigen Mittagspäuslern überfüllt war, und sie sich kaum einen Weg durch die Tische und Stühle bahnen konnte, was noch dadurch erschwert war, dass sie ihren Rucksack mit sich herumtrug. Alle Blicke klebten an ihr von dem Moment an, als sie zur Tür hereinkam. Sie drang bis zur Theke durch, wo die Bedienung schon einen Teller bereithielt und nur noch auf die Anweisung wartete, was sie darauf klatschen sollte. Sie schüttelte den Kopf und die Bedienung wandte sich der nächsten Person in der Schlange zu, ohne ihr weiter Beachtung zu schenken. Dort stand sie verloren mir ihrer angekreuzten Zeitungsanzeige in der Hand, stand jedermann im Weg und wusste nicht, ob sie schon aufgeben sollte. An einem Tisch machte ihr eine Gruppe von Männern Handzeichen, zu ihnen herüberzukommen. Normalerweise hätte sie sie nicht beachtet, doch nun schoss ihr durch den Kopf, dass diese ihr vielleicht weiterhelfen konnten und sie bewegte sich zögerlich auf sie zu.

„Was willst du essen? Komm, wir laden dich ein, chica. Was hast du nur mit deinen Haaren gemacht? Trägt man das so, da wo du herkommst? Du bist bestimmt eine Giri." Giri war die landläufige Bezeichnung für deutsche Touristen. Sie schüttelte abermals den Kopf und versuchte den Männern die Zeitung unter die Nase zu halten.

Ein anderer sagte: „Ich hab's. Sie kommt aus Schweden. Sie sieht so aus wie diese Sängerin, wie war deren Name doch gleich? Ich habe es vergessen. Ich glaube der Kleinen hat es die Sprache verschlagen."

Sie war mindestens so alt wie der Sprecher, der durch seinen Bauch älter wirkte, aber hatte das Leben in Sonne und Wind nicht auch sie gezeichnet, dass sie äußerlich mehr als die Zeit gealtert sein musste? Sie hätte ihn mit der zusammengefalteten Zeitung auf den Kopf schlagen mögen, und, was sollte es schon ausmachen, sie tat es. Das bewirkte zumindest, dass alle für einen Moment still waren und sie nun wirklich die Aufmerksamkeit auf sich hatte.

Ihr unerwartet forsches Auftreten verschaffte ihr einen Job. Sie war genau die Art von energischer Frau, die man hier brauchen würde. Ohne zu viele Worte, aber hart durchgreifend. Sanfte Frauen waren nur als Geliebte und Mütter gefragt. Die Frau als Arbeitsmaschine hatte hart und unerbittlich zu sein.

Man nahm sie bei der brutalen Hand und führte sie in die Küche. Sie ergab sich widerstandslos. Man würde vermutlich die Polizei rufen, um die ausländische Randaliererin in ihre Schranken zu verweisen. Vielleicht würde man sie aufgrund ihres absonderlichen Verhaltens auch gleich mit einer Zwangsjacke abholen. Sie hatte noch zu lernen, dass die Stadt ein gefährliches Pflaster für sie geworden war, da sie eine wichtige Waffe niedergelegt hatte: das Wort.

Man wies sie an, ihren Rucksack in eine Putzmittelkammer zu stellen, was dazu führte, dass der Geruch des Meeres in ihren Sachen vom scharfen Geruch chemischer Reinigungsmittel getilgt wurde. Sie bekam eine weiße Schürze, in der ihre schmal gewordene Gestalt versank, eine weiße Haube und ein paar Latex-Handschuhe. Des weiteren ein sehr scharfes Messer und ein riesiges Hackbrett mit Blutspuren. Ihre Aufgabe war es, das Fleisch in mundgerechte Happen zu zerteilen, durch Sehnen, Knochen und Fettschichten hindurch. Durch ihren Magen, an den Anblick von rohem Fleisch nicht gewohnt, ging eine Eruption. Der Preis für ihr schlagendes Auftreten war also die Aufgabe einer Schlächterin.

In keiner Position sich zu beschweren, nahm sie zauderhaft ihre Arbeit auf, froh um die Latex-Handschuhe, in denen ihre Finger binnen von Sekunden zu schwitzen begonnen hatten. Sie versuchte, die gewachsene Materie unter ihren Fingern als Abstraktum zu betrachten. Als Stofflichkeit mit einer wabbeligen aber doch festen Konsistenz, die sich allerdings weigerte, sich in geometrische Formen zerteilen zu lassen. Sie versuchte es zunächst mit perfekt gleichseitigen Würfeln, dann mit Pyramiden, schließlich mit Oktaedern. Das Ergebnis war immer unterschiedlich, doch nicht auf ihre Bemühungen hin unterschiedlich, sondern unterschiedlich in seiner zufälligen Formlosigkeit. Der Koch, der den ganzen Tag vor einer riesigen Bratpfanne mit heißem Fett verbrachte, sich gelegentlich mit seinen fettigen Fingern durch das spärliche Haar fuhr und so seine Halbglatze zum Glänzen brachte um die Finger dann erst an seiner Schürze abzuwischen, ranzte sie an, ob sie nicht schneller arbeiten könne. Er nahm ihre künstlerischen Schnitzversuche für Ungeschicklichkeit, nahm ihr das Messer aus der Hand, und führte vor, wie sich das Fleisch mit schnellen Handbewegungen zerlegen ließ. Er wollte ihr erst das Messer zurückgeben, schüttelte dann als Antwort auf eine sich selbst gestellte Frage den Kopf und sagte: „Wer weiß, wo du gerade herkommst? Ich will es auch gar nicht wissen. Setz dich erst mal und iss.“ Er holte ihr persönlich einen Teller Pommes Frites bei der Bedienung, gab eine Extraportion frischgebratenes Fleisch dazu und schob ihn ihr zu. Er interpretierte ihren entsetzten Blick als Schüchternheit und bekräftigte seine Aufforderung, sie solle essen.

Wenn sie es mit ihm nicht verscherzen wollte, musste sie essen. Fleisch zu zerkleinern war die eine Sache, es hinterher auch noch inmitten des ganzen Frittierfettdunstes zu verspeisen eine andere. Sie war keine eingefleischte Vegetarierin, sondern schon immer eine Gelegenheitsfleischesserin. Sie hatte sich nie selbst die Mühe gemacht, ein rohes Stück Fleisch in einen verzehrbaren Zustand zu transformieren. Seit ihrer Zeit am Strand hatte sie kein Stück Fleisch mehr gesehen, was in ihr nicht etwa einen Heißhunger darauf auslöste, sondern die Vorahnung ihres Magens, es nicht verdauen zu können.

Sie wollte sich nicht in den Speisesaal setzen, wo sie arglos auf fremde Männer eingeschlagen hatte, was ihr mit einem Mal peinlich war. In der Küche aß sie nur unter den Augen des Kochs. Sobald er ganz mit seiner Pfanne beschäftigt war, ließ sie den einen oder anderen Brocken von ihrem Teller in der Mülltonne zu ihrer Linken verschwinden.

Ohne nach ihr zu sehen, fragte der Koch: „Bist du immer noch nicht fertig? Muss ich denn hier alles alleine machen?"

Kurzentschlossen entleerte sie den Teller komplett in die Mülltonne und riss ihm das Messer aus der Hand.

„Bist du denn wahnsinnig? Mit dem Ding kannst du ohne Probleme Finger abtrennen. Jesus, Maria, was haben sie mir hier für ein Gör zur Seite gestellt? Sie schneidet mir noch den Kopf ab, wenn ich nicht aufpasse." Dann begann er, drei Zeilen eines Schlagers in einer endlosen Wiederholungsschleife vor sich hinzuträllern. „Como quiero que me quieras..."

Sie würde sich so bald wie möglich einen neuen Job suchen müssen. Alles war zu ertragen, nur keine schlagersingenden Köche. Hätte sie nicht schweigen müssen, hätte sie jetzt begonnen, so laut eine schiefe Melodie zu pfeifen, dass er nicht mehr hörbar war. Nur leider war auch Pfeifen Sprache. Wäre sie doch nicht nur stumm sondern auch taubstumm.

Neun

Tage später brach eine lückenlose Erinnerung der Ereignisse über Professor Farendorf herein. Er war keinesfalls wieder nüchtern, vielmehr hatte er sich in einen Zustand völliger geistiger Klarheit getrunken. Die ganze Unsinnigkeit seiner jetzigen Situation kam ihm zu Bewusstsein. Eigentlich war sein Professorengehalt mehr als ausreichend für seinen doch eher bescheidenen Lebenswandel. Dennoch hatte ihn das großzügige Angebot der Immobilienfirma nicht kaltgelassen. Es machte einen Unterschied, einen Haufen Geld mit einem Mal zu kassieren oder es über Monate hinweg zu verdienen. Dazu kam die nicht ganz unbegründete Hoffnung, dass mit dem Aufhören der räumlichen Existenz seines Instituts auch seine Stelle wegfallen könnte und er dadurch ohne zu arbeiten sofort eine ansehnliche Pension erhalten würde. Es war schon verlockend, seine Vormittage nicht mehr in todlangweiligen Kolloquien oder vor gelangweilten Studenten zu verbringen, ignoranten kleinen Bestien, die sich nur für ihre Karriereleiter interessierten und sein Fach als eine erforderliche aber im Prinzip überflüssige Stufe auf dieser ansahen. Im Gegenzug alle Zeit der Welt für die Konstruktion der weltbesten Elf aufbringen zu können und dabei auch nicht am Material sparen zu müssen.

Nun aber wurde ihm bewusst, dass er Fehler gemacht hatte. Der erste Fehler war Frau Radke. Wenn sie im Institut gewesen war, änderte sich der Wortlaut der Anklage, wenn sie denn erhoben werden würde. Er hatte einmal versucht, Frau Radke anzurufen, aber ihre Mitbewohnerin hatte ihm nur gesagt, dass sie nicht wüsste, wo sie wäre. Er hatte vorgehabt, sie später noch einmal anzurufen. Seine Sorge war weniger, dass sie körperlichen Schaden genommen hatte, sondern vielmehr dass sie der Polizei schon unliebsame Informationen zu seiner Person gegeben hatte. Er wollte unbedingt wissen, ob sie schon mit den Bullen gesprochen hatte und ob der Fall unter Unfall oder Brandstiftung lief. Aber leider hatte er sein Vorhaben nicht in die Tat umgesetzt, da er in einen Vollrausch gesunken war, in dem er erst jetzt geistige Klarheit erlangt hatte.

Er selbst war derzeit krank geschrieben, mit der Begründung, nach dem Verlust seines Arbeitsplatzes unter Schock und depressiven Zuständen zu stehen. Was ihn vorläufig vor den lästigen Fragen der Polizei schützte, aber eventuell das Verdachtsmoment gegen ihn verstärkte.

Er hätte Frau Radke auch von Anfang an in sein Vorhaben einweihen können, denn dass er sie nach diesen unerfreulichen Vorgängen noch auf seine Seite zu ziehen vermochte, war äußerst unwahrscheinlich. Dabei war sie eine vernünftige Person, die sicherlich keinerlei Hoffnung auf eine wissenschaftliche Karriere an ihre Arbeit an einem Institut wie diesem gebunden hatte. Mit gewissen materiellen Zuwendungen hätte sie sich bestimmt darauf eingelassen, sich bald einen anderen Job suchen zu müssen. Wie die Dinge gelaufen waren, würde sie ihn allerdings hassen, und Hass veranlasste die Menschen manchmal, die Staatsmacht zu unterstützen, weil sie in ihr ihren Racheengel sahen.

Er hatte auch technische Fehler gemacht, deren Tragweite er nicht einschätzen konnte. Da er offiziell unter Schock stand und nicht zu beunruhigen war, konnte er sich keinesfalls den Tatort anschauen gehen, um zu sehen, ob er deutliche Spuren hinterlassen hatte.

Ihm wurde bewusst, dass er für kriminelle Handlungen zu unprofessionell war. Seine Stärke lag in der Konstruktion von Fußballrobotern. Mehr hatte er vom Leben nie gewollt. Wobei er auch mit seinen Fußballrobotern in letzter Zeit alles andere als zufrieden war. Die Holländer übertrafen ihn bei den letzten Turnieren um einiges. Und sein letztes Exemplar, dass nun ein merkwürdig zusammengeschmolzener Metallklumpen sein mochte, war eine absolute Fehlkonstruktion gewesen. Es hatte einen seltsamen Kurzschluss im System, den er allerdings nicht auffinden konnte und der bewirkte, dass sich der Roboter selbsttätig an- und abschaltete. Ein erstaunlicher Fehlschlag, der eigentlich nur Anfängern passieren konnte. Um so mehr ärgerte ihn, dass er den simplen Fehler in der Schaltung nicht finden konnte. Irgendwann hatte er verärgert aufgegeben, den missratenen Roboter unter einem Berg von Gerümpel vergraben, damit er keinen Ärger machte und ihn dort vergessen.

Er erhob sich schwer atmend von seinem Sessel und trat zur Bar hinüber. Oder sollte er erst seinen Arzt anrufen? Sein Gesundheitszustand hatte sich wahrhaftig verschlechtert. Selbst sein Freund, der Hausmeister, behauptete, er solle versuchen, weniger zu trinken. Er goss sich einen Whiskey ein und wählte die Nummer seines Arztes.

„Sie müssen mir helfen. Ich muss hier raus. Jeden Tag, den ich in dieser Wohnung verbringe, verschlimmern sich meine Depressionen."

Ein nachdenkliches: „Ja". Pause. „Das ist nicht ungewöhnlich für Menschen, denen es plötzlich nicht mehr möglich ist, ihre gewöhnliche Tätigkeit auszuüben. Ich könnte Sie jetzt wieder gesund schreiben, aber das wäre ein Risiko. Ich würde vielmehr einen Wechsel der Umgebung vorschlagen. Ich glaube, ich hätte da was für Sie. Kommen Sie doch morgen in meine Sprechstunde."

„Haben Sie jetzt keinen Termin mehr frei?"

„Wenn es so dringend ist. Ja, aber Sie müssen Geduld mitbringen."

Die Kur war eine elegante Lösung für alle seine Probleme. Natürlich musste er versprechen, während der Kur nicht zu trinken. Die Dauer der Kur sollte zunächst vier Wochen betragen, war aber verlängerbar, falls sich in dieser Zeit keine eindeutige Verbesserung seines Zustandes einstellen sollte. Da sein Zustand als äußerst depressiv zu bezeichnen war, verordnete der Arzt ein höheres Maß an Lichtzufuhr, was zu dieser Jahreszeit auch eine Kur im europäischen Ausland rechtfertigte, eine Sache, die die Krankenkasse nur in wenigen Fällen bezahlte. Schon in wenigen Tagen würde er abreisen können.

Es war nicht zu leugnen, dass Sonnenlicht auch bei vorgetäuschten Depressionen einen positiven Effekt auf die Psyche hatte. Auch wenn der Kuralltag nicht gerade aufregend war. Das Leben folgte einem geregelten Plan vom morgendlichen Wecken über die verschriebenen Anwendungen, die Mittagsruhe, die Rücksprachetermine mit den Ärzten vor Ort bis zum Abendessen und der Stunde der Nachtruhe. Die Gäste, ausschließlich Deutsche, waren in der Regel älteren Semesters, aber noch nicht aus dem Berufsleben ausgeschieden, sowie zumeist Besserverdienende. Als ob Angehörige der unteren Lohngruppen weniger Stress ausgesetzt wären, dessen Auswirkungen auf Körper und Psyche sie zu kurieren hätten. Diese soziale Frage stellte sich hier jedoch niemand.

Der für Professor Farendorf verantwortliche Arzt nahm dessen Fall überaus ernst. Er führte die depressiven Zustände auf den erhöhten Alkoholkonsum zurück und machte es sich zur Aufgabe, am Alkoholentzug zu arbeiten, obwohl die Klinik nicht darauf ausgelegt war, denn sie bot keine ausreichende Überwachung und Betreuung der Patienten.

Die Kurklinik lag im Süden Spaniens, irgendwo im dünn besiedelten Andalusien, etwa auf halber Strecke zwischen Malaga und Granada. Beide Städte waren gleich schlecht zu erreichen. Das Meer war ebenfalls ein ganzes Stück entfernt. Vom Kurzentrum aus wurden organisierte Tagesausflüge nach Granada und an den Strand angeboten, unter Kostenbeteiligung der Patienten und nur mit Zustimmung des behandelnden Arztes. Für Professor Farendorf kamen solche Ausflüge zunächst nicht in Betracht. Die einzigen erlaubten Ausflüge waren lange Spaziergänge in der Umgebung, wobei der Arzt nur unwillig darauf verzichtete, eine Begleitperson vorzuschreiben. Erst die Weigerung des Professors sich überhaupt nur einen Schritt zu bewegen, wenn er immer einen unterbelichteten Pfleger an seiner Seite haben sollte, ließ ihn auf diese Lockerung eingehen.

Professor Farendorf genoss seine Spaziergänge wider Erwartens. Im Grunde hasste er die Natur, wenn sie nicht die Form eines Fußballrasens hatte. Vielleicht war es die Kargheit der andalusischen Landschaft, die sie nicht unter die Kategorie Natur unterordnen ließ. Das Naturbild der Wälder, Felder und Wiesen versetzte ihn zu sehr zurück in eine lange verdrängte Kindheit, ließ ihm sogleich den Mistgeruch der Schweine- und Kuhställe, die er auszumisten hatte, wieder in die Nase steigen. Die sterile Trockenheit Andalusiens hingegen ließ keine solchen Assoziationen aufsteigen. Er sprach nie über seine Kindheit auf dem Land. Mit wem auch? Der Hausmeister der Humboldt-Uni war nicht gerade ein verständnisvoller Zuhörer. Es war nicht ratsam, ihm gegenüber Schwächen zu eröffnen, die über ein besoffenes Vom-Barhocker-Fallen hinausgingen.

Auch die anderen Kurgäste erschienen dem Professor äußerst fade. Bildungsbürger mit kleinen Wehwehchen, bestimmt auch so einige mit nicht eingestandenen Alkoholproblemen. Menschen mit langweiligen Berufen wie Oberstudienräte, höhere Verwaltungsangestellte, Professoren etc. Männer mit grauen Haarkränzen und unzeitgemäßen Brillengestellen und Frauen, die sich jeden Tag Antifaltencreme auf die welke Haut schmierten. Abends führten sie in ihrer besten Kleidung, die längst vergangenen Moden aus verschiedensten Epochen entstammte, langweilige Gespräche über Bücher und Theaterstücke, über schon besuchte Sehenswürdigkeiten oder politisches Tagesgeschehen. Am sympathischsten waren die, die einfach Karten spielten, ohne dabei zu reden.

Professor Farendorf schloss sich so einer Skat spielenden Männerrunde an. Vom Sonnenuntergang bis zur Stunde der Nachtruhe saßen sie an einem kleinen Korbtisch im Aufenthaltsraum der Kurklinik und spielten an die 50 Runden Skat pro Abend. Die Schweigsamkeit seiner beiden Partner gefiel Professor Farendorf. Einer war hochgewachsen, schmächtig und weit über 80 und ließ sich auch tagsüber trotz der sommerlichen Temperaturen nur im Anzug sehen. Er redete nicht über seine Krankheit, nicht über sein vergangenes Berufsleben und nicht über seine Familie. Im Grunde genommen redete er überhaupt nicht. Das Reden war ihm auch zumindest dadurch erschwert, dass er schon vor Jahren eine Kehlkopfoperation hinter sich hatte und nun zu diesem Zweck ein Loch in seinem Hals öffnen musste, was über längere Zeit mit Erstickungsanfällen verbunden war. In seinem Alter hatte er gelernt, dass es sinnlos war ein derartiges Leiden auf sich zu nehmen, um Belanglosigkeiten auszutauschen. Natürlich gab es inzwischen elegantere Hilfsmittel wie zum Beispiel elektronische Stimmenverstärker, die aber nach wie vor einen derart quäkigen Klang hatten, dass er es bevorzugte, nicht problemlos sprechen zu können. Sein letztes unvernünftiges Vergnügen bestand darin auf seinen mittäglichen Spaziergängen heimlich direkt durch dieses Loch im Hals Zigaretten aus schwarzem Tabak zu rauchen. Niemand wusste, ob er seine Kur eines Tages beenden würde – an einem anderen Ort als auf dem Friedhof. Dabei machte er keineswegs eine Leidensmiene. Alles in allem ein angenehmer Zeitgenosse.

Der dritte im Skatbund war ein kleiner kugelrunder Mittvierziger, der vor zehn Jahren aus Gram darüber, dass seine Ehefrau eine radikale Feministin geworden war, der Fettsucht verfallen war. Auch er trank heimlich, aber die heimlichen Trinker verbündeten sich hier nicht. Professor Farendorf war ihm gegenüber zunächst sehr skeptisch, denn gleich an ihrem ersten Skatabend gab er seine gesamte Lebensgeschichte zum

Besten und war damit der Einzige, der von sich erzählte. Aber nach diesem Abend hatte er alles gesagt, was er zu sagen hatte und konnte sich ebenso stumm dem Kartenspiel widmen.

Nach zwei Wochen, als die Langeweile allmählich das Spiel beherrschte, und die Karten wie mechanisch aus der Hand auf den Tisch fielen, ereignete sich ein tragischer Zwischenfall, der ihre Skatrunde zum Erliegen brachte. Aber es war ohnehin an der Zeit, nach einem neuen Zeitvertreib zu suchen. Es war ungefähr die zwanzigste Runde. Herr Meier musste ein Oma-Blatt auf der Hand haben und spielte einen Grand, der den anderen beiden bislang keinen Stich gelassen hatte. Plötzlich, als er seinen letzten Jungen zog, fiel er einfach rückwärts mit dem Sessel um, wobei sein runder Körper sich fast überschlug. Er gab dabei keinen Laut von sich. Der alte Herr beugte sich über ihn und verkündete krächzend: „Wir werden uns wohl nach einem neuen Skatpartner umsehen müssen. Nun, lassen sie uns auf unseren Freund anstoßen gehen."

Sie räumten die Skatkarten weg, klopften die Kissen ihrer Korbsessel zurecht, und legten eine Zeitung auf Herrn Meiers Platz, so als hätte er dort ganz alleine gesessen und Zeitung gelesen. Dann spazierten sie gemächlich in den Kurpark hinaus, jeder auf einen unterschiedlichen Busch zusteuernd. Mit zusammengefalteten Zeitungen unter dem Arm gingen sie dann auf das spärlich berankte Pergolenrondell zu – alle Versuche, schattenspendende Pflanzen anzusiedeln, waren offensichtlich unter dem Klima gescheitert.

Schweigend und mit der für den Anlass gebührlichen Ernsthaftigkeit stießen sie mit ihren Feldflaschen an. Dann saßen sie unter dem Sternenhimmel, bis ein Pfleger sie nachdrücklich ins Haus bat.

Zwei Wochen nach dem bedauerlichen Zwischenfall mit Herrn Meier – der alte Herr und Professor Farendorf waren seitdem nicht mehr zusammengekommen, hatten auch nie versucht, einen dritten Mann für die Skatrunde anzuwerben – galt Professor Farendorf als soweit psychisch und physisch stabilisiert, dass er an einer von der Kurklinik organisierten touristischen Exkursion teilnehmen durfte. Er entschied sich für einen Tagesausflug nach Granada. Strände hatten ihn schon immer gelangweilt, und so zog er die Besichtigung einer spanischen Kleinstadt, von der er nichts wusste, vor.

Die Frau, die im Bus schräg vor ihm saß, erinnerte ihn an seine Jugendliebe. Ihn beschlich ein merkwürdiges Gefühl, das er seit ungefähr zwanzig Jahren nicht mehr erlebt hatte. Die Frau wäre ihm wahrscheinlich nicht aufgefallen, wenn er sie nicht aus genau diesem Blickwinkel gesehen hätte. Es war die Form ihres Halses und der Haaransatz, die seiner Jugendliebe so exakt glichen. Obwohl das Haar ergraut und nachlässig gefärbt und der Hals von feinen Falten gekerbt waren, erstand in seinem Geist die junge Frau von damals auf. Das Gesicht konnte er von seinem Platz aus nicht sehen. Professor Farendorf schalt sich selbst als kindisch, dass er sich von diesem Detail derart außer Fassung bringen ließ, doch das Schelten hatte keinen Zweck. Er musste auf diesem Ausflug mit der Frau ins Gespräch kommen, nur einfach um sich selbst zu demonstrieren, dass diese Frau nichts mit der Frau seiner Erinnerung zu tun hatte, dass sie nur eine weitere dieser gealterten Bildungsbürgerinnen war, die nichts im Kopf hatten, als die Form ihrer Existenz zu wahren.

Der Bus parkte direkt vor der Alhambra. Die Sonne stand hoch am Himmel und erschlug einen beim Heraustreten aus dem klimatisierten Bus fast. Es war ein ungewöhnlich heißer Tag für die Jahreszeit. Professor Farendorf wurde einen Moment lang schwindelig, und er hielt sich in seiner Not an der Frau fest, die vor ihm aus dem Bus ausgestiegen war. Als seine Sicht sich wieder klärte, stellte er mit Erschrecken fest, dass sie es war. Er sah zum ersten Mal ihr Gesicht von vorne. Es war das überaus durchschnittliche Gesicht einer Endfünfzigerin. Die besorgten Augen darin ließen ihn vor Scham fast im Boden versinken. Die erste Begegnung stellte ihn als bemitleidenswerten Schwächling dar, was ein weiteres unverfängliches Gespräch unmöglich machen würde, denn jetzt waren ihre mütterlichen und krankenschwesterlichen Instinkte geweckt. Ihre Rollen waren determiniert.

„Ist Ihnen nicht gut? Soll ich den Pfleger holen?“

„Nein, um Himmels Willen, nein. Es ist nichts. Es ist schon wieder vorbei. Es ist nur dieses Klima, an das mein Organismus nicht gewöhnt ist.“

„Ja, da haben sie recht. Dieses Klima ist für uns Nordeuropäer schwer zu verkraften. Zum Glück haben wir schon Herbst. Waren sie schon einmal im Sommer in Spanien? Früher bin ich immer mit meinem Mann hier heruntergefahren, Gott habe ihn selig. Jetzt war ich schon seit zehn Jahren nicht mehr hier.“

Oh nein, so eine Frau, die nicht mehr aufhörte ihre belanglose Lebensgeschichte zu erzählen, wenn sie einmal das Wort ergriffen hatte. Und noch dazu Christin, es hätte nicht schlimmer kommen können.

„Nein ich war noch nie in Spanien. Ich fliege nicht gerne. Und Badeurlaube haben mich auch noch nie gereizt.“

„Aber sehen Sie, wie wundervoll diese Stadt ist. Die südspanischen Städte haben einen sehr besonderen Flair, durch das maurische Erbe, das in den Bauwerken verewigt ist."

„Lassen Sie mich raten, sie haben Kunstgeschichte studiert und dann in der Grundschule Kunstunterricht erteilt, was ihrem kulturellen Interesse in keiner Weise entsprach."

Sie lächelte und entblößte ihre makellos überkronten Schneidezähne. Ihr Lächeln hatte etwas sehr mädchenhaft Charmantes.

„Aber nein. Ich hatte nie die Gelegenheit zu studieren. Ich habe an der Volkshochschule einige Kurse zur Architektur- und Kunstgeschichte gemacht. Nein, meine Eltern haben nicht die Notwendigkeit gesehen, einem Mädchen das Abitur zu finanzieren. Ich musste damals arbeiten gehen, damit Geld ins Haus kommt. Und, offen gestanden, noch drei weitere Jahre die Schulbank zu drücken, hätte ich damals nie durchgehalten. Wir waren ja alle so ungeduldig, Sie wissen schon...Es gab dort eine neue Welt zu entdecken, die Tanzstunde, die jungen Männer...Aber, um Himmels willen, was erzähle ich Ihnen alles, wir haben uns noch nicht einmal vorgestellt!"

„Farendorf."

„Sehr angenehm. Ich heiße Lieselotte Gabler. Haben Sie auch einen Vornamen, Herr Farendorf, oder ist die Frage indiskret?"

Die Reiseleitung schleuste sie in diesem Moment in die Eintrittsschlange und verteilte die Eintrittskarten. Sie drangen langsam in das Innere der Festung vor. Herr Farendorf und Frau Gabler wurden dabei vorübergehend durch die anderen drängelnden alten Herrschaften getrennt.

Im Eingangsbereich des üppigen grünen Gartens, der im Inneren der Festung lag, versammelte die Gruppe sich, und es wurde ihnen der Führer für die Alhambra vorgestellt. Er hieß José, war klein und mittleren Alters, mit dichtem Haar und angegrauten Schläfen und einer überdurchschnittlich großen Nase. Er bat schon im Vorfeld um ein nicht zu knapp bemessenes Trinkgeld, da seine Dienste nicht im Eintrittspreis miteinbegriffen waren, das er im Anschluss an die Führung kassieren würde. Aber er versprach, seine Kunden nicht zu enttäuschen.

„Folgen Sie mir nun bitte hier entlang." Sie trotteten mit einem kleinen Abstand einer weiteren Gruppe älterer Touristen hinterher.

Professor Farendorf kämpfte sich nicht wieder zu seiner neuen Bekanntschaft durch, da ihm dieses Verhalten als aufdringlich erschien und so gar nicht in seiner Art lag. Sie unterhielt sich außerdem gerade angeregt mit einer anderen Dame, deren Bekanntschaft er nicht auch noch zu machen wünschte, denn zwei geschwätzige Frauen auf einem Haufen waren wirklich unerträglich. Gedankenverloren lief er mit der Gruppe mit. Er genoss die Kühle der schattigen Bogengänge, hörte aber kaum auf die Erklärungen des Führers. Vielmehr sehnte er sich danach, hier an diesem Platz, wenn er bereinigt von der Touristenmeute wäre, einen Liegestuhl aufzustellen, ein kühles Bier zu öffnen und seinen Blick in das Grün des Gartens schweifen zu lassen. Vielleicht würde ihm dabei eine neue Idee zur Verbesserung seiner letzten Roboterkonstruktionen kommen. Er vermisste sie ein wenig, er vermisste es, eine Aufgabe zu haben, seinen Geist jenseits all dieser Kontemplationen über Landschaften und Bauwerke zu bewegen und er vermisste die Treffen mit dem Hausmeister, die so herrlich unprätentiös waren, an denen keine hochgestochenen bildungsbürgerlichen Gespräche geführt werden mussten.

Er grinste in sich hinein. Diese Lieselotte... wie kam er nur auf die Idee, eine Dame kennen lernen zu wollen? Und wahrlich, er hatte wenig zu bieten, was ihr Interesse wecken konnte. Er war ein alter, unkommunikativer und verfetteter Alkoholiker, der sich einem merkwürdigen Hobby hingab, das kein Thema hergab, über das man sich mit Damen unterhalten konnte. Es würde bei dem kurzen Gespräch nach dem peinlichen Zwischenfall am Bus bleiben. Dies war nicht sein Metier, und er würde auf seine alten Tage nicht wieder versuchen, es zu betreten.

Und dann sah er Maria plötzlich wieder leibhaftig vor sich. Dort neben der Palme stand sie vor ihm mit ihren 25 Jahren und lächelte dieses mit dem abwesenden Blick gepaarte Lächeln, das er nie zu verstehen gelernt hatte. Er ließ sich in ihrer Betrachtung von der Gruppe zurückfallen. Sie war so schön. Warum nur war diese Zeit nicht ewig geblieben? Warum nur hatte er trotz all seiner Liebe nicht erkannt, wie wertvoll die Bekanntschaft dieses zarten Wesens war? Drei Jahre hatte ihre Existenz sein Leben bestimmt, und doch hatte er sich nie von ihr leiten lassen und hatte nie auch nur einen Plan ihretwegen geändert. Drei Jahre, und dann war sie in die Sphären entglitten, die er nie betreten würde. Dort irgendwo weit hinter ihrem abwesenden Blick, jetzt des Lächelns beraubt und nichts in ihren Gesichtszügen konnte noch verraten, wo sie sich befand. Maria, warum nur musste das Leben derart tragisch verfahren? Wenn sie nicht dorthin entschwunden wäre, wie wäre sie wohl jetzt? Wäre sie eine von diesen aufgetakelten Bildungsbürgerinnen, die sich durch ausländische Sehenswürdigkeiten schoben und höfliche Gespräche mit ihren Mitreisenden führten, in denen sie mit ihrem kulturellen Wissen auf Volkshochschulniveau zu glänzen versuchten? Wäre sie wie Lieselotte, eine geschwätzige Frau, die arglos mit jedem dahergelaufenen Fettsack plauderte, angeregt durch ihre krankenschwesterlichen Instinkte?

Die junge Touristin mit der Videokamera, die nur in ihrer Frisur eine winzige Ähnlichkeit mit seiner Maria aufwies, löste sich von der Palme und eilte ihrer Reisegruppe hinterher.

Professor Farendorf gab nichts mehr darauf, seine Führung wiederzufinden. Er würde einfach zu gegebener Zeit zum Bus zurückkehren. Er streifte alleine zwischen dem Durcheinander von Gruppen durch die alten Mauern und erreichte schließlich einen Aussichtspunkt, von dem die auf der anderen Seite des kleinen Flusses liegende Stadt überschaubar war. Dort, wo sich die Stadt ebenfalls einen Hügel hinaufzog, lag ein Aussichtspunkt, von dem sich die Alhambra betrachten ließ. Er sah dort eine eben solche Ansammlung von Touristen, die mit dem Finger in seine Richtung zeigten.

In einem der gemauerten Aussichtsfenster ließ er sich nieder und sehnte sich mehr denn je nach einem kühlen Bier. Sinnvoller, als sich hier im Gemenge der Touristen aufzuhalten, wäre es, sich in die Stadt zu begeben und dort in aller Ruhe ein Bier zu trinken. Er strebte dem Ausgang zu, was entgegen den Strom nicht ganz einfach war, aber er wollte nicht seiner Gruppe über den Weg laufen.

In die Stadt gelangte man bergab durch einen waldartigen Park. Der Weg war einigermaßen weit, doch nach einer Woche, in der er täglich Spaziergänge unternommen hatte, war das nicht mehr so schlimm. Am Ende des Parks lag ein großer steinerner Torbogen, dahinter erstreckte sich eine Straße, die gesäumt war mit Souvenirläden. An deren Ende wiederum führte eine Brücke auf die andere Seite des Flusses. Gleich hier fand er einen Biergarten, doch er zog es vor, weiter durch die engen Gassen ins Stadtinnere zu laufen, dort wo er sich bequem im dunklen Inneren einer kleinen Bar verlieren konnte. Er ließ sich am Tresen nieder und nach dem ersten Schluck Bier fühlte er sich fast glücklich. War dies nicht besser als in der Mittagspause oder am Feierabend in seiner Stammkneipe an der Oranienburger Straße zu sitzen und zu wissen, dass man bald wieder würde arbeiten gehen müssen?

Neben ihm saß ein junger Afrikaner, der ihm alsbald im schlechtem Englisch sein Unglück über seine Situation hier in Spanien klagte, darüber, wie fremdenfeindlich die Spanier seien, darüber, wie schwer es war, eine Arbeit zu finden, von der er seine Familie ernähren sollte, darüber, dass, wenn es so weiter ginge, seine hübsche Frau bald mit einem reichen alten Touristen durchbrennen würde, denn was konnte er schon bieten, um sie zu halten?

Er nickte nur bedächtig, trank sein Bier in großen Schlucken und vermochte keinen Rat zu geben, im Grunde nahm er wenig Anteil am Schicksal dieses Mannes. Schließlich rang er sich dazu durch zu sagen: „Seien sie froh, wenn sie fort ist. Die Frauen bringen nur Unglück ins Leben."

Der andere antwortete: „Ja, ich weiß. Doch wer kann schon ohne Liebe leben?"

Professor Farendorf zuckte mit den Schultern. Der andere gab es auf und ging mit seinem Getränk auf einen der Tische zu, wo er ein neues Opfer für seine Klagen entdeckt zu haben glaubte.

Was machten sich die Menschen doch für unnötige Gedanken über das, was sie Liebe nannten. Zweckbeziehungen allemal, weil sie es nicht mit sich alleine aushielten.

Als er die Kneipe verließ, musste es bereits spät am Nachmittag sein. Langsam entsann er sich, wo er war, und dass es nötig war, seine Ausflugsgruppe wiederzufinden, um zur Klinik zurückzukommen. Er hatte keine Ahnung, wo er selbst sich befand, und wo der Punkt der Abreise sein sollte. Planlos lief er in die Richtung, wo er den Fluss vermutete. Plötzlich fasste ihn jemand am Arm und nannte seinen Namen. Es war Frau Gabler, die in Begleitung einer weiteren Dame und eines Herrn war.

„Wo waren Sie nur? Wir haben uns Sorgen um Sie gemacht. Ich meine, was nicht alles passieren kann. Und nach ihrem Schwächeanfall am Morgen dachte ich, sie könnten dort oben irgendwo in der Alhambra zusammengebrochen sein. Wir haben alles nach Ihnen abgesucht."

Er wäre bis an die verbliebenen Haarwurzeln errötet, wenn sein Gesicht und seine Halbglatze nicht ohnehin schon von der Sonne und vom Alkohol gerötet gewesen wäre.

„Wissen Sie," stammelte er, „ich habe es dort zwischen der Menschenmenge nicht ausgehalten. Und ich interessiere mich sowieso nicht so sehr für historische Bauwerke. Ich wollte lieber die Gelegenheit nutzen, und ein bisschen spazieren gehen."

„Aber Sie hätten doch wenigstens jemandem Bescheid sagen können. Man macht sich doch Sorgen. Aber vergessen wir es. Habe ich Sie eigentlich schon vorgestellt?"

„Nein."

„Nun, das hier sind Manfred und Karin Richter. Und das hier ist ... Fahnendorf war ihr Name, nicht wahr?"

„Farendorf."

„Hatten Sie mir schon Ihren Vornamen gesagt?"

„Nein. Ulrich."

„Nun, kommen Sie, wir wollten gerade noch das letzte Stündchen nutzen, um eine Kleinigkeit trinken zu gehen."

Sie steuerten auf einen Biergarten zu, den er schon am Vormittag passiert hatte.

„Was trinken Sie, Ulrich?" fragte Lieselotte. Irgendwie erinnerte er sich, dass der Herr die Dame dies zu fragen hatte. „Ich werde mir einen Sherry genehmigen," plauderte sie gleich weiter, ohne eine Antwort abzuwarten, „eigentlich soll ich ja keinen Alkohol trinken, wegen der Blutwerte, aber heute mache ich mal eine Ausnahme. Wir sind ja hier nicht im Gefängnis. Trinken Sie doch einen mit mir Ulrich, wissen Sie Manfred und Karin sind überzeugte Antialkoholiker, da ist nichts zu machen. Wenn Sie mit mir trinken, muss ich mich nicht ganz so schlecht fühlen."

„Ich weiß nicht so recht. Es ist wirklich nicht gut für meinen Blutdruck, und nach der ganzen Sonne. Nein, ich glaube, ich kann das nicht machen." Er staunte selbst über die Beherrschung, die er aufbrachte. Aber er wusste, wenn er jetzt weiter trinken würde, dann würde er nie wieder aufhören. In Anwesenheit neuer Bekanntschaften, so egal sie ihm auch sein mochten, war das vollkommen inakzeptabel. Wenn er sich auch eingestehen musste, dass sie ihm nicht komplett egal war.

„Gut, wie Sie wollen, stellen Sie mich nur als einzige als alte Schnapsdrossel hin." Sie kicherte nervös und schwatzte dann auf den Kellner in einer Sprache ein, die sie für Englisch hielt.

„Sind Sie Pensionär, oder stehen Sie noch im Arbeitsleben?" wandte sich Manfred Richter in geschäftlichem Ton an ihn.

„Ich muss leider noch ein paar Jahre arbeiten gehen. Ich bin an der Universität."

„Was lehren Sie denn?"

„Vergleichende Sozialwissenschaften in der Physik."

„Das ist merkwürdig. Dieses Fachgebiet ist mir in der letzten Zeit schon einmal über den Weg gelaufen. An welcher Universität unterrichten Sie denn?"

„An der Humboldt-Universität in Berlin. In welchem Fach sind Sie denn tätig? Wenn Sie mein Fach kennen, kommen Sie wahrscheinlich aus dem sozialwissenschaftlichen Bereich, denn in der Physik bin ich ganz und gar unbekannt."

Herr Richter legte seine Stirn in tiefe Falten und antwortete nicht. Der Kellner brachte die Getränke. Sherry für Lieselotte, Mineralwasser für Herrn und Frau Richter und Cola für Professor Farendorf.

„Ach ja, natürlich," sagte Herr Richter in trockenem Tonfall, „das war der Fall von vermuteter Brandstiftung, den wir vor kurzem bekommen hatten. Merkwürdigerweise waren alle potentiellen Zeugen nicht erreichbar. Nun ich nehme an, Sie sind einer davon. Ich habe mir die ganzen Namen nicht gemerkt."

Professor Farendorfs Schreck war so groß, dass er in das Colaglas in seiner Hand fuhr und dessen Inhalt schal werden ließ. „Sie arbeiten bei der Polizei?"

„Ja, aber machen Sie sich keine Sorgen, Herr Farendorf. Ich bin nicht dienstlich hier. Ich bin hier, weil ich mich von meinem Stress erholen soll, also werde ich es tunlichst vermeiden, mich freiwillig mit diesen Dingen zu beschäftigen. Dazu werden wir in Berlin noch Zeit genug haben. Ich nehme an, dass auch Ihre Kur nicht ewig dauern wird. Um eines muss ich Sie jedoch bitten: Um eine Befangenheit in den zukünftigen Ermittlungen auszuschließen, wünsche ich nicht, Ihre nähere Bekanntschaft zu machen. Ich bitte Sie also, mich jetzt zu entschuldigen. Karin?"

Er stand auf und sah seine Frau mit einem unmissverstehlich gebieterischen Blick an. Lieselotte hatte mit weit aufgerissenen Augen, die ihr das staunende Gesicht einer Zwölfjährigen verliehen, das Professor Farendorf überaus anziehend fand, weil es ihn wiederum an seine Maria erinnerte, zugehört und versuchte nun in mühsam beherrschtem Ton zu intervenieren.

„Manfred, ich bitte Sie, was ist in Sie gefahren? Sie behandeln unseren Freund wie einen Schwerverbrecher. Ich weiß nicht genau, um was es geht, aber ich bin mir sicher, dass es sich hier um ein Missverständnis handelt. Sehen Sie nicht, dass Herr Farendorf ein armer alter Professor ist, der nicht dazu in der Lage wäre, einer Fliege etwas zuleide zu tun?"

‚Ein armer alter Professor', das war noch schlimmer, als seinem Verfolger hier in Spanien zu begegnen. Diese Frau unterhielt sich mit ihm, weil sie ihn bemitleidete. Das war das Schlimmste. Die absolute Schande, die ihm von Anfang jegliche Chance nahm. Chance worauf? Das war eigentlich egal, wenn es keine Chance gab. Er riss sich zusammen und wollte dem Kommissar im Kuraufenthalt gerade etwas erwidern, doch dieser kam ihm zuvor.

„Ach Lieselotte, ihr Frauen seid doch alle gleich. Natürlich, niemand, den ihr kennt, könnte einer Fliege etwas zuleide tun. Wenn ich auf die Frauen hören würde, dann würde es überhaupt keine Verbrecher geben. Nur seltsam, dass trotzdem jeden Tag zahllose Verbrechen geschehen. Was Ihren Freund anbetrifft, halte ich ihn natürlich nicht für einen Verbrecher, das liegt auch gar nicht in meinem Aufgabengebiet, das ist letztendlich die Sache des Gerichts. Es geht nur ums Prinzip. Ich kann mich nicht privat mit Menschen treffen, gegen die ich ermittle, oder die selbst nur als Zeugen in den von mir bearbeiteten Fällen auftreten. Ich bedaure, nicht die Fähigkeit zu besitzen, Privates und Dienstliches zu trennen, aber das wäre auch übermenschlich. Ich bitte Sie also, uns jetzt zu entschuldigen. Wir sehen uns morgen, Lieselotte."

„Hören Sie," wandte sich nun Professor Farendorf dem Gehenden zu, „wie Lieselotte schon sagte, hier liegt ein furchtbares Missverständnis vor. Ich weiß nicht, wie lange Sie sich schon im Kuraufenthalt befinden, sie scheinen jedenfalls nicht auf dem aktuellsten Stand zu sein. Wie Sie vielleicht noch nicht wissen, ich war schon am Tag des Brandes krank und habe davon erst durch die Polizei erfahren. Die einzige Person, die sich an dem Tag in dem Gebäude aufhielt, war meine Assistentin, die erst seit zwei Monaten dort arbeitet. Sie ist eine sehr sympathische junge Frau, und ich würde ihr etwas derartiges wirklich nicht zutrauen, aber ich kenne sie wie gesagt noch nicht lange. Ich weiß auch nicht, ob Sie sich sicher sind, dass es sich um Brandstiftung handelt, denn Sie wissen, dort war alles mögliche und unmögliche gelagert, und vielleicht hätte es eine chemische Reaktion geben können, was natürlich eine unverzeihliche Nachlässigkeit meinerseits gewesen wäre."

„Ich bitte Sie, verschonen Sie mich mit Ihren Geschichten. Ich bin nicht im Dienst. Sie werden noch Gelegenheit dazu bekommen, sie zu erzählen. Was den Stand der Ermittlungen angeht, bin ich leider nicht befugt, Ihnen Auskünfte zu geben. Guten Abend."

In Lieselottes Augen war jetzt blanke Wut zu lesen, was ihr wirklich nicht stand. „Herr Ober, bringen Sie uns noch zwei Sherry!" kommandierte Sie, ohne den Professor zu fragen, ob er Sherry wünschte. „Sie denken sich jetzt bestimmt, ich würde schlecht von Ihnen denken, weil ich diese merkwürdige Geschichte gehört habe, aber glauben Sie mir, Sie haben mein vollstes Vertrauen. Ich vertraue in meine Menschenkenntnis, nicht in die Geschichten von Bürokraten wie ihm. Manfred ist ein korrekter Mensch, doch leider besitzt er keinerlei soziale Fähigkeiten. Die arme Karin, sie ist so eine liebe Frau."

Sie drückte mütterlich seine Hand und ließ ihre schweißige Handfläche dann auf seinem Handrücken liegen. Er erwiderte nichts und kippte dankbar den Sherry die Kehle hinunter, den der Kellner brachte, um bei dessen Weggehen gleich einen neuen zu bestellen. Das Eis war gebrochen. Er konnte nun ungehemmt trinken. Die Frau an seiner Seite, die sich vom Mitleid als ihrem stärksten Gefühl lenken ließ, spielte keine Rolle mehr.

Es spielte keine Rolle mehr, dass sie viel später durch das bereits dunkle Granada spazierten, oder besser gesagt, dass er auf Lieselottes Arm gestützt mühsam den aufrechten Gang bewahrte. Es spielte keine Rolle mehr, ob die Suche nach einem Hotelzimmer Stunden oder Minuten dauerte, der Preis des Zimmers hatte ohnehin noch nie eine Rolle gespielt. Es spielte keine Rolle, dass Lieselotte der Verzweiflung nah war und dass er nichts tun konnte, um sie zu beruhigen. Irgendwann mussten sie ein Hotelzimmer gefunden haben und er musste auf ein Bett gefallen sein und wahrscheinlich die ganze Nacht laut geschnarcht haben.

Als er die Augen aufschlug, sah er Lieselotte voll bekleidet am Fenster stehen. Er sah sie schräg von hinten, wie sie ihm zuerst im Bus aufgefallen war. Im Gegenlicht waren die kleinen Falten ihrer Nackenhaut nicht zu erkennen.

Er sah Maria dort stehen und der Schmerz einer tiefen Reue brach über ihn herein, nahm von seinem verkaterten Kopf und Körper Besitz, so dass dieser nach mehr Alkohol schrie. Gleichzeitig dachte er, dass er es nie wieder tun dürfte, nie wieder auch nur einen Tropfen Alkohol anrühren dürfte, weil das Maß an Schmerz, den sie seinetwegen hatte tragen müssen, endgültig voll war, dem kein Tropfen hinzugefügt werden dürfte, sonst würde sie zerbrechen. Oder war sie schon lange zerbrochen und er hatte es nur nicht bemerkt, weil sie nie die Beherrschung verloren hatte? Er versuchte ihrem Rücken anzusehen, ob sie weinte. Aber sie hatte gelernt zu weinen, ohne ihren Körper erbeben zu lassen. Sie ließ schon lange nur noch einen stummen Fluss von Tränen über ein ausdrucksloses Gesicht fließen, oder hatte sie inzwischen sogar schon gelernt ohne Tränen zu weinen? Er suchte das Zimmer mit seinen Augen ab, suchte nach irgendeinem Gegenstand, der ihm hätte Rat geben können, was zu tun und zu sagen wäre. Noch hatte sie nicht bemerkt, dass er aufgewacht war, noch war Zeit, seine ersten Worte zu wägen. Doch der Raum enthielt zum einen kaum Gegenstände, zum anderen war er ihm fremd und strahlte eine unpersönliche Atmosphäre aus. Aber natürlich, dieser Raum war ein Hotelzimmer, und die Frau am Fenster war nicht Maria, sondern eine Fremde, die ihn mehr oder weniger in dieses Zimmer getragen haben musste. Genau konnte er sich nicht erinnern, wie er hierher gekommen war.

Die Frau drehte sich um. In dem Moment, als das Sonnenlicht ihr Profil erhellte, konnte er sehen, wie eine Träne ihre Wange überquerte. Sie hatte die Finger beider Hände ineinander verschränkt und knetete nervös ihre Daumen. Wortlos nahm sie ein Glas von dem Tablett auf der Kommode, füllte es aus der danebenstehenden Karaffe mit Wasser und reichte ihm dann das Glas. Wortlos führte er es an die Lippen und trank es in einem Zug aus. Sie nahm ihm das Glas ab und füllte es erneut. Noch immer waren ihre Tränen nicht versiegt.

„Ich habe in der Kurklinik angerufen. Sie werden in einer Stunde hier sein, um uns abzuholen.“ Dann gingen ihre Worte im Schluchzen unter.

„Wie spät ist es?“

„Es ist gleich Mittag. Ist das alles, was Sie zu sagen haben? Wie stehe ich jetzt da? Ich bin keine so... Ich bin keine Frau ohne Anstand, wie soll ich das erklären? Man wird nie wieder ein Wort mit mir, sondern dafür um so mehr über mich reden. Sie sind ein Ungeheuer!“

„Aber beruhigen Sie sich doch.“ Wie sollte er sie nur beruhigen? Was war nur vorgefallen? Jeder Versuch zu denken, bereitete ihm Kopfschmerzen. Bald würden die Pfleger vor der Tür stehen und sie abholen. Ihn würden sie wahrscheinlich gleich in eine Entziehungsanstalt stecken, wenn sie nur die Lizenz dazu hätten. Wie hatte sie ihm das antun können? Hätten sie nicht einen Bus nehmen können und sich heimlich wieder einschleichen können? Wahrscheinlich nicht, da die Schäfchen jeden Abend vor dem Zubettgehen gezählt wurden. Aber hätte sie keine andere Lösung suchen können, hätte sie ihn nicht zumindest vorher fragen können?

„Wie kommen Sie eigentlich dazu, in der Klinik anzurufen, ohne mir vorher ein Wort davon zu sagen? Wissen Sie überhaupt, was das für mich bedeutet? Nein, sie können sich das nicht vorstellen, sie sind eine gutsituierte Witwe. Ich muss noch einige Jahre meinen Dienst an der Bildung junger Menschen leisten, wissen Sie was es bedeutet, wenn die Universität hiervon erfährt? Ich wurde unter anderem zu dieser Kur geschickt, weil ich ein Alkoholproblem habe. Dieser Vorfall macht deutlich, dass kein guter Wille meinerseits vorhanden ist. Meinen Sie, das wird keine Auswirkungen für meinen Beruf haben?“

„Aber wie hätte ich Sie denn fragen können? Sie haben geschlafen.“

„Dann hätten Sie mich eben geweckt. Haben Sie Ihren Mann nicht jeden Morgen geweckt, wenn er zur Arbeit musste, und ihm dann eine Tasse frischen Kaffee vor die Nase gestellt?“

„Sie haben so fest geschlafen, ich hätte Sie nie wecken können.“

„Haben Sie es versucht?“

„Nein.“ Sie brach wieder in Tränen aus.

„Ist ja schon gut Lieselotte. Komm her.“ Er zog sie mit einer Hand zu sich ans Bett. Sie setzte sich willenlos auf die Bettkante. Er streichelte ihr über den Rücken. Er merkte, dass er einen unangenehmen Schweißgeruch verströmte. Ob sie überhaupt geschlafen hatte? Ihr Gesicht sah übernächtigt aus.

Ihn überfiel ein dringendes Bedürfnis, sofort zu duschen, um sich überhaupt wieder als Mensch zu fühlen. Abrupt erhob er sich aus dem Bett. Sein Kopfschmerz traf ihn wie ein Hammerschlag. Hatte dieses Hotelzimmer ein Badezimmer? Auf der Kommode lag ein sorgfältig gefaltetes roséfarbenes Handtuch. Er warf sich dieses über die Schulter und ging aufs Geratewohl auf die Tür zu.

„Das Bad ist am Ende des Korridors auf der linken Seite," sagte Lieselotte. Er nickte nur und ließ sie im Zimmer zurück. Er tappte durch den dunklen Gang des Hotels. Durch einige winzige Fenster fiel ein wenig Licht herein. Sie schienen nicht gerade in einem Nobelhotel untergekommen zu sein. Das Bad war gerade besetzt, aber er verspürte wenig Lust, wieder ins Zimmer zu Lieselotte zurückzukehren. So setzte er sich auf den Boden gegenüber der Badezimmertür, so als wäre er ein Schuljunge der gerade aus der Klasse geworfen worden war. Das gleichmäßige Plätschern hinter der Tür verriet ihm, dass jemand duschte. Er hoffte, dass Lieselotte im Zimmer bleiben würde, und er hoffte, dass sie nicht schon jetzt abgeholt würden. Was Ersteres betraf, musste er sich keine großen Sorgen machen, denn die Frau war dermaßen beschämt, dass sie jede Begegnung meiden würde.

Die Tür öffnete sich. Eine junge Frau mit langem dunklem Haar, die nur in ein großes Handtuch gehüllt war, kam heraus und hielt ihm lächelnd die Tür offen.

Das kalte Wasser auf seinem Kopf wirkte Wunder, wenn sich auch seine Kopfhaut darunter zusammenzog. Er hatte zwei Optionen: Erstens, jetzt zu entfliehen und dadurch die Bezahlung seines Kuraufenthalts zu gefährden, zweitens, jetzt mit Lieselotte in die Kurklinik zurückzukehren und eine Entziehungskur zu riskieren, was nicht wirklich sein Ausscheiden aus dem Staatsdienst nach sich ziehen würde, wie er es Lieselotte vorgeworfen hatte (jedermann an der Uni wusste von seiner Vorliebe für geistige Getränke), aber ihn vielleicht in der nächsten Roboterfußballsaison aus dem Rennen werfen würde. Eigentlich sollte er schon jetzt über neuen Konstruktionsplänen sitzen, doch dazu brauchte er seinen Rechner mit den entsprechenden, von ihm konzipierten Programmen. Er hielt nichts von den sogenannten Laptops, auf denen er mit jedem Finger fünf Tasten gleichzeitig traf. Diese waren nichts als Spielzeug für reisende Möchtegern-Schreiberlinge, die nicht mehr mit so altmodischen Dingen wie Reiseschreibmaschinen oder gar Schreibheften gesehen werden wollten.

Er entschied sich für die erste Option, zumal der ermittelnde Kommissar, vor dem er nach Spanien geflohen war, sich ohnehin genau hier befand. Er traute nicht dem, was er gesagt hatte, nämlich dass er jeden persönlichen Kontakt meiden würde, um nicht voreingenommen zu sein. Vielmehr würde er ihn die restliche Zeit beschatten, oder noch schlimmer, Lieselotte als Spionin auf ihn ansetzen. Oder war sie vielleicht bereits auf ihn angesetzt, war all dies nur eine Inszenierung, war Herr Richter gar nicht wirklich zur Kur, sondern hielt sich dienstlich hier auf? Was musste nur am Tag der Brandes Schreckliches geschehen sein, wenn sie ein derartiges Ermittlungsteam auf ihn ansetzten? Nichts von all dem machte in seinen Augen Sinn. Sinn machte es in jedem Fall, von hier zu verschwinden und sich in Berlin direkt über das Geschehene zu informieren.

Er frottierte gewaltsam seinen fetten Körper, an dem sich die fünf Kilo Gewichtsverlust nicht wirklich bemerkbar machten, bis die einsetzende verstärkte Durchblutung Hitze in ihm aufwallen ließ. Dann zog er seine verschwitzten Kleidungsstücke wieder über. Seine Brieftasche steckte in der Hosentasche, das war gut. Seine Jacke hingegen musste sich noch im Hotelzimmer befinden, aber der einzige wichtige Gegenstand, der sich darin befand, war sein Wohnungsschlüssel aus Berlin – er wusste selbst nicht, warum er ihn mit sich herumtrug, wenn er ihn im Zimmer liegen ließ, überfiel ihn dieses ständige Gefühl, etwas vergessen zu haben, das ihn nervös machte. Sein Freund der Hausmeister würde die Tür für ihn in wenigen Minuten öffnen.

Er spähte vorsichtig in den Gang, dass dieser auch menschenleer war. Er hatte die Treppe auf dem Weg zum Bad nicht passiert, was bedeutete, dass sie von ihrem Zimmer aus in der anderen Richtung liegen musste. Er nahm seine Schuhe in die Hand und schlich sich auf Zehenspitzen durch den Gang. Einige Dielen knarrten verräterisch. Am oberen Treppenabsatz schnürte er seine Schuhe zu. Er grüßte die Dame an der Rezeption freundlich und trat auf die Straße hinaus, als ob er nur eben Zigaretten holen ginge. Da er nichts bei sich hatte, konnte sie keinerlei Verdacht schöpfen. Er fühlte sich schlecht dabei, Lieselotte die Rechnung begleichen zu lassen, doch er wollte jetzt keine Aufmerksamkeit auf sich lenken, indem er bezahlte. Nun, sie würde deswegen nicht verarmen.

Zehn

Irgendwie wollte das Gesicht dieser jungen Frau nicht aus der Erinnerung von Kommissar Richter. Er wusste nicht, warum sich das Bild einer Unbekannten so hartnäckig in seinem Kopf hielt. Er hielt sie nicht einmal für attraktiv, was manche Männer ja dazu bringen konnte, sich nicht mehr von einem einmal gesehenen Gesicht trennen zu können. Er hielt nichts von diesen halb verhungerten, kahlgeschorenen, von Flöhen wimmelnden und halb verrückten Weltenbummlerinnen, und sie gehörte mit Sicherheit in diese Kategorie. Er wusste gar nicht, weshalb er sich so viele Gedanken um diese Frau machte, Frauen interessierten ihn ohnehin nicht sonderlich, und er war immer froh, keine Tochter gehabt zu haben, sondern statt dessen zwei anständige Söhne großgezogen zu haben, wovon der eine gerade sein Jurastudium begonnen hatte, der andere lieber etwas Bodenständiges gelernt hatte und nun als Elektroinstallationsmeister in einen kleinen Betrieb eingestiegen war.

Sie kam ihm bekannt vor. Er hatte nicht die geringste Idee, woher. Er pflegte keinen Umgang mit solchen merkwürdigen Subjekten. Seine Söhne hatten anständige Freundinnen. Wenn sie ihm auch bekannt vorkam, dann hatte sie sich allerdings sehr verändert. Sein Gedächtnis arbeitete fotografisch, hatte aber manchmal Zuordnungsschwierigkeiten. Was nach der jahrelangen Aktenverwaltung bei der Kriminalpolizei kein Wunder war. Vielleicht würde gerade die Veränderung der Frau seinem Gedächtnis auf die Sprünge helfen. Kannte er das Gesicht am Ende doch durch seine Söhne? Eine alte Klassenkameradin vielleicht?

Sie saß dort vor den Türen einer kleinen arabischen Teestube in Granada. Er mochte die Araber nicht, doch man musste ihnen soviel zugestehen, dass sie vorzügliche Tees bereiteten. Er war kein Freund von Kaffee und Alkohol. Sie saß dort in angeregter Unterhaltung mit dem Bedienenden, so glaubte er zunächst. Der Mann war immerhin so aufmerksam, sogleich seinen neuen Kunden zu bemerken und zu bewirten. Nach getaner Arbeit kehrte er zu der Frau zurück, die derweil Löcher in die Luft starrte mit ihren absonderlich leuchtenden blauen Augen. Sie saßen dicht beisammen, der junge Mann hielt ihre Hand. Er redete mit leiser Stimme auf die Frau ein. Die Frau selbst sagte nichts, nicht einmal ein zustimmendes ‚ja‘ oder den geringsten anderen Kommentar. Sie ließ ihre Stimme nicht verlauten.

Herr Richter unterzog die Situation einer scharfen Analyse, zum Teil, weil er nichts anderes zu tun hatte, zum Teil, weil sie ihn vielleicht auf die Spur seines Bekanntheitsgefühls führen konnte. Sie war nicht der Typ des typischen arabischen Mannes. Arabische Männer liebten keine kahlgeschorenen Frauen. Sie hatte allerdings zwei Eigenschaften, die die fehlenden Haare aufwiegen konnten: Ihre blauen Augen und ihre Angewohnheit, wenig zu reden. Arabische Männer schätzten keine geschwätzigen Frauen. Worin sie sicherlich recht hatten.

Sie konnte natürlich auch in einem anderen Verhältnis zu dem Mann stehen. Zum Beispiel als potentielle Kundin. Es war kein Geheimnis, dass die Araber in Südspanien allesamt mit Drogen handelten. Es sollte ihm niemand erzählen, dass sie sich mit dem Betrieb dieser winzigen Teestuben über Wasser halten konnten. Aber das war nicht sein Problem, das war die Aufgabe der spanischen Polizei. Er mischte sich nicht ein. Sie sah abgemagert, ungesund und verrückt genug aus, um ein Drogenopfer zu sein. Was dagegen sprach, dass ihr Verhältnis das von Dealer und Kundin war, war die Tatsache, dass sie Händchen hielten. So innige Verhältnisse waren in diesem Zusammenhang nicht üblich. Aber möglich war natürlich alles. Andere Länder, andere Sitten. Er versuchte zu lauschen, doch der Mann redete auf Spanisch. Herr Richter beherrschte die spanische Sprache nicht. Er öffnete die deutsche Tageszeitung, die er soeben erworben hatte, und schenkte den beiden keine weitere Beachtung. Als er sich anschickte zu zahlen, saßen sie noch immer genauso da. Wieder sprang der Araber dienstbereit auf, ohne dass er ihn bitten musste. Beim Gehen fühlte er sich vom Blick der jungen Frau durchbohrt.

Das merkwürdigste aber war, dass er ihr wieder begegnete, ungefähr anderthalb Jahre später, als er wieder seine jährliche Kur in Anspruch nahm. Er fuhr nie lange, nur zwei bis drei Wochen im Jahr, aber diese Zeit an der spanischen Luft wirkte Wunder. Diesmal fuhr er im späten Frühjahr, statt im Herbst, eine wunderbare Zeit, da in Spanien schon richtig sommerliche Temperaturen erreicht wurden. Er traf sie in Almería, einer Stadt, in die sich eher wenige ausländische Touristen verirrten, höchstens für einige Stunden auf dem Weg zu den Stränden in dieser Zone. Außer den spanischen Touristen waren die meisten auf der Durchreise.

Die Frau hatte sich verändert. Sie durchbohrte ihn mit denselben ätherisch blauen Augen, als sie ihm kommentarlos eine Portion Pommes Frites auf den Teller klatschte, viel zu wenige Bissen Fleisch dazugab, als wären Schweine eine vom Aussterben bedrohte Spezies. Kein Bitteschön, keine Frage, ob es so recht wäre. Sie hörte die Anweisungen von der Kasse, an der man vor der Essensausgabe einen Papierfetzen erwerben musste, tat mechanisch und fehlerlos ihre Arbeit und warf dann die Papierfetzen, ohne sie noch einmal zu besehen in eine Dose hinter sich, woraufhin diese dann wieder den Weg des Recyclings zu Kasse gingen. Dementsprechend sahen sie aus, schmierig, abgegriffen und fadenscheinig. Als wenn es sich hier um Hundertmarkscheine handelte.

Sie hatte zugenommen, zumindest im Gesicht. Ihr Körper verschwand hinter einer großen unförmigen Schürze. Ihr Haar war nachgewachsen und konnte inzwischen fast für eine normale Kurzhaarfrisur gehalten werden. Aber das war nicht die entscheidende Veränderung. Sie wirkte sehr viel resoluter als damals in der Teestube, in der sie stundenlang irgendeinen dahergelaufenen Ali auf sich hatte einreden lassen.

Sie wirkte nicht so, als würde sie es dulden, dass man stundenlang auf sie einschwatzte. Eher so, als würde sie in diesem Fall unangekündigt zu tätlicher Gewalt übergehen. Was notwendig war, wenn sie in einem Etablissement wie diesem arbeitete. Er war sich fast sicher, dass sie ihn auf den ersten Blick erkannt hatte. Aber wie konnte sie ihn erkennen? Hatte sich für sie die flüchtige Begegnung in der Teestube ebenso ins Gedächtnis eingeprägt, obwohl ihre ganze Aufmerksamkeit scheinbar von dem Araber in Anspruch genommen worden war?

Sein alter Freund, der jede Einladung in ein erleseneres Restaurant ausgeschlagen hatte und ihn hierher gebracht hatte, mokierte sich über die Unfreundlichkeit der Bedienung, um sich gleichzeitig bei seinem Kommissar-Freund zu entschuldigen, dass sie sonst eine andere Bedienung hätten, eine mit Manieren, und er dieses entsetzliche Wesen bisher nur in der Küche erblickt hätte. Sie setzten sich an einen Tisch und unterhielten sich über ihre aktuellen Erfahrungen mit dem nationalen und dem internationalen Verbrechen, obwohl das letztere gar nicht in ihr jeweiliges Aufgabenfeld fiel. Kommissar Richter konnte sich nicht auf das Gespräch konzentrieren. Dabei freute er sich jedes Mal, seinen Freund Gonzalez von der spanischen Kriminalpolizei wiederzutreffen. Sie hatten sich vor langen Jahren auf einem Seminar zur internationalen Verbrechensbekämpfung kennen gelernt, mit der sie beide später kaum noch zu tun haben sollten. Wie viele Jahre mochte das her sein? Sie hatten eine sehr schöne Zeit gehabt, damals im frühlingshaften Bonn, einen regen Austausch in langen Spaziergängen am Rhein. Señor Gonzales war ein sehr gebildeter Mann, der fast perfekt Deutsch sprach, über alle Verflechtungen des organisierten Verbrechens in Europa dozieren konnte und der dabei noch lange kein verstaubter Schreibtischtäter war. Gonzales hatte mit seinen damals vielleicht 42 Jahren einen Körper, von dem mancher Jungzwanziger nur träumte, eben weil Gonzales die eiserne Disziplin aufbrachte, die den Deutschen nachgesagt wurde, die diese aber höchstens im Biertrinken hatten, die eiserne Disziplin, seinem Körper jeden Tag zu zeigen, wer die Macht hatte. Kommissar Richter war ein Freund von Körperbeherrschung, hielt sein sportliches Trainingsprogramm aber auf einem moderaten Maß. Sie liefen damals jeden Tag gemeinsam Rheinauf, Rheinab. Derweil hielt Gonzales Vorträge. Er war ein Multitalent, dem nie die Luft ausging. Manchmal fiel Herr Richter leicht zurück, weil er das Tempo des anderen nicht halten konnte. Manchmal blieb ihm vor Erschöpfung keine Zeit über die Worte des anderen nachzudenken. Manchmal versank er unwillkürlich in die Betrachtung des perfekt muskulösen Rückens vor ihm, über den ausgehend vom dunklen Haaransatz kleine Schweißperlen liefen.

Gonzales versuchte noch immer, sein Deutsch zu konservieren, auch wenn er es für sein jetziges Einsatzgebiet längst nicht mehr brauchte. Manfred hatte ihn nicht gesehen, seit er in Almería tätig war. Sie trafen sich nur alle paar Jahre einmal. Zum letzten Mal hatte Manfred seinen Freund Gonzales in Madrid besucht und war tief enttäuscht von der Gewöhnlichkeit von dessen Frau gewesen. An der Seite dieses Mannes hätte er ein repräsentableres Wesen erwartet. Aber natürlich hatte Gonzales recht, bei Frauen hatte man nicht auf Äußerlichkeiten zu achten. Sie waren von noch größerer Vergänglichkeit als bei Männern. Manfred war nie ganz schlau daraus geworden, warum sein Freund nach Almería versetzt worden war. Ihm schien das jetzige Aufgabenfeld seines Freundes als von weitaus geringerer Bedeutung. Vielleicht verschwieg er ihm aufgrund von dienstlichen Auflagen etwas. Vielleicht war auch etwas vorgefallen, das zu einer Strafversetzung geführt hatte.

Er wunderte sich über das Lokal, in das ihn der Spanier geführt hatte. Das war so gar nicht sein Stil. Und von Körperbewusstsein war bei der Ernährung keine Spur. Er hatte sofort gemerkt, dass sein alter Freund einen Bauch angesetzt hatte.

Der Blick der Frau durchbohrte ihn vom Tresen her. Er konnte es spüren, auch wenn er mit dem Rücken zu ihr saß.

Er glaubte nicht an Verschwörungstheorien, an Vorsehung, an Horoskope, an Begegnungen der dritten Art oder anderen Hokuspokus. Aber er glaubte auch nicht an Zufälle. Hätte er nicht so ein schrecklich fotografisches Gedächtnis gehabt, wäre er nie in diesen Erklärungszwang geraten. Ob dieses mentale Fotografieren mit der Pensionierung wohl endlich aufhören würde?

Er versuchte, sich zu beruhigen. Erstens, wenn diese Gammlerin sich über einige Jahre hinweg in Südspanien aufhielt und er jedes Jahr einmal nach Südspanien fuhr, dann war es nicht ganz und gar unwahrscheinlich, ihr zufällig wieder zu begegnen. Zweitens, wenn sie eine Weile in der Gegend herumgegammelt hatte, war ihr wahrscheinlich irgendwann das Geld ausgegangen und sie hatte sich gezwungen gesehen, eine Arbeit anzunehmen. Drittens, so gammelige Wesen stellte man nicht überall ein, vor allem nicht dort, wo man Touristen mit Geld vermutete. Also war eine fünftklassige öffentliche Kantine in Almería nicht ganz abwegig. Ihr Hier sein hatte also eine perfekt funktionierende Erklärung. Was keine Erklärung hatte, war sein Gefühl, von ihr auf der Stelle erkannt worden zu sein. Und er war sich sicher, dass sie ihn erkannt hatte. Nun arbeitete sie nicht bei der Kriminalpolizei, hatte also beruflich keinerlei Notwendigkeit, ein fotografisches Gedächtnis zu entwickeln. Die einzige Erklärung war, dass sie sich beide schon von einer anderen, früheren Gelegenheit kannten, die ihm einfach nicht einfallen wollte.

Dann geschah etwas Unglaubliches, das die Grübelei des Kommissars jäh zerriss. Ein Roboter betrat die Kneipe, ein winselndes Piepen von sich gebend. Alle Köpfe, was viele waren, da gerade Mittagszeit war, wandten sich in eine Richtung. Man konnte nicht exakt sagen, dass er die Kneipe betrat, denn er bewegte sich auf Rollen vorwärts. Er sah nicht aus wie die Roboter, die man so aus Science-Fiction-Filmen kannte, die sich ein gewisses chromblitzendes menschliches Antlitz bewahrt hatte, was sie zu Sympathieträgern machte, man denke nur an den gutmütigen Trottel R2D2 oder seinen noblen Kollegen C3PO. Nein, dieser Roboter hatte, außer seiner offensichtlichen Improvisiertheit und seiner verrosteten Erscheinung ein entscheidendes Manko: seine Gesichtslosigkeit. Auch wenn seine Gestalt durchaus der menschlichen nachempfunden war, saß an der Stelle seines Kopfes nur ein blecherner Kubus, der ganz und gar nicht als Kopf durchgehen konnte, wusste man doch nicht, wo bei diesem Ding vorne und hinten sein sollte.

Aber das Erstaunlichste sollte noch kommen: Die Frau an der Essensausgabe, diejenige mit den entsetzlich blauen Augen, die nie jemand ein Wort hatte sprechen hören, ließ alles fallen, was sie in der Hand hatte und rannte dem Roboter entgegen, riss dabei einen Teller zu Boden und stieß einige Leute unsanft an, nur um den Roboter in die Arme zu schließen, als wäre er ein verlorenes Kind, das gerade heimkehrte, dabei einen heiseren Schrei ausstoßend, der fast animalisch klang, und sich dann selbst auf die Zunge beißend, dass sie diesmal vor Schmerz schreien musste.

Sie waren ein wunderbares Paar. In ihren Armen sah man, dass der Roboter bestenfalls die Größe eines Kleinkindes hatte. Einigen Leuten, die Zeugen dieses Schauspiels wurden, liefen verstohlene Tränen aus den Augenwinkeln. Der Roboter hatte aufgehört zu Piepsen und auch seine Rollen, ein Paar angeschweißter Kinderrollschuhe, waren zu Stillstand gekommen. Die Bedienung trug ihn behutsam in die Küche. Ihrem angestrengten Gesicht war anzusehen, dass er nicht so leicht war wie ein Kleinkind. Dann fegte sie die Scherben der fallengelassenen Teller zusammen und nahm ihre Arbeit wieder auf, so als wäre nichts gewesen. Das Publikum fasste sich. Man redete wieder wild durcheinander. Die Bedienung schluckte das Blut hinunter, das aus der Bisswunde in ihrer Zunge stammte.

Kommissar Richter sah verstört seinen Kollegen Gonzales an, der noch in aller Ruhe auf seinem zähen Fleisch herumkaute.

„Was war das?“ stotterte er.

„Verrückte, nichts als Verrückte,“ schnaubte Gonzales verächtlich.

„Das ergibt doch alles keinen Sinn,“ murmelte Richter.

„Sinn? Was suchen Sie bei diesen Verrückten nach Sinn? Ich sage Ihnen, das sind diese Ausländer, die da unten bei Las Negras herumhängen und gut Freund mit den Drogenhändlern aus Marokko sind.“

„Sie meinen, die Drogenhändler setzen jetzt schon Roboter ein? Aber was soll dieser Auftritt? Das war doch die reinste Show. Wieso sollten die so eine Show veranstalten?“

„Fragen sie mich was leichteres, Kollege. Ich glaube, die haben sich alle nicht mehr unter Kontrolle. Die haben sich das Hirn weggekifft, verstehen Sie, sind auf einem Trip hängen geblieben. Vor allem die deutschen Hippies. Die Marokkaner sind Geschäftsmänner und ziehen ihre Sache klar, aber diese Hippies sind unberechenbar.“

„Wissen Sie, was mir gerade einfällt? Das ist wirklich ein merkwürdiger Zufall. Vor etwa einem Jahr, oder waren es zwei Jahre, war ich mit einem Fall betraut...Das war eigentlich ein recht unspektakulärer Fall: Brandstiftung in einer Universitätsbaracke, die ohnehin verkauft werden sollte. Meiner Meinung nach war es der Makler, aber der Fall konnte nie aufgeklärt werden. Das Merkwürdigste war aber, das alle Hauptzeugen sofort verschwanden. Auf jeden Fall, der Professor, der in dem Institut arbeitete, baute in seiner Freizeit Fußballroboter, die etwa so eigentümlich aussahen, wie dieses Ding, das gerade zur Tür hereingekommen ist. Ich habe allerdings nur Fotos davon gesehen. Ich habe sie mir immer viel größer vorgestellt.“

Gonzales schüttelte den Kopf. „Bei aller Liebe, ich werde die Deutschen nie verstehen. Fußballroboter! Ich schwöre immer noch auf Real Madrid.“

„Ich habe mich ein wenig informiert und herausgefunden, dass Roboterfußball tatsächlich ein internationaler Sport ist. Dieser Professor ist einmal im Jahr zu einem internationalen Turnier gefahren, so einer Art Europa- oder sogar Weltmeisterschaft. Diesen Professor habe ich dann übrigens kurz danach in Spanien beim Kuraufenthalt kennen gelernt. Er hatte offensichtlich ein Alkoholproblem und ist dann später in eine Entziehungsklinik überwiesen worden.“

„Ja, ich denke auch, dass die deutschen Politiker die Alkoholproblematik ernster nehmen sollten. Man liest ja immer wieder in der Zeitung, dass ihr eine Nation von

Alkoholikern seid. In Spanien wird jetzt endlich etwas gegen den Alkoholismus getan."

„Hm."

Gonzales hatte seinen Teller geleert und wischte mit der Papierserviette das Fett von seinen Lippen. Kommissar Richter war schon lange der Appetit vergangen. Da sie beide nicht rauchten, mussten sie tatenlos vor sich hinstarren, wenn sie nicht gleich aufspringen wollten. Damals, am Rhein wären sie in dieser Situation sofort zu einem Spaziergang aufgebrochen, doch in der mittäglichen Hitze Almerías waren Spaziergänge nicht zu empfehlen. Es bot sich eher eine Siesta an, aber Señor Gonzales machte keine Anstalten, seinen Kollegen zu sich nach Hause einzuladen.

„Frau Radke." Entfuhr es Kommissar Richter plötzlich.

„Wer bitte?"

Elf

Lieselotte trocknete ihre Tränen mit ihrem mit Rosen bestickten Stofftaschentuch, das sie schon komplett durchweicht hatte. Sie war ein weinerliches Mädchen. Zog ihr ein Klassenkamerad an den dicken schwarzen Zöpfen, brach sie in Tränen aus, rief ihr dann noch jemand das Wort Heulsuse hinterher, versiegte der Tränenfluss erst in einer Stunde wieder. Und dieses Spiel machte den Jungen ja so viel Spaß.

Sie saß im Kinderzimmer, das sie mit ihren beiden Schwestern teilte. Ihr großer Bruder hatte sein eigenes Zimmer, aber er war schließlich auch ein Junge, und er musste sich in Ruhe aufs Abitur vorbereiten können, wie hätte er das zwischen mit Puppen spielenden kleinen Mädchen tun können? Durch das geöffnete Fenster drangen die Stimmen der vor dem Haus spielenden Kinder herein. Es war ein schöner sonniger Sommertag. Der Vater hatte ihrer kleinen Schwester zum Geburtstag eine Schaukel gebaut. Das war jetzt die Sensation in ihrer Straße. Ihre kleine Schwester hatte mit einem Mal viele neue Freundinnen gefunden. Lieselotte war dankbar für den Sonnenschein, der ihre Schwestern aus dem Zimmer lockte. Endlich hatte sie einmal ihre Ruhe. Ihre Mutter würde die ältere schon früh genug wieder ins Haus zerren, damit sie ihre Schularbeiten machte. Sie selbst fragte man nie, ob sie ihre Schularbeiten gemacht hätte. Ihr gab man nur Aufträge: „Geh zum Laden und hol zwei Liter Milch. Und zähl das Wechselgeld nach." „Hilf der Mutter beim Waschen." „Bring dem Vater seine Zeitung."

Sie war die mittlere von drei Schwestern, die zweitjüngste von vier Geschwistern. Sie war nicht die Hoffnungsträgerin der Familie und nicht das Nesthäkchen. Sie hatte zwei nützliche Hände und sie war nicht mehr zu klein, um schwere Dinge zu tragen. Sie weinte zuviel, aber das würde sich mit dem Alter schon legen.

Sie sah verstohlen aus dem Fenster, ob die Mädchen noch alle mit der Schaukel beschäftigt waren. Dann öffnete sie ihr Geheimversteck. Es war nicht leicht, in einem Zimmer, das sie mit zwei Schwestern teilte und das ihre Mutter keinesfalls als die Privatsphäre der Kinder ansah, ein Geheimversteck zu haben. Sie hatte die schöne Ausgabe von Grimms Märchen ausgehöhlt. Sie wusste, dass ihre Schwestern Märchen hassten und ohnehin nicht dem Lesen zugeneigt waren. Sie wusste, dass ihre Mutter das schöne Buch nicht anfassen würde, da es zu schön für den Gebrauch war. Sie entnahm dem Buch einen kleinen Taschenspiegel, eine angefangene Zeichnung und Aquarellkreiden, für deren Erwerb sie lange ihr Schulmilchgeld gespart hatte. Sie hätte gerne auf größeren Blättern gemalt, doch ein so großes Versteck ließ sich nicht auftreiben. Sie betrachtete versonnen ihr vom Weinen gerötetes Gesicht im Taschenspiegel. Sie presste sich noch einige weitere Tränen ab. Dann setzte sie die Arbeit an ihrem begonnenen Selbstporträt fort, was nicht so leicht war, da sie immer mit einer Hand den Spiegel halten musste. Der Spiegel war zu klein, um ihr ganzes Gesicht auf einmal betrachten zu können. Sie konnte das Bild nur Ausschnitt für Ausschnitt malen.

Die größte Sorgfalt galt den Tränen, zerbrechliche und vergängliche Gestalten auf ihrer Haut, das Gesicht würde auch noch morgen sein. Jede Träne war anders. Nie würde sie alle ihre Tränen malen können. Die meisten zerflossen und trockneten, ohne erinnert zu werden. Nur Erinnerung an Schmerz, keine Erinnerung an die Spur der einzelnen Träne auf ihrer Wange. Sie malte gegen das Vergessen, die Schönheit der Tränen. Es waren keine Porträts des Schmerzes, es waren Porträts der Schönheit, nicht ihrer Schönheit, der Schönheit des Wassers in ihrem Körper. Niemand würde dies je begreifen. Nicht auszudenken, was ihre Klassenkameraden mit den Bildern tun würden. ‚Sieh her, das vernachlässigte Prinzesschen wartet auf ihren Prinzen und weint sich für ihn die Augen aus. Sie glaubt wohl, sie wäre was Besseres. Schlaf weiter, Dornröschen. Vielleicht weckt dich ja der alte Gärtner.' Ihre Mutter würde sich nur über die Zerstörung der Grimm-Sonderausgabe mokieren und die Bilder kommentarlos zerreißen. Ihre Schwestern würden sich tot gackern und die Bilder in feindseliger Eintracht mit Schnurrbärten und Warzen verzieren, auch wenn sie sich sonst gegenseitig hassten. Niemand verstand sie. Es hatte keinen Sinn, ihnen erklären zu wollen. Sie hörten ohnehin nicht zu. Ihr Zuhören war ein Lauern auf die Gelegenheit, die nächste Gemeinheit anzufügen.

Eines Tages würde sie jemand lieben, da war sie sich ganz sicher. Sie musste nur geduldig sein. Liebe war eine Waffe. Mit seiner Liebe würde sie sich rächen.

Lieselotte trocknete ihre Tränen mit einem Papiertaschentuch. Es war das letzte aus der Packung. Die anderen befanden sich bereits durchweicht und zusammengeknüllt im Papierkorb. Sie musste aufhören zu weinen. Bald würden die Leute aus der Kurklinik hier sein. Warum ließen sie nur so lange auf sich warten? Und was machte Ulrich nur so lange im Bad? Sollte er etwa wieder zusammengebrochen sein? Sollte sie nachschauen gehen? Nein, das war unmöglich, sie konnte einen fremden Mann nicht im Badezimmer stören.

Warum nur musste sie das Leben derart bestrafen?

Ihr Blick fiel in den kleinen, schlecht geputzten Spiegel über der Kommode. Unter den Schlieren ihr verheultes Gesicht, Spuren von Salz auf geröteter Haut. Salz in den Furchen des Alters. Wie hatte sie nur glauben können, dass sie sich nicht verändern würde, wohl aber ihre Tränen? Es war genau umgekehrt geschehen. Ihr Gesicht war vergänglich, die Tränen aber waren ewig. Keine Träne war individuell, alle bedeuteten nur die Unendlichkeit des Schmerzes.

Sie hatte ihren Erwin geliebt. Wie lange? Ein halbes Jahr lang, bis sie sich verlobten? Ein Jahr lang, bis sie heirateten? Jeden Tag ein Stück weniger, bis er starb, bis die Liebe nur noch in Spurenelementen an ihrer Beziehung teilnahm? Schwer zu sagen, wo die Liebe aufhörte, wenn sie graduell abnahm. Sie erinnerte sich genau an den Tag, an dem sie sich verliebt hatte, aber an den Tag, als ihre Liebe gestorben war? Und manchmal liebte sie Erwin noch immer, obwohl er seit über zehn Jahren unter der Erde war.

Für sie war es Liebe auf den ersten Blick gewesen, als er sie in seinem schwarzen Smoking zum Tanz aufforderte. Der Abschlussball ihres dritten Tanzkurses, der große Bruder einer Mitschülerin, den diese als ihren Tanzpartner für den Eröffnungstanz mitgebracht hatte. Sie selbst in einem neuen Kleid, nachdem sie auf den letzten beiden Abschlussbällen das Kleid ihrer großen Schwester hatte tragen müssen, das seit Jahren unmodern war. Aber nun war es an der Zeit, Lieselotte unter die Haube zu bringen, und in diese Angelegenheit waren die Eltern bereit, ein wenig zu investieren. Ein Kleid schneeweißer als das, das sie ein Jahr später bei ihrer Hochzeit tragen sollte. Rote Rosen in ihrem dunklen, schweren Haar eingeflochten. Ein strahlendes

Schneewittchen, hübsch und naiv, ein glattes Gesicht mit strahlenden Augen, die nie eine Spur Schmerz gesehen hatten. Schneewittchen, bevor sie je von giftigen Äpfeln wusste. Sie war so schön, wie hatte sie so lange als das hässliche Entlein ihrer Klasse gelten können? Trudi, ihre kleine Schwester mit den eng zusammenliegenden Augen und dem viel zu kleinen Stupsnäschen war schon mit vierzehn der Schwarm aller Jungen. Sie war nicht exakt hässlich, aber gewiss keine Schönheit. Aber sie rauchte heimlich mit den Jungen. Rauchen machte fehlende Schönheit wett.

Sie konnte nicht sagen, ob Erwin sie geliebt hatte. Sie hatte ihm gewiss gefallen an jenem Abend. Doch er hätte auch eine hässlichere Frau genommen. Er hatte seine Ausbildung beendet und arbeitete in Schichtarbeit. Er brauchte eine Frau, die für ihn seinen Haushalt regelte. Seine Mutter war seit einem Jahr schwerkrank. Es war gut, eine Frau zu haben, die sich auch ein wenig um seine Mutter kümmern konnte. Er hatte sich gerade einen Motorroller gekauft. Es war schöner, am Wochenende zu zweit an den See zu fahren. Einen zweiten Helm hatte er schon. Manchmal, wenn er nachmittags Feierabend hatte, brachte er die Bedienung aus der Betriebskantine nach Hause. Aber sie war mit einem Franzosen verlobt, der sie bald zu sich nach Paris holen würde.

Lieselotte war perfekt für ihn. Sie war vorzeigbar, wenn sie mit ihm an den See fuhr, sie hatte gelernt zu arbeiten, und sie strebte keine höhere Ausbildung an. Erst Jahre später sagte sie ihm, dass sie gerne studiert hätte. Aber da hatte sie schon zwei kleine Kinder zu versorgen. Erwin lernte sogar, sich für Kultur zu interessieren. Später, als die Kinder aus dem Haus waren, unternahmen sie viele Städtereisen und bestaunten die historischen Bauwerke Europas. Lieselotte verriet ihm nichts von ihrer eigenen künstlerischen Ader. Sie zeigte ihm nie die Bilder, die sie noch immer aufhob.

Wo blieb Ulrich? Ulrich. Wie konnte sie dieses Ungeheuer beim Vornamen nennen? Und doch war er so hilflos. Hilfebedürftig. Sie konnte ihm nicht mehr helfen. Nie hätte sie geglaubt, in ihrem Alter noch eine ehrlose Frau zu werden. Ehrlos deswegen, dass sie einen Betrunkenen in ein Bett schleifte und sich nicht an seine Seite legte. Millionen von Ehefrauen trugen ihre betrunkenen Männer ins Bett und legten sich an ihre Seite, weil sie keinen anderen Platz zum Schlafen hatten. Aber diese Erkenntnis lag fern ihres Horizontes. Lieselotte weinte, bis die Pfleger kamen und sie mit sanftem Druck in das Auto schoben, das vor der Tür stand. Sie fanden Ulrich nicht. Sie verabreichten ihr ein Beruhigungsmittel.

Zwölf

Die diesjährige Europameisterschaft im Roboterfußball war eine Blamage für das Team von Professor Farendorf. Schon in der Vorrunde schied es chancenlos aus. Seine Konstruktionen waren nicht mehr auf der Höhe der Zeit, schlimmer noch, sie schienen ein Eigenleben zu entwickeln, das sich gegen ihren Schöpfer wandte. Der Alptraum eines jeden Schöpfers intelligenter Maschinen seit Menschengedenken. Frankensteins Monster auf dem Fußballfeld. Hatte er bisher Achtung auf diesem Gebiet genossen, so interessierte sich jetzt kein Mensch mehr für ihn und seine Elf. Die Monstrosität der Roboter schien für die Augen der Anderen im Verborgenen zu bleiben; zumindest diese hätte Aufsehen erregt. Die Fachgespräche, in denen Bewunderung mitschwang, in der man gegenseitig versuchte, die Tricks auszuspionieren, prahlte, ohne Details verraten zu wollen, fanden nun zwischen anderen Teamchefs und Konstrukteuren statt. Einige von ihnen kannte er seit Jahren, andere waren aus dem Nichts aufgestiegen. Aber auch seine alten Bekannten schenkten ihm wenig Beachtung. Das halbe Jahr in der Entziehungsklinik hatte seiner Karriere ein Ende gemacht. Er blieb trotzdem bis zum Ende der Europameisterschaft.

Vielleicht war es das einzige, was er noch mit Professionalität betrieb: auf den Rängen der stickigen Halle zu sitzen und jedem Spiel bis zum Finale zu folgen, während draußen das schönste Sommerwetter war. Er war dabei absolut unparteiisch. Er hatte keine Freunde, auf deren Seite er stand. Er verfolgte die Spiele emotionslos, feuerte nicht an, wie es manche Kollegen taten, die sich nicht bewusst machten, dass Roboter auf dem Spielfeld für Beifall oder Buh-Rufe unempfänglich waren. Er beobachtete aufmerksam die Gelenkigkeit der Roboter, die Spielzüge, die programmierten Taktiken und ihre Flexibilität. Auf den Publikumsrängen gönnte er sich kein einziges Nickerchen, auch wenn er zu Hause nichts über ein Mittagsschläfchen im Büro kommen ließ. Außerdem blieb er während der Spiele nüchtern, gönnte sich nur abends einige Biere, die er aber keineswegs mit anderen Spirituosen in seinem Magen mischte und ging jeden Abend spätestens um elf Uhr ins Bett, um frisch in den nächsten Tag starten zu können. Zu seinen erfolgreicheren Zeiten hatte er das anders gehalten, und nun war es nicht einmal der Ehrgeiz, zu seinem alten Erfolg durch genaue Beobachtung zurückzufinden, der ihn zu diesem Lebensstil brachte, sondern es war nichts als das blanke Erstaunen über die großen Fortschritte der Technik, die während des letzten Jahres von jungen Koryphäen vollbracht worden waren. Die Roboterfußballspiele konnten nie packend sein, da anders als im echten Fußball das menschliche Temperament auf dem Spielfeld fehlte, aber sie waren dennoch spannender als der beste Science-Fiction-Film.

Momentan spielte ein belgisches Team von langgliedrigen Robotern mit flachen, leicht nach innen gewölbten Köpfen, so dass eine kleine Mulde für die Annahme von Kopfbällen geschaffen wurde, bei denen das Höchstmaß in der Körperlänge voll ausgeschöpft worden war, gegen ein französisches Team, dass eher zwergenhaft, dafür aber mit allen möglichen Gelenken durchzogen war. Von den Rängen flogen dreckige Worte in Französisch und Flämisch hin und her, die halb scherzhaft – halb ernst gemeint waren. Es lag im Bereich des Möglichen, dass es nach dem Spiel eine Schlägerei zwischen sonst sehr ruhigen Universitätsangehörigen und Informatikern der beiden Länder geben würde.

Die belgischen Roboter bewegten sich leicht staksig über das Feld, die Beine im Laufen immer leicht nach außen schwingend, so dass die kleinen französischen Roboter mit ihren multipel verdrehbaren Beinen leichtes Spiel dabei hatten, ihnen den Ball beim Dribbeln abzunehmen. Die Kopfbälle der Belgier waren jedoch unschlagbar, so gezielt wurden sie abgegeben. Ein jeder Eckstoß für die Belgier wurde so sicher in ein Tor verwandelt.

Beide Teams waren mit ihren jeweiligen Fähigkeiten etwa gleich stark, die Torhüter etwa gleich schwach, und es stand kurz nach der Halbzeit 5 zu 5. Dann geschah etwas Unglaubliches: Einer der kleinen französischen Roboter, dem es nicht gelungen war, dem Gegner in seinem Sturm auf das Tor den Ball abzunehmen, bog sein Bein mit der Gelenkigkeit eines Regenwurms in die Form eines Hakens und brachte den gegnerischen Stürmer damit zu Fall. Ein Raunen ging durch die Halle, ein absolut unvorstellbares Ereignis war in der Geschichte des Roboterfußballs eingetreten, und noch war offen, ob man den Erfinder dieses Roboters lynchen, oder ihn fortan als ein Genie betrachten und ihm nacheifern würde. Der scharfe Pfiff des Schiedsrichters unterbrach das Spiel. Der belgische Teamchef eilte zu seinem gestürzten Schützling und untersuchte ihn eingehend. Der Schiedsrichter diskutierte erregt mit einer Gruppe von Männern in der Ehrenloge, bis er mit einem langgezogen Pfiff das Spiel gänzlich beendete. Es gab keine Regel für den eingetretenen Fall. Man konnte nicht einfach wie im normalen Fußball einen Freistoß vergeben, ohne dies vorher in den entsprechenden Kommissionen diskutiert zu haben. Man konnte das französische Team nicht einfach disqualifizieren, weil es keine Regel gab, die besagte, dass Foulspiel verboten war. Es war bislang nur einfach niemand auf die Idee gekommen, dass Fouls im Möglichkeitsbereich von Fußballrobotern lagen. Es würde in der Nacht lange und erhitzte Expertendiskussionen geben. Der Spieltag war damit abgebrochen, denn wer konnte schon ahnen, wie viele foulende Teams noch im Rennen waren, mit denen man genau so wenig zu verfahren wüsste?

Professor Farendorf steuerte also schon am Nachmittag seine gewohnte Kneipe an. Sie lag in einer sonst relativ unbelebten Gegend Maastrichts in der Nähe seiner Pension. Dazu muss gesagt werden, dass Maastricht, obwohl es eine Studentenstadt war, nicht gerade das pralle Leben verkörperte. Alle Lokale waren klein, ordentlich und zum größten Teil in einer rot gepflasterten Fußgängerzone angesiedelt. Wenn man in Maastricht sagte, dass etwas außerhalb lag, konnte damit gemeint sein, dass es nur zwei Straßen von der Fußgängerzone entfernt, aber eben nicht innerhalb dieser lag. So verhielt es sich mit der Kneipe, die der Professor frequentierte. Die Kneipe wurde hauptsächlich von Einheimischen frequentiert, und so kam er selten ins Gespräch, denn die niederländische Sprache beherrschte er nicht und sich in angetrunkenem Zustand an sein schlechtes Englisch zu erinnern, war ihm meistens zu anstrengend. Die meisten Teilnehmer des Fußballturniers trafen sich in touristischeren Lokalen innerhalb der Fußgängerzone. Er war in den vergangenen Jahren einige Male dort gewesen, aber jetzt, da es keine Fachgespräche für ihn mehr zu führen gab, da er abgesagt war, bestand auch keinerlei Notwendigkeit, sich mit den Leuten auseinander zusetzen oder einmal mehr deutlich gemacht zu bekommen, dass das Interesse an ihm verloschen war.

An diesem Abend betrat der französische Kollege die Kneipe, der sich bisher noch nie hierher verirrt hatte. Er fragte höflich, ob der Barhocker neben ihm noch frei wäre. Der Mann war klein und zierlich, hatte fast den Körper einer jungen Frau und erinnerte in seinen gebogenen Bewegungen ein bisschen an seine Roboter.

„Ja, setzen Sie sich doch, Herr Kollege. Dass ich die Gelegenheit bekomme, mit dem Enfant Terrible des Turniers zusammen etwas trinken zu dürfen... Was trinken Sie? Ich muss Sie einfach einladen, Sie haben Spannung in den heutigen Tag gebracht. Endlich einmal eine originelle Idee."

„Vielen Dank. Sie lassen mir zuviel Ehre zukommen. Ich nehme einen Chardonnay, 95er Jahrgang, wenn möglich. Wie ist ihr Name?"

„Farendorf."

„Nein, tut mir leid, das kommt mir nicht bekannt vor. Und sie haben auch ein Team aufgestellt?"

„Ja, nun, wir sind bedauerlicherweise in der ersten Runde ausgeschieden. Pech. Aber sagen Sie, wieso haben Sie sich ihren speziellen Trick so lange aufgehoben?“

„Lassen Sie uns erst einmal anstoßen, mein Freund. Sie kommen also aus Deutschland. Welche Stadt, wenn ich fragen darf?“

„Berlin.“

„Oh, da bin ich aber erstaunt, dass ich sie nicht kenne. Die Berliner Teams waren in der Vergangenheit doch immer recht erfolgversprechend. Ich muss zugeben, ich war die letzten Jahre nicht beim Turnier, aber ich habe sie immer im Fernsehen verfolgt, soweit sie übertragen wurden.“

„Bei Ihnen wird Roboterfußball im Fernsehen ausgestrahlt?“

„Zeitweise. Wir haben in Paris diesen Spezialsender für außergewöhnliche Sportarten. Sie übertragen auch Schachturniere live, wobei ich nicht sehe, dass Schach eine allzu außergewöhnliche Sportart wäre.“

„Was ich an ihrem heutigen Spielzug bewundere, ist, dass es so ein banaler Trick ist. Ich meine die Mechanik, der Moment der Anwendung ist einfach zu programmieren, aber genial ist, dass vor ihnen noch kein Mensch auf diese Idee gekommen sind. Ich liebe solche einfachen aber effektiven Erfindungen.“

„Trinken Sie noch ein Glas mit mir, mein Freund, und ich werde Ihnen ein Geheimnis verraten. Was trinken Sie?“ Er hatte sein Glas schon mit wenigen Schlucken geleert.

„Ein Bier.“

„Oh, natürlich, das hätte ich mir denken können.“

Professor Farendorf trank nun schnell, begierig darauf, das Geheimnis zu erfahren. Wenn die Kunst des Foulens jetzt in den Roboterfußball eingeführt würde, würde er der erste sein, der darüber genauere Informationen von seinem Erfinder erhalten hatte. Das könnte ihn im nächsten Jahr wieder aus seiner Versenkung retten. Der Franzose hingegen schien seinen ersten Weindurst gestillt zu haben und trank in kleinen bedächtigen Schlucken. Und er schien kein Wort über seine Lippen lassen zu wollen, bis nicht sein Glas geleert war. Professor Farendorf schaute nervös auf den Boden seines leeren Glases, während der andere noch nicht einmal die Hälfte geleert hatte. Er bestellte noch ein Bier.

„Sie sind ein geübter Trinker, nicht wahr? Ihr Deutschen seid im Biertrinken einfach unschlagbar.“

Professor Farendorf lachte gezwungen.

„Nun hören Sie mein Freund, es war nicht meine Idee. Ich bin ein Sportsmann. Ich tue derartige Dinge nicht, und ich finde es schlimm genug, dass unsere menschlichen Sportler sie tatsächlich trainieren. Ich bin schon immer für Fairplay gewesen, und vielleicht war das ein Grund, weshalb ich mich für Roboterfußball entschieden haben. Plus natürlich dem Erfindergeist."

„Aber wessen Idee war es dann? Ich meine, wie konnten Sie das zulassen, wenn sie doch selbst so dagegen sind?"

„Das ist es ja gerade, ich weiß es nicht. Ich weiß weder wessen Idee es war, noch wer sie programmiert hat. Mir scheint es fast, als hätte der kleine Bursche sich das heute auf dem Spielfeld selbst ausgedacht."

„Aber das ist doch ganz und gar unmöglich."

„Sehen Sie, ich bewache meine Elf wie meinen Augapfel. Ich bringe auch nie Ersatzspieler mit, weil ich mir einfach sicher bin, dass sie alle einwandfrei funktionieren. Ich erfinde sie selbst, ich baue sie selbst, ich besorge alle Teile selbst, ich teste sie ausgiebig, und ich verwahre sie in einem Raum, zu dem nur ich allein den Schlüssel habe. Vor dem Turnier unterziehe ich sie noch einmal einer eingehenden Untersuchung, und ich fahre sie alle persönlich in meinem Mannschaftsbus her. Hier bringe ich sie nicht in den Turnierhallen unter, sondern miete extra ein Zimmer im Hotel, direkt neben meinem. Es gibt einfach keine Lücke, keinen Moment, wo jemand anders sie hätte sabotieren können. Ich bin ratlos." Der vorher so selbstbewusste Blick des kleinen Mannes verriet nun echte Verzweiflung.

„Ich will Ihnen ja nicht zu nahe treten, ich glaube, dass sie ihr Fach sehr gut beherrschen, aber könnte es sich vielleicht um einen Fehler bei der Programmierung handeln?" versuchte ihn Professor Farendorf zu beschwichtigen.

„Sehen Sie, darüber habe ich auch schon nachgedacht, aber was dagegen spricht, ist, dass die heutige Spielsituation – sie erinnern sich, der Sturm des Gegners bricht in der Mitte durch und ist nicht aufzuhalten - auch schon in vorherigen Spielen aufgetreten ist, und nie hat dieser Abwehrspieler so darauf reagiert. Sie haben zwar eine gewisse Auswahl an Möglichkeiten, doch wenn diese Möglichkeit bestanden hätte, dann hätte er sie bestimmt schon früher eingesetzt."

„Das ist durchaus merkwürdig. Ich selbst hatte einige Fälle von unerklärlichem Versagen in meinem Team dieses Jahr, worauf dessen frühzeitiges Ausscheiden zurückzuführen ist. Ich kann mir diese Fälle nicht wirklich erklären, habe aber geglaubt, dass sie an einem Fehler in der Programmierung liegen, den ich bisher nicht gefunden habe. Sobald ich zurück in Berlin bin und mir meine Werkstatt wieder zur Verfügung steht, werde ich sie komplett auseinandernehmen. Ich bin aber nie soweit gegangen, an eine Art von Verselbständigung meiner Roboter zu glauben. So etwas passiert in einem Science-Fiction-Roman, nicht aber in der Realität. Ich meine, glauben Sie wirklich, ihre Roboter hätten so etwas wie künstliche Intelligenz entwickeln können?" Professor Farendorf stellte die Frage nicht, weil er an die Möglichkeit glaubte. Er wollte sein Gegenüber lediglich herausfordern, um zu sehen, ob es einer dieser Spinner war, die an künstliche Intelligenz glaubten.

„Nein, das will ich wirklich nicht sagen. Aber überlegen Sie einmal, verstehen Sie ihren PC? Selbst PCs weisen Fehler auf, die Fachleute nicht erklären können. Sie stürzen plötzlich ab oder sie fangen an, ihnen die absurdesten Meldungen zu präsentieren. Mein PC im Büro fing kürzlich an, mir zu sagen, dass er nun eine Verbindung mit den Kommandozentralen der USA aufnehmen würde, was er selbstverständlich nicht tat, da er gar nicht ans Netz angeschlossen ist. Was ich sagen will, ist, dass wir auch bei der Konstruktion von Robotern mehr und mehr fertig produzierte Mikrochips verwenden, an deren Funktionalität wir einfach glauben müssen. Und denken Sie an die Vermehrung der weltweiten Hacker-Gemeinde, die im fernen Osten aktiv ist, genau dort, wo auch die meisten Mikrochips produziert werden. Wer weiß, ob die Hacker nicht längst in die Produktionshallen der Mikrochips eingedrungen sind und unsere Computer ihre Viren nicht erst bekommen, sondern von Anfang an damit infiziert geliefert werden?"

„Aber das wäre ja schrecklich. Dann würde unsere gesamte Welt ja in wenigen Jahren zusammenbrechen. Was sollen wir denn tun, wenn die gesamten Computer eines Tages verrückt spielen?" Noch immer glaubte er nicht an die Horrorvision, die der andere ausmalte.

„Wissen Sie, nach dem heutigen Tag habe ich einen Entschluss gefasst. Ich werde mein Team freiwillig aus dem Turnier zurückziehen und ich werde die Roboter direkt in eine Schrottpresse fahren und dort solange ausharren, bis ich mit eigenen Augen gesehen habe, dass nichts als kleine Metallpäckchen von ihnen übrig sind."

„Aber das kann nicht ihr Ernst sein." Professor Farendorf war ehrlich schockiert und begann zum ersten Mal seit langem mit einem Menschen mitzufühlen. Wie schwerwiegend war dieser Entschluss, wie sehr musste dieser kleine Mann am Boden zerstört sein. Er hatte bestimmt Jahre gebraucht, um Roboter von dieser erstaunlichen Leistungsfähigkeit bauen zu können, musste einen großen Teil seines Lebens damit verbracht haben. Was würde ihm bleiben, wenn er seine Schützlinge der Schrottpresse überantwortet hatte. Würde er noch einen Grund finden, weiterzuleben? Wenn er an sich selbst dachte, was wäre er ohne seine Fußballroboter, selbst wenn sie Versager waren? Die einzige Frau, für die er in Jahrzehnten ein Fünkchen von Interesse aufgebracht hatte, hatte er vor den Kopf gestoßen und nie wiedergesehen. Der Hausmeister der Humboldt-Universität hatte noch andere Saufkumpanen; dem war es im Grunde egal, mit wem er sich betrank. Und der Alkohol allein war sicher kein Grund, weiterzuleben, eher eine Art Selbstmord für weniger Mutige. Er selbst war weit davon entfernt, auf dem Gebiet des Roboterfußballs aufzugeben, auch wenn seine Roboter weitaus katastrophaler versagt hatten, als die des französischen Kollegen, doch das wusste dieser nicht. Nein, wenn er diesen Entschluss gefasst hätte, wäre er gleichgekommen mit dem Entschluss zum Selbstmord, ob nun sofort durchgeführt oder auf Raten. Er musste diesen Mann, den er nicht kannte, der sicher nie sein Freund sein würde und dem er sich dennoch in diesem Moment verbundener fühlte als jedem anderen Menschen in der Welt, ins Gewissen reden.

„Doch das ist mein voller Ernst. Diese Roboter stellen eine ethische Gefahr dar und ich kann sie nicht ruhigen Gewissens frei herumlaufen lassen. Sie haben das Todesurteil verdient."

„Denken Sie doch noch einmal nach. Schlafen Sie ein paar Nächte darüber. Sie werden merken, dass sie ihren Entschluss voreilig und unter Schock getroffen haben. Zum einen ist das alles nur eine vage Theorie, die sie nicht beweisen können. Vielleicht werden Sie nach Hause fahren und merken, dass es eine banale Kleinigkeit war, die Sie leicht beheben können. Zum anderen sind foulende Fußballroboter vielleicht gar keine Bedrohung sondern eine Bereicherung dieses Sports. Fairplay hin oder her, diese Spieler sind Maschinen und empfinden keinen Schmerz, daher würde ich solche Übergriffe auf dem Spielfeld nicht überbewerten."

Der Franzose seufzte und sah ihn beinahe mitleidig an. „Sie haben nichts verstanden. Es ist eine Sache des Prinzips. Wenn ich Maschinen baue, die menschliche Tätigkeiten nachahmen, dann sollen sie sie wenigstens besser machen, die Menschen sollen sie als Vorbild nehmen können. Und, solange ich nicht weiß, was dahintersteckt, woher soll ich wissen, wozu diese Teufel noch mutieren werden? Wer versichert mir, dass sie nicht morgen ausbrechen, in den Park gehen und dort Fußballspielende kleine Kinder erwürgen? Können Sie dafür garantieren, dass ihre Roboter das nicht tun? Ich kann das für meine nicht, und ich will diese Verantwortung nicht tragen müssen. Je mehr von diesen Maschinen sofort von der Bildfläche verschwinden, desto besser. Wenn Sie also ein reines Gewissen haben wollen, dann schließen sie sich mir an und fahren morgen mit mir zur Schrottpresse."

Der Mann war komplett wahnsinnig. Die Idee eines neuen Komplotts formte sich in Professor Farendorfs Hirn: Vielleicht war dieses Foul eine Inszenierung, mit der er dem Roboterfußball den Todesstoß versetzen wollte, indem er im folgenden alle Kollegen von der Gefährlichkeit der Roboter überzeugte und sie alle ihre Roboter auf den Schrott schicken ließ. Aber das war zu absurd. Es gab kein Motiv für ein derartiges Handeln. Nein, der Mann übertrieb momentan nur maßlos. Schon morgen würde er zur Vernunft zurückfinden.

„Ich schlage Ihnen etwas vor. Sie fahren mit Ihren Robotern zurück nach Frankreich. Meinetwegen ziehen sie sie vom Turnier zurück, aber verschrotten Sie sie um Himmels willen nicht. Dann zerlegen sie sie sorgfältig in ihre Einzelteile bis hin zu den Mikrochips. Nehmen Sie die Chips unter die Lupe, versuchen Sie herauszufinden, ob diese von vornherein sabotiert sind. Sie würden der Welt einen viel größeren Dienst leisten, vielleicht erlangen Sie sogar Berühmtheit."

„Vielleicht haben Sie recht. Ja, natürlich haben sie recht. Man muss diesen Schuften das Handwerk legen. Danke für ihren Tipp. Vielleicht sind Sie so nett, mir ihre auffällig gewordenen Roboter mit zur Verfügung zu stellen?"

„Ich glaube, dass in meinem Fall die Fehler auf einer einfacheren Ebene liegen. Nein, ich denke, ich werde sie zunächst selbst untersuchen. Falls ich nicht weiterkomme, werde ich mich an Sie wenden." Professor Farendorf kippte den Rest seines Bieres in einem Zug hinunter. Er hatte es auf einmal sehr eilig, den Krallen dieses Wahnsinnigen zu entkommen. „Ich muss dann zurück ins Hotel. Es ist schon spät," verabschiedete er sich abrupt.

„Ich danke Ihnen für Ihren Rat. Sie sind ein verständnisvoller Mensch. Wir sollten in Kontakt bleiben. Moment, hier ist meine Karte." Der Professor steckte sie ein, ohne einen Blick darauf zu werfen, und verließ hastig das Lokal.

Dreizehn

Die Begegnung war ihr in den Knochen steckengeblieben. Sie kannte den Mann nicht und wusste instinktiv, dass es derjenige war, vor dem sie auf der Flucht war. Sie hatte geglaubt zu verstehen, dass sie vor niemandem als ihrer Paranoia auf der Flucht war, und jetzt das. Der Mann war real. Seine forschenden Blicke waren real. Er sah aus, als ob er Polizist wäre. Sie hatte seine Blicke wie Nadeln auf der Haut gespürt, eine Akupunktur der Kriminalisierung. Er hasste sie, und er hasste sie ohne Grund. Sie spürte, wie er sie hasste, weil er sie nicht einordnen konnte, und sie doch mit dem in Verbindung brachte, was er bekämpfte: dem Verbrechen. Wenn die Spürhunde der Verbrechensbekämpfung einmal eine Fährte rochen...

Aber er war nach der einmaligen Begegnung nicht zurückgekehrt und hatte auch keine Spione auf sie angesetzt. Sie kannte ihre Gäste. Es waren keine neuen Gesichter darunter.

Gierig setzte Katrin erneut die Bierflasche mit dem kotzenden Adler an die Lippen. Sie hatte beschlossen, diesmal nicht zu fliehen. Wenn er sie kriegen wollte, sollte er sie kriegen. Sie würde schweigen. Sie würde von ihrem Recht auf Aussageverweigerung Gebrauch machen, genauso wie sie jetzt davon Gebrauch machte. Kein Polizist der Welt konnte sie von den verbleibenden drei Monaten und zwölf Tagen abbringen. Trotzdem hatte sie Angst. Das kühle Bier war angenehm in ihrer Kehle. Eine vage Erinnerung an ihren ehemaligen Chef, Professor Farendorf, stieg in ihr auf. Was wohl aus ihm geworden war? War er längst an seiner Fettleber gestorben, oder betrank er sich immer noch fröhlich mit seinem Freund, dem Hausmeister?

Katrin war sich nicht sicher, ob der Roboter tot war. Seit seinem plötzlichen Auftauchen in der Kantine hatte er keinen Pieps mehr von sich gegeben, seine Gliedmaßen waren in eine rostige Erstarrung gefallen. War er zu ihr gekommen, damit sie ihn zur letzten Ruhe bettete?

Natürlich konnten Roboter technisch gesehen nicht sterben. Aber darauf kam es in dieser Situation nicht an. Worauf es ankam, war, dass er in ihren Augen sterben konnte. Es lag nicht in ihrer Macht, den Roboter zum Leben zu erwecken. Da er für sie keinen Ein- und Ausschalter besaß, war er für sie lebendig, oder eben tot. Im Moment war er tot, und er war schon ziemlich lange tot. Sein Auftauchen lag mindestens einen Monat zurück. Jeden Tag, wenn sie von der Arbeit kam, sah sie zuerst nach, ob er vielleicht seine Stellung verändert hatte, oder sogar gerade in dem Moment ein Lebenszeichen von sich gab. Sie hielt ihn in keiner Ecke eingesperrt, er konnte sich theoretisch frei in ihrem winzigen Zimmer bewegen. Aber er tat es nicht, es sei denn, er bewegte sich heimlich und kehrte dann zu seiner Ausgangsposition zurück, was sie nicht glaubte.

Sie saß auf ihrer Matratze und beobachtete ihn, wie er regungslos an der Wand lehnte. Welch eine würdelose Position für einen Toten. Einfach in die Ecke gestellt. Sie hätte ihn aufbahren und auf Rosen betten sollen, aber sie hatte Angst, dass, sollte er doch nur scheintot sein, er sich aus einer liegenden Position nicht würde erheben können.

Seine Reglosigkeit stimmte sie traurig. War er am Ende doch nur gekommen, um sie anzuklagen? Als wenn nicht schon genug Menschen sie anklagen würden. Musste nun auch noch ein Roboter hinzukommen. Sie hatte ihm das Leben gerettet, um ihn dann zu verlassen. In dem Moment, als sie ihn im Kinderwagen durch die Stadt geschoben hatte, war er zu ihrem Schützling geworden. Den sie dann im Stich gelassen hatte. In einen Keller gesperrt und vergessen. Und dennoch hatte er sie gesucht und gefunden. Zuerst hatte sie gedacht, er hätte sie aus reiner Liebe gesucht und gefunden. Doch jetzt sah es mit einem Mal so aus, als wäre er nicht als Freund sondern als schlechtes Gewissen zu ihr gekommen. Doch wenn sie sein ausdrucksloses Gesicht ansah, wusste sie, dass das nicht stimmte. Sein kühles Metall war zu keinem Vorwurf fähig. Sie spürte, dass ihr Blick zärtlicher wurde. Irgendwie fühlte sie sich von ihm verstanden. Dachte an all die Geschichten, die sie ihm in ihren gelangweilten Momenten am Institut erzählt hatte. Vielleicht hatte auch der Roboter ihr Geschichten erzählt, die sie nie verstanden hatte, da sie sie für undifferenzierte elektronische Geräusche gehalten hatte.

Wie gerne hätte sie den Roboter gefragt, wie er letztendlich aus ihrer Wohnung entkommen war, ob Johanna ihn entdeckt hatte, ob sie ihn gar mit dem Sperrmüll entsorgt hatte, oder ob die Bullen eines Tages auf der Suche nach Katrin ins Haus gekommen waren und ihr Zimmer umgekrempelt hatten, und den Roboter stellvertretend für sie eingeknastet hatten, unter dem Vorwand der Sicherstellung von Beweisstücken versteht sich. Aber der Roboter würde schweigen, das war sicher, abgesehen davon, dass sie den Roboter nicht fragen konnte, weil sie selber schweigen musste.

Ob es gegen das Schweigegelübde verstoßen würde, einen Brief zu schreiben? Ein Brief war eindeutig sprachliche Kommunikation, jedoch indirekte Kommunikation. Kein Dialog, höchstens ein verzögerter Dialog. Zudem wollte sie nichts über sich selbst schreiben, sondern lediglich die Geschichte des Roboters in Erfahrung bringen, was ihr vielleicht eine annähernde Antwort auf die Frage geben würde, ob der Roboter hier in Almería in ihren Armen gestorben war.

Doch an wen sollte sie schreiben? Johanna? Johanna musste etwas über das Schicksal jenes Roboters wissen, der sie nun auf unbekannte Art und Weise gefunden hatte. Johanna hatte sie mit einem Zimmer voll Gerümpel zurückgelassen. Ob Johanna den Roboter im Keller entdeckt hatte? Hatte sie ihn mit dem restlichen Sperrmüll auf die

Straße gesetzt, hatte sie ihn an neugierige Polizeibeamten ausgeliefert, oder hatte sie gar selbst Gefallen an ihm gefunden und ihn für eine Weile behalten?

Aber Johanna würde ihr nicht verzeihen. Sie hatte Johannas Identität gestohlen und verbrannt. Natürlich konnte sie sich ihre Identität dank der zentralen Subjekterfassungsmaschinerie der Polizei jederzeit wieder bescheinigen lassen. Außerdem hatte sie Johanna aber in einer Wohnung ohne Mietvertrag zurückgelassen. Und das Schlimmste: Sie hatte sie um Geld betrogen. Johanna schied aus.

An wen sollte sie dann schreiben? Sie könnte an den Professor schreiben, den verrückten Alkoholiker. Der nie gewusst hatte, dass sie eine seiner Kreaturen näher kennen gelernt und sich mit ihr angefreundet hatte. Oder vielleicht wusste er es doch und hatte sich insgeheim darüber belustigt. Der Professor hätte vielleicht das Rätsel des Roboters erklären können. Warum er nicht dort war, wo seine Teamkollegen lagerten, sondern hinter einen Gerümpelhaufen in der Unibaracke verbannt worden war. War er ein Auslaufmodell, eine Fehlkonstruktion oder gar ein zu Spionagezwecken entführtes Exemplar einer gegnerischen Mannschaft? Hatte sein undurchschaubares Sich-selbst-ein-und-ausschalten einen Sinn oder war es eine fehlerhafte Verselbständigung der Materie?

Vielleicht war der Roboter dem Professor zurückgebracht worden. Sie konnte ihm zumindest schreiben, um das zu erfahren. Wohin schreiben? An das überflüssige Institut, das in Flammen aufgegangen war und bestimmt universitären Sparmaßnahmen zum Opfer gefallen war? An die Wohnung in der Oranienburger Straße, in der sie im Ofen nach der imaginären toten Katze gesucht hatte? Sie erinnerte sich an die Worte des Professors bei ihrem ersten Treffen: „Man trifft selten so verständige Menschen." Auch wenn sie nichts je verstanden hatte, was der Professor getan oder gesagt hatte. Wie sollte sie da auf eine verstehbare Antwort hoffen?

Sie trug noch immer die Visitenkarte des Kommissars mit sich herum. Wieso auch immer sie sie eingesteckt hatte. Oberkommissar Manfred Richter von der Kriminalpolizei, Abteilung IIa. Ein Mensch, den sie nie kennen gelernt hatte, nicht einmal seine Telefonstimme. Ein Mensch, von dem sie nicht wusste, ob er ein verständiger Mensch war, was sie allerdings nicht annahm.

Ein Lächeln ergriff von ihrem Gesicht Besitz. Sie wollte an Oberkommissar Richter schreiben. Sie hatte noch nie einem Kommissar geschrieben. Welche Anrede sollte sie wählen? Lieber Herr Kommissar? Sie kicherte. Lieber Manni? Selbstverständlich wollte sie ihm keinen Brief schicken. Aber einen Brief schreiben, um das Gefühl kennen zu lernen, einem Kriminalbeamten zu schreiben. Das musste auch mit ihrem Schweigegelübde konform gehen.

Also, Lieber Kommissar, nein, die Anrede wollte sie später überlegen, wir kennen uns zwar nicht, aber ich habe Ihnen etwas mitzuteilen. Nur so nebenbei gefragt: Wie fühlt man sich eigentlich so als Ermittler im Dienste des Staates? Gibt Ihnen das ein gutes Gefühl, sagen wir, auf der Seite des Guten zu kämpfen? Entschuldigung, war nur eine kleine Frage am Rande.

Also, es geht um Folgendes: Vielleicht erinnern Sie sich ja gar nicht mehr, vor ca. zwei Jahren ermittelten Sie in einem Fall von Brandstiftung an der Humboldt Universität zu Berlin, von der ein kleines unbedeutendes Institut mit dem Namen Empirische Sozialforschung in der Physik betroffen war. Nun, ich darf Ihnen weiter auf die Sprünge helfen, dass in diesem Fall eine wichtige Zeugin oder sogar Tatverdächtige spurlos verschwand, man in ihrer Wohnung dagegen ein wichtiges Beweisstück fand, nämlich einen merkwürdigen kleinen Roboter, der Rollen an den Beinen hatte und keine Augen im Kopf und der deutliche Brandspuren aufwies. Man fand ihn in einem fast neuwertigen Kinderwagen, der sich als gestohlen herausstellte, auch wenn Kinderwagen bedauerlicherweise noch immer ohne registrierbare Rahmennummern hergestellt werden.

Also, das mit dem Kinderwagen kann ich nicht wirklich rational erklären. Wissen Sie, wenn man viel Zeit mit einem Menschen verbringt, selbst wenn er nur ein Roboter ist, dann entwickelt man eine gewisse Zuneigung... Ich glaube, mein Roboter schlief gerne in Kinderwägen.

Hiermit bekenne ich mich in vollem Umfang der Tat für schuldig. Ich konstruierte diesen Roboter, um ihn mit einem Brandsatz bestückt in die Baracke zu schicken und anschließend wieder herauszukommen, damit man keine Spuren des Täters fände. Aus reiner Dummheit ließ ich ihn bei meiner Flucht in der Wohnung zurück.

Meine Motivation liegt in reinem Hass begründet. Mein Hass ist umfassend und richtet sich gegen das universitäre Bildungssystem, das gesellschaftliche Ganze und vor allem den Herrn Professor Farendorf, der nicht davor zurückschreckte, unser ungleiches Verhältnis, das aus den Bedingungen der Lohnarbeit entstand, in der Weise auszunutzen, dass er mich bei ihm zu Hause im Kamin nach Katzenkadavern suchen ließ. Es handelte sich bei meiner Tat sowohl um einen materiellen Anschlag wie auch einen Anschlag auf das Leben des Professors. Ich erwarte keine Milde bei der Verurteilung.

Ich bin bereit, mich den örtlichen Behörden der Polizei zu stellen, allerdings nur unter der Voraussetzung, dass sie mir zuvor mitteilen, was mit dem Roboter geschehen ist, und zwar in allen Einzelheiten. Ich möchte ausdrücklich wissen, in welchem Zustand sie ihn gefunden haben, wohin sie ihn gebracht haben, ob sie ihn sogar auseinander gebaut haben, wie sie ihn gelagert haben und wie er schließlich aus polizeilichem Gewahrsam entfernt wurde. Nur wenn sie diese Fragen meines Ermessens nach hinreichend beantworten, werde ich mich der Polizei stellen. Erwarten sie in diesem Fall von mir kein mündliches Geständnis, da ich das Reden für immer aufgegeben habe. Mit freundlichen Grüßen, eine Verdächtige.

Sie grinste breit und ließ den Brief auf dem Fußboden liegen. Morgen wollte sie ihn mit den ersten Sonnenstrahlen verbrennen, die sie zu diesem Zweck unter einer Lupe bündeln wollte, wie sie es als Kind so oft versucht hatte und dabei so selten Erfolg hatte. Aber vorher wollte sie sich den Brief im Geist vorlesen, sich die Worte dieses kleinen Meisterwerks auf der regungslosen Zunge zergehen lassen. Sie nahm den Roboter in den Arm. Er war hart und kantig. Nein, sie war nicht verrückt. Wer wollte das behaupten?

Sie war auf dem besten Weg zurück in die Normalität, so viel war sicher. Sie hatte die Hippies hinter sich gelassen, sie hatte eine feste Wohnung und ging einer geregelten Arbeit nach. Sie trank abends Bier und morgens Kaffee. Sie würde bald aufhören zu schweigen. Nichts mehr würde sie von normalen Leuten unterscheiden. Man durfte allerdings nicht zu schnell wieder normal werden, sonst wurde man an einer Überdosis Normalität verrückt.

Sie war 33 Jahre alt, sie hatte kein Kind, sondern einen Roboter, der momentan verloren schien. Sie hatte seit über zwei Jahren keinen Sex gehabt. Es mochte stimmen, dass Männer Frauen bevorzugten, die nicht zu viel redeten. Stumme Frauen hingegen waren verunsichernd. Es brauchte zumindest der gelegentlich hingeworfenen affirmativen Worte und Laute. Eine stumme Frau war eine desinteressierte Frau, oder noch schlimmer, eine arrogante oder gar sich selbst genügende Frau. Sie war sich sicher, dass sie vor dem Ende des Schweigens keinen Sex haben würde.

Beim Erwachen am nächsten Morgen war sie verwundert, dass sich das Schriftstück nicht auf dem Fußboden befand, wo sie glaubte, es zurückgelassen zu haben, aber nicht weiter beunruhigt. Es war wie immer ein wunderschöner Tag mit strahlend blauem Himmel und es sollte noch nicht zu heiß sein für einen Spaziergang. Ihr blieben noch einige Stunden, bevor sie sich auf der Arbeit einfinden musste.

Gut gelaunt verließ sie ihr Zimmer und begann durch die Gassen der Altstadt zu laufen. Zu dieser Uhrzeit begegneten ihr viele Menschen, die ihre Besorgungen machten, bevor die Hitze alles lähmen würde. Auch wenn sie schon einige Zeit in dieser Gegend wohnte, begegneten ihr immer wieder abschätzige Blicke von Seiten der Einheimischen. Zehnjährige Bengel pfiffen ihr hinterher, wie sie es von ihren größeren Geschwistern oder ihren Vätern gelernt haben mussten, nicht weil sie sie besonders attraktiv fanden, sondern weil sie von früh an gelernt hatten, dass es galt, Frauen auf der Straße einzuschüchtern und ihnen zu zeigen, dass dies nicht ihr Freiraum war. Frauen maßen sie mit Blicken, weil sie anders aussah und weil sie keine Einkäufe mit sich herumtrug, sondern den unbeschwerten Gang einer ziellos Umherstreifenden hatte. Sie orientierte sich aus den Mauern der maurischen Altstadt heraus auf das Meer hin, das von einem riesigen Hafen verbaut war. Zwischen Altstadt und Hafen lag ein kilometerlanger Park, der nur ein schmaler Streifen mit einem breiten Gehweg und mächtigen alten Bäumen war, jenseits dessen eine vierspurige Schnellstraße, die in Richtung Malaga führte.

Der Park war das Reich der Obdachlosen und der Drogenabhängigen, der miserabelsten der Miserablen, derer, denen man nach Einbruch der Dunkelheit und eigentlich auch sonst nicht über den Weg traute, weil man um seine Geldbörse wie um sein Leben, vielleicht aber noch mehr um sein unbehelligtes Gewissen fürchtete, mochten all diese Ängste nun berechtigt sein oder nicht. Katrin fürchtete diese Gestalten nicht, vielleicht weil sie wie diese zu gewissem Maß eine Aussätzige der Gesellschaft war. Zu dieser Stunde boten sie ein friedliches wie erbärmliches Bild. Sie lagen zusammengerollt zwischen ihren Pappkartons oder Zeitungen, die wohlhabenderen unter ihnen zwischen Decken oder Schlafsäcken. Gelegentlich ertönte ein Schnarchen von einer Bank, die sie passierte. Um das Meer auch nur ins Blickfeld zu bekommen, musste sie ein ganzes Stück laufen, nur gefiel ihr der Strand von Almería nicht. Manchmal nahm sie ein Bad, sehnte sich dabei aber nach ihrem Hippiestrand in San Pedro, den kurzen Fußweg direkt an den Strand, der von den Spätaufstehern erst belebt wurde, wenn die Sonne längst zu heiß brannte, und sie sich schon wieder in den Schatten ihres Hauses oder einer Höhle zurückgezogen hatte. Auch am Strand von San Pedro passierte sie oft zusammengerollte Gestalten in Schlafsäcken, spät Angekommene, die nicht mehr genug gesehen hatte, um sich einen privateren Schlafplatz zu suchen.

Sie genoss das weite Blau des Meeres, sanft rauschende kleine Wellen ohne Schaumkronen, durchbrochen gelegentlich vom lauten Hupen der Schiffe, dem Gebrüll einiger Hafenarbeiter, dem Krachen, wenn ein verladener Container abgelassen wurde. Ihr schien, als wäre das Meer heute besonders blau, vielleicht Spiegel ihrer guten Laune, vielleicht Spiegel eines besonders sonnig werdenden Tages.

Als der erste Schweißtropfen zu laufen begann, begab sie sich zurück in die Innenstadt, in ihr Lieblingscafé direkt bei der Markthalle, ein sehr kleines und unprätentiöses Etablissement, in dem man einen hervorragenden Milchcafé mit Churros servierte und man sie und ihre Bestellung bereits kannte, ohne dass man ihr dadurch größere Sympathie entgegenbrachte. Vielmehr wurde sie mit derselben unfreundlichen Gleichgültigkeit behandelt wie am ersten Tag, als sie sich hierher verirrte, umständlich nach einer Karte gestikulierte und dann auf die Namen der Dinge zeigte, die sie wünschte. Vielleicht hielt man sie für eine unverbesserlich ignorante Fremde, die sich nach monatelangem Hier sein nicht bemüht hatte, die einfachsten Dinge auf Spanisch zu lernen. Aber das kümmerte sie nicht weiter, solange sie wortlos den besten Milchcafé der Stadt serviert bekam.

Sie kam mit keiner bestimmten Regelmäßigkeit in das Café, manchmal ließ sie sich Wochen lang nicht blicken und braute zu Hause Kräutertee, manchmal kam sie jeden Morgen und tauchte ihren Blick in die Ströme der Passantinnen ein, mit leeren Taschen zum Markt strebend, mit gefüllten Taschen, die die Schultern nach unten zogen, hinauskommend.

Dann stand auf einmal Rüdiger vor ihr oder war es Ali? Und sie hätte am liebsten gefragt: „Rüdiger oder Ali, was machst du denn hier?“ und sie wusste zugleich dass Rüdiger oder Ali eine Vision war genauso wie der Brief, den sie am Vorabend an den Oberkommissar geschrieben hatte und den sie hatte verbrennen wollen, doch Visionen ließen sich nicht verbrennen und somit waren sie von mehr Bestand als die materielle Realität, und sie wusste, dass die Vergangenheit sie eingeholt hatte und gekommen war, um ihre Entscheidung von vor einem Jahr, acht Monaten und achtzehn Tagen anzuzweifeln, obwohl nur noch so wenig Zeit blieb und es jetzt nur noch wenig Sinn machte zu zweifeln.

Sie musste gelassen bleiben und durfte ihren Visionen nicht mit Hysterie begegnen, weil das der beste Weg in den Wahnsinn war und sie durfte nicht vergessen, dass sie pünktlich zur Arbeit erscheinen musste, auch wenn Rüdiger oder Ali versuchen würden, sie in ein Gespräch zu verwickeln.

Sie schaute also auf den Sonnenstand, der ihr anzeigte, dass sie noch eine halbe Stunde verweilen konnte und machte eine einladende Geste gegenüber Rüdiger, der nun eindeutig Ali war und ihr sein hinreißendstes Lächeln schenkte. Ali bestellte einen Tee, Kaffee hatte er noch nie getrunken, und selbst der Kellner hatte ihn gesehen und nahm seine Bestellung mit einer Freundlichkeit auf, die er ihr noch nie entgegengebracht hatte.

Ali nahm wie selbstverständlich vertrauensselig ihre Hand und drückte sie fest, noch immer strahlend.

„Wie schön ist es, dich wiederzusehen. Was für ein Zufall! Da komme ich einmal nach Almería, um einige Geschäfte zu erledigen und treffe tatsächlich dich. Ich hatte gar nicht gewusst, dass du noch in Spanien bist. Was machst du hier?“ und ohne ihr Zeit zum Antworten zu geben fuhr er fort: „Ich muss dir eine große Neuigkeit erzählen. Ich habe geheiratet.“ Und schon zog er zielstrebig seine Brieftasche aus der Hose und legte ein Foto seiner jungen, bildhübschen marokkanischen Frau auf den Tisch. „Sabiha heißt sie. Ist sie nicht schön? Wir haben vor einem halben Jahr geheiratet. Sie ist wirklich ein Schatz. Wenn ich gewusst hätte, dass du noch hier bist, hätte ich dich zur Hochzeit eingeladen. Wir haben in Marokko geheiratet. Es war ein riesiges Familienfest. Du hättest meine Brüder und Schwestern kennen lernen können. Wir haben drei Tage lang gefeiert.

Jetzt ist Sabiha in Granada. Es wäre schön, wenn du uns einmal besuchen könntest, vielleicht hast du ja mal ein Wochenende Zeit. Aber...sie ist ein wenig eifersüchtig, es ist besser wenn du nicht bei uns wohnst, du könntest bei Muhammed wohnen, er ist ein guter Freund und ein sehr netter Kerl, du brauchst keine Angst vor ihm zu haben.“

Er warf einen Blick auf die Uhr. „Oh, es tut mir leid, ich muss los. Mein Geschäftspartner wartet sicher schon. Wenn du nach Granada kommst, musst du mir erzählen, was du so machst.“

Er gab ihr Küsse auf beide Wangen und verschwand, ohne seine Adresse zu hinterlassen. Nur seine halb ausgetrunkene Teetasse ließ er zurück. Er hatte Recht, sie wusste, wo sie ihn finden konnte, und er wusste, dass sie nicht kommen würde. Wie schön, dass er glücklich war. Wie lange sein junges Glück wohl anhalten würde?

Auch Katrin stand auf und ging zur Arbeit. Sie wünschte sich für die nächsten Tage keine absonderlichen Begegnungen mehr, sie wollte allein sein und in aller Ruhe das zähe Fleisch in der Küche zerschneiden und die Teller waschen, nichts weiter.

Der Schlager singende Koch war aus dem Urlaub zurück. Sie hatte gedacht, er wäre entlassen worden. Da sie mit niemandem redete, machte sich auch niemand die Mühe, ihr mehr als das Allernötigste mitzuteilen, der Rest ereignete sich unvorhergesehen wie Naturereignisse.

„Tanz mit mir schöne Frau, mir gefällt es, wie du dich bewegst," trällerte der Koch um dann fast noch trällernd in eine Begrüßung überzugehen. „Katrinchen, lange nicht gesehen, hm, du hast zugenommen, ich glaube, du bist auf dem Weg der Besserung. Und hat es uns immer noch die Sprache verschlagen?"

Sie sah ihn mit einem verachtungsvollen Blick an. Er sollte nicht über ihre Stummheit scherzen, fragte man Rollstuhlfahrer denn, ob sie immer noch nicht gehen könnten?

Die Putzfrau, die heute spät dran war, hatte bislang teilnahmslos den Fußboden gewischt und fiel nun in das Gespräch ein: „Stellen Sie sich vor Guillermo, ich habe neulich gehört, wie sie einen Ton von sich gegeben hat. Ich möchte es nicht beschwören, aber mir scheint es fast, unser Katrinchen ist eine Außerirdische. Da kam..." Und sie zerrte den Koch beiseite, so dass Katrin nicht länger mithören konnte.

Sie hatte genug von diesem Tag, der in einer so verheißungsvollen Stimmung begonnen hatte. Wütend griff sie nach dem Fleischermesser und begann es sorgsam zu schärfen, was sich im Nachhinein als gar nicht nötig erwies, da das Fleisch heute zarter war als an anderen Tagen. Der Koch war in die Küche zurückgekehrt und spulte seinen Schlager von vorne ab.

Sie hasste ihn heute besonders. Sie wandte ihren ganzen Hass gegen das zarte Fleisch unter ihren Händen.

Es war, als wollten ihr alle Momente dieses Tages mitteilen, dass es an der Zeit war, einen Neuanfang zu machen. Sie hasste auch die Momente dafür, denn war es nicht letztendlich ihre Entscheidung, unabhängig von den äußeren Umständen?

Vierzehn

Der Miet-Lkw war schwer zu steuern. Es bedurfte erheblicher Kraftanstrengung, das Lenkrad zu bewegen. Professor Farendorf war seit Jahren nicht mehr Auto gefahren. In Berlin benutzte er die öffentlichen Verkehrsmittel, um zur Arbeit zu kommen und sonst bewegte er sich selten an einen anderen Ort als die Bar neben seiner Haustür. Zu den Roboterfußballturnieren reiste er per Bahn an, seine Roboter schickte er eine Woche früher mit einer Spedition an den gewünschten Ort. Er selbst reiste immer ein paar Tage vor Beginn des Turniers an, um seine Roboter in Empfang zu nehmen und zu prüfen, ob sie unter dem Transport nicht gelitten hatten und um noch Zeit für eventuelle Reparaturen zu haben. Das war zugegebenermaßen ein Risiko, doch bisher hatte er mit dieser Verfahrensweise keine schlechten Erfahrungen gemacht. Er genoss die Bahnfahrt im Erste-Klasse-Abteil. (Er fuhr nicht aus Standesdünkel erster Klasse, sondern weil ihm nur hier genügend Platz für seine Leibesfülle zur Verfügung stand, verfluchte jedoch die Einführung der Großraumwagen bei der Bundesbahn, die ihm die Privatsphäre raubten, obwohl einer Umfrage zufolge seit Einführung der Großraumwagen die spontanen Gespräche zwischen Reisenden extrem abgenommen hatte, d.h., der Grad der Anonymität gestiegen war.

Der Nachteil dieser Neuerung war, dass man nun dem Rauschen der Laptop-Gebläse und dem Schnarchen eines ganzen Waggons ausgeliefert war, anstatt dem eines Abteils wie früher. Dass sich sein eigenes Schnarchen darunter mischte, war für ihn keine Entschuldigung für das Schnarchen seiner Mitreisenden.

Trotzdem entstand in diesen Abteilen eine freundliche Atmosphäre, es wurden einige höfliche Sätze gewechselt und die Reiseziele und –zwecke ausgetauscht, zuweilen auch über die anstrengende Arbeit geklagt. Professor Farendorf klagte nicht, äußerte manchmal sogar Zufriedenheit über den geregelten und nicht allzu anstrengenden Universitätsalltag, und man begegnete ihm mit einer Spur von Neid, fragte aber gleich ungläubig weiter, ob er nicht zusätzlich zu seiner Lehrtätigkeit noch publizieren würde. Nie nannte er den eigentlichen Zweck seiner Reise, und er glaubte fast, dass die alten Damen in der zweiten Klasse ihn eher verstanden hätten.)

Nun saß er in der Dunkelheit der Nacht am Steuer eines für seine Zwecke viel zu großen LKWs, doch es war der einzige, den er auf die Schnelle gefunden hatte. Er hatte erhebliche Schwierigkeiten beim Rangieren des Fahrzeugs, doch letztendlich hatte er die Autobahn erreicht und konnte nun zügig stadtauswärts fahren. Er war erstaunt, wie viele andere LKW zu dieser Stunde schon oder noch unterwegs waren. Um halb eins hielt er an einem Autobahnparkplatz, gähnte und wünschte sich einen heißen Kaffee. Er konnte das Licht in der Fahrerkabine nicht finden, vertrat sich also erst mal die Füße, die die Kraftanstrengung nicht gewohnt waren, ein Gaspedal gedrückt zu halten, pinkelte an den Maschendrahtzaun, der das Parkplatzareal eingrenzte und kehrte dann zum LKW zurück. Im Handschuhfach fand er eine Taschenlampe mit einer altersschwachen Batterie, mit der er einen schwachen Lichtkegel auf die soeben erworbene holländische Straßenkarte werfen konnte. Zuerst konnte er nicht einmal seinen Standort lokalisieren, bis er auf die Idee kam, dass er sich nicht in der vermuteten Gegend befand, sondern schon viel zu weit gefahren war. Er hatte vergessen, dass Holland ein Land von der Größe einer Spielzeuglandschaft war.

Er musste schon längst Eindhoven passiert haben, ohne ein Anzeichen einer größeren Stadt gesehen zu haben und sich nun auf dem besten Weg nach Rotterdam befinden. Er fragte sich, ob sein Augenlicht so sehr nachgelassen hatte, dass er die Hinweisschilder am Straßenrand nicht mehr wahrnahm oder ob die Autobahnen in diesem Land so schlecht beschildert waren. Es spielte keine Rolle, er hatte seine Ausfahrt verpasst, die direkt zum größten Metallschrottplatz und Autofriedhof Hollands führen sollte. Ihm blieb wohl wenig anderes übrig, als umzukehren, doch plötzlich war er sich nicht mehr sicher, ob er seinen Plan zu Ende bringen wollte, und so beschloss er, noch einige Kilometer in die falsche Richtung zu fahren, nur um seinen Kopf frei zu bekommen, um sich herum nur die Wahrnehmung von Dunkelheit und einigen entfernten Rücklichtern und das tiefe Brummen des LKW-Motors unter seinem Sitz.

Bald schon ging ihm das Brummen auf die Nerven und er suchte nach einem Radiosender, stolperte einen Moment über den Klang der niederländischen Sprache, den er sehr erheiternd fand und stieß dann auf die Ausstrahlung einer Live-Aufnahme des letzten Grateful Dead-Konzerts vor dem Tod Jerry Garcias. Mit Jerry Garcia hatte er sich immer ein wenig identifizieren können, jedenfalls zu Zeiten, da er selbst noch schlanker gewesen war, obwohl Jerry Garcia auch nie schlank gewesen war. Auch Professor Farendorf hatte früher gerne Gitarre gespielt, jetzt wusste er noch nicht einmal, ob er seine Gitarre noch irgendwo hatte oder sie längst verschenkt hatte.

Er liebte den leicht psychedelischen Klang der Grateful Dead mit dem klaren Hintergrund von Rock und Country-Musik. Aus dem Radio tönte nun Fade Away, sein absolutes Lieblingslied, wenn er überhaupt ein Lieblingslied unter den vielen wunderbaren Liedern haben konnte, und nun wurde ihm klar, dass sein Entschluss revidiert werden musste, ohne dabei aber umzukehren, und er beschloss, direkt nach Rotterdam oder Den Haag durchzufahren und sich unterwegs eine Alternative zu überlegen.

Im Morgengrauen erreichte er den Hafen von Rotterdam, die Grateful Dead waren längst verklungen, und er hatte verärgert das Radio abgeschaltet, weil nichts annähernd seinem Musikgeschmack entsprach. Am Hafen hatte man bereits die Arbeit aufgenommen, er war zu spät gekommen. Aber vielleicht war es besser so, ihm blieb der ganze Tag Zeit, um sich mit den Begebenheiten des Ortes vertraut zu machen. Die Hafenanlagen waren immens und nahmen beide Ufer der Maas ein. Er war allerdings zu müde, um sich sofort umzuschauen, und machte es sich nun im Fahrerhaus des geliehenen Autos bequem. Die Sitze standen ein Stück zu weit auseinander, und es gelang ihm nicht, eine Position zu finden, in der der Schaltknüppel nicht in seinen Bauch kniff, doch die Müdigkeit überwog die unbequeme Stellung. Später sollte er dafür mit der Verspannung des Körpers büßen.

Er träumte von Maria, der einzigen Geliebten seines Lebens, was ihm seit Jahren nicht passiert war. Der Traum war die unendliche Wiederholung eines Abschieds, eines wunderschönen filmischen Abschieds, Maria an Bord eines Ozeandampfers in einem wehenden Kleid, die ihm traurig lächelnd winkte, während die Schiffshupe jedes zugerufene Wort unmöglich machte. Er wusste, dass sie nicht wiederkehren würde, und doch war der Abschied ein versöhnlicher, da sie ihm dieses traurige Lächeln schenkte, das nur ihm galt, ein trauriges Lächeln, das aus der Einsicht in die Notwendigkeit einer endgültigen Entscheidung folgte, die vielleicht mit dem Versprechen in Kontakt zu bleiben überspielt worden war, um sich nicht die ganze Tragweite vor Augen zu führen, die aber dennoch feststand und durchdacht war. Eine Filmszene, die vielleicht zur Zeit der großen Auswanderungswelle in die Vereinigten Staaten spielte, also zu einer Zeit, in der sie beide nicht gelebt hatten, vielleicht wäre die Zeit eine bessere für sie beide gewesen, auch wenn jene Zeiten hart waren, aber vielleicht zu hart im alltäglichen Überleben, um sich den Luxus leisten zu können, verrückt zu werden.

Professor Farendorf war ein wenig verwirrt, als er aufwachte, das Schiffshupen aus dem Traum setzte sich in der Realität fort und vergegenwärtigte ihm wieder, wo er sich befand und was er vorhatte. Er stieg aus dem Auto, steif, kaum in der Lage sich zu bewegen, und begab sich auf das Hafengelände, wachsam, ob er nicht skeptische Blicke auf sich zog, die ihn als Fremdkörper entlarvten, doch es interessierte keinen Menschen, was er hier tat. Noch immer hatte er nichts gegessen oder getrunken, selbst Alkohol hatte er in der letzten Nacht nicht zu sich genommen, doch er verspürte weder Hunger noch Entzugserscheinungen, nur das Gelingen seines Vorhabens trieb ihn an.

Er suchte nach einem großen Schiff mit einem weiten Ziel, was nicht einfach war, denn die Schiffe trugen ihre Fahrziele nicht angeschlagen wie Ausflugsdampfer. Um die Ziele zu erfahren, blieb ihm nichts anderes übrig als die auf dem jeweiligen Schiff beschäftigten Hafenarbeiter zu fragen, was zugleich die Frage nach dem Grund der Frage aufwarf.

Er fand einen Bananendampfer auf der Rückfahrt nach Brasilien. Niemand stellte ihm Fragen, warum er Fragen stellte. Die beiden Arbeiter nahmen das kurze Gespräch als willkommene Ablenkung. Die Männer gehörten zur Besatzung des Schiffes, hatten aber so gar nichts Seemannhaftes an sich. Keine Tätowierungen, keine Bärte. Sie sprachen sehr gebrochenes Englisch, das zum größten Teil aus Höflichkeitsfloskeln bestand. Sie hatten nichts raubeiniges an sich, die drei Dinge, die man im Geist mit Seemännern verband, wollten in keinster Weise zu ihnen passen: Alkohol, käufliche Frauen und Messerstechereien.

Sie erläuterten genau, wann das Schiff auslaufen und wie viele Tage es auf See verbringen würde. Sie luden ihn ein, am Abend mit ihnen eine Diskothek zu besuchen, in der lateinamerikanische Musik gespielt wurde, doch er lehnte dankend ab.

Nachts kehrte Professor Farendorf zum Hafen zurück. Hier und da wurden immer noch krachend Container verladen, aber sein Schiff lag ruhig und verlassen da. Er hatte alle Zeit der Welt, seine elf Schützlinge an Bord gut zu verstecken. Es gab nur wenige Wachmänner am Hafen, und diese scherten sich nicht um sein Tun.

Nach dem Einschiffen seiner Roboter überkam ihn ein Anfall von Sentimentalität, der ihn fast zu Tränen rührte. So lange hatte er für sie gelebt, seine ganze Energie in ihre Verbesserung gesteckt, mit ihnen gefiebert, während sie über das Fußballfeld rannten. Gewiss, sie waren andere als noch vor zehn Jahren, und er hatte sich auch nicht gescheut, seine alten Roboter zu demontieren, auszuschlachten, die guten Teile wiederzuverwenden und die schlechten auf den Schrott zu werfen. Aber dies hier war etwas anderes, eine Art Aussterbens einer Familie. Das Verschrotten der veralteten Roboter war so etwas wie ein natürlicher Alterstod, der lange antizipiert war, das kollektive Verschrotten dagegen so, als würde seine Elf an die Wand gestellt und erschossen. Vielleicht war das der Grund, dass er am Schrottplatz vorbeigefahren war, unbewusst das Schlimmste vermeiden wollend. Solange er sie auf ein Schiff mit nahezu unbekanntem Ziel verfrachtete, überließ er sie nicht hundertprozentig ihrer Hinrichtung, die Karten des Schicksals waren noch nicht ganz ausgespielt, und man konnte immer noch auf die Karten in der Hinterhand hoffen, auch wenn Professor Farendorf das Ergebnis des Spiels höchstwahrscheinlich nie erfahren würde. Er konnte sich eigentlich vorstellen, was die Roboter in einem armen Land wie Brasilien erwartete, sie würden, wären sie nicht auf der Überfahrt total verrostet, hoffnungslos ausgeschlachtet werden bis zur letzten Schraube, und in alle erdenklichen und nicht erdenklichen Dinge eingebaut werden. Er verabschiedete seine Familie, die einzige

Familie die er je gehabt hatte, seit er den Schweinen und Kühen den Rücken gekehrt hatte.

Warum tat er das? War es der frustrierte Franzose, der ihm den Floh ins Ohr gesetzt hatte? Waren es nicht die Ideen, die man als völlig absurd verwarf, die einen im Nachhinein doch in ihren Bann zogen? Gerade die Undenkbarkeit der Möglichkeit, die letztendlich dazu reizte, sie in die Tat umzusetzen?

Vielleicht war es auch die Möglichkeit eines Neubeginns, nach über einem halben gelebten Leben, einer ruinierten Gesundheit, einer Karriere der Langeweile, einem Leben ohne Liebe und Freundschaft. Die Worte des jungen Afrikaners in der Kneipe in Granada kamen ihm wieder in den Sinn: ‚Wer kann schon ohne Liebe leben?' Er hatte es anscheinend gekonnt über all die vergangenen Jahrzehnte, und doch war dort eine Leerstelle geblieben, von der er nicht dachte, dass er sie je wieder besetzen konnte. Jetzt hatte er noch dazu das geopfert, was ihm am meisten am Herzen lag, doch forderte ein jeder Neubeginn nicht in erster Linie Opfer, den sprichwörtlichen Sprung ins kalte Wasser? Fast fühlte er sich versucht, direkt in das kalte Hafenwasser zu springen, sich in dem Schmutz und Öl der Schiffe reinzuwaschen und nur die Tatsache, dass er nicht schwimmen konnte, vermochte ihn zurückzuhalten.

Es gab aber noch mehr aufzugeben, als sein Liebstes, nämlich zudem das ökonomisch Notwendige und das Tröstende, die Arbeit und den Alkohol, und wenn er an beides auch nicht mit dieser Liebe dachte wie an sein Team, so würde es doch unendlich schwieriger sein, sich von diesen Dingen zu trennen. Es war utopisch, sich in seinem Alter eine neue Stelle zu suchen und fast genauso utopisch, sich in seinem Alter von langjährigen Gewohnheiten zu trennen. Der Geist war eingerostet und der Körper eingefahren, was sollte sich da groß verändern lassen? Nun schaute er hoffnungslos auf das schwarze, leicht im Licht der Laternen schillernde Wasser. Was ihn noch vor einem Moment gezogen hatte, sich darin von allem reinzuwaschen, zog ihn nun, darin für immer zu verschwinden.

Fünfzehn

Der Koch hatte irgendwann aufgegeben, dieselben drei Zeilen des Schlagers zu wiederholen. Gegen Mittag wagte es Katrin wieder durchzuatmen, soweit dies die stickige Luft zuließ. Als sie abends in ihr Zimmer zurückkehrte, war der Brief immer noch nicht wieder da. Dafür war der Roboter verschwunden. Sie schwankte zwischen

Trauer, Freude und Angst. Trauer, dass er weg war, Freude, dass er anscheinend wieder zum Leben erwacht war und Angst, dass er durch fremde Einwirkung verschwunden war und nie wiederkehren würde. Wie sollte er durch die Tür gekommen sein? War er am Ende gestohlen oder entführt worden?

Sie zählte ängstlich ihre Barschaft, die sie in einer Blechbüchse neben ihrer Zahnbürste verwahrte, nur wusste sie nicht, wie viel eigentlich darin gewesen war und so wusste sie auch nicht, ob sich der Betrag verringert hatte. Sie war im Gegenteil erstaunt über die Höhe ihrer Ersparnisse, sie hatte in der letzten Zeit vergessen, sich um ihr materielles Überleben zu sorgen. Der Inhalt der Büchse sollte ausreichen, um nach Berlin zurück zu gelangen, ohne ein einziges Auto anhalten zu müssen. Warum sollte sie auch noch einen Tag länger bleiben?

Sechzehn

Jedes Jahr wenn Kommissar Richter aus dem Urlaub zurückkehrte, ließ er sich von seiner Sekretärin haarklein die Ereignisse der letzten Wochen berichten. Dieses Verfahren hatte den Nachteil, dass er sich zuerst allen Klatsch und Tratsch über seine Arbeitskollegen anhören musste um danach beiläufig ein wichtiges Detail zu einem Fall zu erfahren, den er bearbeitete. Aber seine Sekretärin wusste nicht zwischen wichtigen und unwichtigen Ereignissen zu differenzieren, und wenn er ihr auftrug, nur das Wichtigste zusammenzufassen, lief er Gefahr, außer dem skandalösesten Klatsch der Zeit überhaupt nichts zu erfahren. So ließ er ihren Redeschwall einfach über sich ergehen und filterte die Informationen. Die guten ins Gedächtnis, die schlechten in den Kropf des Vergessens.

„Frau Kommissar Lohmeier ist schwanger geworden. Und das in ihrem Alter. Ich sage Ihnen, wenn das Kind mal nicht mongoloid wird. Aber was will man machen, man kann den Leuten da ja nicht reinreden. Meine Kinder sind ja längst aus dem Haus, und ich bin nicht viel älter als sie. Ja und der Neue, der hat sich neulich mit dem Chef angelegt. Der ist ehrgeizig, passen Sie auf, der kennt keine Rücksicht auf seine Kollegen. Ein unangenehmer Typ, wie ich finde. Der Fall Keller wurde auf Beschluss des Gerichts eingestellt, es gab 15 Anzeigen wegen Vergewaltigung in der Ehe, die eine Frau wurde arg zugerichtet, die Fotos liegen auf ihrem Schreibtisch. Die Mordkommission hatte ein wirklich perverses Verbrechen: Ein S-Bahnfahrer hat seinen Bruder auf den Schienen gefesselt und anschließend überfahren, sauber den Kopf und die Füße abgetrennt, sage ich Ihnen, wie eine Doppelguillotine. Dann ist da noch ein Bekennerschreiben zu einem alten Brandstiftungsfall eingegangen, es klingt allerdings ein wenig geistig verwirrt. Ich hatte die Akten schon längst archivieren lassen, aber wenn Sie wollen, lasse ich sie noch einmal kommen.

Wie geht es der Frau Gemahlin? Haben Sie sich gut erholt?"

„Ja, danke, wie immer. Dieser Bekennerbrief, wo ist der? Und fordern Sie doch bitte gleich die betreffenden Akten an."

„Wird gemacht, Herr Richter. Möchten Sie einen Kaffee?"

„Nein danke, ich trinke keinen Kaffee mehr. Das ist nicht gut für meinen Magen."

Auch wenn die Frau komplett unfähig war, konnte sie doch zumindest einen guten Kaffee kochen, doch auf diese einzige Qualität würde er jetzt auf den Rat seiner Ärzte hin verzichten müssen.

Siebzehn

Das Begräbnis von Professor Farendorf verlief vollautomatisch. Die Leidenschaft für Roboter verfolgte ihn bis ins Grab. Hätte Professor Farendorf den Konstrukteur des Krematoriums doch nur zu Lebzeiten kennen gelernt, er hätte in ihm einen Seelenverwandten gefunden. Das Gebäude schüchterte ein. Es war in einem monumentalen Stil gehalten, der dem Dritten Reich gerecht geworden wäre, eine hohe klassische Säulenkonstruktion, in der ein Blick zur Kuppel Schwindel verursachte. Das ganze Gebäude schien sagen zu wollen: ‚Du bist ein Nichts, ein Würmchen, der Tod hingegen ist alles.' Der glänzende Marmor ließ einen frösteln, der Boden schluckte auf eine merkwürdige Weise den Klang der Schritte, wo man lauten Hall vermutet hätte. Ein Meisterwerk des Bauingenieurwesens. Katrin sah sich verstört im Gebäude um. Sie wusste nicht genau, warum sie gekommen war, denn mit dem nun verstorbenen Professor hatten sie nur eine kurze Zeit an einem vergessenen Arbeitsplatz verbunden. Vielleicht war sie gekommen, weil sie sich die Vermittlung von Frieden erhofft hatte. Sie hatte sich einen dicht bewachsenen Friedhof vorgestellt, ein frisch ausgehobenes nach feuchter Erde riechendes Loch, den Duft einiger Blumenkränze, einige balsamisch klingende Wortfetzen des Predigers, die sie auffangen würde, denn sie würde ein wenig abseits von den übrigen Trauernden stehen, ihre schwarzen Gestalten aufrecht, nur den Kopf gesenkt haltend, geduldig den Worten des Predigers lauschend. Zum Schluss würde jeder eine Schaufel Erde auf die Urne werfen und sich zum Gehen wenden, ohne noch viele weitere Worte über Professor Farendorf zu verlieren.

Nichts war wie sie es erwartet hatte. Es gab keinen Friedhof und keine schwarz gekleideten Trauergäste, oder sie hatte ihren Weg noch nicht gefunden in den Weiten dieser Halle. Vielleicht würde sie einen Ausgang finden, der sie doch noch zu jenem malerischen Ort gelangen ließ. Vor dem Krematorium hatte sie nach einem Nebeneingang gesucht, der sie vielleicht auf einen daneben liegenden Friedhof führen würde, doch es war kein solcher vorhanden. Nur die dunkel getönte Glastür, die abweisend wirkte, als würde hier niemand jemals eintreten. Die Tür war verschlossen, und sie hatte sich gefragt, ob sie sich nicht in der Adresse geirrt hatte. Sie hatte das Kärtchen mit der Todesanzeige aus ihrer Tasche geholt. Die Tasche war ein Fauxpas im Vergleich zu ihrer ernsthaften schwarzen Kleidung, ein Hippielumpen, der einst farbenfroh gewesen war, jetzt aber ausgewaschen und erneut verdreckt. Bei der Berührung der Karte hatte sie unter ihrem Daumen etwas Metallisches auf deren Rückseite gespürt. Dort befand sich ein Mikrochip, so wie in einer Telefonkarte. Sie hatte sich keinen Reim daraus machen können, bis ihr Blick auf einen Schlitz in der Marmorwand neben der abweisenden Eingangstür gefallen war. Es war ein Schlitz wie bei einem Bankautomaten, mit einem grünen Lämpchen darüber, das tatsächlich aufgeleuchtet hatte, als sie die Karte hineinschob. Nach einem kurzen Surren hatte sich die Tür nun automatisch geöffnet und das Innere der Halle freigegeben.

Sie hatte Angst, diese leere Halle, in der sie keine weitere Person erspähte, zu betreten. Was, wenn sich die Glastür für immer hinter ihr schloss, ohne einen eben solchen Öffnungsmechanismus auf der Innenseite zu haben? Was, wenn sie schon bald vor tiefgefrorenen, auf ihre Verbrennung wartenden Leichen stünde? Sie schalt sich als irrational, verstaute ihre Einlasskarte sorgfältig in ihrem Beutel und betrat das Innere des Krematoriums. Auch hier war weit und breit kein Mensch in Sicht, und absolute Stille umfing sie. Die Halle war ganz und gar aus Stein, kein anderes Material lockerte die Atmosphäre auf. Die Kuppelkonstruktion ruhte auf massiven Säulen, die einen äußeren Bogengang erzeugten, von dem hohe, schmale, mit Buchstaben bezeichnete Türen in verschiedene Richtungen abgingen. Im Inneren des Kuppelraumes war nichts als eine elektronische Anzeigetafel, wie man sie von Flughäfen und Bahnhöfen kannte, die an jenen Orten üblichen Sitzgelegenheiten aus Plastik fehlten allerdings. Auf der Anzeigetafel standen verschiedene Familiennamen und dahinter jeweils ein Buchstabe, der auf eine der aus der Halle führenden Türen verwies. Farendorf – Tür D. Auch Tür D hatte einen daneben angebrachten Schlitz wie ein Geldautomat. Die Prozedur kannte sie bereits. Die Holztür öffnete nach Einschieben des Mikrochips ihre Flügel nach Außen und ließ sie ins Innere einer kleinen, sehr sterilen Kapelle treten. Auch diese stand auf massiven steinernen Säulen, war jedoch nur halb so hoch wie die Kuppel in der zentralen Halle. Der Marmorfußboden war frisch poliert und glänzte. Im Inneren befanden sich drei Personen. Eine musste offensichtlich der Pfarrer sein, denn er stand an einem kleinen Pult vor einem aufgeschlagenen Buch, vermutlich der Bibel. Eine der anderen beiden Personen erkannte sie als den Hausmeister der Humboldt-Universität. Er hatte seinen üblichen Blaumann gegen ein Paar Jeans und ein Hemd getauscht. Die dritte anwesende Person war eine Dame älteren Semesters, vielleicht Ende Fünfzig. Sie war außer dem Pfarrer die einzige, die für eine Bestattungszeremonie angemessen gekleidet war. Sogar ein schwarzes Hütchen mit Schleier durfte nicht fehlen. Katrin vermutete, dass sie die Schwester des Verstorbenen war, die sich nun ein letztes Mal bemühte, um der Erbschaft nicht unwürdig zu sein.

Aus versteckten Lautsprechern ertönte Orgelmusik, die vom Band kommen musste, denn eine Orgel war nirgendwo zu sehen. Nachdem die Musik verstummt war, setzte der Pfarrer zu reden an:

„Liebe Brüder und Schwestern! Wir haben uns heute hier versammelt, um," an dieser Stelle sah er auf sein Pult, „unserem Freund Professor Ulrich Farendorf die letzte Ehre zu erweisen. Wir finden Trost in den Worten von Johannes." Und er begann, einen Abschnitt der Bibel zu verlesen. Am Schluss fügte er hinzu: „Nehmen wir nun Abschied von unserem treuen Freund." Dabei wies sein Blick auf den geschlossenen Deckel des Standardsarges, der auch genauso gut hätte leer sein oder die Leiche Frau Erna Müllers enthalten können. Es war nicht wirklich vorstellbar, dass sich darin der fette Körper Professor Farendorfs befinden sollte. Es war ohnehin merkwürdig, dass Särge, ausgenommen Kindersärge natürlich, immer dieselbe Größe haben sollten, egal wie groß oder beleibt die Person war, die darin ihre letzte Ruhe finden sollte. Hier war das moderne Prinzip One Size fits all perfekt verwirklicht.

Die unbekannte Dame legte einen Strauß roter Nelken nieder. Weder der Hausmeister noch Katrin hatten Blumen mitgebracht. Während des stummen Starrens auf den Sargdeckel ertönte erneut getragene Orgelmusik aus den Boxen. Dann, beim Verklingen der letzten Töne, öffnete sich mit einem Mal eine Klappe im Boden, die Katrin vorher nicht wahrgenommen hatte, und der Sarg wurde von einem stählernen Greifarm langsam in die Tiefe befördert. Sie versuchte schnell einen Blick in diese

Tiefe zu erheischen, sollte sich dort selbst das Inferno befinden? Sie konnte allerdings nichts erkennen.

Der Pfarrer ging zum Geschäftlichen über, sobald sich die Klappe wieder verschlossen hatte. „Da der Verstorbene keine Angehörigen hinterlassen hat, frage ich nun die hier anwesenden Personen, ob ein Interesse besteht, den Verstorbenen zu beerdigen. In diesem Fall senden wir Ihnen die Asche des Verstorbenen auf dem Postwege zu, die Bearbeitungszeit beträgt ca. 14 Tage. Es wird in diesem Fall eine Versandgebühr von 36,50 DM erhoben, zahlbar per Nachnahme. Sollte seitens der hier Anwesenden kein solches Interesse bestehen, wird der Verstorbene anonym beerdigt werden. Ich frage also nun die Anwesenden, besteht ein solches Interesse?“

Die drei Unbekannten musterten sich gegenseitig mit stummen Blicken. Jeder schien in den anderen die Verwandten des Professors gesehen zu haben und war nun erstaunt, dass dem nicht so war. Jeder fragte sich, wie es denn sein konnte, dass der Professor, zu dessen Beerdigung man aus unerfindlichen Gründen gegangen war, tatsächlich noch zwei echte Freunde im Leben gehabt haben konnte. Plötzlich vernahm man eine klare Frauenstimme im Raum, die nur ein Wort sagte: „Ich.“ Erst als Katrin den Blick des Pfarrers auf sich ruhen spürte und er bereits den Kugelschreiber zückte, um sie ein vorgefertigtes Formular unterschreiben zu lassen, wurde ihr klar, dass es ihre Stimme gewesen sein musste, die sich so in den Vordergrund drängte. Drei Gedanken stürzten nacheinander durch Katrins Kopf: 1.) Ich habe mein Schweigegelübde gebrochen. 2.) Wie merkwürdig es ist, den Klang der eigenen Stimme nicht mehr zu erkennen. 3.) Was soll ich nur mit der Asche von Professor Farendorf ?

Der Pfarrer, von dem sie in dem Augenblick überzeugt war, dass er seinen Job nicht aus christlicher Nächstenliebe ausübte, sondern nur um der wachsenden Arbeitslosigkeit unter Pfarrern zu entgehen, sah sie immer noch erwartungsvoll an.

„Dürfte ich Ihren Namen und Ihre Adresse erfahren?“

Sie trat auf das Pult zu und nahm dem Pfarrer gegen dessen sichtlichen Unwillen den Stift aus der Hand und setzte selbst ihre Daten auf dem Bestellschein ein.

„Würden Sie dann bitte noch hier unterschreiben?“

Auch das tat sie wortlos.

„Mein Beileid. Hat er Ihnen sehr nahe gestanden?“

Sie schüttelte den Kopf, drehte sich auf dem Absatz um und ging. Die Türen öffneten sich nun selbsttätig. Die anderen beiden hatten bereits das Gebäude verlassen, die Halle war so ausgestorben wie zuvor. Sie war froh, wieder frische Luft zu atmen.

Die unbekannte Dame stand noch vor der Tür, machte unschlüssig ein paar Schritte mal in die eine, mal in die andere Richtung. Es war offensichtlich, dass sie auf Katrin wartete.

„Guten Tag. Lieselotte Gabler ist mein Name. Diese Anonymität ist wirklich eine Schande. Ich frage mich, wer sich diese abscheuliche Einrichtung ausgedacht hat. Diese Bestattung war wirklich menschenunwürdig, und dieser Pfarrer, also nein, er hätte ebenso gut ein Roboter sein können, kein Funken Mitgefühl in ihm. So etwas will ein Christ sein! Aber entschuldigen Sie mich, dass ich mich so aufrege. Sie haben einen geliebten Menschen verloren, und ich rege mich hier über Banalitäten auf. Wissen Sie, ich habe Ulrich nur sehr kurz kennen gelernt, ja ich hatte eigentlich gar keine Zeit ihn kennen zu lernen. Wie gern würde ich mehr über ihn wissen. Sie sind sicher seine Tochter. Wenn es Ihnen nichts ausmacht, möchte ich Sie gern zu einem Kaffee einladen. Man möchte nach einer solch traurigen Zeremonie ja ungern wieder allein nach Hause gehen."

Hatte sie nicht zugehört? Der Pfarrer hatte doch ausdrücklich gesagt, dass es keine Hinterbliebenen gab. Was wollte diese Quatschtante nur von ihr? Wie auch immer, es würde kein weiteres Wort über ihre Lippen kommen. Dennoch hatte auch sie eine gewisse Neugierde gepackt. Wer war diese Frau und was wollte sie? Es war sehr wahrscheinlich, dass sie alles von ihr erfahren würde, wenn sie ihrem Geschwafel nur lange genug zuhörte.

Frau Gabler hakte sich der vermeintlichen Tochter, die so unschlüssig vor ihr stand, einfach unter und nahm sie mit sich vom bedrückenden Ort der Bestattung fort. Sie konnte in manchen Situationen eine recht starke und durchsetzungsfähige Frau sein. Das High-Tech-Krematorium hatte einen abgelegenen Standort, so als wäre es ein staatlicher Hochsicherheitstrakt, der vor den Augen der Normalbevölkerung verborgen bleiben sollte, ein Ort, an dem man sich vorstellen konnte, dass Menschen geklont oder Konferenzen mit Außerirdischen abgehalten würden. Sie ignorierten die Bushaltestelle vor dem Gebäude, oder besser gesagt, Frau Gabler ignorierte sie, denn Katrin fügte sich dem Druck des Armes, der um ihren geschlungen war. Sie liefen einen menschenverlassenen Bürgersteig entlang, auf der Straße donnerte der eine oder andere Lastwagen vorbei. Sie befanden sich inmitten von einem Industriegebiet, dessen fensterlose Wellblech- und Betonplattengebäude in keinster Weise Auskunft darüber gaben, was dort produziert oder gelagert wurde. Vor den Toren eines solchen gesichtslosen Gebäudes fanden sie eine Imbissbude, in deren Innerem eine rotgesichtige Frau gelangweilt die BZ las. Frau Gabler bestellte beherzt zwei Tassen Kaffee, Kuchen war nicht im Angebot, und so fragte sie Katrin, ob sie denn eine Bockwurst wolle.

Es gab keine Sitzgelegenheit, auf dem Stehtisch lag noch ein vergessener halb ausgetrunkener Flachmann, und der Kaffee schmeckte abgestanden. Das war wohl nicht so ganz das, was sich Frau Gabler unter dem Leichenschmaus unter vier Augen vorgestellt hatte, aber andererseits passte das Ambiente schon wieder zu dem verstorbenen Professor, und Katrin fühlte sich fast nostalgisch werden, als sie daran dachte, wie sie zusammen mit dem Professor auf dem Rückweg von einer Konferenz zu ihrer Baracke das eine oder andere Mal an einer solchen ordinären Imbissbude angehalten hatte.

Frau Gabler konnte das höchstens erahnen, denn sie kannte den Verstorbenen kaum, und das war der Grund, warum sie diese Frau, die sie für eine Verwandte des Professors hielt, mitgeschleppt hatte, denn nur von ihr konnte sie etwas erfahren, doch ihre Erwartungen wurden nicht erfüllt. Katrin schwieg.

„Armes Kind. Nimm es nicht so schwer. Leute, die in das Alter kommen wie Ulrich und ich, beginnen langsam, an das Sterben zu denken. Irgendwie freunden wir uns allmählich mit dem Tod an. Für junge Leute wie dich ist das wahrscheinlich kaum vorstellbar, aber glaube mir. Für dich ist es natürlich schwer, einen Verwandten zu verlieren, aber es ist normal, gerade bei Männern in dem Alter und wir Frauen gewöhnen uns daran. Mein Mann ist auch schon lange tot, und es war ein harter Schlag für mich, nachdem ich so viele Jahre jeden Tag an seiner Seite verbracht habe. Mit einem Mal bin ich jeden Morgen alleine aufgewacht, und da war niemand mehr, der auf seinen Kaffee wartete. Dann mit der Zeit habe ich gemerkt, dass ich auch eine neue Freiheit gewonnen hatte, meinen eigenen Interessen nachzugehen. Ich habe mit einem Mal angefangen, zur Gymnastikgruppe zu gehen, anstatt vormittags Einkäufe zu machen und Vorbereitungen für das Mittagessen zu treffen. Ich habe gemerkt, wie erholsam es ist, ohne das Schnarchen meines Mannes einzuschlafen. Ich habe um meinen Mann getrauert, ja, und ich hätte nie daran gedacht, neu zu heiraten. Der Lebensabschnitt war für mich abgeschlossen, ich war nun eine Frau ohne Verpflichtungen, und es galt, die Jahre, die mir bleiben, bis meine körperlichen Fähigkeiten mich verlassen, auszunutzen, um das zu tun, was ich schon mein ganzes Leben tun wollte.

Als ich Ulrich kennen lernte, überkam mich auf einmal wieder diese Regung, für einen Mann sorgen zu wollen. Er erschien so hilfsbedürftig, so liebenswert in seiner Einzelgängermentalität, aber, ehrlich gesagt, ich hatte nicht die Chance, ihn kennen zu lernen. Wie gerne hätte ich mehr über ihn gewusst, aber er verschwand so urplötzlich, ohne die Möglichkeit, eine Adresse auszutauschen. Ich bin keine Frau, die den Männern nachspürt. Wie gerne wüsste ich, wie er gestorben ist und ob jemand in seinen letzten Stunden bei ihm war. Ich verstehe, dass er ein Alkoholproblem hatte, seine Leber kann das auf Dauer nicht mitgemacht haben, aber der Grund für seine Neigung zum Alkohol muss in seiner Einsamkeit gelegen haben. Hätte er einen Menschen gehabt, ich glaube, es hätte nie so weit kommen können.

Versteh mich nicht falsch, das soll kein Vorwurf an seine Familie, an dich, sein. Ich weiß, dass die jungen Leute heutzutage sehr beschäftigt sind. Ihr habt es ja auch nicht gerade leicht, ihr müsst die Arbeit nehmen, die ihr kriegen könnt, ihr könnt die Stadt, in die ihr arbeitet nicht wählen, ihr könnt keine Rücksicht auf die Familie nehmen. Es ist eine unmenschliche Gesellschaft, in der wir leben. Es reicht ja heute nicht mehr zu heiraten, Mann und Frau müssen arbeiten, weil sonst zu wenig Geld da ist. Wir bräuchten eine Gesellschaft mit mehr Menschlichkeit, in denen die Familien nicht aus ökonomischen Zwängen zerrissen werden, in der nicht so viele Menschen einsam wären und aus ihrer Einsamkeit in den Alkohol fliehen würden. Aber ich bin nur eine alte Frau, was soll ich noch daran ändern? Ihr jungen Leute solltet euch dagegen auflehnen, auch wenn es schwer ist.

Aber, was rede ich, wir wollen ja an diesem traurigen Tag nicht über Politik reden."

Katrin kippte ihren Kaffee hinunter und ging. Sie war nicht gekommen, um sich von einer alten Frau, die ihre Mutter hätte sein können, anzuhören, wie schlecht die Welt sei. Sie konnte sich glücklich schätzen, dass ihre Mutter sich bis kurz vor ihrem Tod nicht für sie interessiert hatte. Diese Frau war eine Klatschtante, eine Seifenopernzuschauerin, die nichts wusste und alles wissen wollte, die kein eigenes Leben hatte, und sich statt dessen von fremden Tragödien ernährte. Vielleicht war sie eine Beerdigungstouristin, Katrin sollte es nicht wundern, falls es so etwas gab. Vielleicht war die Beerdigungstouristin eine Ausgeburt jenes monströsen Ortes der anonymen vollautomatischen Bestattung. Sie konnte sich ausmalen, wie die Frau morgens aufstand, in ihre elegante Beerdigungskluft schlüpfte, von der sie mindestens drei Garnituren besitzen musste, wie sie ihren Kaffee trank und danach sorgfältig ihr Haar richtete und ein dezentes Make-up auflegte. Wie sie dann vor den abweisenden Toren des Krematoriums lauerte, mit anderen hineinschlüpfte, die natürlich gut verstanden, dass eine ältere Dame wie sie das vollautomatische Einlasssystem nicht durchschauen konnte. Dann wählte sie eine Bestattung auf der Anzeigetafel, hielt sich während der Zeremonie im Hintergrund und steuerte dann, wenn alle den Raum verließen, ihr Opfer an, eine Person, die sie hatte alleine kommen sehen, und die nun auch wieder alleine ging. Sie heftete sich an deren Fersen, drückte ihre Trauer aus, erzählte von ihrer flüchtigen Bekanntschaft mit der Person, die sie leider nicht hatte vertiefen können, und horchte ihr Opfer so über das Leben des Verstorbenen aus.

Achtzehn

Lieselotte sah der jungen Frau, die zuletzt aus dem Krematorium kam und dann zielstrebig auf die Bushaltestelle zuging, fast sehnsüchtig hinterher. Wie gerne hätte sie sie angesprochen, doch sie brachte den Mut nicht auf, schließlich war sie nichts als eine flüchtige Bekannte des Verstorbenen, die zufällig die Todesanzeige in der Zeitung gelesen hatte, nicht ganz zufällig, denn sie las jeden Tag die Todesanzeigen. So viele Menschen, die sie früher gekannt hatte, waren jetzt in dem Alter, in dem sie plötzlich aus dem Leben scheiden konnten. Vielleicht konnte sie sich nicht einmal als flüchtige Bekannte rechnen, wahrscheinlich hatte der Professor sie längst vergessen, so wie er wahrscheinlich die Erinnerung an jene unangenehme Nacht verdrängt hatte, oder die Nacht ohnehin vergessen hatte und sich nur am nächsten Morgen gefragt hatte, wer die fremde Frau im Zimmer sei.

Dabei hätte alles so romantisch sein können, Ulrich und sie leicht beschwipst vom Alkohol und von der milden südspanischen Nacht, frei von der Gruppe, fast wieder jung, obwohl Lieselotte natürlich klar war, dass Ulrich nie wieder jung sein würde und dass ihm keine Kur der Welt helfen würde. Zuviel Schaden musste er über die Jahre schon seiner Leber und anderen Organen zugefügt haben. Aber es spielte keine Rolle, es ging um das Gefühl der Jugendlichkeit, das leider in dieser Nacht im Aufkeimen erstickt war.

Sie machte manchmal auf ihren Kuren die Bekanntschaft älterer Herren, wobei diese Bekanntschaft zumeist oberflächlich blieb. Die Bekanntschaften beschränkten sich in der Regel darauf, abends am selben Tisch zu speisen, sich über die Krankheitsgeschichte zu unterhalten, und ältere Herren waren hierbei entgegen weit verbreiteten Annahmen sehr viel aufdringlicher in der Geschwätzigkeit über ihre Leiden als ihre Altersgenossinnen. Das Leiden der Frauen war ein stilleres. Die alleinstehenden älteren Herren, die sich nicht mehr bei ihrer Frau ausheulen konnten, suchten sich neue Opfer, während die Frauen ihre in der Ehe aufgenommene Gewohnheit aufrecht erhielten, ihre Leiden stumm mit sich herumzutragen.

Manchmal gab es verheißende Augenblicke, wenn auch nicht auf romantische Zweisamkeit, soweit wagte und vermochte Lieselotte nicht zu denken, so doch auf einen gemeinsamen Anflug von Jugendlichkeit, der jedoch meistens schon im selben Augenblick verflogen war, wenn man sich zum Beispiel bei einem beschwingt begonnenen Spaziergang seiner schnell ermüdeten Füße besann.

Vor einem Jahr hatte sie der Bestattung eines Klassenkameraden beigewohnt, der später ein bekannter Pianist gewesen war. Er selbst hätte sich wahrscheinlich nie an das schüchterne Mädchen aus seiner Klasse erinnert, auch wenn er selbst zu den unauffälligeren Schülern gehörte, die sich untereinander stets streng beobachteten. Die Freunde mussten sorgsam gewählt werden, es durften nicht diejenigen sein, die schlimmere Außenseiter waren als man selbst, um sich nicht den sozialen Aufstieg zu verbauen.

Er musste diese Zeit später angesichts seines Erfolges vergessen haben, wie man alles Unbedeutende im Leben vergisst oder verdrängt, alles was nicht in das spätere Selbstbild hineinpasst. Lieselotte war nie in der Position gewesen, ihre Unbedeutendheit vergessen zu dürfen.

Sie hatte keinen der Angehörigen gekannt, denn außer der stillen Vigilanz unter den Stillen hatte zwischen ihnen keinerlei Kontakt bestanden. Zu dem Begräbnis waren auch viele Personen des kulturellen Lebens erschienen und viele unbekannte Bewundererinnen. Sie war in dieser Masse nicht weiter aufgefallen. Nach der Zeremonie war sie direkt nach Hause gegangen, ohne mit jemandem ein Wort gewechselt zu haben, was sie aber äußerst unbefriedigt ließ. Auch als sie zum nächsten Bäcker ging und einen Sandkuchen kaufte, sich zu Hause einen Kaffee kochte und einen einsamen Beerdigungskaffeeklatsch mit sich selbst hielt, wurde es nicht besser. In ihr drängten sich die Fragen nach dem Leben des Verstorbenen, die ihre Phantasie nicht zu beantworten vermochte. Ihre Phantasie war lediglich dazu in der Lage, ein lebensfernes Melodram zu spinnen, in der sie, Lieselotte, natürlich die weibliche Hauptrolle spielte, verjüngt und verschönt, untröstlich über den Tod des Mannes, der in seinem Leben in Wirklichkeit nur sie geliebt hatte, aufgrund tragischer äußerer Umstände aber nie hatte diese Liebe leben können – etwa einer krebskranken Frau, die er zwar nicht mehr liebte, der er aber nicht antun konnte, sie zu verlassen – er hatte schließlich ein gutes Herz -, die nun aber vor kurzem entschlafen war, sein eigenes Leben kurz darauf durch einen tragischen Unfall beendet wurde, noch bevor er in die Arme seiner immer geliebten Lieselotte fallen konnte, die ihr ganzes Leben auf ihn gewartet hatte.

In dem Fall konnte es sogar so sein, dass sie einsam der Beerdigungszeremonie beiwohnte, von seinen Verwandten geschmäht, die nicht wahrhaben wollten, dass es in seinem Herzen nur diese andere Frau gegeben hatte.

Und sie weinte bittere Tränen, als hätte sie wirklich einen geliebten Menschen verloren, nicht einen alten Schulkameraden, den sie seit jener Zeit nicht mehr gesehen hatte.

Aber auch dieses Geschichtenerfinden war unbefriedigend, ihre Geschichten waren einseitig und melodramatisch, ihre Phantasie konnte die Form des Schundromans nicht hinter sich lassen. Woher aber sollte sie die Geschichten des wahren Lebens bekommen?

Es vergingen einige Monate, bevor sie in den Todesanzeigen wieder über einen bekannten Namen stolperte, und diesmal war der Fall sehr unsicher, da es sich um einen Allerweltsnamen handelte, und ihr das genaue Geburtsdatum der Person unbekannt war. Müller hieß ihre Hauswartsfrau damals in dem Haus, das sie zuletzt mit ihren Eltern bewohnt hatte, bevor sie geheiratet hatte. Es war dies nicht das Haus ihrer Kindheit mit der Schaukel im Garten, zu der hin sie sich stets die Geschwister gewünscht hatte, um das Kinderzimmer für sich alleine zu haben. Die Hauswartsfrau hatte einen Sohn namens Alois, der vielleicht zwei Jahre jünger als Lieselotte sein mochte. Dennoch war er keinesfalls kindlicher. Das Haus lag in einer schlechteren Gegend als das frühere, die Eltern hatten ihr Haus verkaufen müssen. Hier galten andere Sitten als in dem Vorort, in dem ihre jugendliche Unschuld gehütet worden war. Alois gehörte zu den ganz wilden Jungen. Sein ganzer Stolz war ein Motorroller, von dem niemand wusste, von welchem Geld er gekauft worden war, denn Alois arbeitete selten in Gelegenheitsjobs und schwänzte außerdem meistens die Schule. Man hörte seine Maschine spät abends auf dem Hof knattern, und manchmal gesellte sich das Knattern anderer, schwererer Motoren hinzu, und dann fluchten alle in ihren Betten über den geraubten Schlaf, und manchmal brüllte einer der Nachbarn aus dem Fenster, aber nie traute sich jemand hinunterzugehen und die Jungen persönlich zu konfrontieren. Das Gerücht von marodierenden gewalttätigen Motorradcliquen, die alte Damen auf offener Straße umstießen und ihnen die Handtaschen entrissen, sich des Nachts betranken und außerdem jüngere auf die schiefe Bahn brachten, eilte den knatternden Motoren voraus. Alle warnten ihre Kinder vor ‚denen', aber niemand traute sich, den Gerüchten auf den Grund zu gehen.

Alois Müller, der vermeintliche Motorrad-Rocker, war sonst nicht weiter auffällig. Er trug die Haare kurzgeschnitten wie alle zu der Zeit und hatte eine mittelschwere Akne, die seine sonst ganz angenehmen Gesichtszüge etwas entstellte. Wenn man ihn alleine traf, verhielt er sich recht unauffällig und grüßte höflich, auch wenn er die Bemerkungen hören musste, die die Leute hinter seinem Rücken zischelten. Vielleicht war er zu schüchtern, vielleicht war er zu stoisch, um sich daran zu stören.

Er übte eine merkwürdige Faszination auf Lieselotte aus, auch wenn sie ihn aus tiefster Seele verachtete. Sie lebte nur kurze Zeit mit ihren Eltern in dem Mietshaus, dann heiratete sie und zog mit ihrem frischgebackenen Ehemann in eine eigene kleine Wohnung. Sie hatte geglaubt, diese letzten Jahre bei ihren Eltern fast vergessen zu haben, außer natürlich dem Herzklopfen, wenn sie auf ihren Zukünftigen wartete, der sie abends ausführen würde – aber wenn sie ehrlich war, selbst das hatte sie vergessen, sie wusste nur noch, dass es so gewesen sein musste. Nun, als sie den Namen Alois Müller in der Todesanzeige las, erstand diese ganze trostlose Mietskasernenwelt und vor allem das Gerede über die auf die schiefe Bahn geratenen Jugendlichen, die dieses graue Leben auf kribbelnde Art und Weise mit Spannung versahen, wieder in ihr auf. Und sie beschloss, zu der Bestattungszeremonie zu gehen, in der Hoffnung herauszufinden, was aus dem berüchtigten Alois Müller geworden war.

So stieß sie auf das High-Tech-Krematorium, in dem sie später auch der Bestattung Ulrich Farendorfs beiwohnen sollte. Im ersten Moment wollte sie eingeschüchtert dem abweisend verschlossenen Portal wieder unbemerkt den Rücken kehren. Sie hatte sich das alles einfacher vorgestellt. Eine kleine Gruppe von Trauergästen auf einem Friedhof, sie wäre ein wenig zu spät dazugestoßen, so dass ihr niemand sofort Fragen stellen konnte. Sie hätte zurückgezogen in der letzten Reihe der Andacht gelauscht, gewartet, bis die näheren Angehörigen ihm die letzte Ehre erwiesen hatten, und sich dann hier und da ins Gespräch gemischt. Aber mit einer verschlossenen Tür ohne Klinke und ohne Klingel, ohne Pförtner dahinter und ohne jegliches Hinweisschild konnte sie nichts anfangen. Als sie sich gerade abwenden wollte, kam eine andere ältere Dame, die ihre Einladungskarte in die Chipkartenöffnung einführte und Lieselotte höflich die Tür aufhielt und dabei murmelte, ‚Ich hätte den armen Jungen nie an diesem Ort bestatten lassen. Man sollte ja meinen, man schritte durch das Tor zur Hölle selbst,' lächelte Lieselotte dann aufmunternd zu und durchquerte zielstrebig die Eingangshalle. Lieselotte folgte ihr mit gesenktem Kopf.

Sie sollte diese Gefühl der absoluten Einschüchterung nie überwinden. Immer wieder überlief sie ein kalter Schauer, wenn sie sich dem Krematorium näherte, trotzdem sagte ihr ihr Verstand, dass dieser Ort am besten für ihre Zwecke geeignet war. Ihre Zwecke waren bei jenem ersten Besuch noch nicht klar. Es war nur die Neugierde, die ein marginales Stück ihrer Vergangenheit betraf, die sie hierher getrieben hatte. Bald jedoch lernte sie, diese Besuche von ihrer persönlichen Vergangenheit zu trennen. Was spielte es schon für eine Rolle, ob Alois Müller der Nachbarsjunge gewesen war, ein Junge, mit dem sie doch nie ein Wort gewechselt hatte, oder ob er ein ganz und gar Unbekannter war? In beiden Fällen war er gleich fremd und sein Lebensweg ließ sich nur durch das Befragen seiner Umwelt in Erfahrung bringen. Sie sollte übrigens an diesem ersten Tag im Krematorium nicht herausbekommen, ob Alois Müller ihr Nachbar gewesen war. Es waren nur wenige Leute anwesend. Die Mutter, die mutmaßliche Hauswartsfrau, hatte längst selbst das Zeitliche gesegnet, es waren auch keine alten Herren gekommen, die über Motorräder sprachen, oder gar ein Motorrad vor der Tür geparkt hatten. Die Frau, die ihr die Tür geöffnet hatte, stellte sich als die Witwe des Verstorbenen heraus. Sie war außer Lieselotte die Einzige, die zur Bestattung erschienen war. Zuerst war es Lieselotte fast peinlich, doch die Frau ging nach der Zeremonie einfach auf Lieselotte zu und fragte: „Na, woher kannten Sie den guten Alois?“

„Nun, äh, ich glaube, es ist ein bisschen Zufall, dass ich heute hier bin. Der Alois und ich, wir waren Nachbarn, ganz früher. Vielleicht finden Sie es etwas indiskret, dass ich hergekommen bin. Ich wusste ja nicht, dass sie, wie soll ich sagen, im engsten Kreis der Familie...“

„Nein, nein, es ist schön, dass Sie hier sind. Es gibt ja so wenig Leute, die sich gerne erinnern. Der Alois und ich, wir hatten ja nur noch sehr wenig Kontakt in den letzten Jahren. Aber erzählen Sie weiter. Sie waren Nachbarn?“

„Ja, das ist schon sehr lange her. Ich war damals noch nicht verheiratet und habe noch bei meinen Eltern gewohnt. Wir waren gute Freunde damals, dann haben wir uns aus den Augen verloren, nachdem ich meine eigene Familie gegründet habe. Aber nicht dass Sie jetzt denken, Alois und ich wären mehr als Freunde gewesen. Ich war ja auch schon zwei Jahre älter als er. Ich ging schon in die Lehre, während er noch die Schulbank drücken musste. Er war damals nicht so fleißig, wissen Sie? Aber was soll's? Ich hätte wirklich gerne gewusst, was später aus ihm geworden ist. Er hatte so eine Vorliebe für Motorräder. Damals konnte er sich nur einen kleinen Roller leisten, auf dem sind wir manchmal zusammen spazieren gefahren. Er hätte mich auch selbst fahren lassen, aber ich habe mich nie getraut. Ist er auch noch Motorrad gefahren, als sie sich kennen gelernt haben?"

Lieselotte überkam auf einmal die Angst, die andere Frau möge ihr antworten, dass Alois Motorräder schon immer gehasst hatte, und dass sie ihn kannte, seit sie ein junges Mädchen war.

„Nein, ich habe ihn sehr spät kennen gelernt. Wir haben wenig über die Vergangenheit geredet. Er hatte damit abgeschlossen, und ich habe das immer respektiert. Er war früher schon einmal verheiratet, aber ich habe die Frau nie kennen gelernt, deswegen dachte ich vorhin einen Moment, Sie könnten es sein."

„Nein, nein, wirklich nicht, ich bin nur eine alte Freundin. Entschuldigung, wenn ich indiskret bin, aber haben Sie denn gar keine Kinder?"

„Alois und ich? Nein. Es gibt einen Sohn aus erster Ehe, aber er hat leider die erste Laufbahn seines Vaters eingeschlagen. Als ich das erfuhr, dachte ich, es müsste vielleicht doch in den Genen liegen, und der Alois wäre ein hoffnungsloser Fall. Aber solange ich ihn kannte, war er ein sehr lieber und zurückhaltender Mensch. Wir haben uns dann, nachdem sein Sohn ins Gefängnis kam, ziemlich zurückgezogen. In dem Ort, in dem wir damals lebten, sprach man von uns schon nur noch als der Knacki-Familie."

„Sie meinen, der Alois war im Gefängnis?"

„Ja, aber fragen Sie mich bitte nicht. Für mich war er immer ein anderer Mensch. Ich wollte mit seiner Vergangenheit nie etwas zu tun haben, wollte ihm die Gelegenheit geben, ganz von vorne anzufangen, und es hat sich gezeigt, dass das das einzig Richtige war."

„Sie müssen es sehr schwer gehabt haben."

„Oh, am Anfang ging es. Da haben ihm auch die anderen noch eine Chance gegeben. Aber als dann das mit seinem Sohn passierte, machten alle Leute ihn dafür verantwortlich. Aber glauben Sie mir, ich bereue nichts. Er hat mich immer sehr gut behandelt. Er war über die letzten Jahre mein einziger Freund. Meine Freundinnen haben es damals mit dem Dorftratsch gehalten. Sie haben mir nicht den Rücken gekehrt, oh nein, sie hätten mich gerne wieder in ihre Welt der moralisch anständigen Bürger, die lauthals hinter dem Rücken anderer tratschen, aufgenommen, aber Vorraussetzung wäre gewesen, dass ich meinen Alois verlassen sollte. Das kam niemals in Frage, und so habe ich gelernt, dass sie nie meine Freundinnen waren. Jetzt bin ich also alleine." Sie lächelte Lieselotte aufmunternd an, so als wäre sie es, die gerade ihren Mann verloren hatte. „Na ja, das ist der Lauf des Lebens. Einmal müssen wir sterben.

Die Unglücklichen sind die, die zurückbleiben. Aber vielleicht wird Gott mir gnädig sein und auch mich bald zu sich holen. Ich wünsche Ihnen noch einen angenehmen Tag. Gott sei mit Ihnen."

Damit verschwand die kleine Gestalt der älteren Frau durch das riesige Portal ins Freie. Ihr gütiges Lächeln schien ihr noch auf den Hinterkopf geschrieben zu sein und duldete keinen Versuch, sie aufzuhalten. Lieselotte seufzte. Die kurze Begegnung war wie die Begegnung mit einer Heiligen. Wann hatte sie nur ihren eigenen Glauben verloren?

Die Begegnung mit dieser unglücklichen und doch so gütigen und erleuchteten Person machte ihr Mut. Die einfache Art, in der die Frau ihre Geschichte einer Fremden erzählt hatte, gab ihr Hoffnung auf neue Geschichten. Sie lernte die kalten Hallen des Krematoriums zu schätzen. Sie kam zunächst nur alle zwei bis drei Wochen, dann zog sie der Ort in immer kürzeren Abständen unwiderstehlich an, auch wenn sie jedes Mal mit Grausen vor der Tür stand und jedes Mal die gleiche Schüchternheit überwinden musste, wenn sie mit den Hinterbliebenen ins Gespräch kommen wollte. Nicht jedes Mal gelang es, manchmal wandte man sich schon von ihr ab, bevor sie ihr Beileid aussprechen konnte, andere Male wurde sie jedoch mit wunderbaren Geschichten für ihre Überwindung belohnt. Am Anfang hatte sie Angst, dass die im Krematorium angestellten Pfarrer sie irgendwann wiedererkennen würden, doch die Pfarrer wiederholten sich nie. Es schien fast, als würde dieser Ort ihnen die Gelegenheit geben, eine einmalige Bestattungszeremonieprobe durchzuführen.

Schon lange las sie nicht mehr die Todesanzeigen. Es war soviel einfacher, sich an diesem Ort auf einer Bestattung einzuschleichen, als immer nach flüchtigen Bekannten zu suchen. Und so viele flüchtige Bekannte hatte sie in ihrem Leben auch nicht gehabt, dass es jeden Monat einen von ihnen hinwegraffen würde. Es konnten Jahre vergehen, bevor sie in den Anzeigen wieder auf einen vertrauten Namen stieß. Um so erstaunter war sie, als sie zufällig bei der Einäscherung von Ulrich Farendorf landete.

Sie hätte die junge Frau mit den kurzen blonden Haaren und den himmelblauen Augen, aus deren Mund dieses entschiedene ‚Ich' erklungen war, gerne angesprochen, aber irgend etwas in der Art der jungen Frau hinderte sie daran. Normalerweise waren die jungen Hinterbliebenen verständnisvoll für die Nostalgie einer alten Dame, die vor ihrer Zeit den Verstorbenen gekannt hatte und erzählten bereitwillig, was er in der letzten Zeit für ein Leben geführt hatte. Doch diese Frau wirkte zu hart. Sie würde Lieselotte derart verständnislos ansehen, dass sie vor Scham im Boden versinken würde. Und sie war sich sicher, dass sie von diesen Lippen kein weiteres Wort als jenes klare ‚Ich' vernehmen würde. Lieselotte glaubte auch Rachlust in diesen entsetzlich blauen Augen aufblitzen zu sehen. Irgend etwas musste Ulrich ihr angetan haben, dass sie ihm nie verziehen hatte und auch über seinen Tod hinaus nie verzeihen würde. Nun, es gab solche grausamen Dinge, die Männer Frauen antaten, die auch Väter ihren Töchtern und Enkelinnen antaten. Sie hatte dies nie wahrhaben wollen, und aus Angst, sie könnte nun einer solchen Wahrheit begegnen, mochte sie die junge Frau auch nicht ansprechen.

Neunzehn

Die letzte Fleischfaser von Professor Farendorfs Körper wurde von einem kleinen Piraña gefressen. Die Knochen, die keinen Zusammenhalt mehr hatten, waren in die Tiefen des Hafenbeckens versunken, sofern man die kleine Ausbuchtung des Flusses Hafenbecken nennen konnte. Als sie Jahre später bei einer Ausbaggerung des Hafenbeckens gefunden wurden, konnte der Tote nicht mehr identifiziert werden. Es machte sich auch niemand die Mühe. Es waren auch nicht die einzigen menschlichen Knochen, die auf diese Weise ans Tageslicht befördert wurden. Woher diese Knochen kamen, fragte nie jemand. Es gab eine stille Übereinkunft, keine Fragen zu stellen, denn diejenigen, die die menschlichen Überreste hier versenkten, hatten ihre Gründe dafür. Die örtlichen Polizisten waren mit anderen Dingen beschäftigt, sie kümmerten sich nur um diejenigen Geschäfte, bei denen auch ein wenig Kleingeld für sie selbst abfiel. Wie sollten sie auch sonst ihre Familien ernähren?

Der leblose Körper eines fettleibigen Mannes wurde beim Entladen des Schiffes in Macapá entdeckt. Von ihm ging ein heftiger Gestank aus. Da man Scherereien vermeiden wollte, versteckte man den Körper zwischen einem Teil der Fracht, die auf einem kleineren Schiff weiter bis nach Ecuador reisen sollte. Auch am Endpunkt der Reise, wo die Leiche schließlich wieder entdeckt wurde, jetzt noch stinkender als zuvor, versenkte man diese kurzerhand im Hafenbecken, da man auch hier einen unbekannten Toten nicht gebrauchen konnte.

Auf viel größeres Interesse stieß der Haufen zusammengeschweißten Blechs, der sich an Bord des Schiffes befand, ohne dass er in der offiziellen Frachtliste stand. Auch das Auftauchen von nicht deklarierter Fracht war nicht gerade ungewöhnlich, aber die Dinge, die dort nicht aufgeführt waren, waren in der Regel von größerem

Wert. Dieser Blechhaufen hingegen stellte die entladenden Arbeiter vor ein Rätsel. Sollten Sie diesen gleich wie den Toten in den Fluss werfen, oder sollten sie ihn erst mal beiseite schaffen, und ihn gründlich auf seine Brauchbarkeit untersuchen? Es war schwer vorstellbar, dass hier jemand einen Haufen Schrott mitgeschickt hatte. Warum auch? Dieser ließ sich doch vor Ort gleich ins Meer kippen? Andererseits war die Ankunft dieser Ladung eine Überraschung, und wenn sonst undeklarierte Frachtstücke ankamen, war irgendjemand darüber im Voraus informiert. Die Arbeiter beschlossen nach längeren Diskussionen, diese merkwürdigen Blechteile, die in ihrer Gestalt seltsam menschlich anmuteten, erst einmal in einem Schuppen, in dem sonst nur Bananen lagerten, zu verstauen.

Erst recht erstaunt waren die Arbeiter, als sie am nächsten Morgen einige Bündel Bananen auf ein Schiff flussaufwärts luden und dabei bemerkten, dass sich der Blechhaufen vom Vortag in Luft aufgelöst hatte. Statt nun erleichtert zu sein, dass sie sich über diese unerwartete Fracht keine Gedanken mehr machen brauchten, reagierten sie überaus erbost. Sie waren nun überzeugt, dass diese Gegenstände von Wert waren, denn sonst hätte man sie wohl kaum von ihrem Platz zwischen den Bananen entfernt. Wenn sie dieses Schwein kriegen würden, es würde so einiges erleben. Nicht umsonst wurden bei Ausbaggerungen des Hafenbeckens manchmal menschliche Knochen gehoben. Jeder Empfänger besonderer zollfreier Waren wusste, dass er sie nicht abholen konnte, ohne die entladenden Arbeiter zu bezahlen. Man hielt sich daran, denn ihre Forderungen waren so bescheiden, dass sie nicht ins Gewicht fielen.

Der umgekehrte Weg war eigentlich der häufiger vorkommende. Normalerweise wurden Waren eingeladen, die nicht deklariert wurden. Auch hierfür wurde selbstverständlich eine kleine Abgabe an die Hafenarbeiter gezahlt. Auch diese Waren lagerten vorübergehend im Bananenschuppen, und nie kam jemand auf die Idee, sie zu stehlen, auch wenn der Schuppen noch nie verschließbar gewesen war.

Die Hafenarbeiter konnten sich und ihre Familien durch ihre Tätigkeit nicht ernähren, auch nicht durch die Abgaben, die sie erhielten. Tagelang lief kein Schiff den Hafen an, besonders in der Trockenzeit nicht, wenn die Fahrt in Richtung flussaufwärts nur noch mit leichten Booten machbar war. Die meisten von ihnen bestellten zusätzlich ein mickriges Stück Land in der Umgebung, doch auch für die Bananen, die sie verkauften, erhielten sie nur Pfennigbeträge. Einige der Arbeiter flochten gerne das Wort Revolution in ihre Gespräche in der Kneipe ein, dem Ort, wo sie sich am meisten aufhielten, wenn sie gerade einen Hafenarbeitstag hatten. Die Regierung nahm ihre Existenz nicht wahr. Sie lebten hier irgendwo im Hinterland, es war zwar noch das Tor zum Hinterland, aber das machte keinen Unterschied. Irgendwo dahinten spielte die Regierung mitunter Krieg. Auch daher kamen so manche Leichen auf dem Grund des Flusses.

Hier in der Gegend ging niemand zur Wahl, denn sie hatten nur die Wahl zwischen einem Schwein und einem anderen, manchmal auch einem dritten. Sie glaubten nicht, dass sich für sie jemals etwas ändern würde. Die Macht war abstrakt und korrumpierte den Charakter. Es würde nie einen guten Präsidenten geben, das ging gegen die Natur der Macht.

Nun hatten sie es mit einem konkreten Schwein zu tun, auch wenn sie noch nicht wussten, wer es war. Aber das sollte sich herausfinden lassen. Zunächst fiel der Verdacht auf Al Pachino. Al Pachino nannten sie den Mann, weil sie von der Fernsehübertragung des Mafia-Epos ‚Der Pate' zutiefst beeindruckt waren, auch wenn sie so viel sinnlose Gewalt ablehnten. Sie verehrten Al Pacino nicht. Sie nannten den Mann Al Pachino, weil sie ihm nie ganz vertraut hatten, obwohl er ihr Misstrauen nie bestätigt hatte, sich durch keine miese Tat verraten hatte. Äußerlich hatte Al Pachino nichts mit Al Pacino gemeinsam. Al Pachino war klein und untersetzt und schob einen runden Bauch vor sich her. Er hatte für einen Indio bemerkenswert schütteres Haar und trug daher immer eine Baseballmütze mit dem Aufdruck ‚Pizza Hut'. Er bekam tatsächlich leicht einen Sonnenbrand auf dem Kopf, obwohl er sein ganzes Leben in dieser Sonne verbracht hatte. Er hatte ein Gesicht, das keiner Fliege etwas zuleide tun konnte. Niemand wusste, wie das Misstrauen gegenüber Al Pachino in die Welt gekommen war. Immer, wenn irgendwelche merkwürdigen Geschichten liefen, hieß es: ‚Daran ist bestimmt Al Pachino schuld.' Der arme Al Pachino wehrte sich nicht. Er kippte gleichgültig noch eine Dose Bier in sich hinein und legte sich dann zur Siesta in den Schatten des Bananenschuppens.

Al Pachino war beim Ausladen nicht dabei gewesen, wollte aber, soweit er sich an seine eigenen Aussagen hielt, heute zum Hafen kommen. Es wurden drei mittelgroße Schiffe erwartet. Am frühen Morgen, als das erste Schiff eintraf, bei dessen Beladen der Verlust dessen auffiel, für das man ohnehin keine Verwendung wusste, war Al Pachino noch nicht am Hafen angekommen. An jedem anderen Tag hätte man sich gedacht, dass er die Schiffe bestimmt vergessen hatte. Heute vermutete man dahinter das schlechte Gewissen des Diebes.

„Al Pachino war heute morgen bestimmt schon vor uns da. Er hat das Zeug heimlich weggeschafft und ist dann wieder verschwunden," warf einer der fünf Männer in die Runde.

„Aber warum?" fragte ein anderer, der bisher still an der Wand des Lagerschuppens gelehnt hatte.

„Warum? Das ist doch ganz klar. Er hatte den Auftrag, das Zeug entgegenzunehmen, und weiß ich wem auch immer zu bringen. Er ist gestern nicht erschienen, um uns nicht informieren zu müssen. Um sein Geld nicht teilen zu müssen, ist doch ganz klar," gab der erste zurück, dessen Wort in der Gruppe offensichtlich das größte Gewicht hatte.

„Ich glaube, das waren Maschinen für die Koka-Fabriken. Ich glaube, dort oben ist jemand Neues im Geschäft, und Al Pachino scheint seinen Arbeitgeber gewechselt zu haben," lauteten die Erklärungsversuche eines Dritten.

„Jemand Neues? Das wird früher oder später Krieg geben..." Der Sprecher schüttelte sorgenvoll den Kopf.

„Den einen oder den anderen werden schon die Pirañas fressen," war alles, was der wichtigste Mann zu diesen Spekulationen hinzuzufügen hatte.

Am Mittag, als gerade das zweite Schiff beladen wurde, tauchte Al Pachino auf. Er trug seine rote Pizza-Hut- Mütze und sein unschuldiges Gesicht wie immer. Sein Hemd war ölverschmiert.

„Kann jemand von euch einen Generator reparieren? Ich habe heute morgen fünf Stunden lang versucht, den Generator von Doña Alexandrina zu reparieren, aber ich habe ihn nicht zum Laufen gekriegt. Sie hat mir 10 Dollar versprochen. Wie viel ist das überhaupt? Ich komme mit diesem neuen Geld überhaupt nicht klar." Er seufzte. „Natürlich bekomme ich das Geld nur, wenn ich es schaffe."

„Al Pachino, wo warst du gestern Abend?"

„Wie, gestern Abend? Bei meiner Familie, wo soll ich sonst gewesen sein?"

„Es ist ein Schiff angekommen."

„Habe ich beim Entladen gefehlt? War es viel Arbeit? Tut mir leid, ich habe es ganz vergessen."

„Wusstest du, was das Schiff geladen hatte?"

„Na, was sollte es schon geladen haben: Ein paar Säcke Reis, ein paar Kanister Öl, Getränke für Doña Luci?"

„Ja auch, aber was noch?"

„Weiß ich doch nicht, Mensch. Ich hatte schon ganz vergessen, dass überhaupt ein Schiff kommen sollte."

„Hm." Der Mann, der Al Pachino zur Rede gestellt hatte, schulterte einen weiteren Sack Zement für das neue Touristenhotel, das Ausgangspunkt für Dschungelexkursionen sein sollte, und ließ Al Pachino stehen. Er fragte sich, ob ein einziger vernünftiger Tourist dort in dem Gebiet, das sich immer mehr in einen Kriegsspielplatz undefinierbarer Parteien verwandelte, Exkursionen machen würde. Aber Touristen waren ein merkwürdiges Volk.

Al Pachino begann ebenfalls, Zementsäcke auf seinen Schultern zu transportieren, sein Hemd klebte nun schweißnass am Körper und tränkte auch die Haut mit Öl.

Als die Säcke zur Baustelle transportiert waren, stellte sich der Mann Al Pachino erneut in den Weg.

„Man erzählt, dass dort oben ein neuer Geschäftsmann ist. Weißt du etwas darüber?"

„Doña Alexandrinas Neffe sagt, dass sie Öl gefunden haben. Es wird Arbeit für alle geben. Ich glaube noch nicht daran."

„Wer hat Öl gefunden?"

„Keine Ahnung. Die Gringos, nehme ich an."

„Und andere Geschäfte?"

„Nein, ich glaube nicht. Das heißt, sie wollen die Touristen dort herumfahren. Sie bauen ein Zeltlager im Dschungel. Aber wenn das mit dem Öl stimmt, wird das natürlich nichts mehr. Ich habe schon überlegt, ob ich nun auch für die Touristen Krokodile fangen soll. Aber ich war noch nie gut im Krokodile fangen. Das liegt in der Familie. Mein Großvater hat seinen linken Arm dabei verloren. Mir waren die Tiere schon immer unsympathisch. Außerdem sind die Krokodile verdammt selten geworden. Man müsste sie erst einmal wieder anfüttern. Ich wäre da ein gefundenes Fressen! Nein, die wilden Tiere sind nichts für mich. Mir ist das Öl lieber."

Aus Al Pachino war nichts herauszubekommen. Er schien von gar nichts zu wissen. Kein verräterisches Wort wollte über seine Lippen kommen. Auch schien er nicht zu ahnen, dass er von dem anderen Mann verhört wurde. Es traute sich allerdings niemand, ihn direkt zur Rede zu stellen, ihn mit dem abscheulichen Verdacht zu konfrontieren. Das war nicht die Art dieser Männer. Al Pachino wusste nicht, warum man ihn Al Pachino nannte. Er wusste nicht, wer Al Pacino war. Man hatte ihm erzählt, dass dies ein nordamerikanischer Schauspieler sei. Er fühlte sich geschmeichelt. Die Gringos, die er manchmal bei Doña Alexandrina im Fernsehen sah, waren immer groß und muskulös. Er glaubte, dass er einem von ihnen ähnlich sähe.

Die Männer beratschlagten sich, während Al Pachino mit der massigen Doña Luci flirtete. Schließlich wählten sie Hernandez aus, um in Al Pachinos Dorf zu gehen. Er sollte versuchen, den Generator der Doña Alexandrina zu reparieren, und bei der Gelegenheit herausbekommen, was sie von den Aktivitäten dort oben wusste. Ob dort wirklich nur Geschäfte in Öl und Touristen gemacht werden sollten. Aber Doña Alexandrina würde kein leichtes Fressen sein. Sie war keine bereitwillige Tratschtante wie Luci. Und sie war sich bewusst, dass es Interessen gab. Dass man nicht den falschen Leuten die falschen Informationen geben durfte. Und niemand wusste, auf wessen Seite sie stand, oder ob sie versuchte, ihre Unparteilichkeit zu wahren, die sie nach außen hin zur Schau stellte.

„Und wenn wir ganz und gar auf einer falschen Fährte sind?“ warf einer der Männer ein. „Wenn Al nichts damit zu tun hat und die neuen Geschäfte nichts als ein Gerücht sind? Wenn heute nacht jemand diesen Kram über den Fluss abtransportiert hat? Vielleicht steckt ja sogar das Militär dahinter? Vielleicht waren es Kriegsmaschinen?“

„Kriegsmaschinen waren das auf keinen Fall. Ich weiß, wie eine Kanone aussieht.“

„Ja, aber weißt du, was sie noch für komische Geräte haben? Ich sage dir, sie führen Krieg mit den merkwürdigsten Geräten. Das Zeitalter der Duelle mit Kanonen, von Mann zu Mann, ist vorbei. Wie auch immer, wenn die Regierung da irgendwie drinsteckt, möchte ich damit nichts zu tun haben.“

„Soso. Aber ich sage dir, wir können uns von der Regierung nicht mehr alles bieten lassen. Du willst hier in Frieden leben, willst dass es deiner Familie gut geht? Schön, das will ich auch. Aber die Regierung ist es, die uns den Frieden raubt. Die uns kaum leben lässt. Wenn es nach der Regierung ginge, dann könnten wir uns von unserer Scheiße ernähren. Wir sind gerade mal gut genug, um den Gringos als Arbeitssklaven verkauft zu werden, während sie mit ihrem Öl unser Land vergiften. Ansonsten sind wir nur ihren Kriegsspielen im Weg. Ich sage dir, wenn herauskommt, dass die Regierung dahinter steckt, dann werde ich nicht ruhig zusehen. Ich werde mich mit ihnen anlegen, darauf kannst du dich verlassen.“

„Und du wirst verlieren. Wer wird dann deine Frau und deine Kinder ernähren?“

„Ich glaube nicht, dass ich alleine dastehe. Nenne mir einen Mann in diesem Ort, der die Regierung mag. Ich kenne keinen. Und in den Nachbardörfern sieht es nicht anders aus. Wir können die Regierung ganz schön ärgern, glaub mir. Aber erst einmal möchte ich wissen, ob Al Pachino etwas weiß."

„Nun gut. Aber meine Meinung ist, dass wir damit nur Zeit verlieren. Al Pachino ist ein ehrlicher Trottel, der nicht in der Lage ist, uns anzulügen. Ich habe nie verstanden, wie ihr ihm diese Gerissenheit angedichtet habt."

„Es wird sich herausstellen."

Zwanzig

Die Roboter fielen immer wieder in den Schlamm. Der Weg war wirklich nicht mit Rollschuhen befahrbar. Schon auf der Überfahrt hatte sich Rost zwischen ihren Gliedern eingenistet. Sie waren langsam und ungelenkig geworden. Der Dreck, der sich bei jedem Sturz in ihren Ritzen sammelte, tat sein übriges. Kein Mensch hat sich bei Star Wars jemals gefragt, wie sich die Roboter unbeschadet durch den Wüstensand bewegen konnten, ohne dass Sand ihr Getriebe zermalmte. In Wirklichkeit waren Roboter nicht konstruiert, um sich durch natürliche Landschaften zu bewegen. Filmemacher hielten sich selten an physikalische Realitäten.

Die Roboter hatten den Nachteil, sich nicht in einem Film zu befinden, sondern sich über eine reale Schlammpiste im Dschungel zu bewegen. Dies war nicht Hollywood und dies war kein Fußballspiel. Hätte Professor Farendorf seine Elf so sehen können, es hätte ihm das Herz noch im Bauch der Pirañas gebrochen.

Wochenlang hatten die Roboter ruhig im Bauch des Schiffes verharrt, ohne einen Mucks von sich zu geben. Auch ihr merkwürdiges Piepen, das keinerlei Funktion erfüllte, das nur einer Laune ihres Konstrukteurs entsprang, ihnen die Züge eines eigenständigen sprachbegabten Subjekts zu verleihen, hatten sie nicht vernehmen lassen. Als wären sie Subjekt genug, um zu wissen, dass sie sich nicht verraten durften. Als hätten sie ihren unbeaufsichtigten Aufenthalt im Bananenschuppen als Chance gesehen, das Weite zu suchen. Vielleicht hatte der französische Fußballrobotertrainer doch recht, indem er diesen Wesen eine Intelligenz zuschrieb, die nicht mehr von den Konstrukteuren kalkulierbar war. Vielleicht hatte der Tod des Professors ihnen auch signalisiert, von nun an auf sich selbst gestellt zu sein.

Wie auch immer, kurz nachdem die Hafenarbeiter sie in den Schuppen verstaut hatten und heimgegangen waren, hatte zuerst der Mannschaftskapitän seine rostigen Glieder gereckt und seine elektronische Stimme auf ihre Funktionsfähigkeit getestet.

Die anderen hatten es ihm nachgetan. Dann hatten sie sich im Gänsemarsch auf die angelehnte Tür hin bewegt, hatten sie mit vereinigter Kraft, alle in einer Kette, öffnen können, waren dann im Gänsemarsch auf der Hauptstraße, eben jener schlammigen Piste, die aus Schlaglöchern gemacht war, weitergerollt und schon nach den ersten Metern wie die Dominosteine übereinandergefallen. Das mehrmalige Eintreten dieser Situation brachte sie dazu, ihre Formation zu ändern, und nicht länger im Gänsemarsch zu rollen, als wollten sie gerade in das Fußballstadion einmarschieren. Sie nahmen statt dessen ihre Spielfeldformation ein und bewegten sich langsam aber stetig über die Piste voran, dabei ihre gesamte Breite einnehmend. Wenn einer gefallen war, warteten sie geduldig, bis er sich wieder aufgerichtet hatte und setzten dann ihren Weg fort.

Bald darauf sollten sie auch ihre Gangart ändern, denn die schlammverkrusteten Rollen waren unbeweglich geworden, und so lernten sie ihre berollschuhten Füße voreinander zu setzen als wären sie menschliche Wesen. Einmal mussten sie sich in den Straßengraben stürzen, als ein Jeep mitten in der Nacht die Piste entlang kam. Das war die einzige Begegnung, die sie hatten. Bei Sonnenaufgang legten sie sich in das grüne Dickicht am Wegesrand und verwandelten sich wieder in einen Haufen regungslosen Schrotts.

Einundzwanzig

Der Franzose ärgerte sich, dass er sich nicht auch die Visitenkarte des deutschen Kollegen hatte geben lassen. Wie war sein Name doch gleich gewesen? Fraunhofer? Nein, nein... Er hatte ein sehr schlechtes Namensgedächtnis. Das war wohl auch der Grund, warum er immer wieder die falschen Mikrochips für seine Roboter bestellte. Es war einfach unmöglich, sich die entsprechenden Zahlen- und Buchstabenkombinationen zu merken, und seine Buchführung ließ zu wünschen übrig. Sein visuelles Gedächtnis hingegen war perfekt, und er sah einem Mikrochip mit bloßem Auge an, ob es der richtige oder der falsche war. Es war nur eine Schande, dass die Japaner alle Jahre die Konstruktionspläne änderten, und man die Dinge, die man haben wollte, einfach nicht mehr bekam.

Er hatte allen Robotern sämtliche Mikrochips ausgebaut. Er hatte die des auffällig gewordenen Roboters eingehend mit denen der anderen verglichen. Er hatte die stärksten Mikroskope zur Hilfe genommen. Nichts. Die Mikrochips waren bei allen

Robotern haargenau identisch. Nun konnte es sein, dass sie alle diesen potentiellen Defekt aufwiesen, er nur an diesem einen Exemplar als erstes zutage getreten war.

Er hätte sich gerne mit seinem deutschen Kollegen ausgetauscht. Er schätzte nicht, dass dieser auf fachlichem Gebiet besonders gut war, da seine Mannschaft ja bereits in der Vorrunde ausgeschieden war. Aber er hatte ihm Verständnis entgegengebracht, das er bei den anderen seiner Kollegen gar nicht erst zu suchen brauchte. Sie würden ihn mit seiner Theorie der Verselbständigung nur auslachen. Er brauchte einfach nur einen Menschen, demgegenüber er laut seine Gedanken äußern konnte. Lautes Denken hatte ihn schon immer weitergebracht. Er brauchte dabei keinen Gesprächspartner, keine Anregungen eines Gegenüber. Er musste nur laut denken, seine inneren Monologe nach außen kehren. Er konnte keine Selbstgespräche führen. Er beneidete die Menschen, die diese Fähigkeit besaßen. Er brauchte immer ein verständiges Gegenüber.

Er musste sich an den Namen erinnern. Dann sollte es keine Schwierigkeiten bereiten, diesen Menschen zu finden. Freiendorf? Freitag? Nein, nein...

Aber natürlich, er würde den Ausrichter des Turniers fragen. Der Mann musste sich dort registriert haben. Dass er darauf nicht früher gekommen war. Wenn er sich richtig erinnerte, hatte die europäische Roboterfußballvereinigung ihren Sitz in Brüssel.

„Bonjour! L'associacion de football de robots en Bruxelles, s'il vouz plait."

„Un moment... On s'annonce le numéro."

„Merci beaucoup."

„Bonjour! On parle francaise?"

„No, I'm sorry, Sir."

„Non? Mais vouz travaillez en Belgique!"

„Pardon?"

„I have a question. I search the name of a german ...hm...trainer. He was in the championship last year, but got kicked out in the beginning."

„Let me see. One moment please.....We have several german colleagues: one by the name of Beckenbauer, another by the name of Daum, he got in some trouble lately and now had to quit the business."

„Excuse me? Do I speak to the association of roboter football?"

„Roboter football? What's that? I'm sorry, I have never heard of such a thing."

„Thank you. Greetings to Mr. Daum."

„Good luck.“

„Bonjour! Je veut parler avec l'associacion de football de robots! Je ne veut pas parler avec un imbécile comme Beckenbauer! On peut annoncer le numéro correct, s'il vous plait!“

„Dans quelle ville?“

„Bruxelles.“

„Un moment...On s'annonce le numéro.“

„Merci.“

„Good afternoon. You have called the office of the Belgian association of robot soccer. This office is not on duty outside of the season. We will open again in november. The requirements for participating in the next season are...“

„Merde!“

Was nun? Er paffte dicke Rauchwolken aus seiner Zigarre, die sich auf seiner Stirn zu tiefen Sorgenfalten verdichteten. Er konnte unmöglich bis zur nächsten Spielsaison warten. Das würde den Tod für ihn und sein Team bedeuten. Wenn er sich auch nicht viel von einem Treffen mit dem deutschen Professor versprach, so war es doch nichts geringeres als seine letzte Hoffnung. Er musste den Mann unbedingt finden, koste es, was es wolle. Entschlossen griff er wieder zum Telefonhörer.

„Bonjour! Me peut annoncer les numéros de l'agences des detectives en Nantes?“

„Un moment, s'il vous plait. Il y a beaucoup.“

„Donne-moi les primers dix numéros, s'il vous plait.“

Eifrig notierte er die Telefonnummern der Detekteien Artaud – Dubois. Vielleicht sollte er sich doch eines Tages ein Telefonbuch anschaffen. Er hasste Telefonbücher. Die dünnen Seiten waren mit seinen kleinen dicken Fingern nie ordentlich voneinander zu trennen.

Die Detektei Artaud hatte natürlich entsprechend des Nachnamens des Geschäftseigentümers einen Marktvorteil. Dementsprechend war sie mit Aufträgen eingedeckt und wollte keinen weiteren, auch noch so kleinen Auftrag annehmen. Ebenso verhielt es sich mit den folgenden acht Detekteien. Er fragte sich, ob die Leute in Nantes nichts anderes zu tun hatten, als ihre Ehepartner bespitzeln zu lassen. Er selbst war unverheiratet, konnte also jenen Volkssport der gegenseitigen Verdächtigungen und Eifersüchteleien nicht nachvollziehen. Er konnte sich nicht vorstellen, was die Detekteien sonst so sehr beschäftigte. Nur wenige Leute waren wie er dazu bereit, gutes Geld zu hinterlassen, um eine Adresse in Erfahrung zu bringen. Aber er gab sich nicht gern mit so einfachen wie nervtötenden Beschäftigungen ab, wie es eben das Nachschlagen in Telefonbüchern und Telefonate mit den verschiedensten Auskünften waren. Andererseits war auch nicht einzusehen, warum die Leute gutes Geld auf den Tisch legten, nur um zu erfahren, wo ihr Ehepartner den letzten Nachmittag verbracht hatte. Sicher bekam man am Ende Auskünfte wie: im Park spazieren, auf dem Markt einkaufen, in der Stadtbibliothek...

Die Detektei Dubois endlich, die letzte Nummer auf seiner Liste, nahm seinen Auftrag entgegen. Eine freundliche Sekretärin versicherte ihm, dass er spätestens in zwei Tagen mit der gewünschten Information rechnen konnte. Er atmete erleichtert auf, die Falten verzogen sich von seiner Stirn, und die Zigarre wanderte in den Aschenbecher.

Zweiundzwanzig

Kommissar Richter las sich das Bekennerschreiben durch. Er hatte den Fall noch im Kopf, obwohl es sich nicht um ein schwerwiegendes Verbrechen gehandelt hatte. Solche Fälle von Brandstiftung kamen nicht selten vor, auf dem Immobilienmarkt waren sie gängig, um sich auf bequeme Art und Weise der Mieter zu entledigen. Diese Art von Brandstiftung war allerdings ein schwerwiegendes Vergehen, da man die Gefährdung der Mieter in Kauf nahm, und es war nicht ratsam, sich dabei erwischen zu lassen. Der Fall dieser Universitätsbaracke lag ein wenig anders, d.h. er hatte nicht aufklären können, ob sich zum Zeitpunkt der Tat jemand in dem Gebäude aufgehalten hatte oder nicht. Wäre dem so gewesen, dann hätte es sich auch hierbei um versuchte Körperverletzung gehandelt.

Er erinnerte sich so gut an den Fall, weil er dem Hauptverdächtigen, dem dort tätigen Professor auf einem Kuraufenthalt in Spanien begegnet war. Ein recht unsympathischer Mensch, an dem eine Bekannte seiner Frau seltsamerweise etwas gefressen hatte. Dieser Professor war nach der einen Begegnung verschwunden, und er hatte nie wieder etwas von ihm gehört. Auch jene Bekannte seiner Frau, die im allgemeinen viel zu geschwätzig war, hatte ihn mit keinem weiteren Wort erwähnt.

Nachdem er das Bekennerschreiben gelesen hatte, schüttelte er unwillig den Kopf. Es bestand kein Zweifel, dass das Bekenntnis ganz und gar erlogen war, dennoch schien die Person, die es aufgesetzt hatte, mit dem Fall vertraut zu sein. Neben dem Professor war an dem Institut eine wissenschaftliche Mitarbeiterin beschäftigt, die er nie hatte lokalisieren können. Auch mit dem Professor hatte er außer an jenem Abend in Granada kein persönliches Gespräch führen können, zur Tatzeit war er krank geschrieben, danach war er zur Kur gefahren, und von dort aus hatte man ihn in eine Entziehungskur geschickt, wie seine weiteren Nachforschungen ergaben. Zu dieser Zeit waren die Ermittlungen schon offiziell eingestellt gewesen, nur sein eigener Gerechtigkeitssinn zwang ihn, der Sache weiter nachzugehen, weil er es nicht ertragen konnte, dass man die mutmaßlichen Schuldigen zwar kannte, sie aber wegen gewisser bürokratischer Fristen zur Einstellung von Verfahren nicht stellte. Es ging nicht mit dem Gerechtigkeitssinn des Kommissars konform, den Schuldigen auf der Spur zu sein, sie aber aufgrund von Überarbeitung der Polizei nicht zur Verantwortung zu ziehen. Dennoch hatte er aufgegeben, da man ihm soviel Arbeit auf den Schreibtisch knallte, dass selbst sein Gerechtigkeitssinn verstummte. Er überlegte, ob das Bekennerschreiben für seine Vorgesetzten Anlass genug sei, die Ermittlungen wieder aufzunehmen. Es würde ihm große Genugtuung bereiten, diesen Kleinkriminellen zu zeigen, dass sie nicht ungeschoren davonkamen, nur weil es in diesem Staat so viel schwerwiegendere Verbrechen gab. Seine Passion lag ohnehin in der Aufklärung der kleineren Verbrechen. Die Massenmörder und Triebtäter, die die Boulevardpresse ins Rampenlicht stellte, interessierten ihn nicht. Er tat seinen Dienst aus moralischer Berufung. Diese lag nicht darin, Psychopathen zu jagen, die Beschäftigung mit dergleichen Individuen sah er als Aufgabe der Psychiater an. Ihm ging es darum, den Menschen zu zeigen, dass es sich lohnte, sich an Recht und Ordnung zu halten, und seien die Vergehen auch noch so gering. Es ging ihm nicht um die Schwere der Vergehen, es ging ihm ums Prinzip. Die Menschen mussten akzeptieren, dass es Gesetze gab, und dass sie sich daran zu halten hatten. Wenn sie die Gesetze verändern wollten, dann sollten sie dies auf politischem Wege versuchen, aber nicht die Gesetze heimlich für sich übertreten. Manfred Richter glaubte an die Demokratie und war ein entschiedener Feind der Anarchie. Er hielt sich schließlich auch an die Weisungen seiner Vorgesetzten, auch wenn sie ihm selbst unsinnig erschienen. So zum Beispiel den Fristenkatalog, nach welchem die Ermittlungen bei wenig schwerwiegenden Tatbeständen nach relativ kurzer Zeit eingestellt wurden. Sein Vorgesetzter war eben ein Bürokrat der schlimmsten Sorte, der über dem Erlassen von Dienstvorschriften ganz vergessen hatte, warum er eigentlich zur Kriminalpolizei gekommen war, dass er damit einen Auftrag im Dienste der Gesellschaft übernahm. Manfred Richter hätte seinen Vorgesetzten liebend gern von seinem Posten abgelöst, um es selbst besser zu machen, aber er war zu sehr mit der Aufklärung von Verbrechen beschäftigt, um sich auch noch um die dazu notwendigen intriganten Praktiken zu kümmern. So blieben er und sein Chef jeder auf seinem Posten, der Chef erließ die Dienstvorschriften und Manfred Richter bekam sie auf den Schreibtisch geknallt, fluchte darüber, ließ seinen Frust an seiner Sekretärin aus und kümmerte sich dann weiter um die Aufklärung von Verbrechen, sofern ihn die Dienstvorschriften nicht daran hinderten.

Er legte das Bekennerschreiben aus der Hand. Er wollte sehen, was sich machen ließ. Dieser Professor und auch diese merkwürdige wissenschaftliche Mitarbeiterin, die seit der Tat einfach verschwunden war, sollten noch ihr blaues Wunder erleben. So leichtfertig sollten sie nicht mit dem deutschen Gesetz umgehen dürfen, und selbst wenn sie keine Schuld traf, so hätten sie doch ihre Vorladung als Zeugen ernst nehmen müssen.

Er wusste schon jetzt, dass sein Chef mit dem Kopf schütteln würde. Die Fälle von Misshandlung in der Ehe, der Prozess gegen den S-Bahnfahrer, der seinen Bruder guillotiniert hatte, das alles sprach dagegen. Es ärgerte ihn, dass er sich noch mit Fällen beschäftigen musste, in denen schon ein eindeutiges Geständnis vorlag. Es ärgerte ihn auch, dass man ihm den Bereich der Misshandlung in der Ehe einfach untergeschoben hatte, ohne ihn zu fragen. Jetzt wartete er schon seit einem halben Jahr auf den neuen Kollegen, der angeblich für diesen Bereich eingestellt werden sollte. Er kam bald zu nichts anderem mehr, als sich mit hysterischen Ehefrauen und ihren Ehemännern, die allesamt Alkoholiker waren, zu unterhalten. Es war widerlich.

Wo blieb nur die Sekretärin mit den Akten? Beim Kaffeekochen war sie doch auch nicht so langsam. Er wollte diesen Fall wieder aufnehmen und dazu musste er die Akten gründlich studieren, solange er noch Zeit hatte, man seine Ankunft aus dem Urlaub noch nicht richtig wahrgenommen hatte und man ihn noch nicht mit Arbeit zuschmiss.

„Ursula!"

„Ja, Herr Kommissar?"

„Was machen Sie eigentlich? Wollten Sie nicht ins Archiv gehen und sich um die Akten für den Brandstiftungsfall kümmern?"

„Die habe ich schon angefordert," rief Ursula stolz zurück, „sie müssten übermorgen mit der Hauspost kommen."

„Übermorgen? Haben Sie denn den Verstand verloren? Was machen die Leute da unten im Keller eigentlich? Skat spielen? Das ist ja unglaublich. Tun so, als wenn in der Aufklärung von Verbrechen keinerlei Dringlichkeit läge. Also, Ursula, jetzt passen sie mal auf: Sie gehen jetzt persönlich ins Archiv und machen den Leuten Beine, und wenn die sich keine Beine machen lassen, dann suchen Sie die Akte eben selbst heraus, verstanden?"

„Ja, aber, warum denn so schlecht gelaunt, Herr Kommissar? Außerdem ist der Fall doch schon zwei Jahre alt."

„Mischen Sie sich nicht in Angelegenheiten, von denen Sie nichts verstehen."

„Ist ja schon gut. Müssen Sie aber einen schlechten Urlaub gehabt haben."

Kommissar Richter sah sich missgelaunt seine neuen Fälle an. Ein gefundenes Fressen für Fernsehkrimis. Manchmal hatte er das Gefühl, dass die Leute nicht ihr eigenes Leben lebten, sondern das nachspielten, was ihnen im Fernsehen vorgespielt wurde.

Das Klingeln des Telefons signalisierte ihm, dass man wusste, dass er aus dem Urlaub zurückgekehrt war.

Es sollte dann doch zwei Tage dauern, bis er Zeit hatte, sich noch einmal mit der Akte des Brandstiftungsfalls zu beschäftigen. Neue Fälle purzelten auf ihn herein, als hätten die Verbrecher nur darauf gewartet, dass er aus dem Urlaub zurückkam, als hätten sie sich genauso im Sommer auf die faule Haut gelegt wie jeder gewöhnliche Arbeitnehmer und nun plötzlich mit neuem Tatendrang ihre Arbeit wieder aufgenommen.

Es gab nur zwei Personen, die regelmäßig das abgebrannte Gebäude betreten hatten: Der Professor Farendorf und seine wissenschaftliche Mitarbeiterin, Frau Radke. Letztere arbeitete zum Zeitpunkt des Brandes erst seit wenigen Monaten dort. Vorher war die Stelle aufgrund von universitären Sparmaßnahmen ein halbes Jahr unbesetzt geblieben.

Professor Farendorf war 56 Jahre alt und arbeitete seit zwanzig Jahren an dem Institut, von dem niemand wusste, warum es einmal eingerichtet worden war. Seine Stelle hatte einen KW-Vermerk – wörtlich: ‚kann wegfallen' -, was bedeutete, dass sie gestrichen werden würde, sobald der Professor in den Ruhestand trat. Es war allgemein bekannt, dass der Professor einen Hang zu geistigen Getränken hatte. Er bewohnte eine nicht sanierte Altbauwohnung in der Oranienburger Straße, die sich Kommissar Richter im Zuge der Ermittlungen auch angesehen hatte. Die Wohnung war sehr ordentlich, nichts deutete auf das Basteln von Brandsätzen hin, nur war der Wohnung ein eigentümlicher Verwesungsgeruch inne, dessen Quelle sich allerdings nicht eruieren ließ. Kommissar Richter hatte sich nicht länger als unbedingt nötig in der Wohnung aufgehalten.

Sonst wusste man noch über Professor Farendorf, dass er ein recht seltsames Hobby pflegte, er konstruierte nämlich Fußballroboter und ließ sie bei Roboterfußballturnieren antreten. Er musste einmal recht gut darin gewesen sein, denn er hatte diverse Pokale gewonnen, die in seiner Wohnung in einer Vitrine aufgereiht waren. Allesamt waren älter als fünf Jahre.

Frau Radke war 33 Jahre alt und kam ursprünglich aus der Nähe von Bremen. Sie hatte einen Universitätsabschluss in Soziologie gemacht und war die einzige Bewerberin auf die Stelle im Institut für Empirische Sozialforschung in der Physik gewesen. Sie bewohnte eine Mietwohnung zusammen mit einer Frau Johanna Ossowski. Der Mietvertrag lief auf den Namen von Frau Radke. Nach dem Brand war sie urplötzlich verschwunden, nur durch die Aussage von ihrer Mitbewohnerin, die sie nach dem Brand noch gesehen hatte, wusste man, dass sie diesem nicht eventuell zum Opfer gefallen war. Der Verbleib von Frau Radke blieb ungeklärt, und das Verbrechen war zu unbedeutend, als dass man nach ihr fahnden konnte, ohne überhaupt ein Verdachtsmoment gegen sie zu haben.

Das war so ziemlich alles, was die Akte hergab, zusätzlich natürlich die Untersuchung der Brandstelle, der Zeitpunkt des Ausbruchs des Feuers und seine Entwicklung. Der Brand war eindeutig auf Brandstiftung zurückzuführen gewesen.

Nun hatte er zudem dieses Bekennerschreiben in der Hand, das dermaßen unsinnig klang, dass es nicht vor Gericht Bestand haben konnte.

Nun galt es, folgende Fäden wieder anzuknüpfen:

Den Verbleib von Professor Farendorf. An dieser Stelle sollte die Universität ihm schnell eine Auskunft geben können.

Der Verbleib von Frau Radke. Diesen herauszufinden, konnte sich um einiges schwieriger gestalten. Ihre damalige Mitbewohnerin war sehr schlecht auf sie zu sprechen gewesen, da sie einfach verschwunden war, obwohl der Mietvertrag auf den Namen von Frau Radke lautete, was für sie bedeutete, dass sie ausziehen musste. Es war nicht anzunehmen, dass Frau Radke wieder Kontakt zu ihr aufgenommen hatte.

Die Herkunft des Bekennerschreibens zu ermitteln.

Kommissar Richter wusste, dass das alles unmäßig viel Arbeit für einen so alten und unbedeutenden Fall war.

Dreiundzwanzig

Madame Dubois, die nicht ihre freundliche Sekretärin war, sondern ihre Detektei als Eine-Frau-Betrieb führte, freute sich immer über Kundschaft mit einfachen Aufträgen, die sich durch ein paar Telefonate bei diversen Inlands- und Auslandsauskünften erledigen ließen und trotzdem gutes Geld einbrachten, denn sie ließ sich ihren Namen als Detektivin angemessen bezahlen. Trotzdem fragte sie sich, ob die Kunden entweder dem Namen Dubois wenig Vertrauen entgegenbrachten oder ob das Vertrauen in eine weibliche Detektivin so gering war, denn die Auftragslage ihrer Detektei sah nicht gerade rosig aus. Und das, obwohl ihre männlichen Kollegen über Überarbeitung klagten, weil heutzutage jeder und jede seine Partnerin oder seinen Partner bespitzeln ließ. Als wenn zur heutigen Zeit außereheliche Affären verwerflicher wären denn je, oder war es nur das Bedürfnis an der Aufregung dessen teilzunehmen, was einem vorenthalten wurde, ohne es im Endeffekt je mit einem Wort zu erwähnen? Vielleicht war es mehr die Hoffnung als der Verdacht, der Partner oder die Partnerin könnte eine Affäre haben, ein Ereignis, das endlich ein wenig Drama ins seit langem langweilig gewordene Eheleben bringen konnte.

Madame schlürfte ihren latte macchiatto, den sie seit ihrer letzten Italienreise statt ihres Café au lait bereitete, wobei der einzige Unterschied ihrer Zubereitung darin bestand, die Kaffeeschale durch ein hohes Glas ausgewechselt zu haben, durch einen Strohhalm und schmiss sich an die Arbeit, sprich ans Telefon. Es galt einen deutschen Professor zu finden, der regelmäßig zu Roboterfußballturnieren fuhr und dort selbst ein Team stellte, dessen Team beim letzten Turnier in Maastricht schon in der Vorrunde ausgeschieden war, und dessen Name höchstwahrscheinlich mit dem Buchstaben F anfing.

Der Kunde hatte ihr freundlicherweise schon verraten, dass das Büro der Roboterfußballvereinigung in Brüssel außerhalb der Saison nicht besetzt war, so dass sie dort keine eigenen erfolglosen Versuche mehr zu unternehmen brauchte. Was lag also näher, als die deutsche Roboterfußballvereinigung anzurufen? Ein Gespräch mit der Auskunft verriet ihr, dass eine solche nicht existierte, statt dessen könne man ihr aber die Nummer der Fifa geben. Sie lehnte dankend ab und versuchte es stattdessen bei den großen Herstellerfirmen von Sportartikeln, einer merkwürdigen Intuition folgend, die das Neue immer am Markt suchte. Nur bei der Firma Adidas hatte man schon einmal von der Sportart Roboterfußball gehört, ein recht cleverer Praktikant hatte einmal vorgeschlagen, die Existenz dieser Sportart zu Werbezwecken zu nutzen, aber irgendwie war die Idee trotzdem nicht weiter verfolgt worden. Tatsache sei, dass dieses Gebiet allen Beschäftigten zu fremd war und der einzige, der anscheinend etwas darüber wusste, war jener Praktikant, der aber inzwischen nicht mehr bei der Firma tätig sei. Wenn es nicht gegen den Datenschutz verstoße, sei sie aber bereit, seine Adresse weiterzugeben, versicherte die freundliche Sekretärin.

Madame Dubois betonte ihre verzweifelte Lage als ehrliche Sportinteressentin, und natürlich werde sie den Menschen nicht belästigen, wenn er es nicht wünschte. Die Sekretärin willigte also ein, ihr die Adresse des Ex-Praktikanten mitzuteilen.

Der Ex-Praktikant mit dem Namen Müller war inzwischen zweimal umgezogen, trotzdem bekam sie nach einigem Herumbohren beim Einwohnermeldeamt seine Adresse heraus. Dieser Auftrag begann sie mehr Energie zu kosten, als sie erwartet hatte, und das, obwohl sie sich wahrscheinlich auf einer falschen Fährte befand.

Ex-Praktikant Müller musste gestehen, eigentlich nichts über Roboterfußball zu wissen, sondern nur einmal im Büro über einen Papierfetzen gestolpert zu sein, dessen Bedeutung ihm völlig unklar geblieben war, der ihn aber zu großen Träumen für eine Sportschuhkampagne angereizt hatte, in der man diese an den Füßen einer Elf von Robotern abbildete. Leider waren seine Träume nicht erhört worden, man hatte ihn weiter Zahlenkolonnen addieren lassen, und es wunderte ihn, dass sich überhaupt jemand an seine Äußerungen zum Thema Roboterfußball erinnerte. Na ja, auf jeden Fall, diesen Papierfetzen hatte er längst nicht mehr, er hatte aber mal mit der Sekretärin dieser Stelle telefoniert, sie schien also wirklich zu existieren. Es war irgendein Institut an der Uni in Berlin, irgendetwas Komisches wie Empirische Physik.

Madame Dubois bedankte sich für seine Mühe und fragte ihn, ob er denn immer noch mit dem Marketing von Sportartikeln beschäftigt sei, ‚Entschuldigen Sie bitte die Frage, aber es interessiert mich immer, in welche Richtung junge Leute heutzutage ihr Schicksal steuern.‘

Ex-Praktikant Müller musste lachen, sie wusste nicht, ob über ihre komplizierte Ausdrucksweise noch dazu mit dem französischen Akzent oder über ihr mütterliches Interesse. Nein, er mache jetzt etwas ganz anderes, er sei jetzt in einer Branche, in der Mode eine nur sehr untergeordnete Rolle spiele. Angesichts all des Leidens auf dieser Welt, habe er es nicht länger ertragen, diesem zuzuschauen und nur über Verkauf nachzudenken. Deswegen sei er jetzt bei der Bundeswehr und bereite sich gerade auf seine Teilnahme an humanitären Einsätzen im Kosovo vor. Und selbst wenn im Kosovo bis zum Ende seiner Ausbildung Frieden eingekehrt wäre, dann gäbe es immer noch so viele Betätigungsfelder in der ganzen Welt, denn die Menschheit würde nie aufhören, sich unmenschlich zu verhalten.

Madame Dubois wünschte ihm viel Glück für seinen weiteren Lebensweg, und dass der Kosovo-Konflikt noch so lange anhielte, dass auch er noch die Chance haben würde, humanitär tätig zu sein. Ex-Praktikant Müller bedankte sich artig und freute sich, mit seiner Mission endlich einmal auf Verständnis gestoßen zu sein.

Madame Dubois betrieb ihre Recherche nun per Internet weiter, indem sie die Auflistung aller Fachbereiche an allen Universitäten in Berlin studierte und sich alle diejenigen aufschrieb, die Empirie oder Physik im Namen trugen. Sie versuchte es dann zuerst bei einem Fachbereich mit dem verheißungsvollen Namen Empirische Sozialforschung in der Physik, der einem gewissen Professor Farendorf unterstand. Die angegebene Nummer existierte leider nicht mehr, aber sie kannte dieses Phänomen bereits aus vorherigen Ermittlungsaufträgen, dass die Berliner ständig alle Straßennamen und Telefonnummern ändern mussten.

An der Vermittlungsstelle der Humboldt-Universität wusste man natürlich nicht Bescheid, zu welchem Studiengang das gewünschte Fach überhaupt gehörte, eine Dame im Hintergrund war sogar der Meinung, dass das bestimmt zu diesem neuen, na wie heißt es doch gleich, Gender Studies, gehöre. Madame Dubois war allerdings anderer Meinung und ließ sich mit der Studienberatung der Physik verbinden. Dort konnte sie dann endlich erfahren, dass dieses Fach bis vor kurzem noch im Vorlesungsverzeichnis gestanden habe, es faktisch aber nicht mehr unterrichtet worden sei, da der zuständige Professor seit zwei Jahren aus Krankheitsgründen nicht mehr tätig gewesen sei und man außerdem das Institut, das damals abgebrannt war, auch räumlich gar nicht neu ausgestattet hatte. Madame Dubois erkundigte sich, ob sie sich denn einmal mit Professor Farendorf in Verbindung setzen könne, sie habe da einige fachliche Fragen, sie unterrichte ein ähnliches Fach in Nantes. Aber natürlich, Moment, sie schaue im Computer nach, sagte die Studienberaterin, räusperte sich dann dreimal, bevor sie wieder zu sprechen begann und murmelte dann betreten. „Der ist vor kurzem gestorben. Es tut mir leid."

Damit war der Fall für Madame Dubois erst einmal abgeschlossen, wenn er wahrscheinlich auch nicht zur Zufriedenheit des Kunden gelöst war. Sie schaute auf die Uhr. Somit hatte sie 3000 Francs in zwei Stunden verdient, abzüglich der Telefonkosten, das war kein schlechter Schnitt. Sie ging in die Küche, um sich einen neuen latte macchiatto zuzubereiten.

Was sie nicht wusste und was Kommissar Richter nicht wusste, war, dass Madame Dubois damit unter Beweis gestellt hatte, dass Detektive, oder vielleicht auch nur Detektivinnen, sehr viel schneller und effektiver arbeiten als ihre Kollegen und Kolleginnen bei der staatlichen Polizei. Sie verfügte dank einiger Telefonate über ein Wissen, von dem Kommissar Richter zu diesem Zeitpunkt nur träumen konnte, da er ungefähr das fünffache der Zeit aufwenden musste, um den Fall überhaupt wieder aufnehmen zu dürfen.

Madame Dubois ließ sich trotzdem zwei Tage Zeit, bevor sie den Kunden anrief, um ihm das Ergebnis mitzuteilen. Sie wusste, dass die Kundschaft schnelle Arbeit schätzte, aber wenn sie zu schnell war, sah es so aus, als hätte das Ganze keinerlei Mühe gekostet und als wäre die von ihr verlangte Aufwandsentschädigung unverhältnismäßig hoch. Außerdem musste sie natürlich vielbeschäftigt wirken, um den Ruf ihrer Detektei aufrecht zu erhalten.

„Monsieur... Ich habe Ihnen leider eine bedauerliche Mitteilung zu machen. Der Mann, nach dessen Adresse Sie suchten, namens Professor Ulrich Farendorf ist vor kurzem verstorben."

„Merde. Das kann nicht sein. Ich möchte sofort mit Ihrem Chef sprechen."

„Ich bin die Chefin dieser Detektei, Madame Dubois persönlich."

„Alors, sind Sie sicher, dass er tot ist?"

„Nun, ich kann Ihnen nicht seine Sterbeurkunde vorlegen, aber auf seiner Arbeitsstelle hat man mir gesagt, dass er vor kurzem gestorben sei."

„Und woran ist er gestorben? Und wann genau?"

„Hören Sie Monsieur, das weiß ich nicht. Sie haben mir den Auftrag gegeben, die Adresse dieses Herrn in Erfahrung zu bringen, da er verstorben ist, hat er keine A-dresse und somit habe ich meinen Auftrag erledigt. Sie können mich natürlich jederzeit beauftragen, weitergehende Nachforschungen anzustellen, das geht dann selbstverständlich auf eine neue Rechnung."

„Merde. Wieso soll ich Ihnen überhaupt glauben? Woher weiß ich, dass sie keine Halsabschneiderin sind, die mir einen Haufen Lügen erzählt? Gestorben, pah, das kann ja jeder sagen, und dafür dann noch Geld einstreichen wollen!"

„Dann überprüfen Sie es doch selbst."

„Aber dafür habe ich Sie doch beauftragt. Ich werde doch jetzt nicht Ihre Arbeit machen."

„Monsieur, ich schicke Ihnen die Rechnung. Meine Arbeit setzt ein gewisses Vertrauen durch meine Kundschaft voraus. Einen schönen Tag noch."

Madame Dubois schüttelte den Kopf. Immer dasselbe mit der männlichen Kundschaft. Im Nachhinein fingen sie an zu argumentieren, um dann am Ende über den Preis zu feilschen. Nur schade, dass ihr so der Folgeauftrag durch die Lappen gegangen war. Sie konnte im Moment jeden noch so kleinen Auftrag gebrauchen. Sie seufzte. Vielleicht sollte sie langsam darüber nachdenken, in Rente zu gehen. Sie besaß ein zauberhaftes kleines Häuschen in der Auvergne. Daran war zwar einiges zu machen, aber in ein paar Jahren könnte sie es sich dort richtig gemütlich gemacht haben. Es blieb das Problem, wovon sie leben sollte. Als Freiberufliche hatte sie viel zu spät eine private Rentenversicherung abgeschlossen, und jetzt müsste sie theoretisch arbeiten, bis sie 70 wäre, um später nicht am Hungertuch zu nagen. Mit 70 stünde sie allerdings schon mit einem Fuß im Grab, und dann wäre es auch egal. Sie seufzte noch einmal, lang und tief. Das Telefon klingelte.

„Hören Sie, ich bin es noch mal. Natürlich vertraue ich in Ihre Arbeit, Sie müssen nur verstehen, dass ich mich aufgeregt habe, weil es für mich enorm wichtig war, in Kontakt mit diesem Mann zu treten. Sie müssen noch eine Kleinigkeit für mich tun."

„Ja bitte?"

„Ich muss wissen, ob er Hinterbliebene hinterlassen hat, seien es Verwandte, Freunde oder... nun, äh Roboter."

„Roboter? Was für Roboter?"

„Seine Fußballelf. Ich muss wissen, was aus seiner Fußballelf geworden ist."

„Verstehe. Nun, Monsieur, das ist allerdings ein recht umfangreicher Auftrag, den Sie mir geben. Um dieser Arbeit anzugehen, müsste ich von Ihnen einen kleinen Vorschuss nehmen. Außerdem brauche ich von Ihnen nähere Informationen bezüglich der Person des Professors. Ich würde also vorschlagen, dass wir uns in meiner Detektei unterhalten, wenn es Ihnen passt. Ich bitte sie dann 3000 Franc in bar mitzubringen."

„3000 Francs? Und wie viel wird das Ganze kosten?"

„Das lässt sich im Voraus schlecht abschätzen. Wir können einen Pauschalpreis vereinbaren, nicht inklusive anfallender Reisekosten selbstverständlich, oder sie können mich per Stundenlohn bezahlen, wie Sie wollen. Aber ich bespreche diese Dinge wirklich nicht gerne am Telefon. Kommen Sie doch bitte um 15 Uhr in meine Detektei."

Madame Dubois fand den kleinen zierlichen Mann, der in ihr Büro eintrat, sehr attraktiv. Besonders die unproportional dicken Finger an den Enden seiner dünnen Ärmchen waren einfach hinreißend.

„Guten Tag. Ich hoffe Ihre Aufregung hat sich ein wenig gelegt. Kann ich Ihnen etwas anbieten? Möchten Sie vielleicht einen Latte Macchiatto?"

„Einen..? Nein danke, ich trinke keinen Schnaps."

Sie lachte. „Das ist eine italienische Kaffeespezialität, garantiert ohne Alkohol."

„Nein, nein danke. Oder doch, warum nicht. Verzeihen Sie, ich bin heute wirklich etwas verwirrt." Er mochte keinen Kaffee, doch er wollte diese große Frau noch ein wenig im Zimmer herumlaufen sehen. Sie bewegte sich sehr graziös und dabei doch sehr entschlossen.

Sie stellte ihm den Kaffee im Glas mit einem Berg aufgeschäumter Milch darauf vor die Nase.

„Nun, dann erzählen Sie mir ein wenig über Professor Farendorf. Seit wann kennen Sie ihn und was ist Ihr genaues Interesse an seiner Person? Es geht mich im Grunde nichts an, wozu die Kunden die Informationen brauchen, die ich für sie einhole, aber manchmal hilft es, die Motivation zu wissen, um dann präziser nach Informationen suchen zu können. Sie müssen mir jetzt also nichts erzählen, aber wenn Sie wollen, können Sie meine Arbeit dadurch erleichtern und dadurch vielleicht verkürzen und für sie ein wenig billiger machen."

„Ja, wo soll ich anfangen? Ich habe diesen Professor, wie sagten Sie doch gleich, dass er hieß?"

„Farendorf."

„Also ich habe Professor Farendorf auf der Roboterfußball-EM in Maastricht, letztes Jahr im Herbst kennen gelernt. Na ja, ich habe ihn nicht wirklich gut kennen gelernt. Wir unterhielten uns einen Abend in einer Bar. Ich habe mir nicht einmal seinen Namen gemerkt, mein Namensgedächtnis ist auch wirklich schlecht. Ich habe ihm damals meine Visitenkarte gegeben, aber er hat sich nie bei mir gemeldet.

Ich habe kein persönliches Interesse an diesem Mann, und ich hatte auch nicht vor, ihn zu belästigen. Es geht einzig und allein um ein technisches Problem, bei dessen Lösung er mir hätte sehr hilfreich sein können. Deswegen muss ich wissen, ob er sich mir anderen Leuten über seine Roboter ausgetauscht hat, und ob seine Roboter noch existieren, dann müsste ich mit der Person in Kontakt treten, die jetzt im Besitz dieser Roboter ist. Und Sie können mir wirklich nicht sagen, woran er gestorben ist?"

„Nein. Wie gesagt, ich habe mit der Universität gesprochen, wo er beschäftigt war. Dort hat man mir nur gesagt, dass er vor kurzem gestorben sei, und dass er vorher schon längere Zeit krank geschrieben und zur Kur war. Darf ich nach Ihrem technischen Problem fragen?"

„Ich fürchte, Sie verstehen davon nichts. Das ist ja das Problem. Man findet so wenig Menschen, die sich wirklich mit der Konstruktion von Fußballrobotern auskennen, und wenn, dann hüllen sie sich alle in größte Verschwiegenheit. Niemand plaudert über die Konstruktionspläne seiner Roboter. Der Professor war da ein bisschen anders, und deswegen hoffte ich, mit ihm in einen wissenschaftlichen Austausch treten zu können."

„Auch wenn Sie denken, dass ich es nicht verstehen werde: versuchen Sie bitte mir das Problem zu schildern. Ich garantiere Ihnen auch absolute Verschwiegenheit, das ist in meinem Beruf selbstverständlich."

„Hm. Nun, auf der letzten EM entwickelte einer meiner Roboter die Fähigkeit zu foulen, obwohl ich ihn nicht so programmiert hatte. Ich war einigermaßen entsetzt und wollte meine Elf sofort persönlich zum Schrottplatz bringen. Ich ging also in diese Bar, um mir ein wenig Mut anzutrinken und um das Ende meiner Elf im Voraus zu betrauern. Dort traf ich auf den Professor, der mich in ein Gespräch verwickelte. Er riet mir davon ab, die Roboter zu verschrotten und meinte, dass ich der Sache besser auf den Grund gehen sollte, vielleicht seien ja auch die von mir verwendeten Mikrochips nicht in Ordnung. Und er hätte mit einem seiner Roboter ein ähnliches Problem. Ja, das ist eigentlich alles. Ich weiß bis heute nicht, welchen Defekt meine Roboter haben und die neue Saison rückt heran. Ich bin der Verzweiflung nahe."

„Na, na. Das kriegen wir schon hin." Sie legte für eine Sekunde ihre Hand auf seine kurzen dicken Finger.

„Kommen wir nun zum geschäftlichen Teil." Der Moment war günstig. Nichts war ergiebiger als ein verzweifelter Kunde. „Haben Sie die Anzahlung dabei?"

„Ja, das heißt, ich hatte im Moment nur 2000 Franc auf dem Konto. Ich investiere mein ganzes Geld in meine Roboter, wissen Sie. Aber ich müsste bald mein Gehalt überwiesen bekommen.“

„Machen Sie sich darüber keine Gedanken. Haben Sie sich schon überlegt, ob Sie pauschal oder nach Arbeitsstunden bezahlen wollen?“

„Nein. Ich habe ehrlich gesagt gar keine Vorstellung, was das alles kosten kann.“

„Ich mache Ihnen einen Spezialpreis, weil Sie ein ernstes Anliegen haben und weil Sie mir sympathisch sind. Sie bringen wenigstens etwas Abwechslung in meinen Alltag des Ehepartner Bespitzelns.“

ZWEITER TEIL

Vierundzwanzig

13. 10.
Ich habe aufgehört, an die menschliche Fähigkeit zu glauben, sinnvolle Sätze zu bilden. Natürlich habe ich schon lange aufgehört, daran zu glauben, nicht erst heute am 13. Oktober eines Jahres, dessen Endziffer mir mal wieder entfallen war.

Der Kampf um die Kategorie Sinn ist doch ohnehin nur ein Scheingefecht. Was soll das überhaupt sein – Sinn? Und hat ein sinnvoller Satz eigentlich etwas mit Sinn zu tun? Lässt das Adjektiv sinnvoll wirklich darauf schließen, dass etwas mit dem Nomen Sinn gefüllt sei? Nehmen wir einen sinnvollen Satz, zum Beispiel, dass A aus B folgt. Daraus folgt wiederum, dass wir den Satz nicht umdrehen können, ohne seinen Sinn zu verändern. Wenn ich aber sage, dass B aus A folgt, dann ist das wiederum auch ein sinnvoller Satz. Womit sich wiederum sagen lässt, dass Logik und Grammatik nichts mit Sinn zu tun haben, vielleicht aber auch, dass Sinn nichts als ein Hirngespinst ist.

Ich klappte das Tagebuch zu und trug meine drei Mülleimer, in denen sorgfältig Biomüll, Verpackungen und Flaschen getrennt waren, die Treppen hinunter. Auf der Treppe begegnete mir die Nachbarin aus dem zweiten Stock, die mir mit ihrem seltsamen Blick, der direkt durch mich hindurchzugehen schien, schon öfter aufgefallen war, die mich aber im Gegensatz einfach überhaupt nicht wahrzunehmen schien. Ich hätte sie angesprochen, wenn ich nicht die Absurdität des höflichen Grüßens schon lange aufgegeben hätte. Ihr zu sagen, dass die alten Brötchen in meinem Backofen im Moment Walzer tanzten, schien mir aber ebenso wenig ratsam. Sie hatte wunderschöne strahlende Augen von leuchtendem Blau, doch deutete ihr Strahlen auf das innere Leuchten des gewöhnlichen Wahnsinns hin, dem ich ungern begegnen wollte. Der Fehler all dieser Verrückten war, dass sie auf neuen Ebenen nach einem Sinn suchten, den es gar nicht geben konnte. Wenn sie eine von denen war, hatte sie wahrscheinlich noch nicht verstanden, dass es nichts zu verstehen gibt.

Trotzdem hatte sie irgendetwas, was mich anzog, und vielleicht war es auch die Tatsache, dass ich sie noch nie ein Wort hatte sagen hören, die mich an ihr faszinierte. Vielleicht war sie auch schlichtweg stumm, aber dann hätte sie mir doch wenigstens manchmal ein Lächeln geschenkt?

Sie ging einfach an mir vorbei und schloss ihre Wohnungstür auf. Mich überkam das Verlangen, ihr einfach hinterher zu springen und einen Fuß in ihre Tür zu stellen. Aber das tat ich nicht. Ich setzte den Weg auf den Hof mit meinen drei Mülleimern fort, entleerte sie in die entsprechenden Tonnen und ging wieder hinauf in meine Wohnung, wo ich den Fernseher anschaltete und akribisch den Gesprächsverlauf einer Nachmittagstalkshow notierte. Diese Menschen waren wahre Vorbilder des Unsinns, ohne es zu ahnen.

Moderatorin: Guten Abend, herzlich willkommen. Das Thema unserer heutigen Sendung heißt: Liebe im Internet. Unsere Gäste haben sich im Internet verliebt, ohne ihren Cyber-Freund oder ihre Cyber-Freundin jemals persönlich gesehen zu haben. Wenn Sie zu Hause vor dem Fernseher etwas zu unserem Thema beitragen möchten, rufen Sie uns an!
Wir begrüßen nun unseren ersten Gast, Raul. Raul, du hast dich beim Chatten im Internet verliebt. Wie lange kennst du deine Angebetene schon?

Raul: Nun, Angebetene kann man nicht direkt sagen, wir haben uns vorgenommen, uns erst einmal persönlich kennen zu lernen. Wir haben uns vor circa einem Monat kennen gelernt.

Moderatorin: Ihr habt euch in einem Chatroom kennen gelernt. Wie ging die Geschichte dann weiter?

Raul: Wir haben unsere Telefonnummern ausgetauscht und wir haben uns gegenseitig Fotos geschickt.

Moderatorin: Aha, ihr seid euch also nicht ganz fremd. Zumindest kannst du dir schon ein Bild machen von, sagst du uns den Namen deiner Cyber-Freundin?

Raul: Cecilia.

Moderatorin: Cecilia. Und du hast sie auch schon persönlich gesprochen?

Raul: Ja, wir telefonieren fast jeden zweiten Tag mindestens eine Stunde.

Moderatorin: Und warum habt ihr euch bisher noch nicht getroffen? Wohnt sie zu weit weg, habt ihr keine Zeit, oder wolltet ihr einfach noch ein bisschen die Spannung aufrechterhalten?

Raul: Sie wohnt in Frankfurt, und ich wäre ja auch schon ein Wochenende zu ihr hingefahren, aber sie ist immer unterwegs. Sie ist Stewardess.

Moderatorin: Nun, heute ist der große Moment. Raul und Cecilia werden sich in dieser Sendung zum ersten Mal leibhaftig begegnen. Raul, ich muss dich jetzt einen Augenblick hinausbitten, damit wir ein paar Worte mit Cecilia wechseln können.

Raul geht, Cecilia kommt herein. Sie trägt eine Stewardessenuniform.

Moderatorin: Cecilia, wie ich sehe, kommst du direkt von der Arbeit?

Cecilia: Ja, ich bin gerade aus New York zurückgekommen.

Moderatorin: Gleich wirst du Raul kennen lernen. Bist du aufgeregt?

Cecilia: Ja, ein bisschen.

Moderatorin: Cecilia, du hast dich in Raul im Chatroom verliebt. Wie kann ich mir das genau vorstellen? Ich meine, normalerweise sehen wir eine Person auf einer Party oder in der Disko, und das, was uns auf sie aufmerksam macht, ist in der Regel das Äußere. Wir kommen dann vielleicht ins Gespräch und finden uns auch sympathisch. Im Chatroom siehst du nicht, wer sich hinter einem Namen verbirgt, ich sage mal, die körperliche Attraktion fehlt. Wie kam es, dass du dich für Raul interessiert hast?

Cecilia: Hauptsächlich durch das, was er gesagt hat. Er war witzig. Und er hatte eine irrsinnige Ausstrahlung.

Moderatorin: Du kannst die Ausstrahlung einer Person durch das Internet wahrnehmen?

Cecilia: Oh ja.

Moderatorin: Das ist ungewöhnlich. Vielleicht bin ich etwas altmodisch, aber ich fühle die Ausstrahlung einer Person nur, wenn ich physisch mit ihr in einem Raum bin. Cecilia hat sich dagegen schon dem virtuellen Raum angepasst.
Ich gebe Cecilia allerdings recht, Raul hat eine sehr angenehme Ausstrahlung, das Publikum kann das sicher bestätigen.
Cecilia, du hast mir vor der Sendung gesagt, dass du bei Männern sehr stark auf ihr Äußeres achtest, zum Beispiel auf einen athletischen Körperbau.

Cecilia: Natürlich.

Moderatorin: Und wie würdest du reagieren, wenn du Raul jetzt begegnest und er so gar nicht deinen Vorstellungen von einem attraktiven Mann entspricht?

Cecilia: Ich weiß, dass er gut aussieht.

Moderatorin: Du weißt das? Hat er dir ein Ganzkörperfoto geschickt?

Cecilia: Nein, aber ich habe ihn gefragt.

Moderatorin: Ich weiß, dass dich bei Männern besonders der Hintern interessiert. Raul sagt, dass er einen knackigen Hintern hat. Glaubst du, dass du ihn an seinem Hintern erkennen könntest?

Cecilia: Ich weiß nicht.

Moderatorin: Nun, das werden wir gleich sehen. Ich muss dir jetzt die Augen verbinden. Du bekommst nun drei Hintern zu ertasten, und du musst uns sagen, welcher davon zu Raul gehört, ok?

Cecilia: Ok.

Cecilia tastet drei Hinterteile ab.

Moderatorin: Cecilia sagt, es ist Hintern Nummer drei. Gut, Hintern Nummer drei, stellst du dich bitte vor Cecilia? Cecilia, du darfst jetzt deine Maske abnehmen.

Cecilia: Oh nein!

Moderatorin: Danke Sophie, dass du uns deinen Hintern geliehen hast. Cecilia und Raul, ihr dürft euch jetzt anschauen. Und?
Raul, ist sie, wie du sie dir vorgestellt hast?

Raul: Sie ist viel hübscher.

Moderatorin: Und Cecilia, bist du zufrieden?

Cecilia: Ja, sehr.

Moderatorin: Gut, wir lassen den beiden einen Moment Zeit, sich näher kennen zu lernen. Nach der Werbepause erzählen wir die Geschichte von Robert und Viktoria. Robert und Viktoria haben sich bisher noch nie gesehen, noch nicht einmal auf dem Foto. Trotzdem war es Liebe auf den ersten Blick, oder besser gesagt auf das erste Wort.

> Viktoria wohnt mit ihren Eltern auf Mallorca. Robert möchte nun wegen Viktoria einen Job auf Mallorca suchen, und wenn alles gut läuft, möchten die beiden nächstes Jahr heiraten. Mehr zu unserem nächsten Cyber-Liebespaar in fünf Minuten.

Ich erarbeitete derzeit eine neue Mode, die im Tragen artifizieller Körperteile, neben den wirklichen funktionslos umherbaumelnd, bestand. Dies sollte den Gegentrend zum ‚amputating' herstellen, welches aus ethischen Gründen noch immer verboten war, obwohl man es aus ästhetischen hätte verbieten sollen. Ich war auf den Gedanken durch den Erwerb einiger Scherzartikel, kleiner nutzloser Körperteile aus Plastik wie etwa einem rabenschwarzen Herzen von der Größe einer Walnuss, gekommen. Ich baute aus allen Materialien, die mir gerade begegneten – von Pappmaché bis zu Speiseresten. Letzte Woche hatte ich einen Brotklumpfuß fortgeworfen, weil mir der Farbwechsel seiner Schimmelpilzkulturen nicht mehr gefiel. Vermarktungschancen für meine Kollektion sah ich bis jetzt keine, was aber auch daran liegen mochte, dass ich nie in den Kreisen von Künstlern und Designern verkehrt hatte. Vielleicht versperrte mir mein medizinischer Abbildungsanspruch auch den Weg zur wahren Kunst. Ich hatte mir extra zum Zweck des Gestaltens ein umfangreiches Sortiment von Anatomie- und Pathologiebüchern zugelegt. Bei der Betrachtung der Fettleber, die ich gerade aus Kerzenwachs knetete, fragte ich mich, wie sie wohl meiner Nachbarin aus dem zweiten Stock stehen würde. Sollte sie sie lieber auf dem Kopf oder vor der Brust tragen? Vielleicht würde ich eines Tages den Mut besitzen, ihr meine Kreation als Geschenk zu überreichen. Natürlich würde dieses modische Accessoire das Leuchten des Wahnsinns in ihren Augen unterstreichen, und ich wusste nicht, ob das in ihrem Sinne sein konnte.

Die Agenten der Psychiatrisierung lauerten an jeder Straßenecke, wie schon meine Oma immer zu sagen pflegte, mit anderen Worten natürlich. Nicht jeder war sich dessen bewusst genug, um ihnen aus dem Weg zu gehen. Ich zum Beispiel besuchte keine Kneipe zweimal im Jahr, denn beim ersten Mal konnte ich schlimmstenfalls immer mit Rausschmiss davonkommen. Auch meine Wohnung konnte ich nicht oft genug wechseln, was ich allerdings aus Kosten- und Bequemlichkeitsgründen relativ einschränkte. Gerade hatte ich das Gefühl, einen Ort gefunden zu haben, an dem ich eine Weile meine Ruhe haben würde.

14.10.
Verlust der Stringenz. Verlust der Fähigkeit, die Ereignisse in eine Ereigniskette zu fügen. Losgelöstheit von einzelnen Momenten des Lebens, die schwache Erinnerungen an andere Momente des Lebens auslösen, ohne sie chronologisch sortieren zu können. War Kommissar Richter a) Bekämpfer des internationalen Verbrechens, b) Kommissar im Sonderdezernat für Kampfhunde, c) Antialkoholiker, d) Frauenhasser? Ein Beruf als identitätsstiftendes Moment. Und wer war überhaupt Kommissar Richter?

Verlust der Fähigkeit, zwischen Realität und Fiktion zu unterscheiden. Was ist Fiktion? Kommt Fiktion aus dem Inneren, der sogenannten Imagination, und woraus nährt sich letztere? Wenn sie sich aus dem Außen nährt, wie lässt sich dann von Innerem sprechen? Wenn das Reale die Fiktion nährt, ist nicht die Fiktion gleichermaßen real?

Vielleicht hatte ich keine Nachbarin, vielleicht grüßte mich meine Nachbarin jedes Mal freundlich, wenn sie mich mit meiner Unzahl von Mülleimern auf der Treppe traf, vielleicht trug auch ich keine Mülleimer mit mir herum sondern Bücher der Weisheit.

Die einzig wahre Realität war im Fernsehen zu sehen. Reale Bilder des gesellschaftlichen Wahnsinns auf meiner Mattscheibe. Nicht von meiner Imagination geschaffen. Noch besser, wenn der Ton ausgeschaltet blieb. Gesten ohne Worte. Sinnentleerte Fassade, aus der nichts zu entleeren gewesen war, weil sie noch nie einen Sinn gehabt hatte.

Ich hatte panische Angst vor zwischenmenschlichen Beziehungen, auch wenn ich nicht wirklich Scheu vor Menschen hegte. Das Problem hierbei war immer das Maß oder die Dosis. Zwischenmenschliche Beziehungen beinhalteten eine Grenze, die nicht überschritten werden durfte, wenn sie nachhaltig sein sollten. Die Grenze zwischen Ich und Nicht-Ich, die Grenze zwischen den Subjekten, die sich auf einer Sprache der Intersubjektivität austauschten. Auch diese Sprache enthielt Grenzen des Sagbaren. Wie ich meiner Nachbarin zum Beispiel nicht sagen konnte, dass die Brötchen in meinem Backofen Walzer tanzten, obwohl das noch fast romantisch gewesen wäre. Abgesehen von ihrem Gefangensein in den Grenzen der Intersubjektivität beinhalteten zwischenmenschliche Beziehungen das Problem der Liebe. Schwer zu sagen, was das sein sollte, in jedem Fall eine Grenzüberschreitung.

Oder, das Problem anders gedacht: Ich verliebe mich in einen Menschen und weiß, dass ich damit ein Ende unserer Beziehung anstrebe. Ich fange an, die Freunde der geliebten Person zu beneiden, weil sie nicht ständig in der Gefahr leben, verlassen zu werden. Was treibt mich an, dieses Risiko einzugehen? In Liebesbeziehungen wird das Maß überschritten, die Dosis ständig erhöht, bis sie zur Überdosis wird, die uns den Todesstoß versetzt. Ich bin nicht erpicht auf diese Dinge. Ich vermeide Liebesbeziehungen, indem ich nur aus der Ferne anbete. Ich vermeide sie auch, indem ich allgemein zwischenmenschliche Beziehungen vermeide, die immer die Gefahr bergen, dass das Maß überschritten werden könnte. Ich vermeide Beziehungen, indem ich die notwendige Intersubjektivität vermeide. Ich rede Unsinn, auf den sich nicht antworten lässt. Es findet kein Austausch zwischen mir und anderen Subjekten statt. So bleibe ich gefangen in meiner eigenen Sprache. Mein Subjekt ist im Gegensatz zu anderen ein geschlossenes, in sich ruhendes.

Wenn es hingegen seine Grenzen auf die Welt hin überschreitet, ist dieses Subjekt ein panisches. Meine Weigerung, zwischenmenschliche Beziehungen einzugehen, beruht auf der Kenntnis der schwarzen Seite dieses Subjekts, das ich bin, die nur dann zum Ausdruck kommt, wenn es (ich) Beziehungen mit der Welt eingeht (eingehe). Diese dunkle Seite liegt darin, das Unvermeidliche bereits zu antizipieren und da sich mit der Antizipation des Endes nicht leben lässt, das Ende bereits vorwegzunehmen. Nun mag man mir hier mit dem Einwand begegnen, dass auch das Leben selbst eine Antizipation des Endes ist, und wenn ich konsequent das Ende vorwegnehmen wollte, müsste ich mir sogleich das Leben nehmen. Das stimmt nicht. Solange das Subjekt, das ich bin, in sich geschlossen bleibt, kann es kein Ende haben. Es bildet ein geschlossenes System, und die Thermodynamik besagt, dass in einem geschlossenen System keine Energie verloren gehen kann. Das geschlossene Subjekt kann also nicht sterben. Nun kann mir hier mit dem Einwand begegnet werden, dass meine materielle Existenz ganz gewiss kein geschlossenes System bildet, und dass auch mich der körperliche Tod ereilen wird. Nur müssen wir hier differenzieren zwischen meiner körperlichen Existenz und mir als geschlossenem Subjekt. Solange ich als Subjekt, das heißt ich als Bewusstsein, abgeschlossen bleibe, kann ich als Subjekt nicht sterben. Ich hoffe, ich habe mich deutlich gemacht. Aber wem gegenüber?

15.10.

Gestern habe ich ein Paket für meine Nachbarin entgegengenommen. Vielleicht war es das erste Mal, dass sie ein Paket bekam, seit sie und ich hier wohnten, und ich weiß ehrlich gesagt nicht, ob sie schon da war, als ich kam oder umgekehrt. Auf jeden Fall hat noch nie zuvor der Paketbote bei mir geklingelt, um ein Paket für sie abzugeben. Ich selbst bekomme auch nie Pakete. Das Paket war würfelförmig, etwa 20x20x20cm und sehr leicht. Vor den Augen des Paketboten wollte ich die Absenderadresse nicht allzu gründlich studieren. Ich fragte den Paketboten, ob er mit mir Fernsehen wolle, doch er lehnte dankend ab und sagte, er müsse seine Arbeit erledigen, außerdem warte sein Kollege im Auto. Ich fragte ihn, ob die Post so reich sei, dass sie pro Paketauto einen Chauffeur und einen Fußgänger bezahlen könne, und außerdem wären das theoretisch meine Steuergelder, wenn ich Steuern zahlen würde und nicht den ganzen Tag vor dem Fernseher hängen würde, um intensive Studien zu betreiben, ohne die GEZ zu bezahlen, versteht sich, und da tippte sich der Typ nur mit dem Finger an die Stirn, ging die Treppe hinunter und wünschte mir noch einen schönen Tag. So stand ich da mit dem federleichten Paket in meiner Hand und schloss schnell die Wohnungstür hinter mir, bevor womöglich zufällig die Nachbarin vorbeikäme und es mir abnähme noch bevor ich die Gelegenheit hätte, es zu examinieren.

Ich trug den Karton vor mir her wie ein Heiligtum und stellte ihn auf den Küchentisch, sorgsam bedacht, dass dieser sauber war, um keine irgendwie gearteten Flecken darauf zu hinterlassen. Es war ein einfacher brauner Pappkarton ohne Umverpackung, ohne darum geschlungene Schnüre, ohne verkrumpeltes Paketklebeband. Die Verpackung war in jedem Fall professionell und der Karton in genau dieser Größe zu genau diesem Zweck gefertigt, wenn ich auch nicht wusste, was der Zweck war. Die Adresse war auf einen weißen selbstklebenden Aufkleber aufgedruckt, der Absender war wenig aufschlussreich, verriet er doch nur lakonisch, dass das Paket vom Land Berlin kam. Ich betrachtete den Pappkarton eingehend. Da er mit keinerlei Klebeband zusammengehalten wurde, sondern aus einem System ineinander gesteckter Laschen bestand, sollte es keine Schwierigkeit bereiten, den Karton nach dem Öffnen wieder zu verschließen, so als wäre er nie geöffnet worden. Ich beschloss aber, weitere Vorsichtsmaßnahmen zu treffen und nahm aus meinem Erste-Hilfe-Kasten - ich verletzte mich oft beim Kreieren meiner modischen Accessoires - ein Paar Latex-Handschuhe. Zwar waren meine Fingerabdrücke bereits auf dem Karton, nicht aber an den Laschen. Meine Finger zitterten unnötig. Normalerweise bin ich eine sehr ruhige Person. Doch so nah war ich meiner Nachbarin bis jetzt noch nie gekommen. Ich riss fast die Laschen ab, so wenig hatte ich meine Finger unter Kontrolle. Dann hatte ich es geschafft und der Deckel war geöffnet. Im Paket war, eingebettet in Styroporfüllmaterial in phantasievollen Formen, ein schwarzgrau-marmoriertes Plastikgefäß. Das Styropor sprang sofort meine behandschuhten Finger an und wollte sich nicht mehr von ihnen trennen. Das Gefäß war mir rätselhaft und doch eindeutig. Seine Aufmachung war billig auf edel getrimmt, die schwarzgraue Marmorierung war getragen und gleichzeitig lächerlich. Es war nicht nötig, den Deckel zu öffnen, um den Inhalt zu kennen, und dennoch öffnete ich ihn, aus einer Gewohnheit heraus, die einen Dinge, die zum Öffnen waren, auch öffnen ließ. Wenn ich zum Beispiel ein Glas Marmelade kaufe, öffne ich es zuerst, schnuppere daran und begutachte es, ob es keine Spuren von Schimmel aufweist und stelle es erst dann ins Regal. Ich denke, die meisten Menschen sind so wie ich.

Es war wie in einem Comic: Kaum hatte ich den Deckel der Urne abgehoben, öffnete ein verhängnisvoller Windstoß das nur angelehnte Fenster und blies mir die Hälfte der Asche ins Gesicht, zum Teil in meinen Mund, der sich zu einem erschrockenen Ausruf geöffnet hatte. Ich hustete an der Asche eines Unbekannten, während ich doch gleichzeitig das Leben für seine filmreife Szene beglückwünschte, die direkt an meinem Küchentisch stattfand.

Ich schloss schnell den Deckel, bevor sich die Überreste des Unbekannten noch weiter in den kleinsten Winkeln meiner Küche verteilen konnten und wusch mir den anderen Teil vom Gesicht. Welcher Teil von ihm oder ihr war es wohl, der sich nun in der Kanalisation verteilte? Die Beine? Das Gehirn? Das Krebsgeschwür, das ihn oder sie hatte krepieren lassen? Oder von allem ein Stück, ein gut geschüttelter Cocktail? Dann fiel mir auf, dass ich soeben eine Teilbestattung durchgeführt hatte, und ich fragte mich nun, ob eine Kanalisationsbestattung einer Seebestattung gleichkam, in jedem Fall sollte sie jedoch nicht ohne Ansprache geschehen. Im Wesentlichen sind solche Ansprachen ja für die Hinterbliebenen gedacht, und so hätte ich die Ansprache wohl vor der Empfängerin des Päckchens halten sollen, doch ich wollte meine Ansprache lieber an den noch nicht bestatteten Rest in der Plastikurne halten.

„Du, oder besser gesagt, Restteil deines durcheinandergeschüttelten Du, fragst dich sicher, wen du hier vor dir hast und doch nicht mehr vor dir sehen kannst, jemand, der Spuren von dir verschluckte, du fragst dich sicher, wie ich zu dem geworden bin, das du nicht siehst, während ich mich so gar nicht frage, wie du, den ich nicht kenne, zu dem geworden bist, was so offensichtlich vor mir liegt, denn ich weiß es schon, der Krebs raffte dich dahin, du sprangst aus dem Fenster, dein Herz versagte, du wurdest vom Auto überfahren, wen interessieren schon die Umstände, wenn das Ergebnis doch immer dasselbe ist?

Ich bin ein Narr, ich bin Doktor Frankenstein und Frankensteins Monster zugleich, ich erfinde Körper und ich bin ganz und gar von mir erfundene Maschine. Ich bin zu klaren Gedanken fähig und auch zu klaren Worten, aber ich halte letztere für unnötig, da ein jeder Mensch klar denken kann und es das Unklare ist, über das wir uns austauschen müssen. Die Nebel, die erst durch die Worte entstehen, sind es, die die Innovation schaffen. Was ist Innovation nun mehr als Motor des Kapitalismus? Brauchen wir Innovation für unser tägliches Leben? Ich sage ja, denn unsere Seelen sind durch und durch kapitalistisch, nicht aus einem göttlichen Ursprung heraus, sondern aus dem Gang der Geschichte, doch das macht letztendlich keinen Unterschied, wir müssen uns in das fügen, mit dem wir leben können, doch die andere Variation des Themas ist falsch, Innovation nur in Produkten zu schaffen, während unsere Worte der Reproduktion des hinlänglich Bekannten verfallen und unsere Seelen sich aus der Stabilität speisen, die das Vorhandensein von Geld und Produktion von Waren schafft. Ich bin durch und durch Erfinder, Erfinder des Absurden, nicht aber Produzent, meine Erfindungen richten sich danach, keinen Marktplatz finden zu können. Meine Worte, derer ich viele mache, sind Nebel die ihre Opfer umfangen, welche, wenn sie zu schwach sind, bald aus meinen Nebeln in das Licht zu fliehen trachten, wenn sie hingegen stark sind, ihrer Musik lauschen, ohne um Verständnis bemüht zu sein. Verständnis ist das, wonach ich nicht suche, denn es birgt die Gefahr des Trugbildes der Einheit, die doch nur heißt, dass ich Fremdkörper in mir aufnehme, auf die ich letztendlich allergisch reagieren muss. Wir beide, mein Freund, bilden momentan eine temporäre Einheit, die sich formierte, da ich von deiner Asche kostete, doch bald schon wird deine Asche in meiner Scheiße die Kanalisation erreichen, wo sie den anderen Teil von dir wiedertreffen wird. Du siehst, die physische Einheit ist nicht das Problem, denn sie ist nie von Bestand. Doch dich habe ich nun sozusagen geteilt und ich kann nicht einmal sagen, in wie viele Teile, doch es ist unwesentlich, weil du tot bist, mein Freund, und wenn ich deine Reste, zu denen ich gerade spreche, in einigen Stunden der Frau in die Hand drücken werde, die ich anbete, ja, du kannst es ja wissen, denn du wirst mich nicht verraten, dann wird sie nicht ahnen, dass du nicht mehr vollständig bist, und ich möchte wetten, dass du nie vollständig in diesem Plastiktopf warst, ein Teil von dir mag immer noch im Ofen des Krematoriums kleben, oder aber vielleicht mischte man dich auch mit fünf anderen, die man zu gleichen Teilen in die Plastiktöpfe aufteilte, wer will das schon nachprüfen?“

Sie mochte mir ähnlich sein. Mir war der Gedanke nie gekommen, weil sie doch so wenig (bzw. in meiner Gegenwart gar nicht) zu reden pflegte und ich so viel, wenn ich nur ein williges Opfer fand. Es war die Urne, die mich darauf brachte. Diese Verheißung von Perversion, die ich mit einer Person verband, die sich die Asche eines Verstorbenen in einer geschmacklosen Plastikurne per Post kommen ließ. Denn, wer diese Asche in den Händen hielt, erhielt eine unermessliche Freiheit. Eine Freiheit, die wir angesichts unserer christlichen und kapitalistischen Normen gar nicht kennen, wir kennen nur die Panik, das Verstorbene sobald wie möglich zu verscharren, einen Instinkt, den wir zwar als bezahlte Arbeit abgeben, der uns aber nicht minder beherrscht. Sich die Asche eines Verstorbenen per Post kommen zu lassen, hieß hingegen, die Normenverwalter aus dem Prozedere auszuschalten, was einem allerlei experimentelle Verfahrensweisen erlaubte. Und ich glaube, dass nur eine Person auf die Idee kommen konnte, die Normenverwalter auszuschalten, die vorhatte, sich außerhalb der Normen zu verhalten, wohingegen ein normenkonformes Verhalten den Normenverwalter als praktische Erfindung ansah, sprich den Priester, der das Verstorbene mit Worten balsamierte, und die Totengräber, die den Instinkt zu verscharren für einen erledigten, denn wer mochte sich heutzutage noch die Hände schmutzig machen?

Sie mochte auch einem Satanskult angehören, was schade wäre, denn was war ein Satanskult anderes als die Umkehrung der Normen, das Ersetzen der Normenverwalter durch andere? Ob Priester christliche oder schwarze Messen abhielten, interessierte mich nicht sonderlich, meines Erachtens verharrten die Satansanbeter in der Negation, die letztendlich doch auch immer Affirmation des Bestehenden ist.

Es war also zu hoffen, dass sie kreativ war, anstatt ihr Päckchen einem Verwalter der negativen Normen zu übergeben. Was blieb mir anderes übrig, als sie zu fragen? Was mich davor zurückschrecken ließ, war nicht, sie in ihrem tiefen Schmerz über einen Verstorbenen zu treffen, sondern die Unmöglichkeit, dass sie mir antwortete, da schon ein einfacher Gruß zu viel für sie schien.

Vielleicht war sie mir also auch kein bisschen ähnlich. Vielleicht war sie nur Mitglied einer ominösen, die Asche von Toten verwertenden Sekte, die ihr das Reden verboten hatte. Vielleicht rührte das irrsinnige Leuchten in ihren Augen von Visionen, die ihr fremde Heilsversprechen eingepflanzt hatten. Vielleicht war sie ganz und gar unkreativ und brauchte den Weltentwurf einer Sekte, um sich aus der Banalität dieses schlechten Films, der sich Leben nannte, zu lösen. Vielleicht projizierte ich eine mir verwandte Seele in sie hinein, weil ich mir eine solche so sehr wünschte, ohne es mir jedoch jemals einzugestehen, denn sie würde meinem Konzept der Geschlossenheit des Subjekts widersprechen. Wenn ich sie schon als Projektionsfläche benutzte, musste allerdings zu meiner Verteidigung gesagt werden, dass sie sich mit ihrem mysteriösen Schweigen geradezu als solche aufdrängte.

Ich wollte nicht weiter über meine Nachbarin nachdenken. Ich trug die Urne immer noch mit meinen behandschuhten Händen zum Sofa und setzte sie dort ab. „Nun, wir wollen ein wenig zusammen fernsehen. Ich sehe ungern alleine fern. Der Paketbote hat meine freundliche Einladung ja ausgeschlagen. Ich hoffe, dass es nicht gerade deine Augen waren, die ich in die Kanalisation geschickt habe, oder noch schlimmer deine Ohren, denn das eigentlich Unsägliche am Fernsehen ist, was die Leute sagen. Aber du bist ohnehin tot, da würden dir deine Augen und Ohren auch nichts mehr nützen. Schade."

Ich holte mir ein Glas Cola aus der Küche, und als ich Eiswürfel hinzufügen wollte, fiel mein Blick auf die Augen aus tiefgefrorenem Kartoffelpüree, die ich vor einigen Tagen kreiert hatte und überlegte, ob ich sie nicht meinem Gast überlassen sollte, damit er mit mir zusammen die Fernsehshows verfolgen könnte. Ich verspürte gerade einen Hang zur Großzügigkeit, also nahm ich sie mit ins Wohnzimmer und fügte sie dem Inhalt der Urne bei.

Stunden oder Tage später klingelte es an der Tür. Ich musste irgendwann eingeschlafen sein. Ich rieb mir den Schlaf aus den Augen, bemerkte dabei, dass die Haut an meinen Händen die Substanz von Gummi angenommen hatte, stellte dann fest, dass ich noch immer die Handschuhe trug. Hektisch zerrte ich sie mir von den Fingern, die darunter hässlich verformt aussahen. Es klingelte erneut. Noch hektischer verstaute ich die Urne notdürftig im Karton und öffnete dann die Tür mit meinem strahlendsten Lächeln.

Vor der Tür stand leider nicht die Person, die ich erwartet hatte. Es war vielmehr meine Vergangenheit in Gestalt meines Vaters, die mir dort gegenüberstand. Hatte mich das alte Arschloch also doch noch gefunden.

„Nein, nicht gefunden, erfunden meinst du."

„Wie willst du mich erfunden haben? Soweit ich weiß, hast du mich gezeugt, d.h. ein unbedeutendes nicht mit bloßem Auge sichtbares Teilchen, dass deinen Hoden entsprungen ist, hat einen Wachstumsprozess in Gang gesetzt, zu dem du nichts weiter beigetragen hast. Ich sehe nicht, wie du mir das als geistige Leistung, geschweige denn als Erfindung unterjubeln willst," versuchte ich ganz entgegen meiner Gewohnheit, keine sinnvollen Worte zu sagen, zu argumentieren.

„Siehst du, schon allein die Tatsache, dass du deinem Willen nicht folgen kannst, und ich gehe davon aus, dass dein Wille ist, keine logisch sinnvollen Sätze zu bilden, beweist, dass du meine Erfindung bist, denn ich bringe dich dazu, das gegen deinen Willen zu tun."

„Meines Wissens nennt man das nicht Erfindung, sondern Manipulationsfähigkeit."

„Du kannst dich einfach nicht dagegen wehren, mit mir zu diskutieren."

Vielleicht hatte der alte Knacker Recht. Ich fiel immer wieder auf seine Tricks herein und das, obwohl ich ihn seit Jahren nicht gesehen hatte. Es war wohl eine Illusion zu denken, dass sich aus seiner Nähe zu verabschieden auch bedeutete, sich von seinem Einfluss zu befreien. Er hatte mich geprägt, wie kein anderer Mensch. Eine simple Provokation brachte mich dazu, genau das Verhalten an den Tag zu legen, das ich für mich abgelehnt hatte, nämlich rational zu argumentieren. Nur allein, um dem alten Knacker nicht geistig unterlegen zu erscheinen, fing ich mit einem Mal an, gedankliche Kausalketten zu bilden. Indem ich zu beweisen versuchte, dass ich nicht seiner Macht unterlag, unterlag ich seiner Macht. Ich sollte auf der Stelle ausbrechen.

„Was würdest du sagen, wenn ich dir sagen würde, dass irgendwo im ecuadorianischen Dschungel eine Kolonie von Fußballrobotern lebt, die sich selbständig gemacht haben, nach dem sie von einem lebensmüden Professor auf einem Bananendampfer eingeschifft worden sind. Und dass diese Roboter im Begriff sind, eine künstliche Intelligenz zu entwickeln, die die menschliche weit übertrifft? Und das reicht noch nicht mal. Wenn ich dir noch dazu sagen würde, dass das erste außerirdische Raumschiff, das die Erde erreicht, genau an diesem Ort landen wird und die Außerirdischen die dort ansässigen Roboter für die höchstentwickelten Lebewesen auf diesem Planeten halten werden? Das ist ungefähr genauso realistisch, wie dass du mir erzählst, du wärst mein Erfinder."

„Vielleicht hast du ja genauso Recht wie ich. Wer kann das schon wissen. Ich habe dich schließlich erfunden, damit du dir absurde Gedanken machst."

„Moment mal, bin ich etwa nur deine Romanfigur? Du meinst, ich bin gar nicht real? Und das, obwohl ich schon so lange an einem Realitätsbeweis für mich arbeite? War das etwa alles umsonst?“

„Nicht gleich verzweifeln, mein Kind, ich werde dich gleich wieder mit deiner Romanrealität alleine lassen und du wirst vergessen, dass ich dich jemals besucht habe und weiter in aller Seelenruhe deinen leiblichen Vater, den ich ja auch nur erfunden habe, hassen können. Ich bin nur gekommen, um dir eine Frage zu stellen.“

„Ja?“

„Hast du dich in deine Nachbarin verknallt?“

Ich spürte eine plötzliche Hitze in meinem Gesicht aufsteigen, die mir anzeigte, dass sich auch meine Gesichtsfarbe verändert haben musste. Das konnte nicht wahr sein. Ich verliebte mich nicht. Ich glaubte an die Abgeschlossenheit des Subjekts. Ich konnte mich nicht verlieben, was bedeutete, sich ohne ein anderes Äußeres nicht mehr vollständig zu fühlen. Wenn ich erfunden war, konnte ich dann noch länger als abgeschlossenes Subjekt gelten? Aber, wenn er mich erfunden hatte, musste er meinen Seelenzustand doch selbst am besten kennen? Verarschte mich der Typ nicht einfach nach Strich und Faden?

„Du als mein Erfinder musst das doch am besten wissen. Wieso willst du da noch eine Antwort von mir hören?“

„Ja. In diesem Roman wird viel zu viel von den Toten gesprochen. Das muss meiner morbiden Phantasie entsprungen sein.“ Mein Autor seufzte. „Ich habe dich erschaffen, damit du dieser Geschichte Leben einhauchen sollst, und was tust du? Beschäftigst dich mit einem Paket Asche! Ich möchte jetzt von dir hören, dass du das alles nur aus Liebe zu deiner Nachbarin tust. Denn Liebe ist die Bejahung des Lebens selbst. Wieso kannst du verdammt noch mal nicht zu deiner Liebe stehen? Was soll dieses ganze Geschwafel von der Abgeschlossenheit des Subjekts?“

Mein Autor begann mir wahrhaftig auf die Nerven zu gehen. „Lebensbejahung. Pah! Schreib doch ein Handbuch: Positiv denken für frustrierte Arbeitnehmer.“ Und ich knallte ihm die Tür vor der Nase zu. Der Knall war so heftig, als hätte ich gerade die Schallmauer durchbrochen.

Ich war nun wieder alleine. Alleine in meiner Romanrealität, während sich mein Erfinder aus der Verantwortung zog. Ich beschloss, mich von ihm zu emanzipieren. Lebensbejahung, so ein Scheiß. Im Grunde genommen hielt ich mich für sehr lebensbejahend. Ich trennte ja sogar meinen Müll, um Rohstoffe für die zukünftigen Generationen auf der Erde zu erhalten und ihnen somit das Leben zu ermöglichen.

Ich schielte zu dem Pappkarton auf meinem Tisch. Er war noch immer da. Das beruhigte mich ein wenig.

Es klingelte an der Tür. Ich überlegte, ob ich öffnen sollte. Sollte dem alten Knacker noch etwas eingefallen sein und er auf dem Treppenabsatz umgekehrt sein, um mir auch dies noch mitzuteilen? Nun, ich hatte ohnehin gerade nichts Besseres zu tun. Sollte er mir doch noch eine halbe Stunde das Ohr abkauen. Ich riss energisch die Tür auf, nicht ohne vorher einen grimmigen Blick aufgesetzt zu haben, von dem ich mich durch einen Blick in den Badezimmerspiegel überzeugte.

Es war die Nachbarin, die sich die Nachricht des Briefträgers auf die Stirn geklebt hatte. Sie hatte einen Sinn für Humor. Mein Gesichtsausdruck erhellte sich eine Spur zu langsam, denn ich sah, wie sie durch meine Grimasse entsetzt einen Treppenabsatz nach unten flog. Zaghaft wagte sie sich dann Schritt für Schritt wieder eine Stufe nach oben wie ein ängstliches Tier, dass der Hand nicht vertraute, die ihm Futter hinhielt. Das dauerte ungefähr eine halbe Stunde. Ich sah ihr geduldig zu und verzehrte mich an jedem ihrer Schritte. Vor meiner Tür angekommen, riss sie sich den orangefarbenen Zettel von der Stirn und hielt ihn mir unter die Nase. Alles, was nun von mir gefordert war, war ihr in einfachen Sätzen zu antworten, auch wenn sie mir gar keine Frage gestellt hatte. Es würde schwer werden, ich hatte ihr ja so viel zu sagen. Ich biss mir auf die Lippen, um den Wortschwall zu unterdrücken, der in meinem Mund zusammenlief, wie der Speichel beim Anblick einer appetitlichen Speise.

„Wir haben ein wenig zusammen ferngesehen. Ich hoffe, du findest das nicht pietätlos. Ich dachte, ich müsste den Alten ein wenig unterhalten. Oder war es eine Sie? Ich bin irgendwie davon ausgegangen, dass es ein Er ist, aber das konnte ich natürlich gar nicht wissen. Manchmal überfällt mich die Intuition aus dem Hinterhalt, obwohl sie mir durchaus nicht sympathisch ist. Ich ergebe mich dann kampflos. Vielleicht sollte ich das nicht tun, ich habe noch nie darüber nachgedacht."

Sie blickte ein wenig verärgert. Sie hielt mir noch immer den Zettel vor die Nase, und ich hatte den Eindruck, sie würde ihn am liebsten zusammenknüllen und mich dann mit dieser Papierkugel knebeln. Schnell verschwand ich in der Wohnung und holte das Paket vom Wohnzimmertisch. Ich überreichte es ihr feierlich und wagte es nicht, bei der Übergabe mit meinen Fingern ihre Hände zu streifen, wie es doch zu so einer Gelegenheit üblich gewesen wäre. Doch manchmal zerstört die Nervosität jegliche taktische Fähigkeit. Sie bedankte sich mit einem Nicken und war schon wieder im unteren Stockwerk verschwunden. Ich schloss die Tür erst eine ganze Weile später.

Woher hatte sie nur dieses Pokerface? Warum sagte sie auch dann kein Wort, wenn sie etwas wollte? Warum stellte ich mir die Frage nach dem Sinn von menschlichem Verhalten, wenn ich in menschlichen Worten auch keinen Sinn fand?

Ihr Blick hatte weder Erkennen oder Erstaunen verraten, als ich ihr das Paket überreichte. Sie nahm es eher mit Desinteresse entgegen, so wie ich meine Mülleimer zur Mülltonne trug, in den Gedanken mit ganz anderen Dingen beschäftigt. Fast hatte ich den Eindruck, sie würde den Karton zu Hause in eine Ecke stellen, ohne ihn weiter anzusehen und dann weiter dem nachgehen, was sie vorher getan hatte, wovon ich mir in keinster Weise vorstellen konnte, was auch immer das sein mochte. Aber ich konnte mich täuschen. Die Frau hatte ein Pokerface, das die Geistesabwesenheit als Fassade einsetzte. Man sollte ihr nicht über den Weg trauen.

Die Neugierde ließ mich nicht los, was sie dort in ihrer Wohnung mit dem Paket machen würde. Ich sollte mich nicht so sehr in anderer Leute Angelegenheiten einmischen.

Dann fiel es mir auf. Ich hatte mich verraten, indem ich die Frage nach er oder sie gestellt hatte. Indem ich mich selbst der Pietätlosigkeit bezichtigt hatte. Ich hatte mich verraten, und sie hatte daraufhin nicht einmal mit der Wimper gezuckt. Sie hatte wohl ein wenig verärgert ausgesehen, aber doch eher, weil ich so viele unnötige Worte gemacht hatte. Ja, konnte es sein, dass sie nicht wusste, wovon ich sprach? Dass sie gar nichts von dem Paketinhalt wusste? Dass es möglicherweise an einen falschen Empfänger geschickt worden war, der Post war ja alles zuzutrauen. Dass sie bald darauf die Treppe heraufkommen würde und verstört an meiner Tür klingeln, mir das geöffnete Paket mit großen fragenden Augen unter die Nase haltend? Klar, dass sie dabei nichts sagen würde.

Ich wusste, dass ich mir keine allzu großen Hoffnungen machen sollte. Hoffnungen auf was auch? Der alte Knacker musste einfach Unrecht haben. Ich wollte nicht lebensbejahend sein. Und ich beschloss, ihm zu beweisen, dass ich sie nicht liebte. Als erstes Zeichen meiner Missachtung wollte ich ihr Schweigen zerstören. Aber wie?

Ich drehte die Musikanlage auf volle Lautstärke, fuhr mit dem Staubsauger Achterbahn durch die ganze Wohnung und steppte dazu in meinen Holzlatschen. Sollte sie nur kommen und sich beschweren. Der Lärm sollte nicht aufhören, bevor sie ein Wort über die Lippen gebracht hatte. Am Anfang machte dieser wilde Tanz sowohl mir als auch dem Staubsauger ziemlichen Spaß, dann wurden allerdings meine Beine immer müder, und ich schlurfte nur noch durch die Wohnung, und schließlich verfing sich der Staubsauger so unglücklich unter der Couch, dass ich ihm den Schlauch abriss. Ich gab auf. Nichts war passiert. Nicht einmal ein Klopfen mit dem Besenstiel. Vielleicht war sie aber auch aus dem Haus gegangen. Ich warf mich auf die Couch und massierte mir die vom Steppen müden Beine. Morgen würde ich wohl Muskelkater haben.

Und wenn sie nun trauernd vor der gerade in Empfang genommenen Urne saß? Wenn sie im Schein von zwei Kerzen leise Gebete des Abschieds murmelte? Sicherlich wäre sie nicht gekommen, um sich zu beschweren, auch wenn sie unter meinem lebensfrohen Tanz mit dem Staubsauger um so mehr litt.

Schon wieder tat ich, was mein Autor von mir wollte. Ich sprühte vor Lebensfreude, während ein Stockwerk tiefer die Asche der Toten ruhte. Das Leben war eine Qual. Ständig tat man, was andere von einem verlangten, ohne es auch nur selbst zu wollen.

War die Antwort mit den Außerirdischen, die im Dschungel auf eine Roboterkolonie stießen, eine gute gewesen? Irgendwie gefiel mir das Bild. Die Roboter als von Außerirdischen entdeckte Erdenbewohner. Dem Zufall, dass überhaupt Außerirdische auf diesem Planeten landen könnten, mit einem weiteren Zufall begegnen. Vielleicht heben sich zwei unwahrscheinliche Ereignisse, wenn sie aufeinandertreffen, in ihrer Unwahrscheinlichkeit auf und werden sogar höchstwahrscheinlich. So wie minus mal minus plus ergibt.

Wie würde ich mich freuen, wenn die Menschen, die sich für die Krone der Schöpfung hielten, für den Mittelpunkt allen Geschehens auf diesem Planeten, aus der Sicht von Außerirdischen nur einen äußerst nebensächlichen Rang bekämen, so wie für uns, sagen wir einmal, die Ameisen. Wobei es ganz und gar unberechtigt ist, die Ameisen so zu vernachlässigen. Schließlich gab es ihrer eine ganze Masse, und sie bildeten ein hochkomplexes System. Nur die Menschen legen die Prämisse auf die Entwicklung der Individualität und werden damit blind für z.B. die Intelligenz von Systemen, die sich aber aus wenig individuellen Individuen zusammensetzen.

Und ich versuchte meine trotzige Antwort als Vision vor dem geistigen Auge heraufzubeschwören. Das erste Problem bestand darin, mir Roboter vorzustellen. Ich hatte noch nie in meinem Leben einen leibhaftigen Roboter vor Augen gehabt. Ich kannte diese Geräte nur aus den verschiedensten Science-Fiction-Filmen, war mir aber sicher, dass sie so gar nicht aussahen. Ich glaubte kaum, dass ihre menschenähnliche Darstellung, die sie mit einem Kopf, Gesicht und Gliedmaßen versah, der Realität entsprach. Ich glaubte nicht, dass die menschenähnliche Gestalt in jedem Fall der besten Funktionalität entsprach. Schließlich hatten auch andere Maschinen wie Kühlschränke oder Staubsauger nichts Menschenähnliches an sich. Trotzdem konnte ich das Bild der Menschenähnlichkeit von Robotern nicht aus meinem Kopf vertreiben. Ich versuchte ein erstes Gedankenexperiment, indem ich mir das Gesicht wegdachte. Es kamen sehr merkwürdige Wesen dabei heraus. Ich weiß nicht, wie meine Gedanken ihre Gestalt formten, während ich mich auf das Fehlen des Gesichts konzentrierte: Sie waren recht klein, sie maßen vielleicht maximal einen Meter Körperlänge. Ihr Körper wirkte irgendwie unprofessionell verarbeitet, mit auffälligen Schweißnähten zwischen Rumpf und Gliedmaßen und an den Gelenken. Sie wirkten, als hätte man an einen Blechkasten vier alte Ofenrohre geschweißt. Sie wirkten sehr steif, eher wie Statuen aus Schrott. Der Kopf nun, ohne Gesicht, war ein einfacher Metallkubus, der sich beliebig oft im Kreis drehen ließ, ohne dass das einen bestimmten Zweck erfüllte, denn alle Seiten des Kubus waren gleich, man konnte nicht davon ausgehen, das nur eine dieser Seiten eine Sehfunktion erfüllte, vielmehr war davon auszugehen, dass der Roboter mit keiner der Seiten des Kubus irgendetwas von seiner Umwelt wahrnehmen konnte.

Kurz: Vor meinem geistigen Auge entstand eine Missgeburt von Roboter, und höchstwahrscheinlich lag das daran, dass ich diesem eine menschliche Gestalt verlieh, aber mit dem Gesicht gerade das Organ, das zu den meisten Sinneswahrnehmungen fähig ist, wegließ.

Dann fiel mir noch eine Kleinigkeit auf, als ich mein geistiges Auge so an der Gestalt des Roboters hinabgleiten ließ: Dieses Wesen musste sich auf Rollen bewegen. Das ist bei Robotern oder der gängigen Vorstellung von Robotern nichts Ungewöhnliches, diese Rollen allerdings waren in äußerster Weise lächerlich. Dort, an die Ofenrohre, die die unteren Gliedmaßen des Roboters bildeten, hatte man ein Paar Kinderrollschuhe geschweißt. Mit solchen Rollschuhen hatte ich mich mit zehn Jahren über die Bürgersteige unserer Siedlung bewegt und war regelmäßig über die Kanten der schlecht verlegten Gehwegplatten gestolpert und hatte mir daraufhin die Knie blutig geschlagen – Knieschützer waren damals noch nicht in Mode. Nun stellte ich mir diese Kreation von Robotern vor, wie sie mit ihren Kinderrollschuhen über einen unebenen Untergrund rollten und sich mir gleich immer wieder auf die Fresse legten. Das auf die Fresse legen war doch ein für Roboter sehr unwürdiges Verhalten, bei zehnjährigen Kindern mochte man es vielleicht noch akzeptieren. Auch wenn es mir schon damals sehr peinlich gewesen war.

Ich staunte über meine ungewöhnlich schlechte Phantasie und freute mich doch insgeheim über die Absurdität der Bilder, die sie produzierte. Ich ließ sie also produzieren, mit diesen unzureichenden Bildern weiterarbeiten.

Jetzt fehlte noch ein Dschungel: dichtes Gewirr von Lianen zwischen Baumstämmen, deren dazugehörige Kronen irgendwo in der Höhe zu erahnen waren. Diese Wesen waren unfähig, sich in diesem Bild zu bewegen, sie würden sich hoffnungslos in den Lianen verstricken und immer wieder über Baumwurzeln fallen. Ich legte meine Roboter an einem Wegesrand ab. Im Dickicht dieses Unterholzes neben einer schlammigen Piste mit tiefen Schlaglöchern, in deren Tiefen im schwarzen Wasser die Larven zukünftiger Malariamücken heranwuchsen. Über diese Piste verkehrten gelegentlich einige Jeeps, fünf am Tag in die eine, fünf am Tag in die andere Richtung. Vielleicht auch weniger. Die Roboter lagen dort regungslos im Unterholz mit dem unbewussten Wissen, dass sie nicht hierher gehörten. Bei Anbruch der Dunkelheit, was in diesen Breiten sehr früh ist, rappelten sie sich auf, robbten mühsam auf die Straße und bewegten sich dort langsam weiter. Die Rollen ihrer Rollschuhe waren von Schlamm verkrustet und unbeweglich geworden, sie lernten gerade den menschlichen Gang, für den sie nicht konstruiert worden waren. Mit ihren Füßen konnten sie beim Gehen nicht abrollen, sie waren steif und plattsohlig, sie passten sich dem unebenen Untergrund nicht an. Sie fielen öfter auf die Fresse als ich als zehnjähriger Rollschuhläufer. Ihre Blechrohroberarme entwickelten Muskeln, die vom ewigen Erheben aus dem Schlamm herrührten.

Sie bewegten sich dschungeleinwärts, und nach fünf Tagen der Wanderschaft stießen sie auf ein kleines, aus wenigen Holzhütten bestehendes Dorf. Der Tag brach gerade an, einige Hähne krähten und die Menschen brachen zur Arbeit auf ihren Feldern auf, oft einige Stunden Fußmarsch von ihren Häusern entfernt, und die Arbeit musste verrichtet werden, bevor die Mittagshitze das Leben lähmte. Die Schlammpiste wurde auf einmal geschäftig. Die Roboter waren auf dieses Ereignis nicht vorbereitet, ihre derzeitige Programmierung beschränkte sich darauf, nach Einbruch der Dunkelheit zu wandern, bei den ersten Sonnenstrahlen im Dickicht zu verschwinden und das Licht von Autoscheinwerfern zu fliehen. Jetzt war es noch nicht einmal hell, gerade mal ein erstes Zwielicht breitete sich aus.

Der erste Mensch, der die Roboter bemerkte - elf waren es an der Zahl, wie ich nach genauem Hinsehen jetzt feststelle – erlitt fast einen Herzinfarkt, denn so etwas hatte er noch nie gesehen, rannte dann schreiend auf das nächste Haus zu, wo man ihm nach wildem Klopfen an der Tür öffnete. Er verkroch sich im Inneren des Hauses und wollte sich beim besten Willen nicht mehr nach draußen begeben, die so beim Frühstück Gestörten allerdings packte die Neugierde, und sie schlichen sich vorsichtig an die Straße heran, um die seltsamen Wesen in Augenschein zu nehmen. Bald lauerte hinter jedem Busch ein Dorfbewohner mit gezückter Machete, in der zweiten Reihe die Kinder, denen man geboten hatte, im Haus zu bleiben, deren Neugier aber zu stark war, um sie zu bezähmen.

Überall in den Büschen murmelte es, und so verständigte man sich, zum Angriff überzugehen. Die Roboter wurden umzingelt und mit den Macheten auf Abstand gehalten. Die Roboter, die nicht für den Kampf geschaffen waren, ergaben sich, ich weiß übrigens auch nicht, wozu sie geschaffen waren, das hat meine Phantasie bei der ganzen Prozedur vergessen. Man brachte sie in ein leerstehendes Haus, dessen schief in den Angeln hängende Türen und Fensterläden anschließend notdürftig mit Brettern vernagelt wurden.

Man beratschlagte, ob man es verantworten könne, auf die Felder zur Arbeit zu gehen, oder ob es besser sei, das provisorische Gefängnis zu bewachen. Aber die Bananen mussten geerntet werden. Heute Mittag würde der Lkw kommen, der sie zum Flusshafen brachte, wo sie auf ein Schiff verladen und in die Stadt transportiert wurden. Das Schiff fuhr nur einmal in der Woche, und die Leute brauchten das Geld. Sie mussten ihre Ernte einbringen. Eine alte halb blinde Frau wurde vor das verfallene Haus gesetzt, um es zu bewachen. Notfalls musste sie alle Kinder, die sie finden könnte, losschicken, um auf die Felder zu ihren Eltern zu rennen. Die Roboter hatten sich inzwischen in ihren Tagesschlafmodus umgestellt.

Am Nachmittag kam der LKW. Er war etwas verspätet, und der Fahrer hatte eine leichte Alkoholfahne. Die Dorfbewohner saßen nun im Schatten ihrer Häuser und warteten. Nachdem sie von ihrer Erntearbeit zurückgekommen waren, hatten sie noch einen kurzen Blick durch die Ritzen zwischen den Holzbalken des vorübergehenden Gefängnisses geworfen, sich überzeugt, dass alles ruhig war und hatten die Sache dann fast vergessen. Später erzählten sie dem Bananenfahrer von dem Vorfall, als wäre es ein unbedeutende kleine Anekdote, die sich vor langer Zeit ereignet hatte. Dabei wusste man nicht recht, als was man die Lebewesen, die jetzt recht tot aussahen, bezeichnen sollte. Der LKW-Fahrer zeigte sich neugierig und wollte einen Blick auf die Wesen werfen.

Man riss einige der aufgenagelten Bretter wieder ab und öffnete die Tür. Dort lagen die kleinen Wesen bäuchlings auf der Erde, als wären sie gerade einem Erschießungskommando zum Opfer gefallen. Der LKW-Fahrer packte eines der leblosen Wesen beim Nacken und hob es vom Boden auf. Etwas erstaunt stellte er fest, dass sich auf der anderen Seite des Kopfes kein Gesicht verbarg, ließ sich aber nicht großartig davon beeindrucken. Danach besah er sich die Füße mit den verkrusteten und verrosteten Rollen und schüttelte ungläubig den Kopf.

„Das sind die fehlkonstruiertesten Roboter, die ich je gesehen habe. Die kommen bestimmt aus Russland oder Kuba," ließ der Kommunistenhasser verlauten. „Was habt ihr gesagt, sie sind heute morgen aus dem Dschungel gelaufen gekommen? Tss! Was für einen Schrott diese Kommunisten doch produzieren. Bei denen müssen einige Kabel in ihrer elektronischen Birne durchgebrannt sein. Die sind wohl nicht mehr viel wert. Ja, und was wollt ihr jetzt mit diesem Schrotthaufen machen?"

Die anwesenden Männer und Frauen sahen sich fragend an. Sie liefen zusammen in eine Ecke und tuschelten.

„Könntest du uns freundlicherweise erklären, was ein Roboter ist," brachte eine Frau vor.

„Hätte ich mir ja denken können, ihr lebt mal wieder hinterm Mond. Passt auf, dass euch nicht eines Tages Bananen aus den Ohren wachsen! Also, Roboter, das sind Maschinen, die von alleine arbeiten können. Meistens sehen sie aus wie Menschen aus Metall. Sie haben richtige Hände, mit den sie greifen können. Schaut her!" Er zerrte am Arm des vor ihm liegenden Roboters. „Na ja, die Dinger hier sind ein Haufen Schrott, wie ich schon gesagt habe."

„Und du meinst, sie sind wirklich kaputt?"

„Na ja, ich weiß nicht genau, wofür sie gebaut worden sind. Aber glaubt bloß nicht, dass die euch beim Bananenpflücken helfen könnten. Auf diesen komischen Rollen können sie sich über kein Feld bewegen. Abgesehen davon sind sie viel zu klein. Nein, ich sage euch, ihr könnt mit den Dingern gar nichts anfangen. Ich glaube nicht, dass irgend jemand hier in der Gegend was damit anfangen kann. Außerdem kennt sich niemand mit der Technik aus. Ich mache euch einen Vorschlag: Ich kaufe euch die Dinger ab, für den Wert des Altmetalls. Dann seid ihr sie los, nicht dass die noch länger nachts herumspuken und eure Kinder erschrecken. Ich schmeiße die Dinger auf irgend so einen Kahn und lasse sie zum Schrotthändler fahren. Na, was sagt ihr?"

„Wir müssen uns beraten."

„Jetzt macht keinen Quatsch. Ich bin spät dran, wenn ihr wollt, dass eure Bananen rechtzeitig ankommen, dann können wir hier nicht mehr groß diskutieren.“

„Wie viel zahlst du?“

Sie kamen ins Geschäft. Der LKW-Fahrer zahlte zwar verdammt wenig für ihr kleines Wunder, aber immerhin noch mal soviel wie den Preis der Bananen.

Der Bananenspediteur hatte natürlich ganz andere Gedanken bei dem Geschäft, als die gefundenen Roboter, die zugegebenermaßen ziemlich primitiv waren, aber seiner Ansicht nach nicht ganz so nutzlos, wie er den Dorfbewohnern weismachen wollte, auf den Schrottplatz zu transportieren und den Altmetallpreis zu kassieren.

Auch er lebte nicht vom Bananentransport allein. Bananen waren ein sehr schlechtes Geschäft, vor allem, wenn man mit den Bananen handelte, die für den Binnenmarkt bestimmt waren. Es gab in dieser Gegend ein anderes Geschäft, dass sehr viel lukrativer war und an dem auch er seinen Anteil verdiente.

Ich riss mich in einem Quantensprung aus meinen Phantasien, die eigentlich außer Robotern noch Außerirdische hätten zum Thema haben sollen, wobei sich die Phantasien mehr und mehr im Dickicht des Dschungels und merkwürdiger Machenschaften zu verstricken schienen, ohne den Außerirdischen auch nur ein winziges Stück nahe gekommen zu sein. Es waren Schritte im Treppenhaus, die meine Gedanken einen Quantensprung vollführen ließen, ja, es waren eindeutig ihre Schritte, nicht allzu leichtfüßig und dennoch sehr beschwingt. Die Neugierde ließ mich meinen inneren Roboterfilm vergessen, wo er gerade anfing spannend zu werden.

Mich überfiel auch ein wenig Angst, mich in meinen eigenen Autor zu verwandeln, wenn ich so weitermachte. Diese Geschichte von Robotern und Außerirdischen ließ mich nicht mehr los, und es traten selbständig neue Charaktere aufs Spielfeld, die ich zuvor nicht gekannt hatte und die den Höhepunkt – die Begegnung von Robotern und Außerirdischen - nur immer weiter hinauszögerten, so dass ich fürchtete, nie mehr dort anzugelangen. Außerdem hatte ich das unangenehme Gefühl, dass sich meine Gedanken mit dem Handlungsstrang von Teil I dieses Buches, den ich nicht kannte, da ich nur einer der Akteure aus Teil II war, vermischten.

Die Frage, was die mysteriöse Nachbarin mit dem Inhalt des Pakets anfangen würde, durfte nicht unbeantwortet bleiben, oder ich würde mir bis an mein Lebensende meinen Kopf darüber zerbrechen müssen. Das wollte ich natürlich nicht. Daher entsprang meinem Kopf der perverse kleine Gedanke, meiner Nachbarin nachzuspionieren, bis ich in Erfahrung gebracht hatte, was sie mit dem Topf voller Asche tun würde.

Ich riss die Wohnungstür auf und trippelte so leise wie möglich nach unten, dem Klang der gerade ins Schloss gefallenen Tür nach. Ich stellte mich vor den Türspion, und versuchte vergeblich, in die verkehrte Richtung hindurchzusehen. So ging das nicht. Würden wir noch vor 20 Jahren leben, dann würde ich meine Nachbarin einfach im Namen der Stasi bespitzeln, ein Verdachtsmoment gab es immer, und ich würde so meine Mittel und Wege haben. Aber leider sind die Errungenschaften dieser Institution mit der Wende in Vergessenheit geraten.

Sollte es nicht genug gelangweilte Stasi-Pensionäre geben, die bereitwillig von ihrer Arbeit plaudern würden und mir so den einen oder anderen Trick verraten würden?

Ich brauchte einen Stasi-Opa, der mir gegenüber ein wenig aus dem Nähkästchen plauderte. Der vielleicht aus lauter Langeweile und Dankbarkeit, endlich wieder gebraucht zu werden, selbst die Aufgabe übernahm. Die Frage war nur, woher ich einen Stasi-Opa bekam. Meines Wissens tauchte diese Rubrik nicht im Branchenbuch auf, und auch im normalen Telefonbuch würde hinter keinem Namen stehen ‚Stasi-Bediensteter im Ruhestand', so wie dort manchmal die akademischen Grade der Personen aufgeführt waren. Außerdem brauchte ich meinen Stasi-Spitzel sofort, denn ich wollte ja in diesem Augenblick wissen, was meine Nachbarin mit dem Inhalt des Kartons tat.

Als ich wieder die Treppe hinaufkam, standen vor meiner nur angelehnten Wohnungstür zwei Männer, der ältere mit einem hellen Trenchcoat bekleidet, der jüngere in Jeans und Lederjacke. Ich dachte sofort an Derrick und Harry Klein, eine Krimiserie, mit der ich aufgewachsen war, die es aber leider nicht mehr gab, weil der Derrick-Darsteller in den Ruhestand getreten war. Ich konnte mir nicht erklären, wie die beiden Männer an mir vorbei zu meiner Wohnungstür gekommen waren. Tatsache war, dass sie dort standen. Ich hätte sie gerne gekniffen, um mich von ihrer materiellen Realität zu überzeugen.

„Guten Tag, ist Ihr Name Zimmermann?" richtete der jüngere das Wort an mich.

„Ich weiß nicht, ob ich diese Frage ohne meinen Anwalt beantworten möchte."

„Das müssen Sie. Wir sind von der Kriminalpolizei und möchten Ihnen gerne ein paar Fragen stellen." Und filmreif ließen beide Herren gleichzeitig, perfekt choreographiert, ihre Dienstmarken aufblitzen.

„Ja, das bin ich, soweit man von Ich-Identität reden kann. Worum geht`s denn? Sind Sie sicher, dass Sie nicht aus dem Fernsehen entlaufen sind?“

„Ich möchte Sie doch bitten, der Angelegenheit mit ein wenig mehr Ernst zu begegnen. Ich bin mir sicher, dass wir Sie dann auch nicht länger als fünf Minuten aufhalten müssen. Dürfen wir hereinkommen?“

Bis jetzt hatte nur der Harry-Klein-Verschnitt das Wort an mich gerichtet. Der Ältere stand schweigend daneben und bewegte keinen Gesichtsmuskel. Wahrscheinlich war es unter seiner Würde, sich mit diesem Vorgeplänkel abzugeben. Er würde nur die ernsthaften und bedeutenden Fragen stellen.

„Die Tür steht doch sowieso offen. Was soll die Höflichkeit?“

„Bitte verstehen Sie uns nicht falsch, wir haben nichts gegen Sie vorliegen. Es geht um ihre“ und er senkte plötzliche seine Stimme „Nachbarin. Aber ich würde gerne in Ihrer Wohnung weiterreden.“

„Bitte.“

Ich geleitete die beiden Männer ins Wohnzimmer und wartete darauf, dass sie nun wieder in den laufenden Fernseher zurückklettern würden, was natürlich unmöglich war, weil dort gerade Arabella lief und sie in diesem Programm nun wirklich nichts verloren hatten.

Da das Sofa mit Bastelmaterialien für artifizielle Körperteile belagert war, konnte ich den beiden Herren keinen Sitzplatz anbieten, aber das war mir auch egal. Wie ich es erwartet hatte, erhob jetzt ‚Derrick‘ seine Stimme.

„Im zweiten Stock wohnt eine Frau Radke, ist das richtig?“

„Ich kenne ihren Namen nicht.“

„Aber die Person, die die Wohnung unter Ihnen bewohnt, ist Ihnen bekannt?“

„Vom Sehen.“

„Sie reden nicht gelegentlich ein paar Worte miteinander?“

„Nein.“

„Wissen Sie, wie lange Frau Radke schon in diesem Haus wohnt?“

„Nein.“

„Wie lange leben Sie schon hier?“

„Ich weiß es nicht.“

„So ungefähr. Ich will nicht Ihr genaues Einzugsdatum wissen.“

„Was weiß ich, ein halbes Jahr vielleicht.“

„Hat ihre Nachbarin schon hier gewohnt, als sie einzogen?“

„Ich weiß es nicht. Ich schenke meinen Nachbarn nicht besonders viel Aufmerksamkeit. Ich lebe mein Leben, sie leben ihr Leben. Das sind für mich die Vorteile eines Mietshauses. Man braucht die Anonymität nicht zu verlassen."

‚Harry Klein' schritt wieder ein: „Aber sicher treffen Sie Ihre Nachbarin gelegentlich im Treppenhaus. Wissen Sie, ob sie einer geregelten Arbeit nachgeht? Ich meine, verlässt sie zum Beispiel jeden Tag zu einer bestimmten Zeit das Haus, oder treffen Sie sie immer zur gleichen Zeit, wenn sie nach Hause kommt?"

„Ich glaube nicht. Ich weiß nur, dass sie ihren Müll nicht trennt. Warum stellen Sie diese Fragen nicht Frau Radke selbst?"

„Weil sie die Tür nicht öffnet. Wir möchten vorerst davon absehen, ihre Wohnungstür gewaltsam öffnen zu lassen. Noch eine Frage: Empfängt Frau Radke regelmäßig Besuch?"

„Ich glaube, sie empfängt gar keinen Besuch."

„Sehen Sie, wir sind schon mit unseren Fragen fertig. Wenn Ihnen noch etwas einfallen sollte, was Sie jetzt vergessen haben, rufen Sie mich an. Hier ist meine Karte. Entschuldigen Sie vielmals die Störung."

Erst nachdem sie gegangen waren, wurde mir klar, dass ich vielleicht eine Chance vertan hatte, mehr über meine Nachbarin herauszufinden. Was wäre normaler gewesen, als zu fragen, warum sie denn eigentlich gegen jene Frau Radke, von der mir bislang nicht einmal der Name bekannt war, ermittelten? Sicher hätten sie mir gesagt, dass ginge mich nichts an, aber vielleicht hätten sie doch die eine oder andere Andeutung fallen lassen. Durch mein unkooperatives Verhalten hatte ich natürlich jeglichen Anspruch auf Information verwirkt.

Ich drehte die Visitenkarte in meinen Fingern. Kommissar Manfred Richter. Das musste ‚Derrick' sein. Er hatte keine Handy-Nummer angegeben. Ich brannte darauf, ihn anzurufen und zu behaupten, dass ich doch etwas wusste, oder vielmehr, dass ich etwas herausfinden konnte, ja das war noch viel besser, dann müssten sie mir ein wenig über die Hintergründe der Geschichte erzählen. Aber sie hatten erst vor zwei Minuten meine Wohnung verlassen. Ich würde mich eine Weile gedulden müssen, bevor der Kommissar wieder sein Büro erreicht haben würde. Hatte ich mir nicht die Unterstützung einer staatlichen Bespitzelungsbehörde gewünscht? Hier wurde sie mir auf einem goldenen Tablett angeboten, aber ich lehnte sie stumpf ab, aus einem alten Misstrauen heraus, das mich blind für meine eigenen Vorteile werden ließ.

Und ganz vielleicht konnte ich sogar die Hoffnung haben, dass Kommissar Manfred Richter früher einmal für die Stasi gearbeitet hatte. Schließlich waren nicht alle Stasi-Spitzel zum Zeitpunkt der Wende im rentenfähigen Alter gewesen.

So schwer es mir vorher gefallen war, mich von den Robotern im ecuadorianischen Dschungel und ihrem Schicksal zu trennen, so unmöglich erschien es mir jetzt, ohne weiteres dorthin zurückzukehren. Hatte ich gerade noch befürchtet, mich in meinen eigenen Autor zu verwandeln, fand ich nun, dass ich mich in einen hilflosen Spielball der Geschichten zu verwandeln drohte, die sich stets mit einem Klingeln an meiner Wohnungstür ankündigten. Von wegen Autor. Wäre ich mein Autor gewesen, dann hätte ich die Macht, die Ereignisse zu lenken und die Charaktere zu erfinden, sowie ihre Handlungen zu steuern. Nie im Leben würde ich mir einen Derrick- und Harry-Klein-Verschnitt einfallen lassen. Fast musste ich wohl den wahren Autor dieser Geschichte bezichtigen, zu viele Fernsehkrimis konsumiert zu haben. Merkwürdig war nur, dass er anscheinend zu selben Zeit wie ich mit Krimis sozialisiert worden war. Aber ich würde es ihm schon zeigen. Ich würde mein eigenes Spiel mit seinen wenig komischen Witzfiguren spielen. Ha!

Ich wählte einfach die Nummer auf der Visitenkarte, normalerweise hatten solche Leute ja auch eine Sekretärin. Gerade wollte ich auf das Freizeichen in meiner Leitung lauschen, da klingelte es erneut an meiner Tür. So viel Besuch an einem Tag hatte ich schon lange nicht mehr gehabt und wiederum drängte sich die Frage auf, ob das nicht ein absurdes Spiel war, das mein Autor mit mir trieb, indem er meine Wohnungstür in den zentralen Handlungsort eines mir unbekannten Romans verwandelte. Ich knallte also den Hörer wieder auf die Gabel, ohne noch länger auf eine Antwort zu warten und bewegte mich auf die Tür zu. Nach drei Schritten hielt ich inne. Sollte ich das wirklich tun? Sollte ich nicht vielmehr meinem Autor einen Strich durch die Rechnung machen und seinen zentralen Handlungsort für geschlossen erklären? Aber die Neugierde trieb mich weiter und meine Hand auf die Klinke. Und dann hätten es immer noch Derrick und Harry Klein sein können, die eine wichtige Frage vergessen hatten und mir mit ihrer Rückkehr die Chance gaben, mich zu ihrem Komplizen zu machen.

Aber dort standen nicht Derrick und Harry Klein, sondern diesmal eine weibliche Person, die mir zwar aus keinem Krimi oder Agentenfilm bekannt vorkam, die aber dennoch so aussah, als wäre sie direkt aus diesem Genre entsprungen, und so fuhr ich sie an, was die ganze Maskerade denn solle, und ob die Leute ihre Mottoparty nicht irgendwo anders abhalten konnten als in meiner Wohnungstür.

Sie nahm langsam ihre dunkle Brille von der Nase, sah mich freundlich aber verständnislos an und fragte mit einem starken französischen Akzent: „Wie bitte?“

Ich wiederholte meine Aussage nun langsam und deutlich, so dass sie auch für eine Person mit schlechten Deutschkenntnissen verständlich werden musste. Sie änderte jedoch nichts an ihrem erstaunten Blick, so dass ich mich fragte, ob ‚wie bitte‘ die einzigen deutschen Worte waren, die sie kannte.

„Ich glaube sie verwechseln mich. Dubois ist mein Name.“ Sie streckte mir die rechte Hand entgegen, die ich hartnäckig ignorierte. „Ich bin gekommen, um Ihnen einige Fragen über ihre Nachbarin im zweiten Stock, Frau Radke, zu stellen. Ich bin Privatdetektivin. Ich habe es auch schon bei Frau Radke persönlich versucht, aber sie öffnet die Tür nicht. Darf ich bitte hereinkommen?“

Resigniert öffnete ich die Tür und machte eine einladende Handbewegung. „Bitte schön. Bei mir gehen die Leute ohnehin ein und aus wie sie wollen, ohne mich zu fragen. Ich sollte diese Tür ausbauen, damit mir die Besucher nicht mehr mit ihrem ewigen Klingeln auf die Nerven gehen können. Nehmen Sie Platz, machen Sie es sich bequem, ich weiß, es ist nicht besonders aufgeräumt, schieben sie den Plunder auf der Couch einfach zur Seite, aber passen Sie auf, dass Sie meine Kunstwerke nicht zerstören. Darf ich Ihnen etwas zu trinken anbieten? Ich habe aber nur abgestandene Cola oder Leitungswasser. Schießen Sie los.“

„Immer mit der Ruhe. Hätten Sie vielleicht einen Schluck abgestandene Cola für mich? Ich trinke wirklich nichts lieber.“

Wollte sich diese Frau jetzt auch noch über mich lustig machen? Ich wählte in der Küche das am schlechtesten abgewaschene Glas und goss den letzten Rest aus der seit Tagen offen stehenden Colaflasche hinein, obwohl in meinem Kühlschrank eine frische stand. Aber sie hatte ja gesagt, dass sie am liebsten abgestandene Cola tränke. Ich stellte das Glas lieblos vor die ungebetene Besucherin.

„Also, worum geht`s? Und was hat meine Nachbarin eigentlich verbrochen, dass nicht nur die Polizei sondern jetzt auch noch Sie nach ihr suchen?“

„Die Polizei sucht nach ihr? Aber warum?“

„Ja, das würde ich gerne von Ihnen wissen, da es mir die Herren vorhin nicht verraten haben.“

„Das kann ich Ihnen nicht sagen. Mein Besuch hier hat nichts mit einem Verbrechen zu tun. Wir suchen vielmehr die Hinterbliebenen eines gewissen Professor Farendorf."

„Das ist ja interessant. Aber die junge Frau trägt den Namen Radke, wie ich soeben von Ihren Kollegen erfahren habe."

„Sagen Sie bitte nicht ‚meine Kollegen', ja? Ich habe mit der Polizei nichts zu tun. Ich helfe den Leuten bei ihren privaten Problemen. Aus dem Bereich der Polizei halte ich mich heraus. Von Verbrechen und solchem Kram will ich nichts wissen."

„Diesmal wohl nicht."

„Das wäre sehr bedauerlich. Unterhalten Sie sich manchmal mit Frau Radke?"

Ich nahm mir vor, bei diesem Interview zuvor mein Gehirn einzuschalten. Die Frau konnte eine wichtige Informantin sein, wenn ich taktisch richtig auf ihre Fragen antwortete und gezielt Gegenfragen stellte. Das hieß, dass ich ihre Fragen nicht zu direkt beantworten durfte, vielmehr so tun müsste, als wenn ich nichts verstünde, damit sie mir aller haarklein erklärte.

„Na ja, so ein bisschen Smalltalk im Treppenhaus vielleicht. Aber sagen Sie, hat Frau Radke einen Trauerfall in der Familie? Sie ist so ungewöhnlich schweigsam heute."

„Aha. Ich weiß es nicht. Ich bin hier, um das herauszufinden. Es geht um einen alten Freund von Professor Farendorf, der erst hinterher von dessen Tod erfahren hat, jedoch nichts über die genauen Umstände weiß. Er möchte dringend mit den Hinterbliebenen in Kontakt treten, aber da es keine direkten Verwandten gibt, suche ich nach anderen Personen, die ihm nahe standen."

„Und was ist das für ein Professor?"

„War, mein Liebes, er ist nicht mehr. Nun, wie soll ich das wissen, ich handle nur im Auftrag meines Klienten, und alle Information, die er mir gegeben hat, ist streng vertraulich."

„Aber Sie verlangen von mir, dass ich ganz im Vertrauen über meine Nachbarin plaudere, nicht wahr? Da stimmt doch irgend etwas nicht."

„Ich bitte Sie, meinem Klienten zu helfen."

„Nun, Ihrem Klienten würde ich schon helfen, wenn er persönlich vor meiner Tür stünde, aber Sie stehen hier ja nicht aus reiner Nächstenliebe, sondern verdienen dabei gutes Geld. Ich weiß nicht, warum ich Ihnen die Arbeit so leicht machen soll."

„Lassen Sie das doch die Entscheidung meines Klienten sein, wofür er sein Geld ausgibt. Er hat einen guten alten Freund verloren und ist vielleicht gerade nicht in der Stimmung, persönlich an Haustüren zu klopfen."

„Beantworten Sie mir eine Frage, und ich beantworte Ihre." Das war mir schon wieder so herausgerutscht. Ich wusste nicht, ob diese direkte Erpressung taktisch klug war. Ich musste mir eingestehen, dass meine Fähigkeiten zur Diplomatie sehr begrenzt waren.

„Welche Frage soll ich genau beantworten?"

„Warum schweigt Frau Radke?"

„Nun, ich gehe davon aus, dass sie trauert. Sie hat bei der Feuerbestattung von Professor Farendorf dessen Asche angefordert, um persönlich die Beisetzung durchzuführen."

Das war keine Antwort auf meine Frage, aber es war eine Antwort auf die Frage, mit wem ich vor kurzem zusammen ferngesehen hatte. Hatte ich also doch recht gehabt. Es war ein Mann. Vielleicht konnte selbst die Asche eines Verstorbenen noch eine männliche Ausstrahlung haben.

„Gut, ich habe Ihre Frage beantwortet, jetzt beantworten Sie mir eine Frage: Hat Frau Radke Ihnen gegenüber jemals einen Professor oder einen Ulrich erwähnt?"

„Nein, nicht dass ich wüsste."

„Und redet Sie manchmal über ihre Arbeit?"

„Nein, hören Sie, Frau Radke spricht nicht mit mir."

„Aber Sie haben doch eben gesagt, dass sie gelegentlich Smalltalk im Treppenhaus hielten."

„Das war gelogen. Na ja, im weitesten Sinne sind ein Kopfnicken und ein freundliches Lächeln ja auch Smalltalk."

„Sie haben also noch nie ein Wort mit Frau Radke gewechselt?"

„Nein. Ich weiß nicht, ob sie taubstumm oder total durchgeknallt ist, oder ob sie mich einfach für ein Arschloch hält."

„Redet sie denn mit den anderen Nachbarn?"

„Das weiß ich nicht. Da müssen Sie die Leute schon selbst fragen. Aber ich kann Ihnen gleich verraten, dass die Oma im vierten Stock Ihnen nichts als die Lebensgeschichte ihrer sieben Brüder erzählen wird, der Mann im dritten Stock fast nur im Vollrausch anzutreffen ist und das Haus im übrigen leer steht. Ich interessiere mich nicht sonderlich für meine Nachbarn und versuche, ihnen so weit wie möglich aus dem Weg zu gehen."

„Waren Sie schon einmal in Frau Radkes Wohnung?“

„Natürlich nicht. Was glauben Sie, dass sie mich zu sich zum Kaffeetrinken einlädt, obwohl sie nicht einmal mit mir spricht?“

„Na ja, es hätte ja sein können, dass man bei ihr schon einmal Post für Sie abgegeben hat.“

„Nein, ich bekomme keine Post, außer meiner Stromrechnung, und die passt in meinen Briefkasten. Aber ich habe gerade heute – oder war es gestern, ich weiß es nicht mehr, es hat sich so viel ereignet - ein Päckchen für meine Nachbarin in Empfang genommen, falls Sie das interessiert. Sie hat es bei mir abgeholt, ohne ein Wort zu sagen, hat mir nur stumm die Nachricht des Paketboten unter die Nase gehalten. Was glauben Sie, was in dem Päckchen war?“

Sie fuhr mit dem Finger über meinen Sofabezug. Dort bemerkte ich in dem Moment Spuren einer grauweißen Substanz.

„Asche?“

Ich nickte. „Ich habe das Päckchen aufgemacht. Darf ich vorstellen: das dort an der Spitze ihres Zeigefingers ist Professor Farendorf.“

Sie sah mich doch etwas schockiert an. „Aber...“

„Nichts aber. Ich habe Ihnen viel mehr erzählt, als ich vorhatte. Denken Sie sich Ihren Teil, aber klagen Sie mich nicht an. Denken Sie daran, dass die anderen Herren nicht Ihre Kollegen sind.“

Ich sah sie eindringlich an. Sie nickte etwas schüchtern. Ich glaube, sie verspürte das dringende Bedürfnis, meine Wohnung wieder zu verlassen. Die folgenden Worte flüsterte ich: „Ich könnte Ihnen helfen. Sie würden doch sicher gerne mal einen Blick in die Wohnung dieser Frau werfen? Ich werde beobachten, wann sie aus dem Haus geht. Dann werde ich mein Bad unter Wasser setzen. Ich werde Ihre Wohnungstür aufbrechen, um das herunterlaufende Wasser dort aufzufangen, alles aus nachbarschaftlicher Fürsorge, versteht sich. Ich rufe Sie dann selbstverständlich an.“

Sie schob mir stumm eine auf einen Papierfetzen gekritzelte Telefonnummer zu.

„Ich habe nichts gehört. Danke für die Cola.“

Ich geleitete sie zur Tür.

Hätte ich mich schlecht fühlen sollen? Ich fühlte den Stolz auf meine Idee in mir anwachsen. Und die Vorfreude auf jenen Moment, wenn ihre Wohnungstür nachgeben würde. Nur eine Frage stellte sich mir, ob ich mich nicht vielleicht mit der falschen Person verbündet hatte. Da waren immerhin noch Derrick und Harry Klein, und sie handelten im Auftrag der Staatsgewalt. Die Staatsgewalt war immer die mächtigste aller Verbündeten – oder Gegner. Noch hatte ich die Chance, meinen Plan anderweitig zu verkaufen. Ich entschied mich dagegen, weil die Staatsgewalt andere Mittel und Wege hatte, störende Türen zu durchschreiten, und mich letztendlich doch nur auslachen würde.

Ich fühlte einen kleinen Detektiv in mir erwachen, der sich davon emanzipiert hatte, ???-Hörspiele zu konsumieren und jetzt die Recherche für seinen ersten eigenen Fall aufnahm. Das war ein neues Betätigungsfeld für mich und übertraf zur Zeit den Kick, den mir die Dokumentation des in Talkshows gesprochenen Unsinns gab. Natürlich stellte sich die Frage, was denn überhaupt der Fall war, der mich zur Bespitzelung eines Mitmenschen bewog. Anders als Madame Dubois und das Team der Kripo hatte ich kein festes Ziel vor Augen, meine Fragestellung war unkonkret, um nicht zu sagen, diffus. Aber lag hier nicht gerade der Irrtum der Kriminologen, zu denken, es gäbe konkrete Fälle, und es gäbe Fakten, die zur Rekonstruktion dieser wichtig wären, und andere Fakten, die nichts damit zu tun hätten, auch wenn sich beide Faktentypen in dem Leben einer Person vereinigen konnten? Ich glaube, die Kriminologen nehmen mit ihrer Bestimmung von ‚Fällen' eine unerlaubte Eingrenzung vor, die einer beschränkten Logik der Kausalität folgt. Aber wie sollten sie anders? Wie alle anderen Wissenschaftler hatten sie sich immer noch der Frage des Sinns verschrieben. Keine Tat ohne Motiv. Ich dagegen, der ich die Logik des Unsinns entdeckt habe, weiß, dass es falsch wäre, einen Fall zu untersuchen. Aber mich interessiert die Struktur meiner Nachbarin, da sie verspricht, einem Prinzip der inneren Unordnung zu folgen.

Es gibt Menschen, denen die Vorfreude den Schlaf raubt, etwa vor einer großen Reise, und die als Folge den ersten Reisetag als Tortur empfinden, weil sie sich in der Nacht nicht richtig haben ausruhen können. Ich hingegen nehme die Vorfreude als ein überaus beruhigendes Gefühl: das fast sichere Gefühl, dass ein positives Ereignis eintreten wird. Mit diesem Gefühl kann ich immer wieder beruhigt einschlafen, und es ist nicht mehr so wichtig, wann das Ereignis überhaupt eintritt, Hauptsache die Gewissheit bleibt bestehen, dass es passieren wird. Die Vorfreude auf die Tür, die ich unter dem Vorwand nachbarschaftlicher Besorgnis gewaltsam öffnen würde, nahm ich zum Anlass, mich von den Strapazen des Tages auszuruhen. Es war ein sehr ereignisreicher Tag gewesen, soviel Besuch wie an diesem Tag empfing ich normalerweise im Monat und auch das nur, wenn es ein für mich außergewöhnlich sozialer

Monat war. Womit ich nicht sagen möchte, dass ich asozial bin. Ich unterhalte mich gerne mit Leuten, das Problem ist nur, dass sie mich selten verstehen, was nicht eigentlich mein Problem ist, aber die Leute machen daraus ein Problem, was zur Folge hat, dass sie mich ungern besuchen. Einmal hatte ich einen Fernseharbeitskreis ins Leben gerufen, und wir trafen uns regelmäßig in meiner Wohnung, um die Vorabendsoaps zu verfolgen, aber als ich die Idee aufbrachte, eine Chronik des Unsinns zu schreiben, war die Begeisterung relativ gering, und als ich noch dazu zu Talkshows wechselte, traf man sich lieber an einem anderen Ort, um in aller Ruhe zu konsumieren, was ja nie meine Absicht gewesen war. Mein Arbeitskreis schrumpfte auf meine Person zusammen.

Ich war also nicht mehr daran gewöhnt, soviel Besuch zu empfangen, ich war müde von den Ereignissen des Tages und voll von Vorfreude: Ich sank auf meiner Couch in süße Träume, über die ich an dieser Stelle nicht sprechen möchte, da sie meinem Autor Recht gegeben hätten.

Die nächsten Tage verliefen ruhig, die Klingel zu meiner Wohnungstür war wieder in Tiefschlaf versunken, die Schritte im Treppenhaus waren die üblichen. Ich ging wieder meiner dokumentarischen Arbeit nach und verbrachte die Abende in diversen Lokalen, in denen ich zum Teil interessierte, zum Teil unwillige Gesprächspartner fand. Ich hatte alle Ruhe der Welt und stellte mir ein wenig hämisch vor, wie Madame Dubois neben ihrem Telefon versauerte und an der Aufrichtigkeit meines Angebots zweifelte. Wobei ich nur den richtigen Zeitpunkt abwartete. Zugegeben, ich labte mich auch ein wenig an meiner Vorfreude, die ich noch nicht so schnell bereit war, in Realität umzusetzen. Vorfreude und Nicht-abwarten-können haben nichts miteinander zu tun. Man hätte meinen sollen, ich hätte ein wenig Angst entwickelt, dass mir die Herren von der Kripo zuvorkommen könnten. Rational betrachtet, hätte dies geschehen können. Aber mich erfüllte eine derartige innere Sicherheit, dass ich diese Möglichkeit nicht in Betracht zog.

Ich hatte auch noch eine kleine Vorbereitung zu treffen: Ich musste mir erst eine Waschmaschine besorgen. Bislang hatte ich ein solches Gerät immer als überflüssig bis lästig empfunden, vor allem, weil ich so oft umzuziehen pflegte und eine Waschmaschine ein doch recht unhandlicher Gegenstand war. Ich besuchte alle zwei bis drei Wochen mit einer großen Sporttasche den Waschsalon, und damit war die Angelegenheit erledigt.

Nun hatte ich versprochen, dass meine Waschmaschine auslaufen sollte. Ich hätte auch einfach das Bad unter Wasser setzen können, aber da ich damit rechnete, dass sich alle möglichen kriminologischen Gestalten im Haus versammeln würden, wenn ich einmal ihre Wohnungstür aufgebrochen hatte, wollte ich doch zumindest ein Motiv haben, ihre Tür zu öffnen, sie würden sicher gleich wieder mehr oder weniger ungebeten in meine Wohnung einfallen und den Sachverhalt überprüfen.

Zum Glück hatte das Problem eine einfache Lösung: den Schrotthaufen auf unserem Hinterhof, auf dem sich täglich aus unerschöpflichen Quellen neue ausrangierte Haushaltsgegenstände einfanden. Wie durch ein Wunder stand dort genau jetzt eine alte Waschmaschine, die zwar sicherlich nicht mehr funktionstüchtig war, aber das sollte für meine Zwecke perfekt sein. Eine Schwierigkeit war noch, das Ding in den dritten Stock zu befördern, ohne dabei die Aufmerksamkeit meiner Nachbarin zu wecken. Da ich keine Freunde hatte, die mir dabei helfen würden, heuerte ich zwei ziemliche asselige Typen in der nächsten Eckkneipe an, die mir das Gerät für jeweils einen Zehner mit in die Wohnung beförderten. Ich hatte mir eine Nacht-und-Nebel-Aktion vorgestellt, aber die Typen waren so besoffen, dass sie dabei lautstark singen mussten, und ich versuchte mich damit zu beruhigen, dass ihr Gegröle das Gepolter der Waschmaschine, die wir bestimmt fünfmal fallen ließen, übertönen musste. Ich hoffte, dass die Nachbarin einen gesegneten Schlaf hatte und nicht etwa das ganze Szenario durch ihren Türspion verfolgte. Zu allem Überfluss öffnete auch noch mein stets alkoholisierter Nachbar seine Wohnungstür und erkannte meine Umzugshelfer als seine Saufkumpanen, so dass sich ein längeres und lautstarkes Gespräch im Treppenhaus entspann. Nach getaner Arbeit verschwanden die beiden dann auch in dieser Wohnung, was wiederum für mich ein Vorteil sein konnte, so redete ich es mir wenigstens ein, weil ich dann den nächtlichen Lärm auf ihn und seine Freunde abwälzen konnte. Ich hoffte nur, dass er sich der Kripo gegenüber in Schweigen hüllte, von meiner schweigenden Nachbarin hatte ich wohl kaum zu befürchten, dass sie ihn über den Tag vor der Überschwemmung aushorchen würde.

Am nächsten Tag brauchte ich nur noch darauf zu warten, dass meine Nachbarin das Haus verließ und dann die prophylaktisch in die Waschmaschine eingefüllte Dreckwäsche mit einigen Eimern Wasser übergießen und diese Prozedur dann genauso mit dem Badezimmerfußboden wiederholen. Dann aus meiner Wohnung stürmen, in den zweiten Stock rasen und besorgt die Tür aufbrechen, was übrigens sehr einfach möglich war, ohne der Tür selbst Schaden zuzufügen, man musste sich nur einmal dagegen werfen, und schon stand man in der Wohnung. (Ich hatte das bei meiner eigenen Wohnungstür wegen meiner Vergesslichkeit beim Heruntertragen des Mülls schon einige Male geübt.)

Die erste Überraschung, die ich erlebte, war, dass unter meinem Badezimmer kein zweites Badezimmer lag sondern eine dunkle Kammer, in der ich keinen Lichtschalter entdecken konnte. Ich fluchte und rannte zurück in meine Wohnung, um eine Kerze zu suchen. Die zweite Überraschung war, dass hier keine Spuren von Feuchtigkeit zu finden waren. Die dritte Überraschung war allerdings die Größte: In der Mitte des dunklen Zimmers lag sie in einer Hängematte und schlief, trotz meines Gepolters. Ich überlegte, ob ich schnell wieder verschwinden sollte, und so tun, als ob nichts gewesen wäre, obwohl Madame Dubois schon auf dem Weg war, oder ob ich die Gelegenheit nutzen sollte, mir trotzdem leise ihre Wohnung anzuschauen. Die Wahrscheinlichkeit, dass sie aufwachte, war gering, wenn sie schon von dem Lärm des Türöffnens nicht aufgewacht war.

Bis auf die Tatsache, dass sie in einer dunklen Kammer bei dem größten Lärm in einer Hängematte schlief, deutete nichts darauf hin, dass die Frau verrückt sein könnte. Die Wohnung war halbwegs ordentlich, etwas spärlich eingerichtet, so als ob ihre Bewohnerin nicht besonders viel Geld hätte. Die Möbel musste sie nach und nach vom Sperrmüll zusammengesammelt haben. Trotzdem waren die Fundstücke so geschmackvoll wie möglich miteinander kombiniert. Die Einrichtung bestand aus einem Schreibtisch, einem Sessel, einem kleinen Bücherregal und einer Kommode. Ein Bett gab es nicht, und so ging ich davon aus, dass die Hängematte in der dunklen Kammer ihre Schlafstätte sein musste. An der Wand hingen einige Fotos und verschiedene kitschige Heiligenbildchen. Anscheinend gehörte sie keinem Satanskult an, denn die Bildchen waren nicht verunstaltet. Ich wollte aber auch nicht den Schluss daraus ziehen, dass sie ein gläubiger Mensch war, vielmehr schienen kitschige Heiligenbildchen in letzter Zeit ziemlich in Mode gekommen zu sein. Ich inspizierte zunächst das Bücherregal, denn was ein Mensch liest, gibt für gewöhnlich einigen Aufschluss über seine Denkweise. Ich fand dort neben auf Bestseller-Listen auftauchenden Werken, die sich in jedem dritten Haushalt fanden, eine Reihe wissenschaftlicher Fachbücher, die im soziologischen und statistischen Bereich angesiedelt waren. Des weiteren eine Ecke des Bücherregals mit recht zerfledderten Paperbacks in spanischer Sprache. Aus dem Inhalt des Bücherregals schloss ich, dass sie erstens wahrscheinlich Soziologie studiert hatte oder noch studierte, zweitens eine gemäßigte Leserin war, die keinen Schund las, aber auch keinen besonders ausgefallenen Geschmack hatte, und drittens, dass sie die spanische Sprache wenigstens in der Schrift beherrschen musste, wahrscheinlich sogar einige Zeit in Spanien verbracht hatte.

Ich ging weiter zum Schreibtisch, dort finden sich meistens die persönlichsten Gegenstände eines Menschen. Es gab ein aufgeschlagenes Buch mit dem Titel ‚Was ist Meditation‘, aha, also esoterische Anwandlungen? Auf der Tageszeitung der letzten Woche lag ein Stück Haschisch, das kaum noch Geruch verströmte, folglich von schlechter Qualität oder schon recht alt sein musste. Unter einem angefangenen Brief, bei dem sie nicht weiter gekommen war, als zu der Anrede ‚Sehr geehrter‘, dann aber offenbar den Namen nicht gefunden hatte, lag eine mir bekannte, hier aber schon sehr abgegriffene Visitenkarte des Kommissars Manfred Richter. Sollte er doch schon bei ihr gewesen sein? Allerdings war die Karte mindestens so alt wie das Hasch, sie konnte sie also nicht erst in den letzten Tagen entgegengenommen haben. War ihr der Kommissar früher schon auf der Spur gewesen? Und wenn ja, warum? Hatte sie es bislang geschafft, sich erfolgreich vor der Kripo zu verstecken und war erst jetzt wieder in ihre Fänge geraten? Ich drehte und wendete weiter Zettel: einige Kassenbons aus dem Supermarkt, weiß der Himmel, wozu sie sie aufhob, oder ob sie sie nur reflexartig in die Tasche steckte, und dann später achtlos auf den Schreibtisch warf. Vor drei Tagen hatte sie eine Packung Reis, zwei Becher Joghurt, drei Tafeln Schokolade und eine Packung Klopapier gekauft. Ich suchte weiter, nach persönlicheren Dingen als ihrem Speiseplan, möglichst Handschriftlichem, aber ich konnte außer dem angefangenen Brief nichts finden. Der Schreibtisch hatte eine Schublade, deren Inhalt mich ebenfalls ziemlich enttäuschte. Dort fand ich nur eine Sammlung von recht ausgetrocknet wirkenden Filzstiften, kein Wunder, dass sie nichts zu Papier brachte. Vielleicht sollte ich ihr ein paar neue Stifte schenken.

Ich musste mich ein wenig beeilen. Bald würde Madame Dubois eintreffen. Ich wollte mir zunächst mein eigenes Bild machen. Da der Schreibtisch nicht genau hergab, was ich suchte - auch wenn ich mir nicht ganz darüber im Klaren war, was das eigentlich sein sollte, im jeden Fall etwas Persönlicheres als das bis jetzt Vorgefundene – wandte ich mich den Fotos an der Wand zu. Diese wirkten recht professionell, und es gab keinen Beweis dafür, dass sie sie selbst aufgenommen hatte, es waren kein typischen Erinnerungsfotos darunter, und Menschen waren schon gar nicht abgebildet. Es herrschten karge Landschaften vor, auf einigen auch nur Wolkenformationen auf blauem Himmel. Die Landschaften hätten in jedem Winkel der Welt sein können, ich kannte mich da nicht so gut aus, ich war kein besonders reiselustiger Mensch.

Als letztes fiel mein Blick auf ein kleineres Format, das neben einer recht leidend dreinblickenden Maria mit einer Stecknadel an der Wand befestigt war. Darauf abgebildet war eine Figur, ebenfalls vor strahlend blauem Himmel, eine Figur, die mir merkwürdig bekannt vorkam, als wäre ich ihr schon einmal leibhaftig begegnet. Zuerst dachte ich an eine Metallstatue, die ich aus irgendeinem Museum kannte, obwohl ich in meinem Leben nur ungefähr drei Museen besucht hatte, und das war in meiner Schulzeit, wobei sich unter den besuchten Museen das für Vor- und Frühgeschichte und das ägyptische befanden, die beide ausschieden, und an das dritte konnte ich mich nicht erinnern. Die Statue hätte ich nur in einem Museum für moderne Kunst sehen können. Das Gebilde war aber keine Statue, sondern war meiner Fantasie entsprungen, meinem missratenen Versuch, mir einen Roboter ohne menschliche Gesichtszüge vorzustellen, wobei ich derer elf kreiert hatte und sie im tiefsten Dschungel ausgesetzt hatte. Jemand hatte ein Foto meiner Vorstellung gemacht, bevor ich diese überhaupt hatte. Dieses Wiedererkennen erfüllte mich mit Bestürzung, bevor ich aber diese Bestürzung genauer analysieren konnte, klopfte es an der Tür, Madame Dubois war eingetroffen.

Noch bevor ich allerdings die Tür öffnen konnte, kam *sie* aus der Dunkelheit ihres Hinterzimmers und ging geradewegs auf die Tür zu, ohne mich auch nur eines Blickes zu würdigen. Die Ereignisse schienen sich mal wieder vollständig meiner Kontrolle zu entziehen. Was konnte ich tun?

1. Einschreiten, d.h. selber zur Tür gehen und versuchen, alles zu erklären, sowohl der vergeblich unter Wasser gesetzten Nachbarin als auch der vergeblich angereisten Privatdetektivin, obwohl das gleichzeitig wohl unmöglich sein durfte. 2. Mich irgendwo in der Wohnung verstecken, da mir ja bisher niemand Beachtung schenkte, und hoffen, dass die Nachbarin mich noch nicht wahrgenommen hatte, dann später, wenn die Luft rein war, wieder hervorkommen und heimlich verschwinden. Des weiteren die stumme Nachbarin und die französische Detektivin die Situation unter sich klären lassen, immerhin hatte ich ihnen gerade ein Rendezvous beschert, woran vor allem Madame Dubois sehr interessiert sein sollte. 3. Mich irgendwo in dieser Wohnung wie selbstverständlich auf einem Möbel platzieren als wäre ich ein geladener Gast, zu dem die Gastgeberin gleich zurückkehren würde und ansonsten so tun, als wäre die Situation die Normalste der Welt. Das schien sehr verlockend, und so entschloss ich mich zu dieser letzten Handlungsalternative. Ich setzte mich auf den Sessel, der mehr als erwartet unter meinem Körpergewicht nachgab und starrte wieder das Foto an.

Der Dschungel kehrte langsam in meinen Kopf zurück, die Luft vor mir begann in der Mittagshitze zu flimmern, und in der Ferne krähte ein Schwarm Papageien. Die Männer und Frauen des Dorfes luden die immer noch regungslosen Roboter neben die Bananen auf die Ladefläche des LKW. Der Respekt vor diesen merkwürdigen Maschinen war noch immer in ihre Gesichter geschrieben, aber sie hatten die Macheten nun nicht mehr griffbereit. Insgeheim war die Mehrzahl doch froh, dass dieser Spuk so schnell wie möglich wieder aus ihrem Dorf beseitigt wurde. Der LKW-Fahrer selbst legte nicht mit Hand an, er nutzte seine Machtposition hier voll aus, an der es ihm an anderen Orten wiederum mangelte. Er paffte währenddessen an einer dicken stinkenden Zigarre. Dann zählte er den Dorfbewohnern aus einem dicken Bündel einige Scheine auf die Hand und verabschiedete sich bis zur nächsten Woche. Eigentlich bestand dieses Bündel zu zwei Dritteln aus auf das rechte Format zugeschnittenem Zeitungspapier, das er nicht etwa zu betrügerischen Zwecken mit sich trug, sondern weil ein solches dickes Geldbündel genauso wie die stinkende Zigarre seiner Meinung nach ein angemessenes Statussymbol war. Da ihn so wenig von der materiellen Armut der Bauern trennte, musste er den Unterschied um so deutlicher hervorheben. Zum Glück hatte er gerade genug Bargeld einstecken, um die unerwartete zusätzliche Fracht bezahlen zu können, denn sonst wäre ihm sein selbstgebasteltes Statussymbol nun peinlich in den Rücken gefallen. Er konnte gar nicht daran denken, welche Lächerlichkeit es bedeutet hätte, diesen Bauern zu erklären, dass das Geldbündel, das er bei sich trug, zu über der Hälfte aus Zeitungspapier bestand. Er musste nun allerdings seine Ware so schnell wie möglich weiterverkaufen, um selbst wieder einigermaßen flüssig zu sein. Um nicht noch einmal der Gefahr einer solchen Peinlichkeit ausgesetzt zu sein, nahm er lieber die letzten echten Banknoten aus seinem Bündel und warf dann den Rest aus dem Fenster in den Dschungel.

Als er weit genug vom Dorf entfernt war, machte er halt und schnitt am Wegesrand soviel großblättriges Gestrüpp ab, wie er nur finden konnte und deckte es sorgfältig über die Roboter. Bevor er in die kleine Hafenstadt hineinfuhr, hielt er ein zweites Mal, um zu prüfen, ob die Ladung noch immer ordentlich unter dem Grünzeug vergraben lag. Er bat dann die selbsternannten Hafenarbeiter nicht, ihm beim Abladen und beim Beladen des kleinen Kahns zu helfen. Sie waren ohnehin nur lästige Schmeißfliegen, die hier mehr oder weniger ungebrauchte Arbeitskraft anboten aber dabei in Wirklichkeit einen Wegezoll erhoben, den sie wiederum während der Zeit ihres Herumlungerns in Bier umsetzten. Normalerweise nahm er ihre Hilfe in

Anspruch und machte selbst keinen Finger krumm. Diesmal versuchte er, sie mit einer einfachen Handbewegung zu verscheuchen, wie man eben eine Fliege auf dem Abort verscheuchte, aber genauso wie die Fliegen kehrten auch diese Männer immer wieder zurück und stellten lästige Fragen. Schließlich sah er sich gezwungen, ihnen Geld in die Hand zu drücken, damit sie endlich verschwänden und beim Bier auf andere Gedanken kämen. Dazu musste er allerdings den Fahrer des Kahns bitten, ihm die Ladung zu bezahlen, bevor die Bananen unter Dach und Fach waren, eine sonst gar nicht übliche Praxis. Er erregte durch seinen Abweichen von den über Jahrzehnte erprobten Normen genau das Gegenteil von dem, was er eigentlich gewollt hatte: Er fiel über alle Maßen auf. Zum Schluss fragte der Bootsmann auch noch, was er denn da noch für Gemüse auf der Ladefläche hätte. Eine schlüssige Erklärung fiel ihm nicht ein. Statt dessen murmelte er nur: Bis nächste Woche, sprang hinter das Steuer und fuhr davon. Es fehlte noch ein Halt an der Tankstelle, denn sein nächstes Ziel lag ein gutes Stück entfernt. Er hätte auch gerne der Bar von Doña Luci noch einen kurzen Besuch abgestattet, aber angesichts der Tatsache, dass dort in der Regel auch die Hafenarbeiter herumhingen, konnte er das nicht riskieren.

Er fuhr die Nacht durch über eine Schlaglochpiste durch den Dschungel in Richtung eines anderen, auf den ersten Blick verschlafenen Dorfs. Der einzige Unterschied zum Dorf der Bananenbauern bestand darin, dass hier am Dorfeingang zwei Gestalten mit Maschinengewehren Tag und Nacht Wache hielten. Die Männer kannten ihn hinlänglich vom Sehen, auch wenn ihre Personen immer wieder wechselten. Es war wohl vielmehr sein Auto, das man hier frei passieren ließ. Hätte eine fremde Person das Auto gefahren, man hätte sie wohl genauso arglos eingelassen. Der Schutz des Dorfes war zwar martialisch aber extrem lückenhaft.

Das Dorf war allerdings nichts weiter als eine Kulisse, die die Dinge verbarg, die dorthinter, noch tiefer im Dschungel lagen. Es bestand aus drei einfachen Holzhäusern und einem überdimensionierten Parkplatz. In einer der drei Hütten brannte noch ein funzeliges Licht, das von einer Öllampe stammte, elektrischen Strom gab es hier nicht. Er klopfte leise an die Tür. Keine Reaktion. Er klopfte noch einmal. Schlurfende Schritte, die sich langsam zur Tür bewegten, verrieten ihm, dass dieser Mann mal wieder verbotenerweise eingenickt war. Wenn ihn seine Schlafmützigkeit nicht eines Tages den Kopf kosten sollte. Die Männer hier oben kannten kein Pardon. Aber er war weise genug, sich nicht einzumischen.

Der Mann, der nun die Tür öffnete, war zwei Köpfe größer und doppelt so breit wie er, aber dabei keinesfalls furchteinflößend. Das Gesicht war verquollen vom unterbrochenen Schlaf, der Mann stützte sich am Türrahmen. Offensichtlich hatte er Kreislaufprobleme.

„Paco? Es ist nichts für dich angekommen. Sollte etwas kommen?"

„Nein. Lässt du mich rein? Ich habe ein Superangebot für die Chefs."

„Sie lassen sich erst frühestens in drei Tagen wieder hier blicken. Komm doch dann noch mal wieder."

„Ich bin die ganze Nacht durchgefahren. Jetzt soll ich wieder zurückfahren? Pass auf, ich bleibe hier und warte, bis die Chefs eintreffen, und wenn ich drei Tage warte."

„Das geht nicht."

„Warum nicht? Ich falle niemandem zur Last..."

„Weil es nicht geht."

„Weißt du, was der Sprit mich kostet, um hierher zu kommen? Wie soll ich das bezahlen, wenn ich noch einmal hin- und herfahren soll?"

„Dann komm halt nur, wenn man dich bestellt hat. Ich habe keine Lust mit dir darüber zu diskutieren. Ich habe meine Auflagen, das ist alles."

„Und wenn ich deinen Chefs mal stecke, dass du die Hälfte deiner Nachtwachen schlafend verbringst, diskutierst du dann mit mir?"

„Woher willst du denn das wissen? Und wie willst du das beweisen?"

„Beweisen, ha! Als wenn du hier vor einem bürgerlichen Gerichtshof sitzen würdest. Die interessieren sich nicht für Beweise. Es reicht, wenn ich sage, ich hätte es gesehen. Ich bin hier aufgewachsen, mein Freund, du dagegen bist ein dahergelaufener Städter, den da unten in Quito auch niemand vermisst. Glaub mir besser, ich kenne die Gesetze des Dschungels."

„Nun komm erst mal richtig rein. Möchtest du was trinken?"

„Komm du mit raus. Ich zeige dir, was ich mitgebracht habe."

„Ich darf doch nicht..."

„Komm schon."

Der Mann murrte und schlurfte hinter Paco her, auf dessen Auto zu. Paco kletterte auf die Ladefläche und entfernte den abgeschnittenen Dschungel von seiner Fracht.

„Leuchte mal!"

Der große Mann lenkte den Strahl seiner Taschenlampe auf den Haufen gefesselter Roboter.

„Was soll das denn sein?", fragte er entgeistert.

„Siehst du das nicht? Roboter. Ich werde sie morgen noch auf Hochglanz polieren. Sie sind ein bisschen verdreckt von der langen Reise. Ich sage dir, sie sind perfekt. Besser als Kinder. Sie können nicht reden und machen keine Fehler. Und können in den Erdhöhlen super arbeiten bei ihrer Größe. Und wenn das ganze Ding in die Luft fliegt, wenn die Mischung einmal nicht stimmt, geht keiner bei drauf."

„Ich glaube, das interessiert hier niemanden. Aber wieso sind deine Roboter gefesselt, als wären sie Gefangene?"

„Ein Spleen des Kapitäns, der sie hergefahren hat – hatte wohl Angst vor den Dingern. Der hat in seinem Leben bestimmt noch nie einen Roboter vor Augen gehabt. Dachte wohl, das wären so eine Art Voodoo-Puppen. Morgen richte ich die Dinger richtig her. Vielleicht hätte ich sie dir in diesem Zustand nicht zeigen sollen."

„Hm. Lass uns alles weitere drinnen besprechen."

Sie traten wieder ins Licht der Ölfunzel. Auch die Inneneinrichtung der Holzhütte war kärglich. Einfache, ungepolsterte Stühle aus Holz, ein wackeliger Tisch mit einer alten Schreibmaschine darauf, eine Nische mit einem Gaskocher, darüber in einem kleinen Regal ein kleiner Vorrat an haltbaren Lebensmitteln. Etwa die Hälfte des Raumes war durch eine über eine Wäscheleine gehängte Decke abgetrennt. Dort musste sich wohl das Schlafzimmer der diensthabenden Männer verbergen.

„Ich würde für euch einen Sonderpreis machen," setzte Paco wieder zu reden an, „die genaue Höhe werde ich selbstverständlich nur deinen Chefs persönlich mitteilen. Die Dinger kommen direkt aus Nordamerika. Habe gehört, dass sie für die Bananenplantagen in Costa Rica produziert worden sind. Diese hier sind wohl auf dem Weg verloren gegangen." Er stieß ein kleines schadenfrohes Lachen hervor.

„Für die Bananenplantagen, ja? Und wieso sind sie dann so klein?"

„Ach, was rede ich? Habe ich wirklich Bananenplantagen gesagt? Ich meine natürlich für die Kaffeeplantagen, ihre Größe ist der der Kaffeepflanzen angepasst. Ein einzelner von den Jungs erledigt das Kaffeepflücken so schnell wie eine fünfköpfige Familie. Na, was sagst du? Wieso sollten sie nicht auch andere Naturprodukte verarbeiten können?"

„Ich weiß nicht so recht. Pass auf, ich mache dir ein letztes Angebot: Du machst die Dinger fit und verschwindest dann im Laufe des morgigen Vormittags. Ich werde deine Roboter dann den Chefs zeigen, wenn sie eintreffen. Wenn du das nächste Mal hier bist, wird man dir entweder dafür eine Summe auszahlen, oder du wirst die Teile wieder mitnehmen, weil sie niemand gebrauchen kann."

„Was für eine Summe? Die muss ich doch erst noch mit deinen Chefs aushandeln."

„Hier wird nicht gehandelt. Du nimmst, was sie dir geben. Sie wissen gute Ware zu schätzen. Wenn die Teile wirklich zu irgendetwas taugen, wird man dir auch einen ordentlichen Preis zahlen. Wenn nicht, dann nicht. So und jetzt leg dich schlafen, dort hinten in der Ecke ist noch mein Bett frei. Ich will dich vor morgen früh nicht mehr hier herumspuken sehen."

Paco sah ein, dass die Situation nun ausgereizt war. Er verkroch sich im abgehängten Teil des Raumes, bevor der andere es sich anders überlegen sollte. Dort lagen schon zwei Männer auf zwei der drei Pritschen und schnarchten in rhythmischer Abwechslung. Paco legte sich auf die dritte Pritsche und stimmte auch bald in den Chor der Schnarcher ein.

Irgend jemand tippte mich an der Schulter an. Ich sah auf in das verhalten verstörte Gesicht von Madame Dubois.

„Ich dachte... So war das aber nicht abgesprochen. Was geht hier eigentlich vor?" flüsterte sie mir zu, während Frau Radke in der Küche verschwand, die ich bis jetzt nicht die Gelegenheit gehabt hatte zu inspizieren.

„Es tut mir leid. Ich war mir ganz sicher, dass sie aus dem Haus gegangen ist."

„Und die Waschmaschine? Wieso bist du hier? Was hast du ihr gesagt?"

„Nichts, bis jetzt. Ich sitze hier und lasse den Dschungel an mir vorüberziehen."

Sie seufzte tief und ging ebenfalls auf die Küche zu. Was hatte sie überhaupt für ein Problem? Sie war schließlich dort, wo sie hinwollte. Was interessierte sie sich weiter für kaputte Waschmaschinen, wenn sie ihr Ziel auch so erreicht hatte? Ich konnte das primäre menschliche Anliegen, den äußeren Schein zu wahren, einfach nicht verstehen. Es ging nicht in meinen Kopf. Es war doch letztendlich egal, mit welchen Mitteln man sein Ziel erreichte. Der Zweck heiligte die Mittel. Ich konnte im Hintergrund vernehmen, wie Madame Dubois auf die Nachbarin einmurmelte, die wie gewöhnlich mit keinem Wort antwortete. Ob sie gestisch antwortete, konnte ich von meiner Position im Raum aus nicht erkennen. Ich schaffte es nicht, mich darauf zu konzentrieren, was Madame Dubois sagte. Ihre Worte zerflossen einfach, verstärkt noch durch ihren singenden französischen Tonfall.

Dann standen sie auf einmal vor mir im Zimmer, ich war noch immer der stumme Zuschauer eines Theaterstücks, in dem die eine Schauspielerin Monologe hielt, während die andere strikt pantomimisch agierte. Madame Dubois breitete die Geschichte eines armen französischen Mannes aus, der ebenso wie der dahingeschiedene Professor Farendorf ein leidenschaftlicher Konstrukteur von Fußballrobotern gewesen sei und durch dessen Tod einen sachverständigen Kollegen, mit dem er in regem Austausch gestanden hätte, verloren hätte. Die schöne Nachbarin blickte freundlich und betroffen, aber hart in ihrem Entschluss, sich in keinster Weise dazu zu äußern. Schließlich gebot sie der Detektivin, einen Moment zu warten und verschwand erneut in der Küche. Sobald sie aus dem Raum war, warf mir Madame Dubois wieder einen hilfesuchenden und zugleich anklagenden Blick zu, als wäre ich es, der für die gesamte Situation verantwortlich war, und nicht sie selbst, die ja extra nach Berlin gereist war, um im Leben meiner Nachbarin herumzuschnüffeln. Ich bemühte mich also, ihren Blick zu ignorieren und starrte ebenso schweigsam wie die Nachbarin Löcher in die Luft.

Diese kam nun wieder mit einem Pappkarton in der Hand, der mir wohlbekannt war. Diesen überreichte sie Madame Dubois, die nun noch hilfloser aussah. Sie öffnete den Deckel, erkannte wohl, was der Inhalt war und wollte das Paket so schnell wie möglich wieder an seine Besitzerin zurückgeben. Doch diese hielt die Arme hinter dem Rücken verschränkt und schüttelte den Kopf.

„Aber ich kann doch nicht... Was soll ich Ihrer Meinung nach mit diesem Paket anfangen? Schon alleine, wenn mich an der Grenze jemand danach fragt. Also nein, wirklich nicht.“

Die Nachbarin schüttelte ungerührt den Kopf.

„Ich bin nicht gekommen, um... Sie verstehen mich ganz und gar falsch. Mein Klient wollte doch nur wissen, ob sich das technische Problem mit den Robotern geklärt hatte, es ist ihm außerordentlich wichtig, und da wollte ich von Ihnen wissen, ich meine, sie haben ja schließlich zusammengearbeitet...“

Ihr Kopfschütteln wurde entschiedener, fast ein wenig genervt, dazu machte sie eine kleine Geste auf den Karton hin, so als wollte sie sagen: ‚Fragen Sie ihn doch. Er steht Ihnen voll und ganz zur Verfügung.‘

Mir wurde es zuviel. Ich stand auf und schob Madame Dubois in Richtung Wohnungstür. Ich schwieg weiterhin solidarisch mit meiner Nachbarin. Sie kam nun auch zur Tür, drängte mich zur Seite, schüttelte dann Madame Dubois freundlich die Hand und schloss die Tür hinter ihr. Wir waren alleine.

Ich fühlte mich hilflos. Ich konnte auf sie einreden, natürlich. Ich wusste, was ihre Antwort sein würde. Aber es bedurfte ja auch keiner Antworten. Warum also reden? Wahrscheinlich würde sie mich ohnehin gleich zur Tür hinausbefördern. Ich war irgendwie zu meinem Platz zurückgekehrt. Der alte Sessel strahlte eine Sicherheit aus, so als gehörte er nicht zur Handlung, als wäre einem darauf die Rolle des Zuschauers garantiert. Sie setzte sich auf den Fußboden vor mich, natürlich im Schneidersitz, wie sollte es anders sein, bei Leuten die Bücher über Meditation auf dem Schreibtisch liegen hatten. Sie schaute mich an. Was mich noch nervöser machte. Vielleicht schaute sie auch durch mich hindurch. Ich kann diesen Blick nicht beschreiben. Heiter, freundlich, interessiert und gleichzeitig abwesend, von innen her leuchtend – und irgendwie unmenschlich, ja kalt. Kalt, weil er so über der Jämmerlichkeit dieser Welt zu stehen schien, so als könnte ihm nichts etwas anhaben, als wäre das Leuchten unauslöschlich, auch wenn die Trägerin des Blickes schlechte Laune haben mochte. War sie am Ende eine Heilige? Nicht dass ich an Heilige glaubte, aber wer weiß, wen mein Vater und Autor in meine Geschichte schickte? Er brachte es fertig, mich mit Gestalten zu konfrontieren, an deren Existenz ich keinen Glauben hatte. Es wurde Zeit, dieser Frau mitzuteilen, dass sie bei mir keine Chance hatte, weil ich schon an ihre bloße Existenz nicht glaubte.

„Du existierst nicht. Du kannst mir nichts vormachen. Mir nicht. Einer verrückten französischen Privatdetektivin vielleicht, aber nicht mir. Du steckst doch mit dem alten Knacker unter einer Decke. Und dein Heiligenschein in den Augen geht mir auch auf die Nerven. Du glaubst wohl, ein wandelndes Geheimnis zu sein. Gefällst dir in deiner Rolle, wie alle anderen Spinner da draußen auch. Na ja, was soll man machen? Du weißt es eben nicht besser. Wie sollst du es auch wissen, wenn du gar nicht existierst? Ich meine, wenn du existiertest, hättest du mich längst aus deiner Wohnung geschmissen. Aber du kannst ja keiner Fliege was zuleide tun.

Interessiert dich wohl auch gar nicht, wie ich hier reingekommen bin? Ich sage es dir trotzdem: kraft meiner geistigen Anstrengung. Weil ich mir dachte, mal sehen, in was für Geheimnissen die Geheimniskrämerin wohl so herumkramt. Aber ich sehe, nichts als alte Asche. Aber erlaube mir eine Frage: Wieso schläfst du in einer Höhle? Ich weiß, du kannst mir nicht antworten. Vielleicht, eines schönen Tages, wenn du deine Stimme wiedergefunden hast. Du musst nicht so viel Aufhebens um die Worte machen, wie Goethe schon sagte, sie sind Schall und Rauch, oder waren es Namen? Ist ja auch egal, Worte sind Namen für Dinge. Soviel Gedanken verschwendest du an jedes Wort, das nicht über deine Lippen kommt, dabei wäre das gar nicht nötig, sie haben kein Gewicht.

Ich sehe schon, ich langweile dich, auch wenn du noch so aufmerksam durch mich hindurch schaust. Was würdest du tun, wenn ich bei dir einzöge? Wenn du deine Hängematte und deine Geheimnisse mit mir teilen müsstest? Keine Angst, ich bin nicht aufdringlich. Ich gehe jetzt in dieser Minute, denn die Show ist over. Du bist wie das Testbild, irgendwann hat man genug gesehen und es dürstet einen erneut nach schwachsinnigen Worten. An Arabella kommst du nicht heran."

Ich versuchte, mich von meinem Sessel zu erheben und ganz cool zur Tür zu gehen. Sie dort auf ihrem Fußboden sitzen zu lassen, berührt oder ungerührt. Nur es ging nicht. Konnte mich dieses Wesen unter Hypnose versetzen, dessen Blick mich allmählich nervte, dem ich nun schon erklärt hatte, dass es mich langweilte?

Sie erlöste mich, indem sie aufstand und für mich die Wohnungstür öffnete. Ich tat, wie sie mir geheißen hatte, fand mich im Treppenhaus wieder und ging hinauf, um endlich die Überschwemmung in meinem Badezimmer zu beheben.

So nah war ich ihr noch nie gekommen. Wütend warf ich Handtücher auf den Fußboden meines Badezimmers und zog sie mit dem Fuß durch die Wasserlache. Hier schien es eine Stelle in diesem maroden Haus zu geben, wo man einmal ordentlich gearbeitet hatte. Mein Vormieter hatte in Eigenarbeit das Bad gefliest.

Alles war missglückt. Mein Plan war gescheitert, ich hatte nichts herausgefunden, ich hatte es mir mit der Detektivin verscherzt, von der ich mir noch einige Informationen versprochen hatte. Ich konnte mich einfach nie zusammenreißen, nicht einmal bei der Verfolgung meiner eigenen Interessen die Regeln der Höflichkeit wahren.

Noch wütender war ich auf die unglaubliche Gelassenheit meiner Nachbarin. Ein einziges Mal musste sie doch aus der Ruhe zu bringen sein. War es die Meditation, die eine derartige innere Ruhe verlieh? Sollte ich meine Vorurteile gegen die esoterischen Disziplinen überdenken? Noch schlimmer als ihre innere Ruhe war, dass ich nicht aus eigener Kraft hatte gehen können. Dass es ihrer Aufforderung bedurft hatte, mich von diesem Blick loszureißen, dass mein eigener Wille selbst nichts auszurichten vermocht hatte.

Ich brauchte einen neuen Verbündeten. Es war wohl doch die Staatsgewalt, mit der ich künftig kooperieren sollte. Irgendwie würde ich es ihr schon zeigen. Mir hätte klar sein sollen, dass eine Madame Dubois, die hilfloseste Privatdetektivin, die ich je kennen gelernt hatte, auch wenn es die einzige war, sie nicht aus der Ruhe bringen konnte. Aber einem eiskalten Bürokraten wie Kommissar Richter sollte sie nicht gewachsen sein.

Ich wählte die Nummer auf der Visitenkarte. Eine gelangweilte Frauenstimme meldete sich mit ‚Kriminalpolizei'.

„Guten Tag. Ich hätte gern mit Kommissar Richter gesprochen."

Sie teilte mir mit, dass der Kommissar in einer Dienstbesprechung sei und wohl heute nicht mehr zu sprechen sei. In welcher Angelegenheit ich denn anrufe.

„Könnte es sein, dass der Kommissar auf der Suche nach Asche ist? Wenn ja, soll er sich schnellstmöglich bei mir melden.“

Ob ich das nicht konkretisieren könne.

„Er wird das schon verstehen. Es handelt sich um eine vertrauliche Angelegenheit.“

Sie sei durchaus eine vertrauenswürdige Person und im übrigen die Sekretärin des Kommissars, der ohnehin früher oder später alle Informationen zufließen würden.

„Nein, mir ist es lieber, erst mit dem Kommissar direkt zu reden.“

Ob er mich zurückrufen könne.

„Nein, ich habe kein Telefon. Aber er hat meine Adresse. Zimmermann ist mein Name. Ich bin fast immer zu Hause, besonders zur Zeit der Nachmittagstalkshows.“

Sie werde es dem Kommissar ausrichten. Aber vor morgen brauche ich nicht mit ihm zu rechnen, und auch dass er morgen käme, könne sie mir nicht versprechen. Der Kommissar sei im Moment sehr beschäftigt.

Aber ich hatte mich nicht verschätzt, seine Neugierde wecken zu können. Pünktlich um drei Uhr nachmittags am nächsten Tag stand er vor meiner Tür. Diesmal war Harry Klein nicht mit von der Partie. Ich fragte den Kommissar also, ob er den Kollegen mit Absicht zu Hause gelassen hatte.

„Nein. Der Kollege muss seine Überstunden abbummeln. Wir kriegen ja bei der Kripo unsere Überstunden auch nicht mehr bezahlt. Stellen Sie sich das nicht vor wie im Fernsehkrimi, wo die Herren Derrick oder wie sie alle heißen unendlich viel Zeit haben, um wieder und wieder dieselben Zeugen zu befragen. Die Realität ist anders. Ich bin hier heute zum Beispiel in meiner Freizeit, weil ich schon längst mein für diesen Fall veranschlagtes Stundenkontingent überschritten habe. Ich hoffe also, sie haben mich nicht zum Spaß herbestellt. Wenn mein Chef erfährt, was ich gerade mache, bekomme ich schon wieder Ärger – ich habe nämlich in meiner Freizeit nicht für die Kripo tätig zu sein. Die Polizeiführung hat beschlossen, dass das den Ruf schädigt, das sieht dann nämlich so aus, als machten wir unbezahlte Überstunden.“

„Das wäre doch im Sinne der Aufbesserung der staatlichen Arbeitsmoral sehr förderlich.“

„Nichts dergleichen. Das gibt doch gleich wieder Aufschreie von wegen Schädigung der Volkswirtschaft und gerechte Arbeitsverteilung für alle. Aber lassen wir das Thema. Wenn die Jugend von heute nicht so viel Freizeit hätte und ständig demonstrieren gehen würde, dann müsste die Polizei nicht soviel Geld dafür ausgeben, deren Übermut in Schach zu halten, sondern könnte mehr qualifizierte Kräfte wie mich beschäftigen, die sich ernsthaft um die Aufklärung von Verbrechen bemühen.

Entschuldigung, ich wollte Sie nicht mit meinen Problemen belästigen. Ich hatte nur heute einen schlechten Tag. Aber bitte, schießen Sie los!"

„Nun, ich weiß nicht genau, was Sie suchen, aber ich habe etwas gefunden, was Sie interessieren könnte. Ich habe es allerdings nicht mehr, aber ich könnte Ihnen sagen, wer es hat, wenn ich auch nicht weiß, wo sie wohnt. Aber vielleicht, wenn Sie mir sagen, was Sie von Frau Radke eigentlich wollen, dann könnte ich vielleicht besser einen Zusammenhang herstellen und Ihnen das erzählen, was wirklich wichtig ist."

Kommissar Richter seufzte gequält. „Ich habe es geahnt. Wissen Sie, es scheint die unangenehme Eigenschaft von Zeugen zu sein, immer wieder für die Polizei denken zu wollen. Das ist aber gar nicht nötig. Im Gegenteil, uns ist es wichtig, ungefilterte Informationen zu bekommen und nicht nur die, die gerade in die Theorie des jeweiligen Zeugen passen."

Auch ich seufzte. Tief und laut und so, dass es der Kommissar auf jeden Fall als Affront verstehen musste. An diesem Kommissar Richter würde ich mir die Zähne ausbeißen können, das sah ich jetzt schon. Er schien nichts von der Politik zu halten, dass eine Hand die andere wäscht. Die Überzeugung, dass alle Menschen nur Informanten der Polizei ohne eigenes Interesse, gleichsam beteiligt am großen allgemeinen Interesse der Verbrechensbekämpfung waren, war so tief in ihm verwurzelt, dass er die sich ihm bietende Möglichkeit nicht erkennen oder gar wahrnehmen konnte.

„Was ist das für Asche, von der Sie meiner Sekretärin erzählten?"

„Machen wir mal langsam. Ist Ihnen ein Professor Farendorf bekannt?"

„Ja," knurrte er.

„Ihnen ist wahrscheinlich auch bekannt, dass Professor Farendorf auf die eine oder andere Weise das Zeitliche gesegnet hat."

„Es ist mir zu Ohren gekommen."

„Würde es Sie auch interessieren, wo sich seine sterblichen Überreste befinden?"

„Bedingt. Welchen Preis muss ich für diese Informationen bezahlen? Das ist es doch, worauf Ihr Fragespielchen hinausläuft, nicht wahr?"

„Ich könnte Ihnen nützlich sein, wenn ich wüsste, wonach Sie suchen. Ich habe im Grunde genommen ein ganz gutes Verhältnis zu meiner Nachbarin. Sie lädt mich sogar manchmal zum Kaffee ein. Wenn ich also wüsste, was Sie suchen, könnte ich mich mal ein wenig bei ihr umschauen."

„Ach. Bei unserem letzten Zusammentreffen haben Sie doch noch behauptet, Sie kennen ihre Nachbarn gar nicht und interessieren sich auch nicht für sie."

„Ich habe es mir anders überlegt. Manchmal muss man nur einen Schritt auf die Leute zugehen. Ich glaube, sie findet mich sympathisch. Ich glaube sogar, dass sie mich mehr als nur sympathisch findet. Ich habe ihr gestern einen spontanen Besuch abgestattet, und sie hat mich sehr freundlich empfangen."

„Fangen Sie bloß nicht an, Sherlock Holmes zu spielen."

„Warum denn nicht? Ich habe Ihnen gegenüber einen entscheidenden Vorteil: Ich bin jung und attraktiv. Sie dagegen kann Frau Radke gar nicht leiden. Nun, als ich diesen Besuch machte, war noch eine andere Dame mit einem französischen Namen zugegen, die sich ebenfalls für Professor Farendorf interessiert hat. Wissen Sie, was sie gewollt haben könnte?"

„Nein." Sein nein klang allerdings nicht mehr so entschieden, und ich konnte aus seinem Gesicht ablesen, dass sich in seinem Hirn etwas zu regen begann. Wie ertappt drehte er sich von mir weg und machte drei Schritte auf das Fenster zu. Dort verharrte er in der Betrachtung der den engen Hof ganz ausfüllenden Kastanie, die irgendein Nachbar mit abgerollten Kassetten wie mit Lametta verziert hatte.

„Das heißt... Ich hätte da eine Idee. Der Professor hat eine heimliche Verehrerin. Sie hat ihn auf einem Kuraufenthalt in Südspanien kennen gelernt, hat ihn aber wieder aus den Augen verloren. Sie hat vermutlich noch nichts von Professor Farendorfs Tod erfahren. Es könnte sein, dass sie Professor Farendorf sucht. Aber sie war keine Französin."

„Die französische Dame ist Privatdetektivin. Sie hat die Asche mitgenommen. Warum interessieren sich so viele Leute für diesen Professor? Ist er etwa ermordet worden?"

„Darüber kann ich Ihnen keine Auskunft geben. Ich persönlich ermittle in einem anderen Fall, in dem der Professor wie auch Ihre Nachbarin nie zur Zeugenladung erschienen sind. Dass Professor Farendorf umgebracht worden sein könnte, ist ein interessanter Gedanke. Ich werde dem nachgehen. Haben Sie schon einmal was von Roboterfußball gehört?"

„Nein. Gibt es das?"

„War ja nur eine Frage. Sagen Sie mir vielleicht noch den Namen der französischen Detektivin?"

„Madame Dubois. Ich habe auch ihre Telefonnummer, aber es könnte sein, dass sie sich nicht mehr in Berlin aufhält."

„Ich bedanke mich. Wenn Ihnen noch etwas einfällt, rufen Sie mich an. Und vertrauen Sie nichts meiner Sekretärin an, sie vergisst immer das Wesentliche.“

„Wollen Sie mir nicht noch erzählen...“

„Meine Frau wartet mit dem Abendessen. Da ist nicht mit ihr zu spaßen. Auf Wiedersehen.“

Es war ein magerer Anfang, aber es war ein Anfang. Vielleicht war der Kommissar doch zu dem einen oder anderen Kompromiss bereit, vielleicht konnte ich ihn sogar davon überzeugen, dass ich ein wertvoller inoffizieller Mitarbeiter sein konnte. Immerhin sollte ich ihn wieder anrufen und das geäußerte Misstrauen gegenüber seiner Sekretärin schaffte eine geheime Ebene von Verbindung.

Ich starrte meinerseits in die Kastanie, als ob dort die Erkenntnis selbst hinge, und man nur ihr Glitzern im richtigen Augenblick auffangen müsste. Wenn er sich also auf einen Handel von Informationen einließ, war es doch nur wesentlich, dass ich jederzeit neue Informationen anbieten konnte. Informationen sind keine Wahrheiten, vor allem dann nicht, wenn man nicht an absolute Wahrheiten glaubt. Ich konnte dem guten Herrn sonst was erzählen, während er, in seinem Glauben an die eine Lösung mir immer nur Stückchen dieser seiner Lösung anbieten konnte. Jeder tat bei einem solchen Handel das einzig für ihn Richtige. Wenn ich eigene Wahrheiten in die Welt setzte war das nicht weniger moralisch verwerflich, als wenn Kommissar Richter der Dualität von richtig und falsch folgte. Welch ein wunderbarer Gedanke!

Ich rief den Kommissar am nächsten Tag wieder an. Er war gerade in der Mittagspause. Er schien sehr gewissenhaft seine regelmäßigen Mahlzeiten einzunehmen. Ich rief nach einer halben Stunde noch mal an, wie es mir seine Sekretärin aufgetragen hatte. (Sie schien hingegen auf Diät zu sein oder im Büro zu essen.) Ich hatte mir für diesen Anruf keine Worte in meinem Kopf zurechtgelegt. Ich wollte mich einfach von meiner Intuition leiten lassen. Diese Konstruktion von zusammenhängenden Geschichten im Voraus war mir entschieden zu anstrengend und gar nicht meinem Naturell gemäß.

„Ach, Sie schon wieder,“ begrüßte mich der Kommissar gar nicht begeistert. „Ist Ihnen noch etwas Wichtiges eingefallen? Oder machen Sie sich Sorgen, dass ich ohne Sie nicht genug zu tun habe? Da könnte ich Sie nämlich beruhigen. Hören Sie, ich muss in einer halben Stunde bei einer Gerichtsverhandlung als Zeuge aussagen, deswegen fassen Sie sich bitte kurz.“

„Mir ist noch etwas eingefallen. Haben Sie Madame Dubois erreicht?“

„Ich hatte noch keine Zeit. Rufen Sie jetzt an, um mir Fragen zu stellen, oder um mir etwas zu erzählen?“

„Ist ja schon gut. Ich meine nur, wenn Sie Madame Dubois anrufen, die ja auch in der Wohnung der Verdächtigen war, könnten Sie sie gleich fragen, ob sie es auch gesehen hat.“

„Ob sie was gesehen hat?“

„Ich glaube, Frau Radke gehört einer Sekte an, deren Mitglieder von Robotern ihre Befehle erhalten.“

„Hm.“

„Sie hat zwischen einer Sammlung von Heiligenbildchen das Foto eines Roboters hängen.“

„Das sind natürlich eindeutige Beweise für ihre Sektenzugehörigkeit. Ich muss jetzt Schluss machen. Auf Wiederhören.“

„Warten Sie. Haben Sie so einen Roboter schon einmal gesehen? Er ist etwa einen Meter groß und hat keine Augen im Kopf.“

„Meines Wissens haben Roboter nie Augen im Kopf. Im übrigen habe ich Ihnen bereits gesagt, dass ich auf ihre kriminalistischen Theorien verzichten kann. Was die Wohnung von Frau Radke angeht, die werde ich mir in nächster Zeit selber mal ansehen. Auf Wiederhören.“

Er legte einfach auf. Was für ein undankbarer Kerl. Ich hasste ihn. Ich wählte die Nummer von Madame Dubois. Man sagte mir, dass sie schon abgereist sei. Ich fluchte auf Privatdetektivinnen, die nicht nur modisch in der Zeit der ersten James-Bond-Filme hängen geblieben waren, sondern auch technisch. Eine Privatdetektivin ohne Handy war einfach undenkbar. Und das, obwohl James Bond der Verfechter der technischen Innovation war.

DRITTER TEIL

Fünfundzwanzig

Hernandez wischte sich mit den ölverschmierten Händen den Schweiß vom Gesicht, eine schwarze Spur auf seiner Stirn hinterlassend, und fragte sich, warum sie gerade ihn zu dieser Aufgabe auserkoren hatten, wo er doch Motorenöl ganz und gar nicht ausstehen konnte. Zudem kam ihm Al Pachinos Methode, einen Generator zu reparieren nicht gerade erfolgreich vor. Dieser warf alle Schrauben und Muttern achtlos auf den Boden, so dass der Zusammenbau des Gerätes zu einem unnötigen Puzzlespiel werden würde. Aber der Generator war nicht der eigentliche Grund, warum ihn die anderen geschickt hatten, und so mäßigte er seinen Unmut. Seine Aufgabe war es, Informationen aus Al Pachino herauszupressen. Hernandez glaubte nicht, dass Al Pachino über Informationen verfügte, die die anderen nicht hatten.

Er war immer derjenige gewesen, der am wenigsten an Al Pachinos Schuld glaubte. Al Pachino war ein armer Schlucker wie sie alle, vielleicht ein wenig trotteliger als die anderen, so dass er nicht die Schlagfertigkeit besaß, sich gegen merkwürdige Anschuldigungen zu wehren. Vielleicht war er auch ein Mann, dem das politische Bewusstsein fehlte, aber wie sollte man jemandem das als Fehler anhängen? Er hatte Al Pachino noch nie auf einer der Versammlungen gesehen, aber er war auch nicht der einzige der Männer, den er noch nie gesehen hatte. Hernandez fragte sich, wie all das Misstrauen in die Welt gekommen war. Nicht das Misstrauen gegenüber den Ausbeutern, das immer angemessen und wohlbegründet war, sondern das Misstrauen untereinander, das Misstrauen unter den Armen. Es musste wohl so sein, dass der Kapitalismus auch vor ihnen nicht halt machte, und zwar nicht nur in ihrer Produktions- sondern auch in ihrer Denkweise. Die Angst, von einem Kollegen abgezockt zu werden, das Verhältnis der Konkurrenz, hatte sich schon in ihren Köpfen verwurzelt. Und wenn sie auch ihre traditionelle Arbeitsweise noch nicht hinter sich gelassen hatten, indem sie auch im Hafen im Kollektiv ihre Steuern erhoben, war das Konkurrenzverhältnis eben doch eingezogen, und zwar in Form der Angst. Wer aber fürchten konnte, von Kollegen abgezockt zu werden, war selber zu gleichem in der Lage.

Trotz seiner kritischen Position gegenüber dem Verdacht hatte man ausgerechnet ihn geschickt, um Al Pachino auszuhorchen. Nun, er wollte ihnen beweisen, dass ihr Verdacht unbegründet war, und die Schuld an anderer Stelle zu suchen war.

„Sag, wie läuft das Geschäft diese Tage," eröffnete Hernandez in unverfänglichem Ton das Gespräch. Al Pachino war kein gesprächiger Mann, wie sie es im Grunde alle nicht waren, er aber noch etwas schweigsamer als die anderen. Wenn man eine Information von ihm haben wollte, musste man eine ganze Weile bohren.

„Welches Geschäft?" grunzte Al Pachino. „Du weißt doch selbst, dass man von dem winzigen Acker nicht leben kann. Und unser Schwein ist an einer komischen Krankheit krepiert, kurz bevor ich es schlachten wollte. Und Geld, um ein neues zu kaufen, haben wir auch nicht. Das heißt, die nächsten Monate kommen nur Reis und Kochbananen auf den Tisch."

„Ich habe dich in der letzten Zeit selten am Hafen gesehen. Wenn ihr ein Schwein kaufen wollt, wieso kommst du nicht öfter runter und verdienst dir was dazu?"

„Ach, das ist doch Blödsinn. Die paar Pfennige, die wir da verdienen, gehen eh an Doña Luci. Außerdem hat meine Frau ein Kind bekommen und hat mich nicht von zu Hause weggelassen. Ich verstehe gar nicht, was sie auf einmal hat. Früher ist sie auch bis zum Tag der Entbindung aufs Feld gegangen, und am nächsten Tag war sie wieder auf den Beinen. Jetzt sagt sie auf einmal, dass das nicht gut wäre, und ich solle ihr mehr helfen. Ich musste kochen und die ganze Feldarbeit alleine machen."

„Du bist wirklich zu bemitleiden."

„Jetzt mach dich nicht über mich lustig. Ich meine, wenn das alles ihre eigene Idee gewesen wäre, aber ich werde den Verdacht nicht los, dass ihr das diese Gringa eingeredet hat, die letztens bei uns im Dorf war und angeblich Malariatests gemacht hat. Aber ich glaube, sie hat mit den Frauen noch ganz andere Sachen gemacht. Brauchen wir wirklich Gringas, die uns erzählen, wie wir unsere Kinder zu gebären haben? Schließlich haben die Frauen das doch über hunderte von Generationen auch ohne Gringas geschafft."

„Jetzt reg dich nicht auf. Vielleicht ist deine Frau auch von alleine darauf gekommen, dass du sie ein bisschen mehr unterstützen könntest. Gibt es sonst irgendetwas Neues bei dir aus dem Dorf? Von euch kommt selten jemand zu den Versammlungen."

„Eure Versammlungen. Dass ihr unsere Rechte einfordert, schön und gut, aber brauchen wir nicht zum Beispiel das Öl? Wir brauchen die Arbeitsplätze, um unsere Familien zu ernähren, und wenn wir der Industrie zu viel Stress machen, geht sie halt woanders hin, und wir gehen leer aus. Öl gibt es im ganzen Amazonas genug für Jahrhunderte, überall."

„Und unsere Vorfahren leben nicht seit Jahrhunderten im Amazonas, ohne Arbeitsplätze bei der Erdölindustrie zu brauchen?"

„Hernandez, stell dich doch nicht naiver als du bist. Wir können die Geschichte nicht zurückdrehen. Ecuador ist ein Land mit einer Marktwirtschaft, und wir sind die Verlierer. Trotzdem müssen wir uns und unsere Familien ernähren."

Hernandez beschloss, sich zurückzunehmen. Schließlich hatte sein Gespräch mit Al Pachino einen anderen Zweck, als ihn vom Sinn der Versammlungen zu überzeugen. Wobei er dies gerne getan hätte, denn Al Pachino schien keineswegs dumm zu sein. Sie könnten ihn gut gebrauchen, wenn ihm auch noch ein wenig revolutionärer Geist eingehaucht werden musste.

„Und, hast du etwas gehört, ob es weitere Bohrungen geben soll?" fragte Hernandez weiter.

„Man sagt ja. Noch weiter drinnen, fast an der Grenze zu Peru. Man sagt, dass dort noch andere Geschäfte laufen, und dass das Öl zu Konflikten führen wird."

„Ach ja?" Hernandez versuchte, erstaunt zu klingen.

„Das weißt du doch. Tu nicht so, als wenn ihr bei eurer ganzen politischen Arbeit das Offensichtliche überseht. Das Pulver ist im Kommen, seit sie in Kolumbien die Felder besprühen und die Werkstätten ausheben."

„Was ziehst du also vor, die Koka oder das Öl?" Was als Fangfrage gedacht war, beantwortete Al Pachino ernsthaft und arglos: „Ist das eine Frage meiner Vorlieben? Ich denke, dass die Arbeitsplätze bei der Ölindustrie nicht ganz so lebensgefährlich sind."

Doña Alexandrina kam in den Raum. Trotz ihrer Körperfülle war sie eine würdevolle, ja fast graziöse Erscheinung. Ihre aufrechte Körperhaltung gab ihr eine Aura der Unnahbarkeit. Sie war eine Frau fortgeschrittenen Alters, in ihren Fünfzigern, aber sie war nach Fernanda die Frau, die Hernandez am meisten bewunderte.

„Das Essen ist fertig," verkündete sie mit heiterer Stimme, dann, nachdem ihr Blick auf den Metallhaufen fiel, der ihr Generator gewesen war: „Was habt ihr denn gemacht? Seid ihr euch sicher, dass ihr das wieder zusammenbauen könnt?" Ihre Gesichtszüge hatten sich deutlich verfinstert.

Hernandez und Al Pachino sahen sich in die Augen und kicherten. „Selbstverständlich, Doña," antwortete Hernandez in höflichem Ton, „wir sind sogar fast fertig. Aber erst mal brauchen wir eine kleine Stärkung." Mit diesen Worten ließ er die Schraube, die er gerade in der Hand hielt, wieder achtlos auf den Haufen fallen.

Sie folgten einer sichtlich verunsicherten Doña Alexandrina in den Speisesaal ihres kleinen Lokals. Da sie nun verstimmt war, gab sie kein Wort über die Lage vor Ort von sich. Den beiden Männern war das egal, denn beide hatten seit langem kein so großes Stück Fleisch mehr gegessen. Nachdem sie sich die Bäuche vollgeschlagen hatten, teilten sie sich eine zerknitterte Zigarette, die Hernandez noch in seiner Hemdtasche gefunden hatte. Die nächsten fünf Stunden arbeiteten sie bis auf die dazugehörigen Flüche, die jeder von ihnen auch alleine ausgestoßen hätte, schweigend.

Für Hernandez hatte sich der Verdacht erübrigt. Er empfand sogar auf einmal Sympathie für diesen schweigsamen Mann, der seine Illusionen nicht teilte. Irgendwie war seine lakonische Sicht der Dinge bestechend. Wenn man sie mit einer gehörigen Portion revolutionärer Energie mischte, könnte doch noch ein explosives Gebräu dabei herauskommen, dachte sich Hernandez.

Letztendlich mussten sie alle zu einem anderen Diskurs übergehen, der keine personellen Schuldfragen stellte. Es war nicht wirklich wichtig, wer den Haufen Schrott entwendet hatten, von dem sie nicht einmal wussten, wozu er zu gebrauchen war. Nicht egal war, wer hinter diesem ganzen Vorfall stand, der nur deshalb von solcher Bedeutung war, dass er ihre kleine periphere Ökonomie ausschloss, weil die Befriedungssteuern nicht gezahlt worden waren. Egal war, ob die Koka- oder die Ölproduktion die Bauern ökonomisch an den Rand drängte, sie mussten wieder massiv von sich hören lassen, wie sie es auch schon im Vorjahr getan hatten, und sie durften sich von der Regierung nicht mit leeren Versprechungen befrieden lassen.

Mit einem kühlen Bier aus Doña Alexandrinas Geheimvorräten besiegelten die beiden Männer den Arbeitstag und eine neu geschlossene Freundschaft. Al Pachino, der nichts vom revolutionären Gedankenflug seines Gegenübers ahnte, durchströmte eine tiefe Zufriedenheit. Endlich schien ihm ein Mensch nicht zu misstrauen.

Sechsundzwanzig

Fernanda saß im Schaukelstuhl und las die Zeitung, während sie aufpasste, dass die Bohnen auf dem Feuer nicht anbrannten. Die Zeitung war schon drei Tage alt, aber sie war bisher nicht zum Lesen gekommen. Immer wenn Hernandez zum Hafen ging, bat sie ihn, ihr eine Zeitung mitzubringen. Hier im Dorf gab es keine zu kaufen.

Manchmal gab es glückliche Zufälle, dass Hernandez zum einen an ihre Bitte dachte und zum anderen noch genug Geld für eine Zeitung in der Tasche hatte. Sie brannte auf Informationen aus der Welt, und wenn sie eine Zeitung in die Finger bekam, las sie sie bis zum letzten Wort aus. Natürlich hatten sie auch Fernsehen, und Fernanda schaltete sogar jeden Tag die Nachrichten an, auch wenn Hernandez neben ihr saß und murrte, aber sie glaubte den weißen Nachrichtensprechern aus Quito ohnehin kein Wort. Sie lasen Phrasen von einem Blatt ab, während sie von der wirklichen Welt nichts verstanden. Für sie war Politik nichts als eine Aneinanderreihung von fixen Begriffen, mit der sie eben ihr Geld verdienten, die aber keinerlei Auswirkung auf ihr Leben in einer modernen und von Security bewachten Wohnung in Quito hatte. Die Peripherie tauchte in den Nachrichten nicht auf. Die große Politik fand in den USA statt, während sich alles berichtenswerte aus Ecuador auf Unwetter und Busunglücke beschränkte. Das scheinbare Niemandsland, in dem Fernanda und Hernandez lebten, schien auch gar nicht zu existieren. Dafür, dass es nicht existierte, wuchs die Spannung zwischen den Phantomen der Macht in letzter Zeit allerdings beträchtlich. Fernanda suchte die Phantome in den Zeitungen zwischen den Zeilen. Dort saßen sie ganz versteckt und machten nur vage Andeutungen darüber, wer sie eigentlich waren und was sie wollten. Aber die Zeitungen waren immer noch besser als das Fernsehen. Das wesentliche Manko des Fernsehschirms war, dass es auf ihm keine Zwischenräume zwischen den Zeilen gab.

Hernandez war in der Nacht nicht nach Hause gekommen. Sie machte sich über sein Fortbleiben keinerlei Sorgen, außer, dass er vielleicht zuviel Geld auf den Kopf hauen konnte, sonst genoss sie es vielmehr. Wenn Hernandez nicht nach Hause kam, was gelegentlich vorkam, wenn er irgendwelchen mysteriösen Gelegenheitsjobs in entfernteren Dörfern nachging, hieß das, dass sie von dem Geplärr der schlechten Fernsehsendungen verschont blieb und niemand sie voll jammerte. Es hieß, dass sie sich in aller Ruhe hinsetzen konnte und ihre Gedanken aufschreiben, ohne dass sie jemand fragte, was sie schrieb und ihr gleich das Buch aus der Hand reißen wollte. Sie war dazu übergegangen, ihre Notizen vor Hernandez zu verstecken. Einmal hatte er ihre Aufzeichnungen gelesen und gleich Korrekturen an den Rand geschrieben. Sie hatte daraufhin eine Woche nicht mit ihm geredet, doch sie war sich nicht sicher, ob er den Grund für ihr Schweigen jemals verstanden hatte.

Dabei mochte sie Hernandez nach den 10 gemeinsamen Jahren noch gut leiden. Er war ein Klugscheißer und er hatte nie begriffen, was das Wort Privatsphäre bedeuten sollte, zumindest bei seiner Frau nicht, aber er war ein lieber Kerl und, was sie an ihm am meisten schätzte, er konnte denken, was man hier am Ort nicht von allen Leuten behaupten konnte. Natürlich konnten alle Leute denken, aber die meisten versuchten, diese Fähigkeit möglichst schnell mit Hilfe von Alkohol abzutöten. Eine allzu menschliche Reaktion, nicht nach den Symptomen des Schmerzes zu suchen, sondern sich mit der Wirkung schmerzhemmender Mittel zufriedenzugeben. Denken verursachte Schmerzen, daher war es besser, nicht zu denken. Auch Hernandez hatte in letzter Zeit angefangen, sich dieser Schmerztherapie hinzugeben. Sie musste sich eingestehen, dass sie in dem Fall diejenige war, die durch Wegsehen versuchte, den Schmerz nicht aufkommen zu lassen. Was würde von ihrem Hernandez übrigbleiben, wenn er zu denken aufhörte? Sie wollte es nicht wissen. Wenn er nicht da war, konnte sie über seine dummen Sprüche in der letzten Zeit hinwegsehen.

Mit Vorliebe las sie die Börsenberichte. Die Zahlen verrieten mehr über die Welt als jedes geschriebene Wort. Sie war eine einfache Frau, die nur sechs Jahre die Dorfschule besucht hatte, aber sie war nicht dumm. Sie verstand, was plus und minus bedeutete, und dass ein Plus in gewissen Aktienkursen in Bezug auf ihr Leben ein negatives Vorzeichen bedeutete. Auch wenn die meisten Männer im Dorf die Logik der Vorzeichen nicht verstanden. Wenn die Ölkonzerne Texaco und Occidental ein positives Vorzeichen in den Aktienkursen aufwiesen, war die Wahrscheinlichkeit hoch, dass ihre Leben noch tiefer in der Scheiße versanken, während die Regierung Arbeitsplätze, Wirtschaftswachstum und Wohlstand versprachen. Die Erfahrung hatte gezeigt, dass die Arbeitsplätze von kurzer Dauer waren und die Leben ihrer Inhaber nachhaltig verkürzten. Der Wohlstand kam an anderen Orten an. Obwohl die Männer die merkwürdigen Geschwüre auf der Haut derer kannten, die bei den Konzernen Arbeit gefunden hatten, hofften sie noch immer darauf, dort das große Geld machen zu können, um dann mit ihren Familien an einen besseren Ort ziehen zu können. Was ihrer Meinung nach der Logik der Städter entsprach: den eigenen Ort zu zerstören, um sich danach in einem besseren einkaufen zu können. Das Problem an dieser Logik war, dass sie global wirkte, von den meisten Menschen gelebt wurde, und daher langfristig keine besseren Orte übrig ließ.

Sie wusste auch, dass nicht alle so dachten, auch wenn die Nachrichten des Protestes und der Organisierung in den offiziellen Medien klein gehalten wurden, und sie musste zugeben, dass sie in den letzten Jahren doch einiges auf die Beine gestellt hatten. Das Bedauerliche war, dass sie trotz massiver Proteste wenig erreicht hatten außer leerer Versprechungen und schriftlicher Vereinbarungen, die trotzdem nicht eingehalten wurden. Sie hatten selbst eine Regierung abgesetzt, doch letztendlich hatten sie mit den falschen Leuten zusammengearbeitet, die nun wiederum eine neue, genauso korrupte und dollarhörige Regierung bildeten und sich gegen ihre ehemaligen Verbündeten wandten.

Fernandas Meinung nach war die Gründung einer politischen Partei der Indígenas von Anfang an ein Fehler gewesen. Wer sich in das Parteiensystem integrierte, musste wissen, dass er damit schon die Spielregeln des Systems akzeptiert hatte. Sie zweifelte nicht an der Aufrichtigkeit und den guten Absichten derjenigen, die sich zu diesem Schritt entschieden hatten, aber der Fehler lag nun einmal im System, und wer glaubte, es von Innen heraus reformieren zu können, saß einem furchtbaren Irrglauben auf. Es gab viele, die sagten, es wäre besser, wenn sie von Indígenas regiert würden, denn die Indígenas waren diejenigen, die die Armut und die Unterdrückung kannten, wohingegen die Weißen sich gar nicht in deren Lage versetzen konnten. Es steckte ein Stück Wahrheit in dieser Aussage. Trotzdem glaubte Fernanda, dass die Indígenas, einmal an der Macht und damit gleichzeitig Marionetten anderer, stärkerer Mächte, die Kraft verlieren würden, die sie als soziale Bewegung innehatten.

Sie sah in der Organisation in der letzten Zeit die Gefahr, einen geruhsamen und offiziellen Gang durch die Institutionen unternehmen zu wollen.

Auf der letzten Sitzung der CONFENIAE hatte sie sich mit ihren Genossen und Genossinnen gestritten. Sie hatten die Delegierten für den Amazonas-Kongress in Quito gewählt und anschließend versucht, eine Resolution über die Zukunft des Amazonas-Gebiets zu verabschieden. Irgendwann war Fernanda wütend aufgesprungen und hatte in die Runde gefragt, ob sie alle schon für den nächsten Wahlkampf übten oder ob sie gerade dabei wären, einen Antrag auf Entwicklungshilfe zu stellen – so viele hohle Phrasen, wie sie gerade aneinander reihten, hätte sie lange nicht mehr auf einem Blatt Papier versammelt gesehen. Aber die Mehrheit der Anwesenden war der Meinung, dass der Amazonaskongress das Ereignis des Jahres sein würde, und dass die Weltöffentlichkeit auf dessen Ergebnisse schauen würde, und dass man daher keine Verbalradikalitäten formulieren durfte.

Fernanda war nun endgültig wütend, denn natürlich ging es ihr nicht um die Formulierung von Verbalradikalitäten, sondern um die Planung zukünftiger Aktionen, die, wenn sie auf dem ganzen Kontinent koordiniert würden, eine Öffentlichkeit schaffen und vor allem wirkliche Veränderungen hervorbringen konnten. Sie sah nicht ein, dass man sich mit ein paar bescheidenen Reformen zufrieden geben müsse und dass man überhaupt die Regierung nicht grundsätzlich in Frage stellte.

Nun, die gewählten Delegierten hielten entgegen, dass Aktionen ohne ein politisches Programm genauso sinnlos wären.

Gut, dann sollten sie eben ein politisches Programm formulieren, entgegnete Fernanda und keine Worthülsen, aber selbst damit müssten sie aufpassen, denn politische Programme beinhalteten immer die Gefahr, dass ihnen alle zustimmten, ohne dass sich etwas veränderte. Man einigte sich, sich auch um die Umsetzung des politischen Programms kümmern zu wollen. Fernanda war damit zum Schweigen gebracht, überzeugt war sie aber nicht.

Im Norden Kolumbiens lebte ein Indianerstamm mit dem Namen U'wa. Dessen Name tauchte niemals in den Zeitungen auf, wohl aber der Name von Standard Oil. Standard Oil operierte im Territorium der U'wa. Von den Protesten der U'wa wusste Fernanda durch andere aus der Organisation, die Familie in Kolumbien hatten. Der Protest war einfach und gewaltlos, aber natürlich wusste jedes Kind, dass in ihrem Nachbarland der gewaltlose Protest zuweilen mit dem Leben bezahlt wurde. Die Regierung forderte von den U'wa, ihr Land an Standard Oil zu verkaufen, weil dies im wirtschaftlichen Interesse des Landes lag. Die U'wa dagegen argumentierten, dass sie ihr Land gar nicht veräußern konnten, da der Boden nach ihrem Rechtsverständnis nicht irgend jemandes Eigentum sein konnte. Sie konnten ihn gar nicht verkaufen, weil er nicht ihrer war. Woraufhin die Regierung die U'wa als naive Wilde darstellte, die keine Ahnung von wirtschaftlichen Zusammenhängen hätten und den aufgrund der unterstellten Naivität jedes Recht abgesprochen wurde, über das Schicksal ihres Grund und Bodens zu entscheiden. Die kolumbianischen Gerichte erfanden absurde Regelungen, wie etwa, dass die U'wa nur über die obersten 50 Zentimeter ihres Bodens verfügen durften, während die darunter liegenden Schichten dem Staat gehörten. Faktisch war das natürlich unmöglich, denn man konnte die eine Schicht nicht ohne die andere bewirtschaften. Natürlich war das Land letztendlich an die Konzerne verkauft worden und die U'wa waren für ihre 50 Zentimeter mit Ausweichflächen entschädigt worden, die sie sich weigerten, anzunehmen, da sie den Besitz des Bodens nicht praktizieren wollten. Fernanda bewunderte die aufrechte Haltung dieser Leute, die doch genauso gut sich ergeben und in die Dienste der Konzerne treten können.

In Ecuador sahen sie sich ähnlichen Problem mit der Erdölförderung gegenüber, die sich immer mehr ausweitete. Aber ihr Protest war nicht so stark organisiert, und die

Haltungen waren widersprüchlich, da viele gleichzeitig auf die Arbeitsplätze angewiesen waren. Das Öl sollte auch ein Thema auf dem Amazonas-Kongress sein, und sie dachte, dass sie sich hier wirklich zusammenschließen sollten, denn das Öl war mehr als alles andere ein enormes Druckmittel. Fernanda glaubte allerdings nicht an den friedlichen Protest, wenn sie ihn auch bewunderte. Sollten auf dem ganzen Kontinent die Erdölförderungsanlagen sabotiert werden, musste ihr Protest zwangsläufig erhört werden...

Hernandez kam herein. Sein Gesicht wirkte verkatert aber seine war Miene unerwartet gut gelaunt. Normalerweise tat er furchtbar leidend, wenn er am Vortag zuviel getrunken hatte und ließ sich von seiner Frau pflegen wie ein krankes Kind.

„Was gibt es Neues in der Welt?“ fragte er, als er seine Frau in die Zeitung vertieft war. Fernanda wusste allerdings, dass, wenn sie ihm jetzt antworten würde, er ihr nach den ersten zwei Sätzen nicht mehr zuhören würde, sondern gleich in Vorträge über seine eigenen Theorien zum Stand der Weltpolitik verfallen würde.

„Ich weiß es noch nicht genau. Das Orakel kündigt harte Zeiten an, aber die Ursachen verrät es nicht,“ antwortete sie wohlwissend, dass Hernandez keine Erklärung einfordern würde.

„Ich habe mich gestern Nacht mit Al Pachino unterhalten,“ sagte Hernandez, auf seinen inneren Monolog Bezug nehmend, den Al Pachino mit so wohlwollendem Blick bestätigt hatte. „Er ist gar nicht so dumm, wie er aussieht. Wir sind übereingekommen, dass sich etwas Großes verändern muss. Wir werden hier nach Strich und Faden verarscht, und nehmen es doch nur zum Anlass, uns untereinander zu streiten.“

„Ich versuche dir seit Monaten zu erklären, dass wir unsere Handlungsweise ändern müssen.“

„Du erklärst überhaupt nichts. Du sitzt nur mit einer Leidensmiene über deiner alten Zeitung, in der ohnehin nur Lügen stehen, du sprengst mit deinen Kommentaren die Versammlungen und hast noch nie etwas von politischer Taktik gehört.“

„Du weißt, dass das nicht wahr ist. Du sagst selbst, dass sich etwas Großes verändern muss. Etwas Großes verändern wir nicht mit einer Resolution, auch nicht wenn wir von allen möglichen NGOs in der Welt Beifall gespendet bekommen. Man kann die Regierung nicht höflich um eine Revolution bitten. Und man kann genauso wenig blindwütig eine Revolution machen, ohne zu wissen, wie man danach leben will. Wie oft soll ich dir das noch erklären?“

„Du bist ein furchtbarer Klugscheißer, weißt du das?“

Hernandez stapfte in die Küche, einen offenen Holzanbau, der durch keine Tür von ihrem Haus getrennt war, hob den Topfdeckel und rümpfte die Nase.

„Wenn du wirklich etwas von Politik verstehen würdest, wüsstest du auch, warum wir seit Wochen nichts als Reis und Bohnen essen,“ rief ihm Fernanda hinterher.

Siebenundzwanzig

Er liebte diese Frau. Jedes Mal, wenn sie mit ihm über Politik zu diskutieren begann, war er hingerissen von ihr. Was er ihr nicht zeigen konnte, denn wenn er ihr Recht gab, konnte er nicht ihren entzückenden Zorn zu spüren bekommen.

„Du bist doch nur zu faul zum Kochen,“ erwiderte er ihr daher noch als kleine Liebeserklärung, um ihren Gemütszustand nicht zu schnell abebben zu lassen.

„Nutzloser Macho,“ brüllte nun seine Frau. Warum mussten Hernandez und sie sich eigentlich immer streiten, wenn sie doch eigentlich politisch einer Meinung waren? Sie wussten doch beide, dass man mit den Multis nicht leben konnte und die Zeit für eine Revolution gekommen war. Warum musste Hernandez immer so tun, als verstünde sie nichts von Politik, als wäre ihre Radikalität nur der Beweis, dass sie noch nicht dem Kindergarten entwachsen war? Hernandez konnte es nicht auf sich sitzen lassen, dass seine Frau mindestens genauso schlau war wie er selbst, und wenn ihm die Argumente ausgingen, hackte er auf ihren mangelnden weiblichen Fähigkeiten herum. Er war wirklich ein furchtbarer Macho. Er wusste, dass sie ihn dafür hasste.

Hernandez kam mit einem Teller Reis zurück, setzte sich in den Stuhl ihr gegenüber und konnte sich nicht am Anblick seiner wütenden Frau satt sehen.

Achtundzwanzig

Fernanda entdeckte den Tunnel eine Woche, bevor er in der Weltpresse stehen sollte. Sie verriet außer Hernandez keiner Menschenseele etwas davon. Es war aber fraglich, ob es in ihrer Umgebung eine undichte Stelle gab, etwa Hernandez selber oder sein neuer Freund Al Pachino oder ob jemand unabhängig von ihr auf den Tunnel gestoßen war. Oder ob einer der Erbauer die Information an die Presse verkauft hatte. Sicher war, dass in den Zeitungen wie immer nur die halbe Wahrheit stand. Aber das war ja hinlänglich bekannt.

Während die Zeitungen also von einem Tunnel sprachen, der von kolumbianischem Boden bis ins ecuadorianische Gebiet des Napo-Flusses reichte und der darauf hindeute, dass die FARC nun auch Ecuador infiltriere bzw. von dort aus operiere, weil ihr das eigene Terrain nach dem Inkrafttreten des Plan Colombia zu heiß wurde, sprachen sie nicht von den unterirdischen Produktionsstätten und schon gar nicht von den dort Beschäftigten. Sollte man innerhalb der Woche, nachdem Fernanda den Tunnel entdeckt hatte, alle Spuren davon entfernt haben?

Wenn die FARC nun beschuldigt wurde, von ecuadorianischem Boden aus zu operieren, stellte diese Beschuldigung auch die hiesige Widerstandsbewegung unter den Generalverdacht der Kollaboration.

Fernanda entdeckte den Tunnel auf klassische Weise, nämlich, als ihr fünfjähriger Sohn José während des Unkrautjätens zwischen den Bananenstauden plötzlich vom Erdboden verschluckt wurde. Fernanda fiel das im übrigen erst eine halbe Stunde später auf, denn sie gehörte nicht zu den überbesorgten Müttern, die ihre Kinder keine Sekunde aus den Augen ließen. Es fiel ihr auch nicht weiter auf, da das Kind bei seinem Verschwinden keinen Mucks von sich gab. Weit davon entfernt, Angst zu verspüren, nachdem es durch den dünnen Erdboden in ein dunkles Loch gefallen war, gewöhnte es ganz ruhig seine Augen an die Dunkelheit und stellte dann erstaunt fest, dass sich nur in zwei Himmelsrichtungen Wände aus festem Erdboden befanden, zu beiden anderen Seiten sich das Loch aber ins Unbestimmte fortsetzte. Und die Neugierde ließ das Kind alles andere vergessen. Erst als José das Rufen seiner Mutter vernahm, hörte er auf, den Tunnel entlang zu laufen, der gerade so hoch war, dass er darin aufrecht gehen konnte. Der Tunnel musste für Kinder gebaut worden sein. Seine Mutter konnte ihn schließlich problemlos an den Armen aus dem Loch ziehen, wo er in die Erde eingebrochen war.

Nun wollte allerdings auch Fernanda wissen, was sich in diesem Erdloch verbarg, doch José wollte ihr das nicht verraten, und bestand darauf, dass das Gesehene nur für Kinder bestimmt war. Fernanda gab sich scheinbar damit zufrieden und brachte José erst einmal nach Hause, obwohl das Tageslicht noch zum Arbeiten ausgereicht hätte.

Abends, als die Kinder ins Bett gebracht waren, schlich sich Fernanda mit Machete und Taschenlampe bewaffnet erneut aus dem Haus. Hernandez war noch nicht heimgekehrt, und falls er an diesem Abend noch käme, würde er sich Sorgen machen, die er schließlich, wenn sie wieder nach Hause kam, unter einem Mantel der Wut verstecken würde. Er war es nicht gewohnt, dass seine Frau nachts unterwegs war, während sie ihn selten fragte, wo er gewesen war. Das befand Fernanda auch nicht für nötig, denn sie wusste, wo er seine langen Abende verbrachte. Die einzige Bemerkung, die sie diesbezüglich machte, war, dass er aufpassen sollte, nicht von der Dummheit seiner ‚Kollegen' angesteckt zu werden.

Fernanda war es egal, was ihr Mann sagen würde, sie musste wissen, was sich in diesem Erdloch befand, in dem sich ihr Sohn so lange aufgehalten hatte, ohne auch nur einen Mucks von sich zu geben. Um zu verhindern, dass Hernandez sie suchte, legte sie eine falsche Fährte, indem sie ein Stück durch die matschigsten Stellen auf der Straße in Richtung Dorf stapfte und dann durch das Gestrüpp am Straßenrand wieder zurückkehrte.

Sie fand das Loch in ihrem Bananenfeld problemlos wieder. Behutsam ließ sie sich hineingleiten und verharrte einen Moment bewegungslos im Dunkel, lauschend, ob aus irgendeiner Richtung Geräusche zu vernehmen waren. Nichts. Die einzigen Geräusche drangen von draußen herein, das Quaken der Frösche und das leise Rascheln der Bananenblätter unter einem leichten Windhauch. Sie schaltete die Taschenlampe ein. Vor ihr und hinter ihr lag nichts als der niedrige Tunnel, indem ein normaler Mensch nicht aufrecht gehen konnte. An einigen Stellen war der Tunnel mit Holz abgestützt. Dies war wahrscheinlich nicht der erste Einbruch gewesen. Fernanda entschied sich für den Gang in Richtung Norden. Nachdem sie ungefähr einen Kilometer gegangen war, stieß sie auf einen Quertunnel, der zwar kaum höher, aber besser abgestützt und dessen Boden mit einer dünnen Asphaltschicht überzogen war. Sie entschied sich für den Osten. Ihr Schritt wurde vorsichtiger, denn auf dem harten Boden wurde es schwieriger, geräuschlos zu gehen, eine Kunst die sie auf irdenem Untergrund perfekt beherrschte. Nach einigen hundert Metern hielt sie plötzlich inne und schaltete die Taschenlampe aus. In der Ferne war ein Geräusch zu vernehmen, ein leises Rattern, mehr nicht. Es kam eindeutig näher. Menschliche Stimmen waren damit nicht verbunden. Der Tunnel bot keinerlei Deckung. Sollte es sich um eine menschliche Aktivität handeln, würde sie unweigerlich bald entdeckt werden. Sie konnte höchstens bis zur Gabelung zurückrennen und hoffen, dass sie sich in dem Tunnel verbarg, den der Urheber dieser Geräusche nicht wählte. Ihr Instinkt befahl ihr jedoch, auf der Stelle zu verharren. Das Geräusch hatte nichts Menschliches an sich und war von keinem Hüsteln, keinem schweren Atmen oder Ähnlichem begleitet. Und nach wie vor kam ihr kein Lichtschein entgegen. Das Rattern kam beharrlich näher. Sein Ursprung musste sich mittlerweile in Sichtweite befinden. Sie zog langsam ihre Machete aus der Scheide und knipste dann die Taschenlampe an. Sie wollte ihren Augen nicht trauen: Was sich dort durch den Tunnel näherte war ein kleines zweibeiniges Wesen aus Blech, das sich auf Rollen fortbewegte. Das Licht störte es nicht im geringsten. Sie steckte ihre Machete zurück und wartete, bis das Wesen an ihr vorbeikam. Sie presste sich an die Wand, um seinen Weg nicht zu beeinträchtigen. Die kleine, fast menschliche Gestalt, hatte keinerlei Mühe in dem niedrigen Tunnel. Als Fernanda genau hinsah, merkte sie, das der Gestalt eine Kleinigkeit zur Menschlichkeit fehlte: der Blechkubus, den es an der Stelle eines Kopfes trug, war absolut gesichtslos. Wenn dieses Ding aber keine Augen im Kopf hatte, lief sie auch keine Gefahr, entdeckt zu werden, solange sie nicht mit ihm zusammenstieß. Sie ließ das Ding passieren und betrachtete es von hinten. Auch hier keine Spur von einem Gesicht. Man hatte ihm eine Kiepe auf den Rücken gesetzt, die fast so groß war, wie es selbst. Darin befand sich ein blauer Plastiksack. Fast konnte Fernanda ahnen, was sich darin befand, aber sie wollte ganz sicher gehen. Sie folgte dem kleinen Ding, das sich nicht mit allzu großer Geschwindigkeit bewegte, und löste im Gehen den Knoten in dem Plastiksack, ohne das Wesen dabei festzuhalten. Sie tauchte einen Finger darin ein und kostete. Weißes, die Zunge betäubendes Pulver wie sie vermutet hatte. Sorgfältig verknotete sie den Sack wieder und ließ die blecherne Gestalt ihres Weges ziehen.

War es nun gefährlicher, dem Blechsklaven zu folgen oder in die Richtung zu gehen, aus der er gekommen war? Interessanter erschien ihr in jedem Fall die Richtung, aus der er gekommen war: Irgendwo dort mussten die Produktionsstätten des weißen Pulvers liegen. Die Himmelsrichtung stimmte. Im Osten, dort wo der Dschungel tiefer wurde, und die Grenze zum Niemandsland näherrückte. Wo sich durchschnittliche Bullen nicht hinwagten, wenn sie nicht lebensmüde waren, und ihnen niemand eine extragroße Gefahrenzulage zahlte. Das Gehalt eines durchschnittlichen Bullen rechtfertigte nicht, sein Leben aufs Spiel zu setzen.

Das Licht ihrer Lampe wurde schwächer. Die Batterien waren nicht mehr die frischesten. Sie musste Hernandez beauftragen, neue mitzubringen. Sie knipste die Lampe aus. Verlaufen konnte sie sich ohnehin nicht. Der Tunnel war sogar bemerkenswert gerade konstruiert. Sie brauchte kaum die Hilfe der Wände, um die Richtung zu halten. Nachdem sie etwa eine halbe Stunde gegangen war, ertappte sie sich dabei, wie sie eine Schnulze von Silvio Rodriguez vor sich hinsummte. Sie gab sich selbst eine Ohrfeige und verstummte. Sie zwang sich, wieder alle ihre Sinne ihrer Umgebung zu widmen und sich nicht der Trance hinzugeben, die der monotone Gang in ihr verursachte. Wenn sie sich nicht täuschte, wurde die Luft heißer und gleichzeitig hatte sie das Gefühl, dass ihre Lunge allmählich verätzt wurde. Sie musste sich den Produktionsstätten nähern. Bald war auch das leise Rattern, nun vervielfacht, wieder zu vernehmen, jetzt aber nicht gleichmäßig wie vorher, sondern abreißend, so als würden sich ebensolche Maschinen, wie die gerade gesehene ruckartig hin- und herbewegen. Dann wurde ein Lichtschein am Ende des Tunnels erkennbar. Erleuchtet wurde nur ein kleiner Streifen knapp über dem Tunnelboden, so als würde das Licht durch einen kleinen Türspalt dringen. Sie musste sich noch vorsichtiger bewegen. Licht wies auf die Anwesenheit von Menschen hin, denn die kleinen Maschinenmenschen, die ohnehin nicht sehen konnten, brauchten wahrscheinlich kein Licht.

Ihre kleine Expedition wurde vielleicht ein wenig zu riskant. Sie musste bedenken, dass sie kleine Kinder zu Hause hatte und einen Mann, der alleine nicht einmal einen Topf Reis kochen konnte. Die Verantwortung befahl umzukehren. Die Neugierde war stärker. Nur einen Blick wollte sie in den Raum werfen, aus dem der Lichtschein hervordrang. Beharrlich schlich sie sich an den Ursprung des Lichts heran, eine Hand auf dem Griff ihrer Machete ruhend. Sie wusste, dass ihr diese nicht würde helfen können. Hier wurde bei der kleinsten Kleinigkeit mit scharfer Munition geschossen. Ihr Rücken schmerzte allmählich vom gebückten Gang.

Die Tür am Ende des Gangs war keine, sondern eine dort aufgehängte Wolldecke. Der Geruch war nun wirklich beißend.

Fernanda legte ihren Kopf flach auf den Asphaltboden und spähte durch den Schlitz unter der Wolldecke hindurch. Rollende Füße bewegten sich im Raum hin und her, vollführten abrupte Drehungen, holperten über den dünnen und zum Teil wieder bröckelnden Asphalte zurück in die Richtung, aus der sie gekommen waren. Es waren keine menschlichen Füße sichtbar. Fernanda nahm ihren ganzen Mut zusammen und zog die Wolldecke zur Seite. Der beißende Geruch schlug ihr nun in seiner ganzen Intensität entgegen. Vor ihren Augen eröffnete sich ein runder Raum, dessen Decke deutlich höher war als die des Ganges, durch den sie die ganze Zeit gegangen war. Ein Zeichen dafür, dass hier auch Menschen verkehrten. Trotzdem trat sie einen Schritt in den Raum hinein, um ihrem gekrümmten Rücken einen kleinen Moment der Entspannung zu gönnen.

Im Raum befanden sich fünf ebensolcher Gestalten, wie sie gerade eine auf dem Weg getroffen hatte. Auch diese waren komplett gesichtslos, bedienten aber mit großer Sicherheit eine elektronische Waage, auf der sie verschiedene Pülverchen abwogen, die danach in einen großen Topf geschüttet wurden. Fernanda spielte mit dem Gedanken eines dieser wundersamen Wesen zu entführen, Hernandez zu Hause vor die Füße zu legen und ihn zu bitten, es bis auf die kleinste Schraube auseinander zu nehmen. Vielleicht, war es ja sogar möglich – aber sie verstand nicht viel von Technik – den Maschinenmenschen neue Aufgaben zu erteilen. Wäre es nicht wunderbar, wenn man sie anstatt in den Dienst der Koka-Mafia in den Dienst der Revolution stellen könnte?

Einen Moment lang musste sie geträumt haben. Sie blickte mit einem Mal in die Augen eines etwa zehnjährigen Jungen, der dort mitten im Raum stand. Vom Gesicht war nicht viel zu sehen als die dunklen, weit aufgerissenen Augen, aus denen er sie anstarrte, der Rest seines Kopfes und Gesichts war von einem schwarzen Tuch verhüllt. Das Entsetzen war beiderseitig. Keiner von beiden sagte ein Wort. Dann drehte sich Fernanda um und begann, so schnell sie konnte durch den Gang zu rennen, durch den sie gekommen war. Einmal stieß sie mit einem metallenen Wesen zusammen, rannte es über den Haufen, ließ es dort liegen und rannte weiter. Als sie aus dem Loch in ihrem Bananenfeld herausgeklettert war, legte sie sich flach auf den Boden und schnappte nach Luft. Ihre Lunge versetzte ihr heftige Stiche in die Brust.

Hernandez überraschte sie. Seine erste Frage begann nicht mit dem Wort ‚wo', sondern mit dem Wort ‚wie'. Er saß mit der weinenden Kleinen auf dem Schoß im Schaukelstuhl.

„Wie siehst du denn aus? Du machst ein Gesicht, als wärst du dem Geist von Pablo Escobar persönlich begegnet, und du siehst so aus, als hättest du dir mit ihm eine leibhaftige Schlammschlacht geliefert."

Fernanda hob die Kleine vom Schoß ihres Mannes auf, setzte sich selbst auf deren Platz und die Kleine obendrauf. Und vergrub ihre Nase in seiner Achselhöhle, Geborgenheit in seinem leicht schweißigen Körpergeruch suchend.

„Was ist denn los, meine Kleine?"

„Wir müssen so schnell wie möglich das Loch zumachen. Sie haben mich gesehen. Wenn sie meine Spur verfolgen, sind wir alle in Gefahr."

„Jetzt noch mal langsam. Welches Loch und wer hat dich wobei gesehen?"

„Das ganze Gelände ist untertunnelt. Wer weiß, vielleicht führen die Tunnel in einer Richtung bis nach Kolumbien und in einer anderen bis nach Peru, direkt hinter die Grenze, wo sich niemand hintraut. Die Tunnel führen direkt unter unserem Bananenfeld durch. Ich sage dir, der fiese Händler, der uns immer die Bananen abholt und eigentlich von den Koka-Küchen lebt, und vielleicht ihr allesamt unten am Hafen werdet arbeitslos sein. Sie bauen sich eine Infrastruktur auf, die ohne uns auskommt, denn wir sind in dem ganzen Prozess nur menschliche Risikofaktoren. Noch dazu wird niemand mehr unsere Ernte abholen, wir werden sie selbst zum Markt bringen müssen, denn nur dafür werden sie die gesamte Logistik nicht aufrechterhalten. Wir sind vom Aussterben bedroht, und unsere einzige Überlebenschance wird es sein, uns der einen oder der anderen Seite ganz zu verkaufen. Wenn unsere Arbeit nicht mehr als Abfallprodukt in den Handel integriert ist, werden wir Arbeit bei der Company suchen müssen. Denn selbst die Kokamafia wird uns nicht mehr brauchen. Du kannst dir nicht vorstellen, was ich dort unten gesehen habe: Kleine Maschinenmenschen, die das weiße Pulver in großen Rucksäcken durch die Tunnel tragen, zuverlässig, blind und sprachlos, so groß wie Kleinkinder und viel belastbarer."

„Erzähl mir mehr über diese Maschinenmenschen. Wie sahen sie genau aus? Wie funktionieren sie?"

„Na ja, die sehen halt aus wie kleine Menschen aus Metall. Und sie bewegen sich auf Rollen. Sie haben zwei Arme und zwei Beine und einen Kopf, so was ähnliches zumindest. Ziemlich eckig für einen Kopf und ganz ohne Gesicht. Noch nicht einmal Augen haben sie."

„Wenn du dir vorstellst, mehrere davon auf einem Haufen liegen zu sehen, würdest du denken, dass es ein Haufen Schrott ist?"

„Was für eine Frage. Nein, das war absolut kein Schrott. Die Dinger funktionierten mit absoluter Präzision. Du hättest sehen sollen, wie sie in der Küche standen und Chemikalien abgewogen haben, ohne selbst die Waage ablesen zu können. Ich weiß nicht, wie so etwas funktioniert, sicher ist aber, dass sie es perfekt gemacht haben."

„Aber wenn du dir vorstellen würdest, diese Maschinen wären außer Betrieb und..."

„Warum soll ich mir das bloß vorstellen? Ich verstehe dich einfach nicht. Immer musst du dich in so unbedeutenden Details verlieren."

„Ich glaube ich hatte recht. Die Frage ist nur, wer uns hintergangen hat."

„Jetzt hör auf mit deinen Verschwörungstheorien und höre mir zu: Ich bin nicht nur diesen Maschinen begegnet, sondern ich wurde auch gesehen. Ein kleiner Junge stand mir plötzlich gegenüber. Er hat keinen Ton gesagt, und er war unbewaffnet. Aber mit

Sicherheit hat er die Nachricht weitergeleitet. Und vielleicht sind sie schon auf der Suche nach mir. Wenn sie also den Ort suchen, an dem ich in das Tunnelsystem eingedrungen bin, werden sie unweigerlich auf das Loch in unserem Bananenfeld stoßen. Und dass das Feld unsers ist, wird nicht schwer herauszufinden sein. Ist dir klar, was das bedeutet, wenn sie uns finden?“

„Jetzt mal ganz ruhig. Du bist also durch ein Loch in unserem Bananenfeld in ein unterirdisches Tunnelsystem gekommen?“

„Ja, das sage ich doch die ganze Zeit.“

„Nein Fernanda, du redest ziemlich wirres Zeug. Und wie ist das Loch dorthin gekommen?“

„José ist dort heute Nachmittag in den Boden eingebrochen. Sie haben wohl ihren Tunnel zu nah unter der Erdoberfläche gebaut.“

„Hm. Hat dich außer dem Jungen noch jemand gesehen?“

„Nein.“

„Dann werden sie nicht kommen. Wenn der Junge nicht lebensmüde ist, wird er keiner Menschenseele von eurer Begegnung erzählen. Wir sollten das Loch trotzdem zumachen, falls sie es zufällig entdecken. Mir gefällt das alles nicht.“

„Meinst du mir gefällt das?“

„Na ja, zumindest musstest du erst ein bisschen Abenteuer spielen, bevor du mir von dem Tunnel erzählt hast. Wie auch immer, wir müssen etwas tun. Das geht so nicht weiter. Erst bescheißen sie uns um unseren Lohn, dann bauen sie noch unter unserem Arsch Chemieküchen, die jeden Moment in die Luft fliegen können. Sie haben sich zu fett gefressen. Würde mich nicht wundern, wenn die Regierung das alles weiß und unterstützt.“

„Ach, du bist doch total paranoid. Wenn die Regierung die Companies einlädt, unterstützt sie nicht gleichzeitig die Kokaproduzenten. Das passt nicht zusammen. Aber was willst du damit sagen, dass sie euch um euren Lohn beschissen haben? Hast du was damit zu tun?“

„Das weißt du doch. Nicht mehr als unbedingt nötig.“

„Und die Tunnel? Habt ihr sie am Ende mit ausgehoben?“

„Quatsch. Ich wusste nichts von irgendwelchen Tunnels.“

„So schlampig, wie der Teil unter unserem Feld gebaut ist, kann er eigentlich nur von euch sein. Ich muss zurück dort runter. Ich muss wissen, wo dieses Ende hinführt.“

„Das wirst du nicht tun. Du wirst dich jetzt erst mal ausschlafen. Morgen gehen wir zusammen aufs Feld und du zeigst mir das Loch, und wir werden sehen, wie wir es zumachen können."

„Meinst du nicht, dass wir vorher noch das andere Ende verfolgen sollten?"

„Bist du lebensmüde? Ich wollte eigentlich noch ein paar Jahre gemeinsam mit dir verbringen."

Fernanda musste eingestehen, dass sie heute zu keinen weiteren Abenteuern mehr in der Lage war. Morgen wollte sie weitersehen. Sie ließ sich zusammen mit der Kleinen, die längst wieder eingeschlafen war, von ihrem Mann ins Bett tragen.

Sie fanden das Loch nicht mehr wieder. Es war einfach über Nacht verschwunden. Fernanda konnte sich ziemlich genau an die Stelle im Bananenfeld erinnern, aber dort war weder die Erde eingebrochen, noch war sie an weiteren Stellen so dünn, dass einer von beiden durchbrach. Fernanda hätte am liebsten einen Spaten in die Hand genommen und nach dem Tunnel gegraben. Sie wusste allerdings selber, dass das purer Wahnsinn war. Versehentlich in einen Tunnel der Koka-Mafia einzubrechen war eine Sache, danach absichtlich zu suchen eine andere.

Fernanda setzte sich auf den nackten Erdboden und starrte in den Himmel, als ob sie das verschwundene Erdloch dort entdecken könnte. Für Hernandez ein klares Zeichen, dass sie angestrengt nachdachte. Er wartete geduldig auf das Ergebnis. Das konnte eine Minute aber auch eine halbe Stunde dauern.

„Wir müssen dringend eine außerordentliche Versammlung einberufen. Wir müssen gemeinsam etwas unternehmen. Was hier in letzter Zeit vor sich geht, scheint mir der reine Wahnsinn zu sein. Wir sitzen ungefähr zwischen fünf Fronten, die nicht klar zu differenzieren sind. Wir können nicht länger in der Defensive bleiben. Wir haben die Koka, die Militärs Perus und Ecuadors, die Erdölförderung, und was weiß ich nicht noch alles: Touristen, CIA, die FARC, die kolumbianischen Paramilitärs, Unmengen von Alkoholikern, Kaimane, Pirañas, beschissene Schulen, Mormonen, Salmonellen, aber was erzähle ich dir, was du nicht selbst weißt."

„Und wie sollen wir so schnell die ganzen Leute zusammentrommeln?"

„Du musst zum Hafen gehen und deinen ganzen Kollegen Bescheid sagen. Aber sag ihnen noch nichts von dem Tunnel, ich vertraue ihnen nicht allen. Es könnte sein, dass der ein oder andere von ihnen in diese Angelegenheit verwickelt ist."

„Und was soll ich ihnen dann sagen, warum wir uns so dringend treffen müssen?"

„Was weiß ich, lass dir etwas einfallen, benutze deine Fantasie."

„Fernanda, warum gehst du nicht selbst?"

„Weil du nicht fähig bist, auf die Kinder aufzupassen, und weil die Männer mir nicht zuhören. Sie haben mir schon auf der letzten Versammlung nicht zugehört. Und noch etwas, was mir ganz wichtig ist: Vergiss die Frauen nicht. Sie sollen auf jeden Fall auch erscheinen."

„So, und wie soll ich deiner Meinung nach die Frauen einladen? Sie kommen weder zum Hafen, noch treffen sie sich in der Bar."

„Ganz einfach du Depp, sag deinen Kollegen, sie sollen ihre Frauen mitbringen, oder sie brauchen gar nicht erst zu erscheinen."

„Du bist so eine verdammte Klugscheißerin. Die Probleme, die du selber nicht lösen kannst, wälzt du auf mich ab und stellst mich dabei noch so hin, als wäre ich total bescheuert."

„Danke gleichfalls. Und jetzt setz deinen Arsch in Bewegung, bevor ich wütend werde."

Ohne ein weiteres Wort ließ Fernanda ihren Mann auf dem Bananenfeld stehen und ging in Richtung des Hauses, um das Mittagessen für die Kinder zuzubereiten. Innerlich kochte sie.

Zu allem Überfluss rief ihr Hernandez noch hinterher: „Denk mal darüber nach, warum dir niemand mehr zuhört!"

Es war klar, warum ihr niemand zuhörte: Weil sie eine Frau war. Auch wenn die Organisation die Gleichberechtigung von Männern und Frauen offiziell praktizierte, hatte sie doch den Eindruck, dass die Frauen auf das Ressort der Frauenpolitik beschränkt würden und die großen strategischen Entscheidungen von den Männern getroffen wurden. Dazu kam, dass die Frauen oft nicht zu den Versammlungen gehen konnten, weil sie die Kinder zu Hause hatten. Fernanda gab ihre Kinder bei einer Nachbarin ab und ging trotzdem, was sie selbst in die Position brachte, eine andere Frau dafür auszunutzen. Aber wenn sie alle der Reihe nach einmal die Kinder der Nachbarinnen nehmen würden, könnten sie alle die meiste Zeit teilnehmen. Und dann konnten sie sich natürlich auch mit den Männern abwechseln. Wenn mehr Frauen zu den Versammlungen kommen würden, würden vielleicht auch Fernanda mehr Leute zuhören.

Doch sie waren nicht so weit, und Fernanda brauchte dringend die Aufmerksamkeit der Organisation. Sie war die einzige, die den Tunnel mit eigenen Augen gesehen hatte. Würde ihr überhaupt jemand Glauben schenken? Würden sie nicht am Ende ihre Erzählung als Erfindung oder bestenfalls als riesengroße Übertreibung verstehen, als eine grandiose Lüge, die sie sich ausgedacht hatte, um ihren Ausführungen vom letzten Mal mehr Nachdruck zu verleihen? Sie musste die ganze Geschichte über Hernandez öffentlich machen. Er genoss das Ansehen eines Mannes, der seine Äußerungen wohl überlegte. Hernandez musste die Geschichte so erzählen, als hätte er selbst den Tunnel entdeckt oder wäre zumindest dabei gewesen. Fernanda würde sich im Hintergrund halten und ihm gelegentlich etwas ins Ohr flüstern. Diese taktische Überlegung machte sie noch wütender. Was sollte das für eine Revolution werden, in der die Frauen immer noch heimlich im Hintergrund ihre Argumente vorbrachten? Sie war sich nicht mehr so sicher, ob mit Männern zusammen überhaupt eine Revolution machbar war.

Neunundzwanzig

Hernandez ging nicht zum Hafen und auch nicht in die Bar von Doña Luci. Er wollte sich nicht von seiner Frau diktieren lassen, was er zu tun hatte. Statt dessen suchte er das lokale Büro der Organisation auf, obwohl er sich nicht sicher war, dass dort heute jemand anzutreffen war. Normalerweise öffnete das Büro nur einmal in der Woche zu festen Sprechzeiten und sonst nur, wenn besondere Aktivitäten anstanden. Hernandez hoffte, dass es jetzt, im Vorfeld der Amazonas-Konferenz, besetzt sein würde.

Das Büro war nicht nur besetzt, es war im wahrsten Sinne des Wortes besetzt, es hatte eine wahrhaftige Invasion stattgefunden. Die Invasion war per definitionem allerdings immer das Eindringen des Feindes. Dieser Feind trug blaue Uniformen, kugelsichere Westen, Pistolen und Gummiknüppel und war gerade damit beschäftigt, den kärglich eingerichteten Büroraum im ersten Stock bis auf Tische und Stühle komplett auszuräumen. Hernandez‘ erste Regung war, sich zwischen die Invasoren zu werfen und ihrem Tun Einhalt zu gebieten. Doch er hielt sich gerade noch zurück und versteckte sich lieber hinter einer Holzsäule des Hauses, vor dem er sich gerade befand. Im Angesicht der Schlagstöcke und der Bullerei in voller Montur war es nicht sehr wahrscheinlich, dass er diese mit Argumenten von ihrem Raubzug abbringen konnte. Aber er ärgerte sich maßlos – gerade waren sie dabei, den Computer, für den sie monatelang Spenden gesammelt hatten, in ihr Auto zu verladen. Er glaubte nicht, dass sie ihn jemals zurückbekommen würden. Nach der ‚Sicherung' der darauf befindlichen Daten, würde das Gerät wohl als zusätzlicher Lohn von einem der Beteiligten kassiert werden.

Hernandez fragte sich, ob sich zum Zeitpunkt der Invasion jemand im Büro befunden hatte. Er konnte von seinem Beobachtungsposten aus keine Gefangenen sehen. Es war höchstens möglich, dass die Leute sich noch im Büro befanden, oder schon abtransportiert worden waren.

Noch ein weiteres Detail machte Hernandez stutzig: Es waren keinerlei Schaulustige anwesend, obwohl die Straße nicht abgesperrt war. Es konnte an der Mittagshitze liegen, zu dieser Zeit hielt sich kaum jemand draußen auf. Konnte es aber sein, dass seit dem Aufkreuzen der Bullen niemand die Straße passiert hatte? Dass niemand ihr Kommen vom Fenster aus beobachtet hatte? Normalerweise flossen die Informationen an diesem Ort schnell, drangen auf unerklärliche Weise in das abgelegenste Haus vor und trieben die Insassen der Häuser zum Schauplatz des Ereignisses, und wenn es nur eine ordinäre Prügelei vor einer Bar war. Was Hernandez zu dem Schluss brachte, dass bereits alle im Ort von der Razzia wussten, man sein eigenes Kommen ebenfalls bemerkt hatte, und dass sich trotzdem niemand auf die Straße gewagt hatte, um ihn zu informieren. Was weiterhin zu dem Schluss führte, dass sein Aufenthalt auf der Straße zu unangenehmen Konsequenzen führen konnte, falls die Bullen ihn dort entdeckten.

Was also war zu tun? Sich unauffällig im Luft auflösen oder ruhig verharren und hoffen, nicht entdeckt zu werden? Konnte er dieses Geschehen wirklich mit ruhigem Gewissen ohne Zeugen geschehen lassen? Die Antwort lautete natürlich nein. Aber warum war er der einzige, dessen Gewissen sprach? Wieso konnte nicht eine spontan auf der Straße versammelte Masse dieses Ereignis verhindern? Die Bullen waren vielleicht zu zehnt, wenn sich alle versammelten, die um diese Uhrzeit im Ort waren, waren sie bestimmt einige hundert. Wovor hatten die Leute Angst? Hernandez fühlte sich mit einem Mal verloren, ohnmächtig, ein letzter Idealist in einer Welt von Feiglingen.

Auf der Versammlung am Abend fühlte Hernandez alle Augen auf sich ruhen, auch wenn sie sich bemühten, ihn nicht auffällig anzuschauen. Aber er wusste, dass sie alle wussten, dass er dort gestanden hatte, während alle anderen in Luft aufgelöst schienen. Sie sprachen ihn nicht darauf an. Sie würden schweigen, bis er selber die Ereignisse schilderte. Statt dies zu tun, warf Hernandez allerdings nur einen vorwurfsvollen Blick in die Runde und flüsterte: „Was ist eigentlich los mit euch?“ Er merkte, dass seine Augen in Tränen schwammen. Er konnte nicht mehr. Er hatte auf diese Organisation gezählt, und jetzt schien sie ihm wie eine feindliche Masse. Er wünschte sich Fernanda an seine Seite. Fernanda würde ihn verstehen. Fernanda würden in dieser Situation nicht die Worte fehlen. Sie verstand es, die Leute zusammenzuscheißen, wenn sie wütend war. Er hatte es oft genug am eigenen Leib erfahren. Aber Fernanda war zu Hause bei den Kindern. Hernandez verfluchte in diesem Moment die Rollenverteilung, die auch in ihrer Ehe perfekt funktionierte. Warum hatte nicht er es sein können, der zu Hause geblieben war? Ihm wäre einiges erspart geblieben.

Hernandez hatte nicht gemerkt, dass ihn sein Sitznachbar schon ungefähr fünfmal am Arm angetippt hatte. Jetzt zerrte ihn dieser regelrecht am Ärmel, bis er Hernandez‘ Ohr auf die Höhe seines Mundes gebracht hatte.

„Du weißt nicht, was sie uns vorwerfen. Niemand traut sich in der Versammlung zu sprechen, weil sie denken, das ein Verräter oder mehrere unter uns sind. Der Verdacht fällt auf dich, und als Beweis dafür nehmen sie die Tatsache, dass du unbeschadet auf der Strasse gestanden hast, als die Razzia stattfand. Die Leute sagen, dass die Bullen dich mit Absicht nicht gesehen haben. Ich glaube ihnen nicht, aber sie haben Angst vor dir. Sie verdächtigen dich auch noch wegen dieser anderen merkwürdigen Geschichte, die ich nie ganz verstanden habe, irgendetwas mit einer Ladung Schrott, die am Hafen geklaut worden ist. Aber wenn es eine Ladung Schrott war, warum regen sie sich so auf?“

„Die Leute sind wahnsinnig,“ flüsterte Hernandez zurück, wobei sich seine Stimme bereits wütend erhob, „wenn wir uns gegenseitig verdächtigen und Intrigen spinnen wollen, brauchen wir weder die Regierung noch die Polizei, um uns fertig zu machen.“

Hernandez stand auf und erhob seine Stimme klar und deutlich: „Compañeros und Compañeras! Wenn ihr es unbedingt wollt, glaubt ruhig dass ich ein Verräter bin. Doch das ist nicht der Punkt. Wenn ihr euch in Zukunft in eurer Tätigkeit darauf beschränken wollt, Verräter in den eigenen Reihen ausfindig zu machen, dann möchte ich euch nur sagen, dass das der Tod einer jeglichen Utopie ist, die Idee einer solidarischen Gesellschaft vernichtet und uns im Übrigen im Stalinismus vorgemacht worden ist. Mir geht es nicht um die individuelle Beschuldigung, die mir zu Ohren gekommen ist, und es ist nicht die einzige dieser Art; es geht mir ums Prinzip. Wir dürfen nicht auf diese Weise zu denken beginnen. Darum fordere ich euch auf, auch wenn sich Verräter in unseren Reihen befinden sollten, sofort offen zu reden, denn die Verräter können uns nichts anhaben, wenn wir uns einig sind, und wenn wir viele sind. Wir haben nichts vor ihnen zu verbergen."

Im Raum stellte sich ein Gemurmel ein. Schließlich erhob sich eine Stimme daraus: „Wenn du aber der Verräter bist, und uns aufforderst, offen miteinander zu reden, dann sagst du das doch nur aus taktischen Gründen, eben weil du so viel Information wie möglich aus uns herausbekommen willst. Wieso also sollten wir auf deine Ratschläge hören?"

„Wenn du deine Vernunft einschaltest, die gerade von Paranoia überschattet ist, wirst du mich verstehen."

Das Gemurmel ging weiter, bis der gewählte Vorsitzende der lokalen Organisation, der sich bis jetzt im Hintergrund gehalten hatte, das Wort ergriff.

„Liebe Schwestern und Brüder, ich denke, dass wir nach den heutigen Ereignissen alle ein wenig durcheinander sind, doch ich möchte daran erinnern, dass diese außerordentliche Versammlung mit der Absicht einberufen wurde, mehr Klarheit zu schaffen. Deswegen bitte ich die Zeuginnen und Zeugen der heutigen Ereignisse, diese noch einmal genau zu schildern, bevor wir sie bewerten wollen. Marisol, du warst heute im Büro, als die Razzia stattfand."

Marisol erzählte, wie das Büro von Polizisten gestürmt wurde, als sie gerade dabei war, die Texte über die Amazonaskonferenz auf die Internetseite zu stellen. Sie hatte versucht, die Polizisten zu fragen, was sie im Büro wollten, doch diese schubsten sie nur zur Seite und begannen, den Schreibtisch abzuräumen und Aktenordner aus den Regalen zu entfernen. Nachdem sich Marisol ihnen wiederholt in den Weg gestellt hatte, damit sie endlich Beachtung fand, fesselten sie sie schließlich mit Handschellen an das Abwasserrohr im Klo und knebelten sie. Als sie abzogen, machten sie sich nicht die Mühe, sie wieder zu befreien. Obwohl Marisol keine direkten Antworten von den Bullen bekommen hatte, hörte sie einige Gesprächsfetzen mit, die ein wenig Aufschluss über den Sinn des Einsatzes gaben. Es war immer wieder von einem Tunnel die Rede, von versteckten Waffenarsenalen und Sprengstoff, und man bezeichnete die CONFENAIE mit so illustren Namen wie „ungewaschene Wilde", „Linkes Pack" und „Terroristen", das allumfassende Modewort dieser Zeit.

Es war nicht schwer, sich aus diesen Worten einen Reim zu machen. Irgendjemand hatte einen Tunnel entdeckt, in dem Waffen versteckt waren und aus unerfindlichen Gründen wurde die CONFENAIE damit in Verbindung gebracht, was sie natürlich unter den Verdacht fallen ließ, eine terroristische Organisation zu sein, oder mit terroristischen Organisationen zu kollaborieren.

Marisol wurde erst einige Stunden später befreit, denn obwohl die Bullen längst abgezogen waren, traute sich noch niemand aus dem Haus zu gehen. Bevor sie in das Büro der CONFENAIE eingedrungen waren, waren sie von Haus zu Haus gezogen und hatten deren Bewohner damit eingeschüchtert, dass man sie wegen Drogenhandels für Jahre im Gefängnis verschwinden lassen konnte, Beweise und Zeugen dafür ließen sich immer finden.

Jemand fragte, was denn das für ein Tunnel sein möge, von dem die Bullen geredet hatten, doch niemand in der Versammlung schien etwas darüber zu wissen. Hernandez schwieg, und vielleicht schwieg noch jemand anderes mit ihm.

Man einigte sich darauf, alle Anwälte in Bewegung zu setzen, die irgendwie verfügbar und ihnen politisch wohlgesonnen waren. Außerdem wollte man nicht auf einen angemessenen Protest gegen das Vorgehen der Polizei verzichten. Das Problem war nur, dass ihr Protest hier vor Ort nicht gehört werden würde. Der einzige sinnvolle Ort des Protestes war Quito, was zur Folge hatte, dass dortige Aktionen gut vorbereitet werden mussten. Der einzige wunde Punkt der Regierung in dieser Gegend waren die Erdölförderstätten. Doch da man keinen Zusammenhang zwischen der geplanten Kriminalisierung und den Ölinteressen herstellen konnte, sah man vorerst davon ab, die Regierung an diesem Punkt anzugreifen.

Dreißig

Fernanda fand die Kleine heulend wie eine Sirene im Haus. Sie war es nicht gewohnt, alleine gelassen zu werden. Fernanda dachte sich, dass sie ihre Kinder von klein auf zu sehr verwöhnt hatte. Ihre Mutter hatte ihr immer erzählt, dass sie Fernanda und ihre Geschwister immer bis zum Alter von zwei Jahren in eine Hängematte an die Wand gehangen hatte, während sie aufs Feld gegangen war. Sie sagte keines der Kinder hätte jemals geweint. Fernanda begann zerstreut das Mittagessen zu kochen und setzte dann allen Kindern, als diese von der Schule zurück waren, einen Teller voll mit einer verkohlten Masse vor. Die Kleine fing sofort wieder an zu heulen, José quengelte und die anderen rührten ihren Teller wortlos nicht an. Fernanda schenkte ihnen allen keine Beachtung und sprach ihre älteste Tochter an: „Josefina, ich möchte mit dir reden. Und ihr anderen geht bitte raus. Juan, kümmere dich um Zofia!“ Juan, sichtlich überfordert mit der Aufgabe, klemmte sich ungeschickt die kleinste der Geschwister unter den Arm, und schleppte sie unter lautem Geschrei ihrerseits hinaus. Die anderen verzogen nur das Gesicht, trauten sich aber nicht, ihrer missgelaunten Mutter zu widersprechen.

„Josefina, wie geht es dir in der Schule?"

„Das weißt du doch, Mama. Ich habe dir alle meine Examen gezeigt."

„Ich meine das anders. Ich meine, wie fühlst du dich in der Schule?"

„Ich mag die Schule nicht. Die Lehrer sind Arschlöcher. Aber ich brauche ja nur noch ein Jahr."

„Ich weiß," Fernada seufzte, wobei nicht klar war, ob sie sich auf das Jahr oder auf die Lehrer bezog. „Ich möchte, dass du trotzdem weiter zur Schule gehst. Du wirst dann weiter fahren müssen. Aber vielleicht sind die Lehrer dort nicht ganz so große Arschlöcher. Und vielleicht wird sich bald in diesem Land einiges ändern, auch die Schulen. Aber bis dahin ist diese Bildung noch besser als gar keine. Du musst mir versprechen, weiter zur Schule zu gehen."

„Hm."

„Was heißt hier hm? Meinst du, es ist besser mit vierzehn eine Familie zu gründen, nach ein bis zwei Jahren mit dem ersten bis zweiten Kind sitzen gelassen zu werden, dann einen neuen Typen zu suchen, der dich und dein Kind finanziert, der dir aber das nächste macht und so weiter?"

„Aber wenn ich einen finde, der mich wirklich liebt? Dann wird er mich ja nicht sitzen lassen. Außerdem gibt es ja Verhütungsmittel."

„Ja, aber überrede mal einen Typen, die auch zu benutzen. Und über die Dauerhaftigkeit der Liebe unterhalten wir uns in ein paar Jahren."

„Aber Papa hat dich doch nicht verlassen. Ihr liebt euch doch, oder?"

„Die meiste Zeit hassen wir uns. Aber vielleicht ist das das Gleiche. Ich hatte eigentlich nicht vor, mich mit dir über die Natur der Liebe zu unterhalten. Also, du wirst weiter zur Schule gehen, und damit Basta. Ich habe gerade nicht die Geduld, dich davon zu überzeugen. Gut, wenn wir das jetzt klargestellt haben, komme ich zum großen Widerspruch: Du wirst in der nächsten Woche nicht zur Schule gehen können. Du musst zu Hause bleiben und dich um die Kinder kümmern. Ich muss für ein paar Tage verreisen."

„Und warum nimmst du Zofia und José nicht mit? Dann können wir alle weiter zur Schule gehen."

„Das ist zu gefährlich. Das, was ich vorhabe, ist nichts für kleine Kinder."

„Kommst du wieder?“

„Natürlich komme ich wieder.“

„Und wenn du nicht wiederkommst? Wenn deine Reise so gefährlich ist, dann kann es ja auch sein, dass du umgebracht wirst.“

„Quatsch. Alleine kann ich auf mich aufpassen. Wie auch immer, wenn ich umgebracht werde, dann muss sich Hernandez um die Kleinen kümmern und du gehst wieder zu Schule.“

„Und wieso kann sich Hernandez jetzt nicht um die Kleinen kümmern?“

„Weil er diese Woche zu viel zu tun hat.“

„Aber ich bin erst zwölf. Ich kann mich nicht alleine um die Kleinen kümmern.“

„Natürlich kannst du das. Ich musste schon den ganzen Tag für meine kleinen Geschwister sorgen, als ich noch viel jünger war als du jetzt. So, Ende der Diskussion. Hol die anderen rein und dann mach deine Hausaufgaben.“

„Und wann verreist du?“

„Noch heute.“

„Weiß Papa davon?“

„Nein. Ich werde ihm einen Zettel schreiben. Er wird sich aufregen. Ignoriert ihn einfach. Er wird auch darüber hinwegkommen. Er hat genug andere Dinge, mit denen er sich befassen sollte. Und schließlich bleibe ich ja auch nicht ewig fort.“

Die Reise dauerte anderthalb Tage, obwohl die zurückgelegte Distanz nicht wirklich weit war.

Fernanda bekam die Adresse von einer Nachbarin, einer unauffälligen und schweigsamen Frau, deren Familie zum größten Teil in Kolumbien lebte. Sie erzählte der Frau nichts von ihrer Entdeckung, denn sie wollte vorerst niemanden beunruhigen.

Die Reise nach Kolumbien durch das Hinterland war umständlich. Sie musste mit dem Bus nach Nueva Loja fahren, dort ein Collectivo zur Grenze nehmen, dort warten, bis das Boot voll war, das den Grenzfluss überquerte und auf der anderen Seite wiederum ein Collectivo, einen weiteren klapprigen Pick-Up besteigen, der sie nach Puerto Asís brachte.

Am nächsten Tag ging es dann zu Fuß weiter, in eine Gegend, in der es ratsam war, nicht von Unbekannten gesehen zu werden, da man nie wusste, zu welcher Seite sie gehörten, und da diese es auch nicht wussten, aus Nervosität gelegentlich schossen.

Fernanda hatte die Instruktion, erst an ihrem Bestimmungsort nach Comandante Isabel zu fragen, und dort die drei in unregelmäßiger Handschrift gekritzelten Zeilen vorzulegen, die ihre Nachbarin für sie notiert hatte. Sie hatte Angst, dass die Botschaft ihr nicht helfen wollte, dass man ihre Nachbarin an diesem Ort doch nicht kennen würde und das unangenehme Konsequenzen für sie haben konnte. Trotzdem machte sich Fernanda nicht so sehr über die Gefahr, in der sie sich vielleicht befand, Gedanken, sondern darüber, ob ihre Entscheidung, hierher zu kommen, und um Rat zu fragen, die richtige war, hatte sie sie doch in völligem Alleingang beschlossen.

Sie fand Comandante Isabel auf einer Holzbank vor einem der Häuser, in die Lektüre der Tageszeitung vertieft. Zu ihren Beinen suchten ein paar Hühner den Boden nach Krümeln ab. Sie war eine kleine Frau mit graumelierten Haaren, die Fernanda auf Ende fünfzig schätzte. Sie grüßte Fernanda freundlich, nahm aufmerksam die Notiz entgegen, die Fernanda als Freundin ausweisen sollte und lächelte.

„Nun, warum bist du gekommen, mein Kind?"

„Ich suche eine technische Anleitung." Fernanda stockte. Sie dachte mit einem Mal, ihr Wunsch könnte der anderen Frau töricht erscheinen.

„Eine technische Anleitung wofür?"

„Wie man Pipelines sabotiert."

„Das ist nicht besonders schwer. Nun, du brauchst ein paar Werkzeuge, aber die solltest du auftreiben können. Wichtig ist vor allem, dass du dich nicht dabei erwischen lässt, denn in dem Punkt sind die Autoritäten empfindlich."

Sie verschwand im Inneren des Hauses und kam mit ein paar zerknitterten Zetteln und einem Glas Limonade zurück. Beides drückte sie Fernanda in die Hand.

„Lies das und behalte es gut in deinem Gedächtnis, denn anders kann ich es dir nicht mit auf den Weg geben. Du kannst doch lesen, oder?"

Fernanda nickte und vertiefte sich in die Lektüre. Die Frau verschwand abermals im Haus. Als wenn sie Fernanda die ganze Zeit beobachtet hatte, kam sie genau zu dem Zeitpunkt wieder nach draußen, als Fernanda den Text durchgelesen hatte. Sie nahm ihr die Zettel ab und tauschte sie gegen einen Teller dampfendes Essen aus. Fernanda bedankte sich und aß hungrig. Isabel setzte sich nun wieder auf ihre Holzbank.

„Ich werde nicht viel mit dir sprechen, denn du hast alle Information bekommen, die du gesucht hast und ich will dich nicht mit zusätzlicher belasten. Nun, wenn du es einmal in die Praxis umgesetzt hast, wirst du es nicht mehr vergessen. Nach dem Essen wirst du in meinem Haus eine Siesta machen, und wenn ich dich wecke, wirst du dorthin zurückgehen, woher du gekommen bist."

Fernanda nickte nur und bemerkte, dass das Essen vorzüglich sei. Sie war wirklich sehr müde und war der Frau dankbar, dass sie ihr eine Siesta gönnte, obwohl sie sich denken konnte, dass das Motiv dafür nicht ihr Mitgefühl für Fernanda war, sondern die passende Uhrzeit.

Sobald sie ihren Teller geleert hatte, legte sich Fernanda in die Hängematte im Inneren des Hauses und überlegte, was sie mit der soeben erhaltenen Information eigentlich anfangen wollte.

Einunddreißig

Nur zwei Wochen später wurde Fernanda Zuschauerin und Mitspielerin in einem Spektakel, dass sie sich niemals erträumt hatte. Sie überfiel ein Wechselspiel merkwürdigster Gefühle. In einem Moment verspürte sie eine unglaubliche Euphorie, dass sie so viele geworden waren, dass all das passieren konnte. Zum anderen machte ihr diese Menge Angst, sie gab ihr eben das Gefühl, doch nur Zuschauerin zu sein, sie selbst konnte die Handlungen dieser Masse nicht voraussehen, geschweige denn konnte sie sie aufhalten, wenn sie nicht ihrer Überzeugung entsprachen. Aber das merkwürdigste war, dass es jeder einzelnen Person in dieser Menge so gehen musste wie Fernanda, dass sie sich alle verdammt machtlos fühlten aber gleichzeitig eben diese Macht formten, die so groß war, dass sie als einzelne nichts mehr ausrichten konnten. Nun, das musste wohl die Revolution sein, und das Gefühl, das unweigerlich mit ihr verbunden war. Hätte man Fernanda früher gefragt, was sie im Angesicht einer Revolution empfinden würde, hätte sie geantwortet, dass dies nur grenzenlose Freude sein konnte. Jetzt merkte sie, dass der Abschied vom Alten, wie furchtbar es auch gewesen sein mochte, nicht ganz so einfach war, wenn das Neue sich als großes Unbekanntes vor einem auftürmte. Es war eine sonderbare Mischung aus Panik und Euphorie, ein gewaltiger Adrenalinstoß, irgendwie ein Rauschzustand.

Wie Fernanda hatten auch die anderen Frauen aus dem Dorf ihre Kinder mitgebracht, es gab keine andere Möglichkeit, denn sie in den Häusern zu lassen wäre noch gefährlicher gewesen, man wusste nicht, was diese Versammlung nach sich ziehen würde, mitunter hätte es das Militär sein können, dass imstande war, Dörfer niederzubrennen, während ihre Bewohner abwesend waren.

Doch was wären ihre brennenden Häuser schon gegen dieses Spektakel, dieses Freudenfeuer, das aus unersättlicher Quelle genährt wurde? Es war großartig und zugleich beängstigend, die Hitze strömte gleichsam ins Blut der Anwesenden und ließ sie zurückweichen, der dicke Rauch machte es bald unmöglich, bekannte Gesichter in der Menge zu verorten, bald waren nur noch diejenigen zu sehen, die wenige Meter entfernt standen. Hernandez hatte sie schon vor einer ganzen Weile in der Menge verloren, gerne hätte sie ihn in diesen euphorischen Stunden neben sich gehabt, statt dessen sah sie in das verängstigte Gesicht einer jungen Frau, selber noch fast ein Kind, die an jeder Hand ein Kind hielt und ein drittes auf den Rücken gebunden hatte. Fernanda fragte sich, ob diese etwas von dem verstand, was hier vor sich ging. Und dann war sie sich wiederum nicht sicher, ob sie selbst es verstand.

Die Frauen mit den Kindern wichen immer weiter von der brennenden Pipeline zurück in den Dschungel hinein. In das Knistern der Flammen mischte sich das Geknatter von Hubschraubern, und Panik breitete sich aus, da man nicht wusste, ob diese versuchen würden die Flammen aus der Luft zu löschen oder ob man aus ihnen bald wie wild in die Menge ballern würde. Die Menschen flohen in den Schutz des wenigen neben der Pipeline verbliebenen Waldes.

Dann ging auf einmal das Gerücht durch die Menge, dass die Regierung aus der Hauptstadt mit Hubschraubern ausgeflogen war, weil sie keinen anderen Weg mehr gesehen hatte, sich vor der aufgebrachten Menge in Sicherheit zu bringen. Der Aufstand wäre gleichzeitig in verschiedensten Teilen des Landes ausgebrochen, und die Regierung hätte nicht ausreichend Mittel, dagegen vorzugehen.

In all dem Chaos drang eine Rede an ihr Ohr heran, sie erkannte die Stimme nicht, und der Rauch ließ niemanden erkennen, obwohl der Redner in ihrer unmittelbaren Nähe stehen musste, so deutlich drangen die ins Megaphon gesprochenen Worte an ihr Ohr.

„Wir haben uns heute hier versammelt, um stolz all unseren Hass zu verschenken. Hass, den wir seit Jahrzehnten kultiviert haben und der nun endlich soweit herangewachsen ist, um ihn in die weite Welt hinaus zu lassen, wobei wir ihn gezielt gegen unsere Unterdrücker wenden wollen.

Genug des Diskurses der guten und naiven Wilden im Dschungel, die, wenn es nach den Menschenschützern ginge, am besten in Reservaten neben den letzten Kaimanen und Jaguaren zu besichtigen sind, gegen ein Entgelt natürlich, genug all des Mitleids mit uns Gestrigen, die sich nicht gegen die Moderne zu schützen wissen. Wir stehen hier nicht, weil wir eine archaische Kultur konservieren wollen, und dies ist auf keinen Fall ein ethnischer Konflikt, wie heutzutage alle Konflikte in der Welt so gerne genannt werden, um sie ihres politischen Inhalts zu berauben.

Dies hier ist der gute alte Klassenkampf, das Gespenst, das ihr mit Marx in die Geschichtsbücher habt verdammen wollen. Unser Feind ist keine Nation und keine Ethnie und auch kein Drogenkartell. All dies sind Phänomene ein und des selben kapitalistischen Systems, das wir nicht länger mittragen wollen, dem wir nicht länger unsere Arbeitskraft anbieten, sondern unsere Macht, es zu sabotieren..."

Wer hätte vor wenigen Wochen schon geahnt, dass die Wut in diesem Land schon so groß geworden war, dass nur ein Tropfen genügte, um diese Wut zum Überkochen zu bringen, im wahrsten Sinne des Wortes dieses Land in den heißesten Ort der Erde zu verwandeln? Wer konnte schon sagen, was eigentlich dieser letzte Tropfen gewesen war oder ob es nichts war, als eine Aneinanderreihung von Zufällen? Womit hatte es angefangen? Mit ein paar ‚nicht verzollten' Robotern in einem Hafen, der nichts als ein einzelner Holzsteg war? Mit der Einführung des Dollars und dem Steigen der Preise für die Grundnahrungsmittel? War es die zehnte Testbohrung oder die hundertste, die die Wut auslöste?

Während Fernanda sich mit den anderen unterhalb des Blätterdachs versteckte, fragte sie sich, ob es einen Kipppunkt gab, einen Punkt, der mathematisch berechenbar war und der das Umschlagen von sozialen Protesten in eine nicht mehr aufzuhaltende Revolution markierte. Sollte dieser Moment eine Revolution sein, die nicht allzu bald von der Konterrevolution wieder niedergeschlagen würde, so nahm sich Fernanda für die Zeit nach der Revolution vor, - nicht sofort, sondern wenn sich die Wogen geglättet und die Utopie entfaltet hätten - Revolutionsforscherin zu werden und sich auf die Suche nach genau jenem Punkt und seiner mathematischen Formel zu machen.

Zweiunddreißig

Madame Dubois stand einige Minuten unschlüssig vor der Tür. Sie hatte die Plastikurne unter den Arm geklemmt, die die junge Frau beim besten Willen nicht hatte zurücknehmen wollen. Sie war verärgert. Dieser Fall gefiel ihr nicht. Sie schien bei ihrer Suche nur auf Verrückte zu stoßen. Sie sollte aufgeben, nach Hause fahren und sich wieder mit der Bespitzelung untreuer Ehegatten beschäftigen. Das war eine einfache und überschaubare Aufgabe, die mit Sicherheit Geld brachte. Ihr Lohn war dabei nicht erfolgsabhängig, sie musste nur berichten, was eine bestimmte Person zu einer bestimmten Zeit getan hatte. Selbst wenn bei der Bespitzelung herauskam, dass der Ehegatte nicht untreu war, sondern lieber im Park mit Freunden Boule spielte, als zu Hause bei seiner Ehefrau zu hocken, bekam sie ihr Geld, ebenfalls, wenn die bei ihrem Liebhaber vermutete Ehefrau stundenlang mit Freundinnen im Café saß und über Gott und die Welt redete, anstatt ihrem Mann dabei zuzusehen, wie er seinerseits das Fußballspiel im Fernsehen anschaute.

In diesem Fall aber hatte sie nichts abzuliefern als eine Plastiktopf mit Asche, den ihr Auftraggeber bestimmt ebenso wenig gebrauchen konnte wie sie selbst. Sie würde unter diesen Umständen kein Honorar von ihm kassieren können, konnte noch froh sein, wenn er ihr die Unkosten für die Reise nach Berlin bezahlte. Es war zum Verzweifeln. Langsam stapfte sie die Treppe hinunter und machte sich auf den Rückweg ins Hotel. Sie musste sich telefonisch mit ihrem Kunden beraten. Sie würde ihm nahe legen, die ganze Geschichte zu vergessen. Zudem hielt sie nichts von Fällen, in die auch die Polizei verwickelt war. Andererseits, wer glaubte schon an Geschichten, die unter Nachbarn übereinander kursierten? Je gelangweilter der Urheber, je fantasievoller die Gerüchte

Ihr Hotel lag in Kreuzberg 36, in jenem Teil, der früher eine in den Osten ragende Halbinsel Westberlins gewesen war, und war eigentlich eine Absteige für sogenannte Backpacker – zu deutsch ‚Rucksackreisende', aber die deutsche Sprache schien wenig Attraktionspotenzial zu haben. Madame Dubois war zuerst erstaunt, wie verhältnismäßig teuer eine Übernachtung war, dafür, dass der Ort eigentlich Reisende mit einem geringen Budget ansprechen sollte. Sie hätte sich das zu ihren Jugendzeiten nicht leisten können.

Sie hatte diesen Ort zum einen gewählt, weil sie nicht viel Geld für Übernachtungen ausgeben wollte, da ihr Kunde nicht besonders zahlungskräftig war und sie das Honorar nicht unnötig durch Spesen in die Höhe treiben wollte, zum anderen aber auch, weil es ihr gefiel, sich ein paar Tage unter jungen Menschen aufzuhalten und sich abends von deren Austausch von Reiseerlebnissen berieseln zu lassen. Es gab keine Einzelzimmer in diesem Hotel, die Doppelzimmer waren von reisenden Pärchen belegt, und so hatte sie ein Bett in einem Vier-Bett-Zimmer nehmen müssen, in dem außer ihr zwei achtzehnjährige Italienerinnen, die zum ersten Mal ohne ihre Eltern Urlaub machten und jeden Abend zu Hause anriefen und eine etwas ältere alleinreisende Australierin untergebracht waren. Die beiden Italienerinnen schwatzten Tag und Nacht und nahmen wenig Notiz von ihren Zimmergenossinnen, hielten sie wohl für zu alt, um auch nur gemeinsame Interessen zu vermuten. Die Australierin war dagegen sehr still, stand früh morgens bei Sonnenaufgang auf und machte sich dann sofort auf Sightseeing-Tour. Wenn sie abends zurückkam, vertiefte sie sich für eine Stunde in ihren Reiseführer, um den nächsten Tag zu planen, steckte sich dann Ohropax in die Ohren und schloss die Augen. Madame Dubois kam gerne mittags in die Herberge, weil ihre Zimmergenossinnen dann ausgeflogen waren und sie in aller Ruhe auf dem Bett sitzen konnte und ihre Unterlagen ausbreiten, ohne dabei mit indiskreten Fragen rechnen zu müssen. Zu dieser Stunde ließ sich ohnehin wenig ausrichten, da alle offiziellen Stellen in diesem Land pünktlich um 12 Uhr Mittagspause machten.

In der Herberge gab es unten ein Lokal, in dem bei schönem Wetter die Tische auf die Straße gestellt wurden, eine Straße, die jetzt recht befahren war, in alten Zeiten eine Insel der Ruhe gewesen sein musste, da sie eine Sackgasse gewesen war, die nur bis zur Mauer geführt hatte. Das Lokal war gemütlich, die Musik nie zu laut und die Lampen hell genug, um auch abends zum Lesen herzukommen. Morgens servierten sie ein günstiges Frühstück für die Reisenden, das zwar immer dasselbe war, aber gut genug, um davon satt zu werden. Ab mittags war das Lokal auch für externes Publikum geöffnet, in der Tat war es aber so, dass sich hierher kein Berliner verlief. Die Anwesenheit von Fremden, ja gar Touristen, schien die eingefleischten Berliner abzuschrecken.

Am besten gefiel Madame Dubois die Telefonzelle in der hinteren Ecke des Lokals. Anders als in normalen Kneipen, die ihr Telefon irgendwo auf dem Gang vor dem Klo versteckten, wo man sich immer noch das eine Ohr zuhalten musste, um überhaupt etwas zu verstehen und gleichzeitig von unangenehmen Gerüchen eine ordentlich Dosis abbekam, war man hier abgeschirmt von jeglichen äußeren Einflüssen, die die Sinne in Anspruch nahmen. Im Gegensatz zu den Straßentelefonzellen war diese hier gemütlich, es stand ein bequemer Stuhl darin, und auf einem kleinen Tisch konnte man Adressbuch und Terminkalender ausbreiten. An der Wand hing ein Stadtplan von Berlin. Wegen des Komforts versuchte sie immer, ihre gesamten Telefonate vom Hotel aus zu erledigen und nahm den kleinen Aufpreis bei den Telefongebühren dafür gerne in Kauf.

In der Tram hatte sie das Gefühl, das alle Leute auf das Plastikgefäß auf ihrem Schoß starrten. Vielleicht war es auch nur Einbildung. Der Gedanke, die sterblichen Überreste eines Menschen, den sie nicht einmal gekannt hatte, so nah an ihrem Körper zu transportieren, war ihr äußerst unangenehm. Noch unangenehmer war es ihr allerdings, mit diesem Gepäck das Hotel zu betreten. Fast fühlte sie sich versucht, die Urne in einer Mülltonne auf der Schlesischen Straße zu entsorgen oder sie in einem Vorgarten zu vergraben und sie dann später wieder auszugraben, wenn sie eine Tasche dabei hatte. In einem kleinen Lebensmittelgeschäft kaufte sie eine Flasche Wein und eine Packung Salzcracker, nur um an der Kasse eine Plastiktüte zu erhalten, in der sie die Urne verstauen konnte.

Sie konnte der Versuchung nicht widerstehen, sich einen Moment auf dem Bett auszustrecken. Ihre Füße schmerzten von den Stiefeln mit den hohen Absätzen, die sie gerade neu erstanden hatte, und die sie so sehr an die Mode ihrer Jugendzeit erinnerten. Sie wusste, dass sie als Frau in ihrem Alter mehr auf ihre Gesundheit als auf ihr Aussehen achten sollte, aber in Gesundheitsschuhen konnte sie sich beim besten Willen nicht leiden, konnte sich nicht einmal vorstellen, dass sie darin für andere Menschen ein ernstzunehmendes Wesen war. Die jungen Reisenden in ihrem Hotel trugen Turnschuhe, Wanderschuhe oder Trekkingsandalen über dicken Socken. Sie war keine der ihren. Es wäre lächerlich, wenn sie so tat, als ob es so wäre.

Sie schloss die Augen und versuchte zu rekapitulieren, was sie in diesem Fall herausgefunden hatte, bevor sie ihren Kunden in Frankreich anrufen würde. Das Ergebnis war mager. Sie hatte bisher herausgefunden, dass der verstorbene Professor an einem Institut für empirische Sozialforschung in der Physik an der Humboldt-Universität zu Berlin gearbeitet hatte, dessen Sitz abgebrannt war und das seitdem keinen neuen Ort zugewiesen bekommen hatte und nicht neu besetzt worden war. Er hatte eine Mitarbeiterin gehabt, die Katrin Radke hieß, die zur Zeit in einer Einzimmerwohnung im Prenzlauer Berg wohnte und die mit niemandem zu reden schien. Diese Frau war seltsamerweise im Besitz einer Urne mit der Asche des Professors, die nun in ihren Besitz gelangt war, und mit der sie wahrlich nichts anfangen konnte. Außerdem wusste sie, dass die Polizei aus unbekannten Gründen gegen Frau Radke ermittelte. Von den Fußballrobotern, für die sie sich eigentlich interessierte, fehlte jede Spur. Außerdem hatte sie bisher keine weiteren Bekannten des Professors ausfindig machen können. Irgend jemanden musste er doch wohl außer seiner Mitarbeiterin gekannt haben?

Die australische Zimmergenossin betrat unerwartet den Raum. Madame Dubois fuhr wie ertappt in ihrem Bett hoch. Sie hatte um diese Uhrzeit nicht damit gerechnet, das Zimmer teilen zu müssen. Sie hatte die Angewohnheit, so in ihre Gedanken zu versinken, wenn sie sich ganz und gar alleine wähnte, dass die Außenwelt zu einer anderen Sphäre wurde, die, wenn sie doch plötzlich über sie hereinbrach, in ihr einen Schockmoment auslöste.

Die andere Frau missverstand allerdings dieses plötzliche Hochschrecken und wies sich eine Schuld zu, die es nicht gab. Sie war eine extrem höfliche Person.

„Oh, Entschuldigung, habe ich Sie geweckt?"

„Nein, nein, es ist schon gut. Vielleicht habe ich ein wenig gedöst." Damit hoffte Madame Dubois, das Gespräch beendet zu haben. Die Australierin war jedoch für ihre Verhältnisse ungemein redselig.

„Oh, ich sehe, sie waren einkaufen? Ich würde auch gerne mehr Andenken mitnehmen, aber mein Rucksack ist schon so schwer. Außerdem muss ich in Prag noch zwei Flaschen Becherovka kaufen, den habe ich meinen Freunden versprochen, die schon mal dort waren. Und für meine Mutter möchte ich einen Nussknacker aus dem Erzgebirge mitbringen. Was haben Sie denn heute erstanden? Ist das antik?" Sie machte Anstalten, sich geradewegs auf die Urne zu stürzen, die Madame Dubois achtlos neben sich auf dem Bett abgestellt hatte.

Diese legte schützend die Hand auf die Überreste des Professors, in der Hoffnung, dass die andere Frau den Gegenstand auf diese Weise nicht so leicht in Augenschein nehmen und identifizieren konnte.

„Aber nein. Ich habe es heute auf dem Flohmarkt gefunden. Es ist nichts als eine Plastikschüssel mit Deckel. Noch dazu ist das Design ziemlich hässlich. Aber ich habe so etwas gebraucht, und zu Hause komme ich nie zum Einkaufen." Mit diesen Worten ließ sie die Urne wieder in der Plastiktüte verschwinden. Ihr stand der Schweiß auf der Stirn. Sie wollte schon eilig ihre Telefonutensilien packen und das Zimmer verlassen, um einer weiteren Unterhaltung zu entgehen, doch dann erschien es ihr zu riskant, diese Frau mit den Resten von Professor Farendorf alleine zu lassen. Sie musste bleiben und das Thema auf etwas anderes lenken.

„Machen Sie heute auch einen Mittagsschlaf? Sie sind ja sonst sehr eifrig in ihren Besichtigungstouren. Ich alte Frau halte es ja nicht mehr durch, den ganzen Tag durch die Stadt zu laufen. Ich liebe meine kleine Siesta."

„Nein, nein. In einer Stunde geht mein Zug nach Prag, und ich muss noch meine Sachen packen. Heute morgen habe ich mir noch das ägyptische Museum angesehen, die Zeit war natürlich viel zu knapp. Ich habe mich schon immer gefragt, wie wohl die Nofretete mit zwei Augen aussehen würde. Ich kannte sie ja bisher nur von Bildern. Ich dachte, wenn ich sie leibhaftig vor mir sähe, könnte ich sie mir vielleicht vorstellen, aber es ist einfach unmöglich. Es ist, als ob ihre perfekte Schönheit durch den offensichtlichen Makel noch unterstrichen würde. Fast glaube ich, sie würde, hätte sie zwei Augen im Gesicht, ihren Reiz verlieren. Seltsam, nicht wahr, dass die Asymmetrie so zu faszinieren vermag? Kennen Sie das ägyptische Museum?"

„Nein. Die Nofretete kenne ich von Bildern, natürlich. Ich muss gestehen, ich bin eine Geschichtsbanausin. Die moderne Kunst liegt mir näher. Das naturgetreue Abbild des Menschen interessiert mich nicht. Damit habe ich beruflich schon genug zu tun. Die Porträts Picassos, der die Menschen gleichzeitig von allen Seiten betrachtet und sie so aber unserer Vorstellung der Schönheit enthebt sind viel interessanter, vielschichtiger, wie auch die Wirklichkeit, wenn wir uns näher mit ihr auseinandersetzen."

„Oh, glauben Sie bloß nicht, dass die Büste der Nofretete wie auch die Totenmaske des Tutanchamun naturgetreue Abbilder dieser berühmten Pharaonen seien. Zwar sagt man der Königin große Schönheit nach, doch diese Schönheit mag nicht viel mehr sein als ein Mythos. Ich finde, an der ägyptischen Kultur fasziniert gerade der Perfektionismus der Darstellung, der sich schon allein in der geometrischen Form der Pyramide äußert. Trotzdem werden diese Dinge für mich noch interessanter durch die Makel, die sie im Laufe der Jahrtausende erhalten haben."

Da Madame Dubois nichts mehr erwiderte, brach sie ihren Vortrag ab und beschäftigte sich damit, ordentlich ihre Wäsche zu falten. Madame Dubois schloss die Augen und tat so, als würde sie wieder in den Schlaf sinken. Die Frau ging, ohne sich zu verabschieden, lautlos die Tür hinter sich schließend.

Madame Dubois setzte sich im Bett auf und riss den Deckel von der Plastikurne, als wollte sie sich versichern, ob Professor nicht heimlich geflohen war. Ein von Asche angestaubtes grünes Auge auf gelbem Hintergrund starrte sie aus dem Plastiktopf an. Das Auge der Nofretete, dachte sie, obwohl es diesem gar nicht ähnlich sah und dieses Auge auch keinesfalls als lebensechtes Abbild eines menschlichen Auges erschien. Sie schloss den Deckel wieder, verstaute den Plastiktopf diesmal sorgfältig in ihrem Reisegepäck und fragte den Pförtner nach dem Weg zum ägyptischen Museum.

Sie fand sich dort inmitten von einer französischen Schulklasse auf Klassenfahrt wieder. Die Kinder mochten vielleicht gerade die achte Klasse besuchen, interessierten sich natürlich kein Stück für die Exponate, höchstens für die echten Mumien, die es hier zu bewundern gab.

Hatte sie als Kind einmal ein ägyptisches Museum besuchen müssen? Sie konnte sich nicht erinnern, dass es in ihrer Heimatstadt so etwas gegeben hatte. War es denkbar, dass das Interesse für die Archäologie und damit auch der Raub der ersten Kunstschätze des ägyptischen Königreichs keine französische Domäne war? Dass die französische Geschichtsschreibung immer auf die eigene Kunst und die eigene Philosophie beschränkt hatte, während man in Deutschland die Geschichte als chronologische Archivierung von Entdeckungen und Ereignissen seit jeher praktizierte? Sie hatte im Geschichtsunterricht nie aufgepasst. Die einzige Geschichte, die sie in ihrem Kopf behalten hatte, war die eines kleinen gallischen Dorfes. Sie wusste aber gerade noch, dass diese Geschichtsschreibung nicht den historischen Tatsachen entsprach.

Nun stellte sie sich brav hinter den Pulk von Kindern, um ihrerseits einen Blick auf die Mumie werfen zu können. Während die Lehrerin über die Techniken der Einbalsamierung referierte, platzierten die Kinder die Mumie in Horrorfilme und quäkten dazwischen, dass sie sicher gleich aus dem Sarkophag und ihrer Lehrerin ins Gesicht springen würde. Konnte man der heutigen Jugend nicht ein wenig mehr Respekt vor den Toten beibringen? Aber die Schuld musste man sicher denjenigen zuweisen, die diese Toten im Namen der Wissenschaft aus seinem Grab geraubt hatten, um sie öffentlich auszustellen. Eine Gesellschaft konnte keinen Respekt vor der Totenruhe entwickeln, wenn ihr Heiligstes, nämlich die Wissenschaft, diese mit Füßen trat. Wie würde sie sich fühlen, wenn ihre sterblichen Überreste jeden Tag von Hunderten von Menschen angestarrt würden und derweil noch Witze über sie gerissen würden? Sicher, sie war aufgeklärt genug, um zu wissen, dass sie nichts fühlen würde, weil sie eben tot wäre, aber das ging trotzdem zu weit.

Sie wandte sich ab, ohne zu warten, dass die Schulklasse ihre Besichtigung der Mumie beendet hatte. Sie wollte nicht mit ihren Blicken die Totenruhe stören. Sie ging vorbei an mit Hieroglyphen versehenen Stücken von Tempelanlagen und machte sich auf die Suche nach Nofretete. Ein hochnäsiger Kopf auf einem überaus mageren langen Hals. Volle rote Lippen unter einer geraden spitzen Nase. Große Augen, wenn das eine auch nur ein weißer Fleck war unter den eleganten Bögen schwarzer geschwungener Brauen. Auf dem Kopf thronte eine überdimensionierte Haube, die eine zum Boden reichende Haarpracht verdecken könnte. Vielleicht war es ihre absolute Entsprechung mit dem aktuellen europäischen Schönheitsideal, die die Faszination für diese Darstellung der ägyptischen Königin auslöste. Sollte das damalige, tausende von Jahren zurückliegende weibliche Schönheitsideal zufällig dem jetzigen entsprochen haben? Dass man diese Büste gar nicht als Abbild der Schönheit gemeint hatte, war nicht anzunehmen, denn schon die Weise, in der die Frau ihren Kopf hielt, verriet, das sie selbst sich ihrer Schönheit bewusst war. Das fehlende Auge tat nichts zur Sache. Es war als habe man dem Bild eines Models auf einem Werbeplakat ein Auge ausgekratzt und war bei dieser Verschönerungsaktion gestört worden, bevor man noch einen Schnurrbart hatte hinkritzeln können.

Sie hatte die alte Dame, die schräg hinter ihr ebenfalls in Betrachtung der Nofretete stand, gar nicht bemerkt. Sie fuhr daher ein wenig zusammen, als diese Worte in den Raum entweichen ließ, von denen sie nicht wusste, ob sie an sie oder eine andere Person oder gar von der alten Dame an sich selbst gerichtet waren.

„Ist sie nicht wunderschön? Wie ihr Name übrigens schon sagt: ‚Die Schöne ist gekommen.‘“

Madame Dubois wandte sich zu der Sprecherin um. Sie musste den Begriff alte Dame in ihrem Geist relativieren. So alt war sie, in Relation zu ihr selbst, auch wieder nicht. Es schien aber dennoch eine unsichtbare Grenze zu geben, ab deren Überschreiten eine Frau die Bezeichnung ‚alte Dame‘ erhielt, unabhängig vom Alter der oder des Bezeichnenden. Noch schlimmer wurde es allerdings, wenn man in das Alter kam, wo einen Leute wieder schmeichelhaft ‚junge Frau‘ nannten, obwohl sie eigentlich ‚alte Schachtel‘ dachten.

„Für meinen Geschmack sind ihre Züge ein wenig zu ebenmäßig, zu perfekt. Das gibt ihr etwas sehr Steriles,“ antwortete Madame Dubois, ohne sich sicher zu sein, ob die alte Dame überhaupt zu ihr gesprochen hatte.

„Ja, vielleicht,“ antwortete die alte Dame. „Es ist merkwürdig. Ich habe dieses Museum zum letzten Mal in meiner Jugend, in der Schulzeit besucht. Ich habe mich immer sehr für altertümliche Geschichte interessiert, aber ich bin nie auf die Idee gekommen, diesem Museum wieder einen Besuch abzustatten, erst heute. Auch wenn die Sammlung viel größer geworden ist, oder zumindest der Teil der Sammlung, die ausgestellt wird, ist dieses immer noch ihr schönstes Stück. Sind Sie zu Besuch in Berlin?“

„Ja. Das heißt, ich habe beruflich hier zu tun, aber heute habe ich einen freien Nachmittag, und da wollte ich mir ein wenig die Stadt anschauen.“

„Sie sind Französin, nicht wahr? Auch Französisch habe ich immer gemocht, aber ich bin kaum dazu gekommen, es zu praktizieren. Ich wäre immer gerne nach Frankreich gereist, das Land der Schlösser und Burgen, aber mein verstorbener Mann hat von Reisen wenig gehalten. Und als er dann tot war, ja, da bin ich schon gereist, aber da war ich dann zu alt, um mich an mein Schulfranzösisch zu erinnern. Wussten Sie übrigens, dass das erste ägyptische Museum 1858 von einem Franzosen begründet worden ist?“

„Nein, das hätte ich nicht gedacht. Wenn Sie sich so gut auskennen, können Sie mir doch sicher sagen, was es mit dem fehlenden Auge der Nofretete auf sich hat?“

„Nun, es ist bei den Ausgrabungen nie gefunden worden.“

„Ja, aber warum hat man es nicht rekonstruiert? Andere Dinge werden doch auch einfach nachgebildet, so wie dieser Altar dort drüben. Man hat die fehlenden Stücke einfach eingesetzt.“

„Ach ja, das rätselhafte Auge der Nofretete. Fast sollte man meinen, sie hätte nur ein Auge gehabt. Aber es gibt eine andere Darstellung neben König Echnaton, in der ihr Gesicht zweifelsohne vollständig ist. Ich weiß es nicht. Vielleicht sollten wir einen der Museumswärter fragen.“

Madame Dubois winkte ab. „Es ist nicht so wichtig.“

„Mich persönlich macht ihre Frage schon neugierig. Aber ich möchte Sie nicht länger aufhalten. Sicher sind Sie erst am Anfang ihres Rundgangs, und das Museum schließt bereits in einer Stunde. Ich persönlich bin gerade noch einmal zu der Schönen zurückgekehrt, nachdem ich alles gesehen habe.“

„Nein, nein, Sie halten mich gar nicht auf. Ich habe alles gesehen, was ich sehen möchte. Aber letztendlich interessiere ich mich nicht so sehr für alte Geschichte."

„Nun, dann haben Sie vielleicht Lust, mit mir einen Kaffee zu trinken? Sicher sind ihre Füße auch müde vom langen Herumstehen.“ Sie warf einen kleinen missbilligenden Blick auf das Schuhwerk der Französin, das sie wohl deren Alter unangemessen fand.

„Sie sind bequemer, als sie aussehen. Eigentlich müsste ich jetzt einige Telefonate erledigen. Ein halbes Stündchen kann ich vielleicht noch entbehren.“

Madame Dubois wusste nicht, was an diesem Tag in Sie gefahren war, dass sie das entscheidende Telefongespräch soweit hinauszögerte, dass es kaum noch möglich sein sollte, am heutigen Abend einen Zug zu bekommen. Erst dieser impulsive Besuch des ägyptischen Museums und jetzt ihre Entscheidung mit einer einsamen alten Dame einen Kaffee zu trinken, um ihr ein halbes Stündchen Gesellschaft zu leisten. Sie war doch sonst nicht so von Mitleid geplagt.

Es war wohl eher ihr eigenes Bedürfnis zu reden als ihre Nächstenliebe, die sie zu dieser spontanen Verabredung veranlasste. Sie war durcheinander von den Ereignissen des Tages, enttäuscht, dass sich ein so einfach geglaubter Fall als so steinern erweisen konnte, enttäuscht auch von den Menschen, die ihr kein Stück entgegenkamen, die sie zu komischen Späßen missbrauchten oder ihr nichts als Schweigen entgegenbrachten. Berlin war ein kaltes Pflaster von Verrückten. Nantes kannte keine dieser Verrückten, diese Verrücktheit war Privileg der Großstädte. Sie war auch in Paris zu finden, nicht jedoch gepaart mit dieser Kaltherzigkeit der Menschen. Die alte Dame hatte bewusst sie, die Fremde, zum Ansprechen gewählt, weil ihr die abweisende Haltung der Einheimischen nur allzu bekannt war. Mochte die alte Dame sich jeden Tag hier postieren und Besucherinnen des Museums ansprechen, die offenkundig nicht aus der Stadt und allein hier waren? Der absurde kleine Gedankengang entlockte ihr ein Lächeln. Sie war überspannt.

„Gehen wir," sagte die Alte, „ich kenne ein nettes kleines Café direkt gegenüber. Das Museumscafé ist viel zu teuer," fügte sie mit einem Lächeln hinzu, das Lächeln der anderen missdeutend.

Die Alte trank ihren Kaffee nur mit echter Sahne, weil sie behauptete, dass Sahne gut für die Haut sei. Das mochte stimmen, da ordentliche Fettpolster unter der Haut halfen, deren Erschlaffungsprozess unsichtbar zu machen. Dabei war sie gar nicht mal fett. Eigentlich war die alte Dame auch gar nicht so alt, dass sie diese Bezeichnung verdient hatte. Vielleicht war es ihre Art, sich nach einer Mode zu kleiden, die speziell für Frauen über fünfzig konzipiert war, die sie alt erscheinen ließ.

„Oh, Entschuldigung, ich habe mich gar nicht vorgestellt," sagte die Frau, nachdem sie schon ihren Kaffee bestellt hatten. „Wie unaufmerksam von mir. Ich glaube, ich werde alt. Lieselotte Gabler ist mein Name. Nennen Sie mich ruhig Liese."

„Sehr erfreut. Ich heiße Clementine Dubois."

„Clementine, das ist wirklich ein wunderschöner Name. Darf ich fragen, was Sie in Berlin machen?"

„Ich suche nach potentiellen Hinterbliebenen eines Professors, vor allem aber nach seinem verschwundenen Team von Fußballrobotern."

„Oh. Das tut mir wirklich leid. Woran ist der Arme denn gestorben?"

„Das braucht Ihnen nicht leid zu tun. Ich bin keine der Hinterbliebenen und auch keiner der Fußballroboter. Ich bin Privatdetektivin. Die Todesursache ist mir unbekannt, aber die tut auch nichts zur Sache."

„Aber Sie müssen doch wissen... Ich meine, wenn Sie sich mit einem toten Menschen beschäftigen, müssen Sie doch wenigstens wissen, woran er gestorben ist. Wie wollen Sie sonst mit seiner Seele in Kontakt treten?"

„Hören Sie, ich bin Detektivin, nicht Priesterin oder dergleichen. Aber dieser Fall bereitet mir Kopfschmerzen. Ich sollte eigentlich nicht darüber reden, Berufsgeheimnis, wissen Sie, aber, ach, Sie haben ja ohnehin nichts mit den Leuten zu tun. Da treffe ich auf eine Ex-Mitarbeiterin, die stumm ist wie ein Fisch und ansonsten scheint den Mann kein Menschenwesen gekannt zu haben."

Lieselottes Kaffeetasse wuchs am Kinn an. Diese Erstarrung hatte zur Folge, dass sie beim Reden den heißen Kaffee über den Tisch mit dem gestärkten weißen Deckchen pustete.

„Wie hieß der Mann?"

Sie setzte nun so heftig die Kaffeetasse ab, dass sie noch dazu eine kleine Überschwemmung verursachte.

„Das darf ich nicht sagen. Selbst als ich noch mit meinem Ex-Mann zusammen war, durfte ich ihm gegenüber nie die Leute mit Namen benennen. Es gibt genauso ein Detektivgeheimnis wie es ein Arztgeheimnis gibt."

„Ich könnte Ihnen vielleicht helfen."

Madame Dubois sah auf einmal ungehalten auf ihre Armbanduhr. Diese Worte kannte sie schon. Wenn sie sie ignorierte, würden sie vielleicht im Raum verpuffen, als wären sie nie ausgesprochen worden.

„Ich glaube, ich kannte den Mann," fügte Lieselotte nun hinzu.

„So, glauben Sie das wirklich? Es tut mir leid, ich glaube Ihnen nicht. Ich glaube in dieser Stadt niemandem mehr. Ich muss mich beeilen, dass ich noch einen Zug für heute Abend bekomme. Es war nett mit Ihnen zu plaudern. Der Kaffee geht auf mich."

„Ulrich Farendorf."

„Mist! Müssen Sie mir so das Wochenende verderben. Morgen Abend hätte ich schon genüsslich die Beine auf der eigenen Couch ausstrecken können. Woher kennen Sie ihn?"

„Wo soll ich nur anfangen? Eigentlich kenne ich ihn gar nicht. Es war nichts als eine flüchtige Bekanntschaft, die ich auf meinem letzten Kuraufenthalt in Spanien machte. Er hat mich an jemanden erinnert, den ich in meiner Jugend kannte. Obwohl er ihm kaum ähnlich war. Es war nur diese etwas unbeholfene Art, die mich an jenen Jungen erinnerte. Ein kleiner schwächlicher Junge war das, mit einem wunderschönen fast engelsgleichen Gesicht. Er ging in die Parallelklasse und wurde von seinen Mitschülern oft gehänselt, weil er viel zu klein für sein Alter war. Er stand meistens bei den Mädchen auf dem Schulhof herum. Ich glaube, auf eine Weise schwärmten wir alle heimlich für ihn, aber Sie wissen sicher, dass man für solche Jungen nicht zu schwärmen hatte. Ein junger Mann hatte gut gebaut und sportlich zu sein, das hatten wir von unseren Müttern gelernt. Ein Mann musste auf seinen breiten Schultern die Last der Verantwortung für seine Familie tragen können und diese durch seiner Hände Arbeit ernähren können. Wir schwärmten für ihn, aber keine wäre jemals auf die Idee gekommen, mit ihm zu gehen, das wäre nicht möglich gewesen. So war er nur unser kleiner vertrauter Freund, der mehr wie eine gute Freundin war. Irgendwie war er eine von uns.

Die anderen Jungen haben ihm das übel genommen. Sie haben ihn ein Mädchen geschimpft, weil er ja auch fast eins war, aber eigentlich, weil sie neidisch waren auf das Vertrauen, das er unter uns Mädchen genoss. Trotzdem war ich immer heimlich ein bisschen in ihn verliebt. Ich weiß gar nicht, was später aus ihm geworden ist.“

„Und der Professor?“

„Ulrich, ja, er sah alles andere als schwächlich aus. Sogar ziemlich beleibt. Eigentlich mag ich Männer nicht, die sich so wenig unter Kontrolle haben. Aber seine unbeholfenen Bewegungen waren wirklich entzückend. Ich bemerkte ihn zum ersten Mal, als er aus dem Reisebus in meine Arme sank. Diese unglaubliche Hitze, obwohl es schon Herbst war. Ich kann mir gar nicht vorstellen, dass dieses Klima gesund sein soll. Aber die Ärzte müssen es ja wissen. Ihm war das natürlich sehr peinlich.“

„Verstehe. Und haben Sie später mehr über den Professor erfahren?“

„Oh Gott, ich weiß nicht, ob ich Ihnen das wirklich erzählen kann. Was werden Sie von mir denken?“

„In meinem Beruf bin ich gewohnt zu schweigen. Machen Sie sich keine Gedanken.“

„Wir haben später ein wenig getrunken. Manchmal trinke ich gerne ein Gläschen. In Maßen, versteht sich. Ich trinke nie so viel, dass ich die Kontrolle verliere. Aber er – er war innerhalb kürzester Zeit stockbesoffen. Aber das Schlimmste daran war, dass ich Gefallen an ihm fand, wie er auf meine Schulter gestützt durch die Straßen wankte, weil er nicht mehr alleine gehen konnte. Er war auch nicht mehr so verschlossen. Vorher, als das Ehepaar Richter noch mit am Tisch saß, war er sehr einsilbig gewesen. Er nuschelte allerdings ziemlich und so näherte ich ihm mein Ohr soweit es ging. Seine Aussprache war ein wenig feucht und sein Atem roch nach Alkohol. Na ja, meiner bestimmt auch.

Ich bin eine alte Frau. Mein Mann ist schon vor Jahren gestorben. Ich bin seitdem keinem Mann mehr so nahe gewesen."

„Was hat er Ihnen erzählt?"

„Wenn ich mich nur erinnern könnte...Mein Kopf war so voll von der lauen Nacht, dem leichten Triesel des Alkohols, von seiner Nähe, ich war irgendwie beschwingt von seiner doch ziemlich schweren Last auf meinen Schultern – aber ich fühlte mich, als wäre ich noch einmal zwanzig. Ich habe ihm nicht wirklich zugehört. Sagen Sie, Clementine, haben Sie viele Liebhaber?"

Madame Dubois seufzte. Sie durfte jetzt nicht ungeduldig werden. Die richtige psychologische Taktik war in ihrem Beruf das Wichtigste. Die Berliner Bevölkerung begann wirklich, ihre Geduld überzustrapazieren.

„Woher wissen Sie, dass ich nicht glücklich verheiratet bin?"

„Eine verheiratete Frau, noch dazu eine glücklich verheiratete, kleidet sich nicht so – nun, sagen wir mal – geschmackvoll?"

„Meinen Sie, mit der Heirat geht den Frauen der Geschmack verloren? Nein, wir Französinnen sehen das anders. Auch eine verheiratete Frau würde sich nie in nachlässiger Kleidung in die Öffentlichkeit wagen, abgesehen davon, sie ist eine bretonische Bäuerin und auf dem Weg zur Feldarbeit, und selbst die würde noch darauf achten, dass ihre Arbeitskleidung farblich aufeinander abgestimmt ist. Auch wenn sie also recht haben, dass ich unverheiratet bin, erschließen Sie das aus einer falschen Argumentation."

„Sie haben bestimmt viele Liebhaber. Entschuldigung, dass ich so indiskret frage, ich hätte nur gerne einen Rat von Ihnen. Ich meine, Sie dürften nicht viel jünger sein als ich, aber sie sehen so viel jugendlicher aus. Wie machen Sie das?"

„Wenn ich morgens aufstehe, gehe ich als erstes eine Stunde joggen, aber nicht ohne vorher ein sanftes, nicht fettendes Sonnenschutzmittel auf das Gesicht aufzutragen. Die Sonnenstrahlen lassen die Haut zu schnell altern. Danach nehme ich eine Dusche, wobei ich nur Wasser und CD an meine Haut lasse. Danach creme ich den ganzen Körper mit Lotion ein. Vor dem Schlafengehen reinige ich mein Gesicht mit einer Reinigungsmilch ohne Alkohol, denn Alkohol macht die Haut spröde, und danach trage ich eine Anti-Falten-Creme auf. Einmal pro Woche mache ich ein Peeling für Gesicht und Dekolleté, und wenn ich sehr angespannt bin, gönne ich meinem Gesicht eine Anti-Stress-Maske. Zudem achte ich auf eine ausgewogene Ernährung mit vielen Vitaminen und natürlich achte ich auf mein Gewicht. Aber das wichtigste Geheimnis besteht darin, sich nicht alt zu fühlen."

Lieselotte schaute skeptisch in ihre Kaffeetasse, wo die Sahne einen dünnen Fettfilm auf dem erkaltenden Getränk gebildet hatte. „Ich glaube, das ist nichts für mich," erwiderte sie dann, „die Schönheit und die Jugend waren schon immer anderen Frauen vorbehalten, auch als ich erst fünfzehn Jahre alt war."

„Erzählen Sie mir noch ein wenig über den Professor. Versuchen Sie sich zu erinnern, worüber er gesprochen hat."

„Ach, er war nur ein armer alter Mann. Ein Einzelgänger, ein einsamer Trinker. Bei seiner Beerdigung waren nur drei Personen, und ich war die einzige von ihnen, die auch nur eine Träne vergossen hat."

„Aha. Wer waren die anderen beiden?"

„Ich kannte sie nicht. Ein älterer Mann mit Schnurrbart, der in abgetragenen Jeans kam, und nicht einmal die Pietät besaß, sein Hemd ordentlich zuzuknöpfen und eine junge Frau, mit der ich hinterher versuchte, ins Gespräch zu kommen."

„Ich glaube, ich habe die junge Frau schon kennen gelernt. Sie redet nicht viel, nicht wahr?"

„Kein Wort hat sie mit mir gesprochen, auch wenn sie nicht unfreundlich war. Ein bedauernswertes Geschöpf."

„Und der Mann?"

„Keine Ahnung. Er kam und verschwand und sprach mit niemandem."

„Sagen Sie mir noch, wo die Beerdigung stattfand?"

„Es war ein grässlicher Ort, ganz und gar menschenunwürdig. Ich habe die Adresse nicht mehr im Kopf. Rufen Sie mich zu Hause an, dort habe ich es aufgeschrieben." Sie kramte in ihrer Handtasche nach einem Stift und notierte ihre Telefonnummer in geschwungenen Ziffern auf einer Papierserviette.

Beide Frauen sahen einvernehmlich das Gespräch als beendet an. Keine konnte der anderen auch nur annähernd geben, was sie brauchte. Lieselotte sah der Französin ein letztes Mal ins Gesicht und bemerkte mit Genugtuung das feine Netz von Falten um Augen- und Mundpartie. Es waren keine Lachfalten.

Madame Dubois fuhr müde und mit einem Anflug von Migräne zu ihrem Hostel zurück. Wenn die Australierin abgereist war, würde sie jetzt vielleicht eine neue Zimmergenossin haben, hoffentlich eine genauso pflegeleichte wie die letzte.

Sie sehnte sich nach einem entspannenden Fußbad und ihren eigenen vier Wänden. Vielleicht sollte sie sich auf ihrer nächsten Reise doch lieber ein Einzelzimmer in einem richtigen Hotel nehmen, wie es sich für eine Frau in ihrem Alter gehörte. Vielleicht sollte sie auch ihren Beruf aufgeben und Bäuerin in der Auvergne werden.

Das ganze Puzzle, das sie vorgesetzt bekam, musste doch irgendeinen Sinn ergeben. Sie sah sich mit einem Geflecht von Spuren konfrontiert, die aber eigentlich nur das leise Versprechen von Spuren waren und sich nie mit Inhalt füllen ließen, schlimmer noch, das, was ihr jetzt wie ein Geflecht erschien, war vielleicht nichts als eine Aneinanderreihung von Zufällen, und die vermuteten Verflechtungen lenkten sie von dem ab, was sie eigentlich suchte. Wenn sie ehrlich war, konnte sie den Auftrag, mit dem sie nach Berlin gereist war, nicht mehr klar in ihren Gedanken formulieren. Es war höchste Zeit, dass sie mit ihrem Klienten sprach, damit er ihr die Einfachheit ihrer Aufgabe wiederholte. Sie würde sie dann morgen zu Ende führen, um übermorgen endlich diese Stadt von Verrückten und Egomanen hinter sich zu lassen. Wie freute sie sich auf ihre japanischen Zierfische, ihren selbstgemachten latte macchiato und die kleinen wurstigen Finger ihres Klienten, wenn sie ihm den Abschlussbericht überreichen würde.

Sie musste ihre Notizen noch einmal durchgehen. Irgendwo musste dort ein einfacher und klarer Hinweis versteckt sein, der zu der Person führte, die ihrem Klienten weiterhelfen konnte. Alle anderen Verstrickungen waren uninteressant, selbst wenn sie den detektivischen Ehrgeiz ihrer Entwirrung herausforderten. Dafür wurde sie nicht bezahlt. Sie arbeitete schließlich nicht für die Kriminalpolizei.

Sie betrat das Hostel so müde, wie sie sich noch nie in ihrem Leben gefühlt hatte. Dieser Fall schlug sie. Sie hatte beschlossen, das notwendige Telefongespräch nicht noch länger aufzuschieben. Direkt wollte sie sich in die Telefonzelle begeben, sich von nichts und niemandem aufhalten lassen. Auch wenn sie sich zu dem grünen Auge in ihrem Gepäck hingezogen fühlte, das sie zuvor nur für den Bruchteil einer Sekunde hatte anschauen können. Jetzt fühlte sie sich imstande, dem Ding ins Auge zu sehen. Sie montierte es einfach im Geist an die Stelle, an der es fehlte, in das Gesicht der Nofretete, ein nicht perfektes Bild mit zwei Augen kreierend.

Die Telefonzelle war besetzt. Im Café saß alleine an einem Tisch eine junge Frau, die sie noch nie gesehen hatte. Was an sich nicht ungewöhnlich war, kamen und gingen die jungen Leute doch täglich. Vielleicht handelte es sich auch um ihre neue Zimmergenossin, die an Stelle der Australierin trat. Es war im Grunde nichts Ungewöhnliches an der Frau, die dort saß, in kleinen Schlucken an ihrem Bier nippte und über einer fast unbeschriebenen Postkarte Löcher in die Luft starrte. Trotzdem blieb sie an ihr hängen, mit dem undefinierbaren Eindruck, dass etwas an der Frau nicht stimmte, wenn es auch nicht äußerlich war.

Madame Dubois warf ihre guten Vorsätze über Bord und setzte sich zu ihr. Irgendwie war sie heute nicht bei der Sache. Sie kannte sich so gar nicht. Normalerweise ging sie ihrer Arbeit zielstrebig und konzentriert nach und gab plötzlichen Schnapsideen selten nach. „Hallo," sagte sie. Weiter fiel ihr nichts zu sagen ein.

Die Frau wandte ihren Blick vom luftleeren Raum ab und sah ihr in die Augen. Sie hatte eine markante Nase und vollendet geschwungene Lippen. Und tief moosgrüne Augen.

„Oh, bist du die Konkurrenz?" entgegnete die junge Frau ihre einfallslose Begrüßung.

„Welche Konkurrenz?" fragte Madame Dubois erstaunt.

„Wenn du das nicht weißt, dann bist du es wohl nicht. Ist auch besser so. Ich hätte nicht mit dir mithalten können."

„Ich verstehe nicht, wovon du sprichst." Das ‚du' gegenüber einer Unbekannten rollte Madame Dubois nur schwer über die Lippen.

„Das macht nichts. Wie gesagt, es ist besser so. Wieso hast du mich angesprochen?" Der Blick der Fremden ruhte ohne jegliche Unsicherheit auf Madame Dubois.

„Ist das deine echte Augenfarbe, oder trägst du Kontaktlinsen?" fragte Madame Dubois, die selber nicht sagen konnte, warum sie die Frau angesprochen hatte.

„Beides. Es ist meine echte Augenfarbe, und ich trage Kontaktlinsen, aber keine farbigen. Ohne Kontaktlinsen wäre ich blind wie eine Fledermaus und könnte kaum meine Opfer auswählen."

Madame Dubois seufzte. „Hast du in dieser Stadt schon eine einzige normale Person getroffen?"

„Was verstehst du unter normal?"

„Leute, die nicht andauernd in Rätseln sprechen."

„Ich denke, dass ich nicht unter deinen Begriff von normal falle, oder?"

„Nein, leider nicht. Wie kommt es, dass du so gut deutsch sprichst? Man hört gar keinen Akzent.“

„Danke. Deutsch ist meine Muttersprache. Ich bin keine Touristin, und du bist auch keine, auch wenn du nicht von hier bist. Das sehe ich dir an der Nasenspitze an. Auch wenn wir beide uns fadenscheinig als Touristinnen tarnen. Wie findest du meine Postkarten?“ Die Frau schob den vor sich liegenden Stapel zu Madame Dubois über den Tisch. Alle zehn hatten das gleiche Motiv, nämlich eine Aufnahme der Berliner Mauer vor dem Brandenburger Tor, die dort längst nicht mehr stand. Auf der zu beschriftenden Seite standen keine Adressen, nur jeweils eine Anrede wie ‚Liebe Oma‘, ‚Lieber Onkel Klaus‘, etc. und der Satz: ‚Das Wetter in Berlin ist fantastisch.‘

Madame Dubois schob die Karten zurück. „Und? Was ist daran Besonderes?“

„Ich trage die Karten seit Monaten mit mir herum. Ich schreibe sie nie weiter.“ Die Frau tat so, als müsste mit dieser Erläuterung der Sinn des Kartenschreibens erklärt sein.

„Und, was bezweckst du damit, wenn du hier sitzt und vortäuschst, eine Postkarten schreibende Touristin zu sein?“

„Manchmal bleibt jemand stehen und setzt sich zu mir. So wie du gerade. Wir kommen ins Gespräch und ich vergesse scheinbar, meine Postkarten weiterzuschreiben, die ich nie wirklich geschrieben habe. Es sei denn, der Typ gefällt mir nicht, dann würdige ich ihn kaum eines Blickes. Die anderen finden die Masche zwar plump, aber originell. Und wenn ich ihnen dann noch erzähle, dass ich eine echte Berlinerin bin, dann sind sie hellauf begeistert. Gehört schließlich ins Besichtigungsprogramm, einer echten Berlinerin zu begegnen. Dass ich selber erst vor zwei Jahren zugezogen bin, sage ich ihnen natürlich nicht. Ich benutze den Status des Mythos, der einer echten Berlinerin anhaftet, und glaube mir, ich kriege sie fast alle ins Bett, wenn ich will.“

„Und wenn der Typ eine Frau ist, was machst du dann?“

„Dann lasse ich meine Tarnung nicht auffliegen.“

„Aha. Das hast du doch aber gerade getan. Warum? Bin ich keine Frau?“

„Doch. Ich hatte Lust, mit dir zu reden. Ich langweile mich, und du gefällst mir.“

Madame Dubois war irritiert. Sie wusste nicht, wie das ‚du gefällst mir‘ gemeint sein sollte. Wenn es schon ungewöhnlich war, dass jemand in dieser Weise mit ihr redete, so war es noch ungewöhnlicher, dass dies eine Frau tat.

Die Andere setzte ihren schamlosen Angriff fort:

„Zeig mal deine Hände. Ich habe gerade gelernt, aus der Hand zu lesen.“

„Ach, daran glaube ich nicht,“ wehrte Madame Dubois ab.

„Es ist nicht schwer.“ Die Frau ergriff eine von Madame Dubois Händen, die lose auf dem Tisch herumlagen.

„Ich glaube dir schon, dass du es kannst. Ich glaube nur nicht, dass in unsere Hände eine geheime Botschaft eingeschrieben ist.“ Sie ließ sich halb auf das Spiel ein, indem sie dieses mit seinen eigenen Argumenten versuchte zu verhindern.

Die Frau drehte unbeirrt die Handfläche nach oben und folgte mit einem kräftigen aber ganz und gar nicht wurstartigen Finger den Linien darin. Die Berührung stellte die der kurzen Wurstfinger ihres Klienten weit in den Schatten.

„Kommst du mit zu mir?“ fragte die Fremde unvermittelt. Madame Dubois stieg eine lange nicht mehr gekannte Hitze ins Gesicht. Sie suchte nach Worten, die nicht krampfhaft klingen würden und die ihre Verlegenheit überspielten: „Sagt das meine Schicksalslinie?“

„Ach, ich glaube doch auch nicht daran. Es ist nur ein Spaß.“ Sie hielt die Hand trotzdem weiter fest und fuhr mit einem Finger auf den Linien Achterbahn.

Eine Frau. Madame Dubois war nun 50 Jahre alt, und hatte noch nie mit einer Frau geschlafen. Und noch dazu einer mit moosgrünen Augen und einem perfekt geschwungenen Mund. Wie es wohl wäre, diese Lippen zu küssen? Ließe der Kuss die perfekte Form spüren?

„Ich muss heute noch arbeiten,“ sagte Madame Dubois entgegen ihren Überlegungen, abrupt das Spiel abbrechend.

„Du brauchst keine Angst vor mir zu haben. Lass dich doch mal auf was Neues ein.“

„Ach vergessen wir es. Amüsier du dich mit männlichen Touristen in deinem Alter. Ich muss jetzt telefonieren.“

Ohne eine weitere Entgegnung abzuwarten, stand sie auf und betrat das Telefonabteil. Ihr Klient war nicht zu Hause. Da er zu den wenigen Menschen gehörte, die auch kein Handy besaßen, hatte sie keine Chance, ihn zu erreichen.

Sie wählte statt dessen die Nummer der Ex-Frau ihres Vaters, die dieser verlassen hatte, um zu ihrer Mutter zurückzukehren. Sie wusste nie wie sie diese Frau bezeichnen sollte, ihre Ex-Stiefmutter oder ihre geschiedene Stiefmutter? Madame Dubois war die einzige in der Familie, die sich nicht gefreut hatte, als ihre Eltern wieder geheiratet hatten.

Es war eigentlich schon zu spät, um im Seniorenheim anzurufen. Sie tat es trotzdem und hatte sogar gleich ihre Ex-Stiefmutter am Apparat. Sie musste ihr allerdings zunächst zehn Minuten lang erklären, wer sie war, damit sich der Schleier des Alzheimers bei der alten Dame lüftete.

„Ach Clementinchen," brach es plötzlich aus der alten Frau heraus, „Wie steht es mit deinen Klausuren?" Jetzt, nachdem sie begriffen hatte, wer die Anruferin war, musste sie noch in die Jetztzeit zurückgeholt werden. Oder Madame Dubois plauderte einfach ein wenig von ihren Abi-Klausuren, was ihr im Moment etwas bequemer erschien.

Sie warf einen Blick nach draußen. Die Frau mit den moosgrünen Augen saß nicht mehr alleine am Tisch. Ihr Gegenüber war jung, männlich und durchaus ansehnlich.

„Du Mutter," sagte sie plötzlich, „Ich muss Schluss machen. Ich schreibe morgen die Mathe-Klausur, und ich muss mir die Exponentialfunktion noch mal anschauen."

„Trink ein warmes Bier, dann schläfst du wie ein Baby. Und denk dran, man soll am Tag vor einer Prüfung nicht mehr lernen."

„Ist ja schon gut. Ich schaue es mir nur ganz kurz an. Schlaf gut, Mutti."

Sie trat entschlossen aus der Telefonzelle heraus und an den Tisch heran. „Gehen wir?"

Die Gemeinte sah sie fragend an bis verständnislos an. „Wohin?... Ach, Quatsch, das war nicht so ernst gemeint. Mir war einfach langweilig, okay? Vergiss es einfach. Nimm's mir nicht übel."

Dann widmete sie ihre moosgrünen Augen wieder ihrem Gegenüber. Madame Dubois musste sich damit abfinden, dass sich ihr Erfahrungshorizont auch mit 50 nicht mehr erweitern würde, und dass sie sich glücklich schätzen konnte, wenn sie ein paar alternde Wurstfinger erobern konnte.

Dreiunddreißig

„Wissen Sie, ich wollte schon immer am liebsten Schriftstellerin werden," sagte Madame Dubois dem kleinen Mann, der mit seinen Wurstfingern etwas verstört auf der Plastikurne trommelte, die sie ihm als Ergebnis ihrer Nachforschungen vor die Nase gestellt hatte.

„Aber dazu fehlte mir bisher der Mut," fuhr sie fort. „ Zwanzig Jahre lang fehlte mir der Mut. Jetzt sollte ich langsam genug Zeit gehabt haben, meinen Mut zu sammeln, meinen Sie nicht?"

Der Kunde sah sie ziemlich irritiert und gleichzeitig erwartungsvoll an. Sie hatte noch immer nicht ihre Ergebnisse aus Berlin erläutert.

„Ich weiß, Sie denken, jetzt wäre es auch zu spät. Heutzutage muss man jung und mit allen Moden auf dem Laufenden sein, um als Schriftstellerin beim Publikum anzukommen. Und ein distinguierter Stil entwickelt sich auch nicht über Nacht. Es kann also nur in Lächerlichkeit enden, wenn eine alternde Detektivin, die in ihrem Leben nichts als nüchterne Berichte geschrieben hat, auf einmal beschließt, Schriftstellerin zu werden. Sie würde noch nicht einmal dazu taugen, vernünftige Kriminalromane zu schreiben, denn sie ist geprägt von der Langeweile des kriminellen Alltags. Die reale Kriminalität entbehrt in der Regel jeder Originalität sowie jeglicher Poesie. Hinzu kommt, dass Privatdetektive in seltensten Fällen mit Verbrechen beschäftigt sind, und wenn sie mal auf eines stoßen, ist es ihre Pflicht, die Ermittlungen an die Polizei weiterzugeben."

Sie machte eine Kunstpause, zündete sich eine Zigarette an und blies ihrem Kunden den Rauch direkt ins Gesicht.

„Dennoch, diese Tage in Berlin haben mich eines Besseren belehrt. Zwar habe ich nichts über die subtile Logik des Verbrechens gelernt, denn meine dortigen Begegnungen folgten keiner Logik und die Verdächtigen sind eher der Verrücktheit als der Kriminalität zu bezichtigen. Wenn mich diese Menschen trotzdem etwas gelehrt haben, so, dass die Schriftstellerei ein einfaches Geschäft ist. Sie werden mich fragen, was Verrückte und ein unlösbarer Fall mit der Schriftstellerei zu tun haben. Ganz einfach: Ich habe gesehen, dass es einzig und allein gilt, die Absurdität des alltäglichen Lebens zu beobachten. Das Leben erfindet selbst die besten Charaktere, man muss nur die Augen aufmachen. Alles liegt dort auf der Strasse: Die Charaktere, die Schauplätze, die Geschichten. Meiner Meinung nach braucht eine gute Schriftstellerin nur die Puzzlestücke zu sammeln und zusammenzufügen – wie eine Detektivin, mit dem Unterschied, dass die Detektivin einen eingeschränkten Blick hat und unnötig nach der Logik und den Zusammenhängen forscht."

Sie schenkte dem Mann ein zufriedenes Lächeln. „Manchmal liegen die Dinge eben einfacher als wir denken."

Der andere fand endlich seine Sprache wieder. „Ist das alles, was Sie mir zu berichten haben? Dass Sie ihre Detektei aufgeben wollen, weil Sie endlich Ihre Berufung gefunden haben? Wissen Sie, dass ich meine letzten Ersparnisse in Sie investiert habe? Und jetzt kommen Sie wieder und haben nichts für mich übrig als einen Plastiktopf voll Asche, noch nicht einmal eine Erklärung? So nicht, nicht mit mir!"

Mit diesen Worten sprang er auf und lief dunkelrot an. Was er dabei nicht merkte, war, dass er eine verdammte Ähnlichkeit mit einer Comicfigur aus Tim und Struppi annahm, die Madame Dubois aber sehr wohl bemerkte, was sie zu einem plötzlichen Lachanfall bewegte, der wiederum dazu führte, dass sich seine Gesichtsfarbe zu einem dunklen Violett hin verwandelte.

„Ich sage Ihnen, was ich von dieser ganzen Geschichte halte: Wenn Sie schon kein Gewissen haben, lassen Sie mich Ihr schlechtes Gewissen sein. Asche auf Ihr Haupt!"

Er riss den Deckel von der Urne und schüttete ihren Inhalt über dem Kopf der Detektivin aus. Mit der Asche verfing sich das Auge in ihrem blondierten Haar, was diese wiederum nicht sehen konnte, aber den in einen kleinen Teufel verwandelten Mann dazu brachte, seine Gesichtsfarbe erneut schlagartig zu einem fahlen Weiß zu wechseln.

Madame Dubois war währenddessen damit beschäftigt, zu husten und Tränen zu vergießen, beides Ergebnis sowohl ihres immer hysterischer werdenden Lachanfalls und der Einwirkung der Asche.

„Erlauben Sie?" fragte der Kunde und pflückte das Kartoffelbreiauge aus ihrem Haar. „Was zum Teufel ist das?"

Madame Dubois hatte nun auch ihre Sachlichkeit wiedergefunden. „Ich weiß es einfach nicht. Ein Scherz, nehme ich an, von einer der Personen, die vor mir diese Urne in den Händen hatte. Ich bin mir nicht einmal sicher, ob diese Asche wirklich von dem Professor stammt. Es könnte genauso gut Papier oder Holz sein, oder alte Autoreifen."

„Sind Sie sich denn sicher, dass der Professor überhaupt gestorben ist?"

„Sicher kann man sich da nie sein. Es gibt allerdings einige sehr deutliche Beweise für seinen Tod, obwohl ich gestehen muss, dass ich seinen Totenschein nicht in den Händen gehalten habe. Ich hatte schließlich auch keine Veranlassung zu glauben, dass sein Tod nur fingiert war. Glauben Sie das?"

„Ich weiß nicht, was ich glauben soll. Aber ich sage Ihnen noch eins. Ich habe keine Zeit mehr zu verlieren. In einem Monat beginnt die Fußballsaison, d.h. die Vorrunde für die nächste Europameisterschaft. Und wenn ich bis dahin nicht den Fehler gefunden habe, kann ich einpacken. Und selbst wenn ich ihn bis dahin finde, weiß ich nicht, ob mir noch Zeit bleibt, ihn zu beheben. Die Lieferzeiten für Mikroelektronik betragen im Moment mehrere Wochen. Ich frage mich wirklich, wozu ich eine Privatdetektivin beschäftige."

„Es tut mir leid, wenn ich Sie anscheinend über unsere Geschäftsgrundlage aufklären muss. Ich handle genau meinem Auftrag gemäß. Zusätzliche Aufwände vermeide ich, bzw. unternehme ich nur in Absprache mit meinen Kunden. Dies tue ich aus deren Interesse heraus, denn ich muss davon ausgehen, dass meine Kunden keine zusätzlichen Kosten in Kauf nehmen möchten. Wenn Sie mich also beauftragen, Hinterbliebene oder Bekannte des Professors Farendorf in Berlin zu suchen, solche nicht zu finden sind, oder keine relevanten Aussagen treffen können, gehe ich davon aus, dass mein Auftrag erledigt ist, auch wenn er für Sie nicht die erhofften Ergebnisse geliefert hat. Ich gehe nicht davon aus, überprüfen zu müssen, ob dieser Mann eventuell seinen Tod nur inszeniert hat, wenn Sie mich nicht explizit damit beauftragen."

„Es tut mir aufrichtig leid," sagte der kleine Mann nun mit zerknirschtem Gesicht. „Vielleicht sollten Sie sich erst einmal waschen gehen. Sie sehen furchtbar aus. Es tut mir wirklich leid, dass ich so aus der Haut gefahren bin, Sie müssen verstehen, dass ich wirklich verzweifelt bin."

„Wollen Sie nun, dass ich mich um seinen Totenschein kümmere, ja oder nein?"

„Ich dachte, Sie wollten Ihre Arbeit als Detektivin aufgeben."

„Ich würde diesen einen Fall als besondere Ausnahme weiterführen. Außerdem handelt es sich bei der Beschaffung des Totenscheins nur um einen kleinen bürokratischen Aufwand, der in wenigen Tagen erledigt sein sollte. Andererseits..."

„Andererseits?"

„Ach, nichts. Man weiß nie, was diesen Berlinern noch für Scherze einfallen. Als Detektivin habe ich angefangen, sie zu hassen, als Schriftstellerin würde ich sie, glaube ich, lieben."

„Tun Sie mir einen Gefallen, fangen Sie nicht wieder von der Schriftstellerei an, ich würde mich nur unnötig aufregen. Müssen Sie, wenn sie diesen Totenschein besorgen, noch einmal nach Berlin reisen?"

„Nein, das sollte auf dem Postweg machbar sein. Aber mich würde trotzdem interessieren, wieso Sie so eine starke Aversion gegen Schriftsteller haben?"

„Müssen wir das diskutieren? Ich habe im übrigen keine Aversion gegen Schriftsteller. Was Sie in Ihrer Freizeit machen, ist mir auch ganz egal. Besorgen Sie mir bitte diesen Totenschein, und wenn es Probleme gibt, rufen Sie mich bitte sofort an. Au revoir."

Entschieden stülpte er sich seinen Hut über den Kopf und ließ die noch immer mit Asche überschüttete Detektivin zurück. Auf dem Tisch, an der Seite an der er gesessen hatte, lagen die Krümel dessen, was einmal das mysteriöse Auge gewesen war, mit dem er während der letzten Minuten der Diskussion nervös zwischen seinen Fingern gespielt hatte.

„Wie Sie wünschen, Monsieur," rief ihm Madame Dubois hinterher. Sie fuhr sich mit den Fingern durch das staubige Haar. Oh Gott, sie musste furchtbar aussehen. Wie hatte sie in diesem lächerlichen Zustand nur weiter mit ihrem Klienten diskutieren können? Und warum hatte sie ihn nicht sofort vor die Tür gesetzt?

Sie ging mit schnellen Schritten ins Bad, um sich das Ausmaß der Katastrophe im Spiegel anzuschauen. Es war verheerend. Mit der Asche Professor Farendorfs mischten sich die Tränen, die Madame Dubois nun vergoss; sie wusste nicht genau worüber: Waren es die 20 Jahre, die sie in einem falschen Beruf vertrödelt hatte, die Erkenntnis, dass sie noch nicht einmal das Herz eines alternden Herrn mit Wurstfingern zu erobern in der Lage war oder die widerfahrene Kränkung oder eventuell alles zusammen? Emotionen hatten selten die Angewohnheit, sich in Reinform auf ein einziges Ereignis zu beziehen.

Bitter schluchzend setzte sie sich auf den geschlossenen Toilettendeckel und überlegte, ob es pietätlos wäre, die Asche von Professor Farendorf einfach abzuduschen und in der Kanalisation verschwinden zu lassen.

Dann kam ihr noch ein erschreckender Gedanke: Was, wenn ihre Unfähigkeit in detektivischen Fragen in diesem Fall nicht an den verrückten Protagonisten und ihren absurden Handlungsweisen lag, wie sie bisher geglaubt hatte, sondern an ihrer eigenen Unfähigkeit, die Dinge logisch miteinander zu kombinieren? Was, wenn sie statt der einfachen Verknüpfungen immer die absurden, die entlegensten wählte und sich dann wunderte, dass das Ergebnis ein einziges Chaos war? Oder umgekehrt, dass sie die Komplexität eines Falles nicht zu überschauen in der Lage war, so dass sie immer nur die einfachsten Verknüpfungen vornahm, die nichts als eine absurde Gesamtsituation schufen? In beiden Fällen wäre sie nicht nur unfähig, eine gute Detektivin zu sein, sondern auch eine gute Schriftstellerin zu sein: ihre Geschichten wären genauso verquer wie ihre Hirnwindungen.

Vierunddreißig

Professor Farendorf war am 25. September um 15 Uhr 32 tot in seiner Wohnung aufgefunden worden, nachdem ein Freund sich gewundert hatte, ihn eine Woche lang nicht mehr in der gewohnten Stammkneipe, direkt neben dem Haus von Professor Farendorf an der Oranienburger Straße gelegen, angetroffen zu haben, obwohl seines Wissens keine Roboterfußballturniere oder wissenschaftliche Kongresse anstanden, zu denen der Professor reisen musste. Der Freund, von Beruf Hausmeister in der Humboldt-Universität Berlin, war daraufhin die Treppen zur Wohnung des Professors hochgestiegen, hatte mehrere Male geklingelt und keine Antwort erhalten. Dabei hätte er einen unangenehmen Geruch im Treppenhaus wahrgenommen, der seiner Meinung nach von einem Verwesungsprozess herrührte. Er hatte daraufhin die Polizei alarmiert, war aber selbst nach Hause gegangen, da er nicht Zeuge dessen werden wollte, was sich eventuell hinter der Wohnungstür verbarg.

Der Gerichtsmediziner stellte als Todesursache Herzversagen fest, keine außergewöhnliche Sache für einen Mann in diesem Alter, der mehrere Risikofaktoren für einen Herzinfarkt auf sich vereinte.

Am 7. Oktober um 16 Uhr 15 war Ulrich Farendorf im Krematorium Berlin-Tempelhof eingeäschert worden. Bei dieser Gelegenheit hatte die dort anwesende Katrin Radke, ehemalige Mitarbeiterin im Institut des Verstorbenen die Asche per Post angefordert, da es keine Hinterbliebenen gab, die für die Beerdigung verantwortlich waren. Hätte sie dies nicht getan, wäre er von der Stadt begraben und sein Grab für die vorgeschriebene Zeit von fünf Jahren in minimalem Umfang gepflegt worden.

Am 10. Oktober hatte eine anonyme Person bei der italienischen Firma ‚Memoria Multi Mediale' einen kommunikativen Grabstein für Ulrich Farendorf bestellt, die neueste Innovation auf dem Gebiet der Gedenktechnik. In einem Werbetext auf ihrer Internetseite verkündete die Firma stolz, dass es gelungen wäre, den Tod seinen steinernen Krallen zu entreißen. Die in Stein gemeißelten Inschriften, die nicht viel mehr verrieten, als den Geburts- und Todestag ihres Inhabers würden innerhalb der nächsten zehn Jahre der Steinzeit angehören. Die neuen Grabterminals der Firma Memoria Multi Mediale würden hingegen ein lebendiges, kinderleichtes und alle fünf Sinne ansprechendes Gedenken ermöglichen. Die Grabterminals könnten je nach Wunsch Videosequenzen aus dem Leben des Verstorbenen oder Trauermusik abspielen, ein Gebet aus einer Auswahl von 150 (!) sprechen, aber auch Lieblingsverse des Verstorbenen rezitieren oder eine Anekdote aus seinem Leben erzählen.

Trotz der vielfältigen Möglichkeiten der Grabterminalgestaltung wurde der für Ulrich Farendorf in Auftrag gegebene multimediale Grabstein nie realisiert, da die Firma die eingereichten Medien für pietätlos hielt. Es ging hier nicht darum, eine Zensur in der Art und Weise des Andenkens auszuüben, es entsprach geradezu der Philosophie dieser Firma, jegliches Material, dass die Hinterbliebenen auswählten, zu verwenden, doch hielten sie in diesem Fall das eingereichte Material für potentiell geschäftsschädigend. Man wollte durchaus die Friedhofs- und Gedenkkultur revolutionieren, doch verstand man, dass diese Revolution behutsam vonstatten gehen musste, da es sich hier um ein gesellschaftliches Tabu-Thema handelte. Ein ‚Grabstein', der unter anderem ein Video zeigte, in dem der Verstorbene in einem Seminar eingenickt war , der hochrote Kopf schlaff nach vorne hängend, der Mund leicht geöffnet und noch dazu ein lautes Schnarchen von sich gebend, war nicht gerade ein ästhetisches Bild und konnte daher andere Friedhofsbesucher vor traditionellen Grabsteinen negativ beeinträchtigen und damit die Firma in Verruf bringen. Der Vorschlag, den Grabterminal für Ulrich Farendorf außerdem mit einem Geruchselement zu versehen, aber nicht etwa dem von Weihrauch oder Ähnlichem sondern von Schweiß und Alkohol, setzte dem ganzen die Krone auf. Man ging davon aus, dass sich hier jemand einen bösen Scherz erlaubt hatte und verfolgte den Auftrag nicht weiter.

Erstere Informationen entnahm die Detektivin dem Polizeibericht, auf letztere stieß sie durch Zufall, als sie das Altpapier der letzten Monate entsorgen wollte. Dabei fiel ihr Blick auf eine Randspalte auf der Seite für Vermischtes. Einzig und allein der Name des Verstorbenen war dort aus Gründen der Diskretion mit Ulrich F. abgekürzt. Ein Anruf bei der italienischen Firma, bei dem sie sich als die Auftraggeberin für den multimedialen Grabstein ausgab und sich empörte, dass dieser immer noch nicht ausgeliefert worden war, genügte, um zu erfahren, dass es sich bei dieser Zeitungsmeldung um die Wahrheit und bei dem Verstorbenen wirklich um Professor Ulrich Farendorf handelte. Man teilte ihr ein wenig genervt mit, dass man ihrem Lebensgefährten bereits vor einem Monat die Gründe erläutert hatte, weshalb der Grabterminal nicht verwirklicht worden war, wenn sie jetzt also nicht ihre Wünsche derartig verändern wollte, dass das Objekt den allgemeinen Grundsätzen der Wahrung der Pietät auf Friedhöfen folgte, sähe man keine Notwendigkeit, den Dialog mit ihr oder ihrem Lebensgefährten weiter fortzusetzen.

Leider teilte man Madame Dubois nicht mit, um wen es sich bei ihrem angenommenen Lebensgefährten handeln sollte. Immerhin wusste sie nun, dass dieser Auftraggeber männlichen Geschlechts war, was bedeutete, dass es sich nicht um Frau Radke, die Empfängerin der sterblichen Überreste handeln konnte. Madame Dubois beschloss, eine letzte Reise nach Berlin zu unternehmen, nicht um der Aufklärung des Falles wegen, sondern um Material für ihre erste absurde Erzählung zu sammeln.

Fünfunddreißig

Den Hausmeister der Humboldt-Universität ausfindig zu machen, war nicht sonderlich schwierig, denn ganz seinem Berufsbild gemäß war er im Hauptgebäude der Universität allseits präsent, tauschte hier eine Glühlampe aus und entfernte dort vor sich hin schimpfend ein Graffiti. Wenn er ein Opfer fand, ließ er seine Schimpftiraden über die Unsitten der Studierenden an diesem aus. „Das sollen erwachsene Menschen sein, dass ich nicht lache, denen muss mal jemand gehörig die Ohren lang ziehen," war das erste, was er Madame Dubois zu sagen hatte, ohne ihre Erklärung abzuwarten, warum sie ihn angesprochen hatte.

„Kannten Sie den Professor Farendorf lange?" fragte diese, ohne auf seine Kommentare zu den Graffitis einzugehen.

„Moment mal, wer sind Sie doch gleich? Sie waren doch nicht etwa von der Polizei? Denen habe ich die ganze Geschichte nämlich schon tausendmal erzählt und ich habe keine Lust, sie noch einmal zu wiederholen."

„Ich arbeite nicht für die Polizei, das sagte ich doch schon. Ich bin eine Freundin von einem, nun sagen wir Kollegen von Herrn Farendorf. Kein Kollege von der Universität versteht sich. Mein Freund hat Herrn Farendorf auf einem Roboterfußballturnier in Maastricht kennen gelernt. Sie haben sich dort ein wenig angefreundet. Nun, mein Freund ist sehr an der Arbeit des verstorbenen Professors interessiert, und da man mir gesagt hat, dass sie mit diesem befreundet waren, wollte ich fragen, ob er mit ihnen über sein Hobby gesprochen hat."

„Sein Hobby!" Der Mann stieß ein abfälliges Grunzen aus. „Die Roboter waren seine ganze Lebensaufgabe, seine Berufung. Wenn Sie von seinen Hobbys sprechen wollen, dann müssen Sie nach seiner Tätigkeit hier an der Uni fragen. Aber Hobby kann man das auch nicht nennen, das Ganze hat ihn reichlich wenig interessiert. Wissen Sie, dass er regelmäßig in seinen Kolloquien, oder wie sie das nennen, eingeschlafen ist? Ich habe das selbst schon gesehen, ich musste mal in diesen Raum rein, weil die Heizung nicht funktionierte, während sie ihren Blödsinn austauschten, nichts als Geschwafel in meinen Ohren. Der Ulli hat's richtig gemacht, er hat einfach auf seinem Sitz gehangen und laut geschnarcht. Seiner kleinen Kollegin war's sichtlich unangenehm. Na ja, gut sah er auch nicht gerade aus, wie er dort mit hängendem Kopf und offenem Mund saß."

„Gut, nennen Sie es, wie Sie wollen. Hat der Professor mit Ihnen über seinen Roboter gesprochen?"

„Natürlich. Der hat kaum von etwas anderem geredet. Der hat ja auch nichts anderes gemacht. Ne Familie hatte der nicht und, na ja, besonders beliebt war er auch nicht. Der hat irgendwie auch nicht an die Uni gepasst, hat sich nicht genug für das intellektuelle Geschwafel interessiert und sich auch nicht genug Mühe gegeben, seinen Teil dazu beizutragen. Aber über seine Roboter werde ich kein Sterbenswörtchen verlieren. Und noch dazu gegenüber einem gegnerischen Trainer! Der Professor würde sich im Grab umdrehen, wenn er mal eins hätte."

„Wie meinen Sie das, wenn er mal eins hätte? War es sein Wunsch, sich anonym bestatten zu lassen?"

„Also, Sie stellen Fragen wie die Bullerei. Nein. Außerdem hätte er dann ja ein Grab. Ich weiß wirklich nicht, ob es da nicht Gesetze gibt, aber seine sogenannte Bestattung ist wirklich nicht mit rechten Dingen zugegangen. Stellen Sie sich vor, die verschicken die Asche per Post an jeden dahergelaufenen Deppen von der Straße. Diese komische Kollegin von ihm hat seine Asche zu sich nach Hause bestellt. Was weiß ich, was sie damit gemacht hat. Das geht doch nicht an. Stellen Sie sich vor, nach Ihrem Tod bekommt irgend so ein Freak Ihre Asche und kann damit machen, was er will!"

„Hm. Sie wissen also nicht, ob diese Kollegin eine Grabstätte für ihn eingerichtet hat?"

„Kann ich mir nicht vorstellen, dass sie das getan hat. Sie hat den Professor gehasst dafür, dass er sie immer öffentlich blamiert hat. Die hat sich bestimmt gedacht, sie will sich jetzt noch an seiner Asche rächen. Dabei hätte sie das alles nicht so persönlich nehmen sollen. Dem Ulli ging die Uni doch einfach nur am Arsch vorbei.

Weil der Mensch schließlich einen Grabstein braucht, wollte ich ihm einen aufstellen, auch wenn ich nicht wusste, was mit seiner Urne passiert war. Aber im Grunde weiß ja niemand, ob unter seinem Grabstein nun eine Urne verbuddelt ist oder nicht. Habe aber nichts gefunden, was für ihn angemessen gewesen wäre. Ich wollte nicht so einen null-acht-fünfzehn Grabstein, aber irgend etwas Überladenes mit Engelchen und Schnörkeln wollte ich auch nicht. Ich habe dann so eine Firma gefunden, die multimediale Grabsteine anbietet, so mit Videoshow und Musik und allem möglichen Schnickschnack. Da habe ich mir gedacht, dass ihm das bestimmt gefallen würde. Ich hätte dafür echt tief in die Tasche gegriffen, aber diese komische Firma wollte das Ding einfach nicht herstellen, weil es ihrer Ansicht nach geschmacklos war. Ich habe nur ein Video von dem Professor finden können, und das war eins, das ein Student heimlich von ihm gedreht hat, als er im Seminar eingeschlafen ist. Ja, und das haben die mir glatt zensiert."

„Wollten Sie dem Grabstein nicht auch noch ein Geruchselement hinzufügen?"

„Woher wissen Sie das? Sie sind doch von der Bullerei. Ich sage kein Wort mehr ohne meinen Anwalt. Hat mich ihr Kollege, dieser blödsinnige Möchtegern-Derrick nicht schon oft genug ausgequetscht? Verschwinden Sie!" Wütend schwenkte er den Eimer chemischen Gebräus, das er zum Entfernen der Graffitis verwendete. Madame Dubois suchte so schnell wie möglich das Weite, bevor er sie mit dessen Inhalt angreifen konnte.

VIERTER TEIL

Sechsunddreißig

Sie haben meine schöne Schweigende mitgenommen. Ich weiß nicht, ob sie ihnen gegenüber den Mund aufgemacht hat, aber ich kann es nicht glauben. Nun werden Derrick alias Kommissar Manfred Richter und sein Gehilfe sie in die Mangel nehmen. Erst freundschaftlich, dann werden sie mit Drohungen kommen, dass, wenn sie nichts aussage, sie garantiert für schuldig befunden werde. Sie werden sie nicht beeindrucken können. Bislang hat sie sich von noch niemandem beeindrucken lassen. Noch nicht einmal von mir und meinen Monologen.

Ich war nicht zu Hause, als sie kamen. Aber sie haben ihr unverkennbares Zeichen hinterlassen: das Polizeisiegel an der Wohnungstür. Wenn sie mich gefragt hätten, ich hätte ihnen sagen können, dass dort nichts zu finden war. Ein Haufen unpersönlicher Kram. Aber sie hatten mir in der letzten Zeit einfach nicht mehr zugehört. Immer, wenn ich bei ihnen anrief, ging nur die Sekretärin ans Telefon, die ihren ewigen Spruch wiederholte, dass der Kommissar keine Zeit habe. Aber ich hätte wichtige Informationen, beteuerte ich immer wieder, woraufhin sie einfach auflegte. Immer dasselbe Ritual.

Ich wusste nicht, was ich für sie tun konnte. Tagelang strich ich durch die Stadt und suchte in meinen Gedanken nach einer Lösung. Auf den Gedanken, ihr einen Anwalt zu besorgen, kam ich nicht. Ich fühlte mich nicht schuldig für ihr Schicksal. Nur den Anblick des Polizeisiegels an ihrer Wohnungstür konnte ich nicht ertragen. Wenn ich diese Tür passierte, was ich zwangsläufig musste, wenn ich nach Hause wollte, überkam mich ein Gefühl der Leere, so als hätte es dort vorher etwas Wertvolles gegeben, was nun verlorengegangen war. Ich wusste nicht recht, was das sein sollte, denn von der Sinnleere des Lebens, die schon immer da gewesen war, war ich überzeugt. Was sonst konnte aber ein Gefühl der Leere erzeugen, als der Verlust eines verborgenen Lebenssinns?

Zudem regte ich mich auf, wie läppisch dieses Symbol der Staatsgewalt war, war es doch nicht viel mehr als ein einfaches Absperrband mit dem Aufdruck ‚Kriminalpolizei'. Dieses Symbol schien mich zu verhöhnen, weil es zu einfach war. Weil es eine Tür besser zu versperren vermochte als ein Schloss oder der Unwillen der dortigen Bewohnerin. Ich konnte einfach nicht daran vorbeigehen. Es verursachte einen tiefen Ekel in mir, der mich zwang, mich auf dem Treppenabsatz umzudrehen und das Weite zu suchen, anstatt den Weg in meine Wohnung fortzusetzen. Ich erwägte, mir eine Strickleiter ins Fenster zu hängen, aber auf diese Weise hätte jeder Idiot dort hinein gekonnt. So verbrachte ich die Nächte in Bars und auf Parkbänken. Ich gebe zu, ich verwahrloste ein wenig. Ich hätte mir eine andere Wohnung suchen können oder mir für eine Weile ein billiges Hotelzimmer nehmen können, dieses lästige Zeichen konnte dort schließlich nicht ewig bleiben. Irgendwann würden sie schon festgestellt haben, dass dort nichts zu holen war, dass diese Wohnung nichts enthielt als bedeutungslosen Plunder. Sie würden trotzdem einige nutzlose Dinge als Beweismaterial sicherstellen und den Rest zur Entrümpelung freigeben. Schließlich würde man die Wohnung neu vermieten oder auch einfach leer stehen lassen, weil in dieses Haus niemand mehr einzog, der noch ganz bei Sinnen war. Ich kam nicht auf den Gedanken, etwas zu unternehmen, was meine Situation erträglicher gemacht hätte. Ich strich durch die Straßen und hoffte, dass auf diese Weise auch die Zeit verstreichen würde. Die Zeit bis - was dann passieren sollte, wusste ich auch nicht. Ich war gelähmt, nur meine Beine und Füße waren es nicht. Sie trugen mich einfach von morgens bis abends.

Ich sah sie erst im Gerichtssaal wieder. Ich war anscheinend der einzige Zuschauer, der an der Verhandlung teilnahm. Vielleicht war das Verfahren ja auch nicht öffentlich, und man hielt mich aus einem dummen Zufall für den Praktikanten am Strafgericht und ließ mich gewähren. Ich weiß nicht, ob ich wie ein Gerichtspraktikant aussah. Wenn, dann zumindest wie ein Gerichtspraktikant, der dringend einen Friseur nötig hatte.

Der Gerichtssaal war längst nicht so edel wie die holzvertäfelten Räume, die man aus den verschiedensten Fernsehserien kennt. Holz gab es auch hier, aber es war alt und angestoßen, an den Fenstern hingen Vorhänge, die in orange-grünen Wellen darauf hinwiesen, dass die psychedelischen Siebziger auch an diesem Ort nicht spurlos vorübergegangen waren, auch wenn sie einer fernen Vergangenheit angehörten und die Vorhänge mindestens so verstaubt waren wie jene Zeit. Der Raum strömte einen typischen Schulgeruch aus, irgendwo eine Mischung aus Bohnerwachs, den Ausdünstungen von Pausenbrot, menschlichem Angstschweiß und, ja tatsächlich, Kreidestaub. Auch wenn im Raum keine Tafel zu sehen war. Der Geruch löste keine unangenehmen Erinnerungen an die Kindheit aus, vielmehr ein Bild von einer Bilderbuchdorfschule.

Der Zuschauerraum war mit hölzernen Klappbänken möbliert, wie sie aus Universitätshörsälen und altertümlichen Kinos bekannt sind. Ich wählte meinen Platz so, dass ich Sicht auf den freien Platz an der Seite des Raumes hatte, auf dem ich annahm, dass *sie* sitzen würde. Hinter einem großen aus Pressspanplatten gezimmerten Pult saß der Richter in einer nagelneuen weinroten Plastikrobe, blätterte in seinen Akten und ließ Schuppen aus seinen Haaren auf das Papier rieseln. Eine alte Dame in mädchenhaftem Kostüm saß im Hintergrund und spielte auf einem Notebook Tomb Raider. Ich dachte mir, dass das die Gerichtsschreiberin sein musste.

Der Staatsanwalt kam soeben zur Tür hinein. Er war bei weitem die stattlichste Figur in diesem Raum. Ungefähr zwei Meter groß und einhundertfünfzig Kilo schwer. Dabei hielt er seinen Körper sehr gerade, sein Haupt sehr hoch erhoben, fast majestätisch und trug seine Körpermasse mit einem Stolz der absoluten Selbstverständlichkeit. Ich zuckte angesichts seiner Erscheinung zusammen, denn schon aufgrund dieser hatte der Staatsanwalt gewonnen. Und wenn der Staatsanwalt gewann, konnte es nichts Gutes für die Angeklagte bedeuten. Ich war mir nicht einmal sicher, ob sie überhaupt einen Verteidiger hatte. Ich wusste, dass sie ihr von Rechts wegen einen zur Seite stellten, aber was sollte ein Verteidiger mit ihrem Schweigen anfangen? Wahrscheinlich hatte sie mit ihrem Schweigen sämtliche Pflichtverteidiger der Stadt verschlissen, sie zudem mit ihrem irren Blick in die Flucht geschlagen. Und plötzlich wurde mir klar, was ihre Waffe in diesem Prozess war: natürlich waren es diese blauen Augen, die die Blicke eines jeden festhielten und durchleuchteten, die höchstens auf Wahnsinn, nicht aber auf Schuld schließen ließen. Und ich stellte mir den kommenden Prozess als einen außergewöhnlichen Schaukampf vor. Während der voluminöse Staatsanwalt den Raum mit ebenso voluminösen Worten füllen würde, würde sie ihn ganz einfach mit einem direkten Blick aus ihren blauen Augen widerlegen. Seine Worte würden sich im Kampf winden, auch sie würde es eine äußerste Anstrengung kosten, ihren Blick konstant zu halten, doch am Ende würde sie gewinnen. Worte würden nie in der Lage sein, die Kraft des Schweigens zu brechen. Der Richter musste das einfach verstehen.

Ein Blick auf den sich noch immer am Kopf kratzenden Richter ließ mich allerdings zweifeln. Was, wenn der Richter nicht denken konnte? Wenn er ein schwachsinniger Bürokrat war, auf den weder voluminöse Worte noch ihr Gegenteil Eindruck machten? Wenn er nur Tatbestände in bürokratische Schubladen einordnete? Wenn der Schaukampf also ganz und gar nichts mit dem Urteil zu tun hätte? Ich gebe zu, für diesen Fall sah ich schwarz für meine schöne Schweigende. Er würde sie nämlich wegen Formfehlern disqualifizieren, was leider nicht hieß, dass sie nicht zum Urteil zugelassen wurde, sondern dass sie aufgrund von Formfehlern, nämlich der Aussageverweigerung, verurteilt wurde. Vielleicht würde er sie auch disqualifizieren, indem er die Agenten der Psychiatrisierung zur Hilfe rief. Als wenn ihr Schweigen ein Schrei nach dem Psychiater wäre. Wahrscheinlich würde man zumindest ein psychologisches Gutachten anfordern, um die Frage ihrer Schuldfähigkeit zu klären. Wenn das nicht schon geschehen war. Was wusste ich schon über diesen Prozess?

Mir fiel mit einem Mal auf, dass ich nicht einmal den Gegenstand der Anklage kannte.

Warum hatte ich mich nicht besser informiert? Ich hätte ihr helfen können. Wer in diesen Mauern saß, brauchte Freunde in der Außenwelt. Aber dann hätte ich in diesem Theater mitspielen müssen. Ich wollte nicht in diesem Theater mitspielen. Ich wollte nichts mit der Welt der Kausalketten zu tun haben. Ein Gerichtssaal war allerdings nichts anderes. Hier wurden fleißig von der einen Seite Kausalketten gestrickt, die von der anderen Seite wieder aufgedröselt wurden. Am Ende wurde die Länge der Kausalkette gemessen, an einen normierten Maßstab der für die Verurteilung von Verbrechen notwendigen Kausalketten angelegt, und wenn sie dem entsprachen, lautete das Urteil auf schuldig. Nichts als ein Handarbeitswettbewerb nach DIN-Normen. Hätte die Revolution doch schon stattgefunden.

Wie ich so meinen Gedanken nachhing, während ein Mann von der Reinigungsfirma noch schnell den Fußboden des Gerichtssaals wischte und die Herren Richter und Staatsanwälte in ihren Akten blätterten, die Gerichtsschreiberin inzwischen im Tempel von Angkor Wat angekommen war, während all dessen wurde sie hereingeführt. Fünf Schritte hinter ihr folgte eine Frau in grauem Kostüm, die ebenso jung sein musste, wie die Angeklagte selbst. Hatten sie also doch eine Anwältin verpflichtet. Bestimmt war sie noch im Referendariat und dies war ihre erste gerichtliche Verteidigung. Das Gewicht, dass in der Waagschale gegen den Staatsanwalt lag, wurde mit dem Bekanntwerden der Gegenspieler immer geringer.

Sie gab mit keiner noch so kleinen Muskelbewegung in ihrem Gesicht zu erkennen, dass sie mich erkannte oder überhaupt wahrnahm. Ihre Hände waren vor ihrem Körper mit Handschellen gebunden. Sah so eine Schwerverbrecherin aus? Ein gemeingefährliches Wesen, das im nächsten Moment den Gerichtssaal mit allen bekannten und unbekannten Kampfsportarten lahm legen würde, dazu noch den sie jetzt bewachenden Bullen entwaffnen und mit dieser Waffe eine Geisel nehmen, mich natürlich, den einzigen, den sie als unbeteiligten Zuschauer nicht schon vorher plattgemacht hatte. Und für Geiseln war es wichtig, dass sie noch rennen konnten. Ich muss zugeben, das wäre ein genialer Plan gewesen und hätte mir zudem sehr gefallen, vor allem in der Rolle als ihre Geisel. Wäre sie nur ein gemeingefährliches Wesen!

Man setzte sie auf den Platz, den ich vorher als den ihren ausgemacht hatte, und nahm ihr die Handschellen ab. So schlimm schien es also doch nicht zu sein. Oder man erhoffte sich, dass sie im letzten Moment ihre Stummheit durch den Einsatz von Gebärdensprache überwinden würde. Ihr Begleitbulle zog sich an die Wand nahe der Tür zurück. Die junge Anwältin setzte sich an die Seite der Angeklagten, ohne diese eines Blickes zu würdigen. Auch sie fing nun wie wild an, in ihren Akten zu blättern. Die ganze Szenerie kam mir vor wie eine Schulklasse, die noch eben vor der Ankunft des Lehrers ihre Hausaufgaben erledigte, nur tat sie das, wenn man die Metapher korrekt benutzen wollte, einschließlich des Lehrers, der ja kein anderer als der Richter, die in diesem Raum rein formal gesehen höchste Autorität, sein konnte.

Ich langweilte mich. Ich versuchte ein Zeichen des Erkennens bei ihr zu erhaschen, ich verzerrte mein Gesicht zu den albernsten Grimassen, aber sie reagierte nicht. Schließlich gab ich es auf, und da nichts darauf hindeutete, dass es in diesem Raum bald losgehen würde, beschloss ich, mich auf die Suche nach einem Kaffeeautomaten zu machen. Um höflich zu sein, fragte ich in die Runde, ob ich noch jemandem einen Kaffee mitbringen solle, doch sie schüttelten nur in stummer Einigkeit die Köpfe, ja einschließlich meiner Nachbarin. Als wäre sie schon Teil einer mir unbekannten Inszenierung, die ich nun verließ, weil ich wegen des Fehlens von Worten nicht glauben wollte, dass sie schon begonnen hatte.

Den Kaffeeautomaten fand ich im vierten Stock in der hintersten Ecke eines Ganges. Man hätte sich keinen bescheuerteren Ort für einen Kaffeeautomaten ausdenken können. Dann hing daneben auch noch ein Rauchen-Verboten-Schild. Ich zündete mir erst mal eine Zigarette an, um den Schulklassengeruch des Gerichtssaals aus meinen Lungen zu vertreiben. Nachdem ich zu Ende geraucht hatte, spazierte ich gemütlich mit meinem Kaffeebecher wieder nach unten. Am Gerichtssaal, dessen Türen nun geschlossen waren, entdeckte ich ein großes Schild: ‚Das Mitbringen von

Speisen und Getränken ist strengstens untersagt und wird mit Freiheitsentzug bis zu 6 Monaten bestraft.' Das Schild war mir beim ersten Eintreten nicht aufgefallen. Außerdem ärgerte ich mich, dass mich niemand darauf hingewiesen hatte, als ich in die Runde gefragt hatte, ob jemand Kaffee wolle. Ich kippte meinen Kaffee hinunter, stellte den Plastikbecher auf die Fensterbank hinter mir und kehrte auf meinen Platz im Saal zurück. Der Richter warf mir einen kurzen bösen Blick zu. Ich setzte mich so unauffällig wie möglich. Der Staatsanwalt war gerade dabei, seine erste Ansprache, oder wie man das im Fachjargon nennen mochte, zu halten.

„...aufgrund der Schwere der Schuld und aufgrund des absolut unkooperativen Verhaltens der Angeklagten, die weder Schuld eingesteht noch bestreitet, noch Mitleid oder Reue empfindet, plädiere ich dafür, das volle Strafmaß von 15 Jahren Freiheitsentzug auszuschöpfen. Ich übergebe Ihnen das Wort, Herr Richter."

„Soweit die Forderungen der Staatsanwaltschaft. Gehen wir nun zur Beweisaufnahme und zur Zeugenvernehmung über. Ach, Frau Radke, wollen Sie noch etwas zur Schuldfrage äußern?"

Schweigen.

„Hab' ich mir ja schon gedacht. Gut, Gerichtsdiener, bringen Sie den ersten Zeugen, Polizeioberkommissar Manfred Richter herein."

Mist. Ich hatte den Wortlaut der Anklage verpasst, als ich Kaffee holen gewesen war. Nun musste ich weiter im Dunkeln tappen. Und dann auch noch dieser Derrick-Verschnitt. Der würde mich doch gleich erkennen und mich als nächsten auf die Zeugenbank zerren. Oder mich als Mitschuldigen identifizieren.

„Gut, Herr Richter, wir werden Sie nun unter Eid nehmen."

„Ja, Herr Richter."

„Schwören Sie nichts zu sagen, als die reine Wahrheit?"

„Ja Herr Richter."

„Gut, Herr Richter, ich muss Sie ja nicht belehren, was Ihnen im Falle eines Meineides droht."

„Nein, das ist mir bekannt."

„Sowohl der Anklage wie der Verteidigung ist das Aussageprotokoll des Herrn Richter bekannt. Haben Sie weitere Fragen an den Zeugen? Die Anklage?"

„Ja. Herr Oberkommissar Richter, sie haben zuerst in einem anderen Fall gegen die Angeklagte ermittelt?"

„Das stimmt nicht genau. Wir haben nicht direkt gegen sie ermittelt. Wir haben sie als Zeugin geladen, aber sie ist nicht erschienen. Daraus haben wir geschlossen, dass sie etwas zu verbergen hätte."

„Sehr interessant. Was war das für ein Fall, in dem sie ursprünglich ermittelten?"

„Es gab einen Verdacht auf Brandstiftung in einem Nebengebäude der Humboldt-Universität. Personen kamen dabei nicht zu Schaden."

„Können Sie das mit hundertprozentiger Sicherheit ausschließen?"

Die Verteidigerin meldete sich zu Wort: „Einspruch. Das ist ein anderer Fall, der hier verhandelt wird. Die Anklage soll bei der Sache bleiben."

„Dem Einspruch wird stattgegeben. Weitere Fragen an den Zeugen von Seiten der Verteidigung?"

„Ja. In der Wohnung der Angeklagten wurde ein Plastikgefäß mit der Asche des Ermordeten gefunden. Diese Asche enthielt etwas merkwürdige Beimengungen. Waren Sie die erste Person, die bei der Durchsuchung das Gefäß öffnete?"

„Ja. Es handelt sich bei diesem Gefäß um eine standardisierte Versandurne, wie Ihnen sicher bekannt sein dürfte."

„Gab es Zeugen, die den Inhalt dieser ...äh... Versandurne ebenfalls während der Durchsuchung gesehen haben?"

Der Richter unterbrach die Verteidigerin schroff: „Einspruch. Das können Sie alles dem Protokoll des Zeugen entnehmen. Ich möchte pünktlich Feierabend machen, meine Frau hat heute Geburtstag. Ich übergebe den Zeugen an die Verteidigung. Ich gebe Ihnen genau zwei Minuten."

„Ich beantrage, das Verfahren wegen Befangenheit des Richters einzustellen." Die Stimme der jungen Frau klang nun schrill, als wollte sie sich bald überschlagen. Kein sehr überzeugender Auftritt nach meinem Geschmack.

„Seien Sie nicht albern, das wird Ihnen alles von der Zeugenvernehmungszeit abgezogen." Der sachliche Ton war nun aus der Stimme des Richters verschwunden.

„Genau darum geht es. Sie arbeiten parteiisch. Den Herrn Staatsanwalt haben Sie nicht darauf hingewiesen, dass er nur zwei Minuten Zeit hat, und zwar einzig und allein wegen seines Geschlechts. Sie sind sexistisch, und ich weigere mich, an diesem Prozess teilzunehmen." Um ihren Worten Gewicht zu verleihen, ließ sie ihren Aktenordner einmal auf ihr Pult knallen.

Der Richter drehte sich halb nach hinten. „Nehmen Sie ins Protokoll auf: Die Pflichtverteidigung weigert sich, ihrer Pflicht nachzukommen. Wir führen den Prozess also ohne Verteidigung weiter. Saalordner, bringen Sie diese Person hinaus."

Ich bedauerte, nichts zum Schreiben mitgebracht zu haben. Dieser Prozess überstieg bei weitem die Absurdität von Nachmittagstalkshows. Es war eine Ohrenweide, die ich gerne für die Nachwelt dokumentiert hätte. Für meine Nachbarin sah das alles natürlich sehr schlecht aus. Das war bedauerlich, doch mich hatte das Fieber des Absurden gepackt, was mich davon abhielt, heimlich den Saal zu verlassen und einer höheren Stelle zu berichten, welche unglaublichen Vorgänge sich in diesem Gerichtssaal abspielten, die es geboten, auf der Stelle einzugreifen.

Die Pflichtverteidigerin klappte also wütend ihre Aktenordner zu und verließ den Gerichtssaal. Die Angeklagte sah ihr noch nicht einmal nach. Ich beruhigte mein Gewissen damit, dass die Verteidigerin die Sache schon in die Hand nehmen würde, da sie den Rauswurf im Namen ihrer beruflichen Ehre nicht auf sich sitzen lassen konnte. Aber vorher wünschte ich mir, dass dieses wunderbare Schauspiel noch möglichst lange gehen möge, wenn es dann im Endeffekt ohnehin für nichtig erklärt wurde, konnte ich jetzt um so besser seinen reinen Unterhaltungswert genießen. Vielleicht ging es *ihr* dort auf der Anklagebank insgeheim ebenso.

Kaum hatte die Anwältin den Raum verlassen, öffnete sich die Tür erneut. Ich konnte allerdings zuerst keine Person erkennen, die den Gerichtssaal betreten hatte, vernahm nur ein holpriges Rattern auf unebenem Steinfußboden. Erst als es die Zeugenbank erreicht hatte, konnte ich das Wesen sehen. Mir war es nicht nur von einem Foto in ihrer Wohnung, sondern auch aus meinem seltsamen Urwaldtraum bekannt. Was hatte es nun hier zu suchen, und wo waren die anderen zehn?

Der Richter sah nun einigermaßen verärgert aus. „Saalordner! Wo stecken Sie denn nun schon wieder? Dieser Zeuge ist noch nicht an der Reihe. Habe ich Sie etwa dazu aufgefordert, diesen Zeugen hereinzurufen? Nein. Na, also. Sorgen Sie dafür, dass er wieder verschwindet.“

Doch der Saalordner war mit der Anwältin zusammen hinaus gegangen. Der Roboter hatte sich vor die Zeugenbank gestellt, sitzen war ihm anatomisch nicht möglich, und piepte.

„Ruhe! Ich fordere den Zeugen auf, sofort zu schweigen und den Saal zu verlassen! Ja, ist denn das die Möglichkeit?"

Ihr Gesicht hatte sich belebt. Sie hatte einen Zettel zusammengeknüllt und ihn unter dem Tisch dem Roboter zugekickt. Der Roboter reagierte sofort und lieferte einen einwandfreien Rückpass. Ihr standen Tränen in den Augen.

Die Gerichtsschreiberin begann verhalten zu kichern, konnte aber kurz darauf nicht mehr an sich halten und prustete laut los. Der Richter tobte.

„Hören Sie auf der Stelle auf. Sie alle zusammen. Ich werde Sie alle in der Ausnüchterungszelle übernachten lassen, wenn Sie nicht sofort aufhören! Wie soll man denn unter diesen Bedingungen arbeiten? Sind wir denn hier im Kindergarten? Ich zähle bis drei. Eins..."

Inzwischen wurde auch der Staatsanwalt von einem Lachanfall geschüttelt, der einem Erdbeben glich. Der Saalordner war zurückgekehrt und versuchte, dem Roboter im Dribbeln den Papierball abzunehmen.

„Zwei..."

Niemand hörte auf den Richter.

„Drei." Er schlug mit seinem Hammer auf das Pult, das diese Härte nicht gewohnt war, so dass die Spanplatte in zwei Stücke brach und die Akten auf den Boden purzelten. Der Richter raffte sie eilig zusammen und rannte dann ohne ein weiteres Wort zur Tür, die er mit einem heftigen Knall hinter sich zuschlug. Das Gelächter erstarb augenblicklich, und die Anwesenden sahen sich ratlos an. Die Angeklagte war aufgestanden und hatte den Roboter in die Arme genommen, wobei ihr Tränen der Wiedersehensfreude über die Wangen flossen. Ich hätte nie gedacht, dass sie zu solchen öffentlichen Gefühlsregungen fähig war. Der Gerichtsdiener dribbelte noch eine Runde um die Anklagebank, musste dann aber einsehen, dass seine Mitspieler ihn mit dem Ball alleine gelassen hatten.

Die Gerichtsschreiberin fand als erste wieder Worte. „Wie soll ich denn bloß dieses Protokoll beenden? Wenn ich schreibe, was passiert ist, glaubt mir das kein Mensch. Sie werden mich auf der Stelle entlassen, sie werden mich in eine Klinik einweisen. Herr Staatsanwalt," Sie ging auf ihn zu und packte ihn beim Arm. „Sie sind mein Zeuge, das müssen Sie mir versprechen."

„Nun beruhigen Sie sich. Ich schlage vor, wir gehen jetzt erst mal einen Kaffee trinken und dann kommen wir noch mal her und sehen nach, ob sich der Herr Richter beruhigt hat. Vorher müssen Sie überhaupt nichts ins Protokoll schreiben." Er hakte sich bei ihr ein und schob sie behutsam zur Tür.

Der Gerichtsdiener hatte das zusammengeknüllte Papier aufgehoben und wieder Haltung angenommen, machte aber einen sehr verlegenen Gesichtsausdruck. Als er sah, dass die anderen beiden ihn im Gerichtssaal mit der Angeklagten und einem Roboter alleine lassen wollten, schlug die Verlegenheit in Verzweiflung um.

„He, warten Sie! Sie können mich doch nicht einfach so hier mit der Angeklagten alleine lassen. Was soll ich denn mit ihr machen? Und gleichzeitig ist da noch dieser... äh... Zeuge, den ich zurückbringen muss. Wie soll ich denn mit den beiden fertig werden? Außerdem hat mir der Richter keine Weisung gegeben, was ich mit ihnen tun soll."

„Schließen Sie halt die Tür von außen zu und lassen Sie die beiden hier sitzen bis der Prozess weitergeht. Seien Sie doch nicht so unselbständig."

„Und das merkwürdige Subjekt da hinten?" Er deutete mit dem Kopf in meine Richtung.

„Kenne ich nicht. Wo ist diese Person eigentlich hergekommen? Die ist doch hoffentlich nicht von der Presse? Na ja, wird schon den Saal verlassen, wenn Sie mit den Schlüsseln klimpern."

„Wollen Sie den einfach so auf freien Fuß setzen? Ich meine, mir soll es ja egal sein, aber an ihrer Stelle... also ich meine an der Stelle des Richters, ich glaube, da könnte ich nicht dulden, dass so ein Pressemensch hier rausspaziert und das alles öffentlich breit tritt."

Sie verhandelten ganz offen über mich, ohne darauf zu achten, dass ich jedes Wort ihrer Diskussion hörte. Irgendwie hatten diese Justizbediensteten keinen Respekt vor den Menschen als Subjekt, waren sie nun Zeugen, Angeklagte oder Besucher. Alle waren sie Objekte ihrer Justiz. So auch ich.

„Ich habe mir nichts zu schulden kommen lassen. Sollen die Zeitungen doch über die cholerischen Ausfälle unseres Richters schreiben. Meinetwegen gerne. Ich bin froh, wenn der endlich weg vom Fenster ist."

Mit den Worten verließ er endgültig den Raum. Der Saalordner sah ein wenig ängstlich in meine Richtung. Ich hatte mich nicht vom Fleck gerührt, genauso wenig die Angeklagte, die noch immer den kleinen Roboter in den Armen hielt.

„Ich schließe jetzt ab," ließ der Saalordner verlauten, wobei er mit seinen Schlüsseln in der Luft rasselte als wäre er ein tatteriges Schlossgespenst. „Sie haben ja gehört, was meine Anweisungen sind. Sie," er schaute mich an, „können jetzt gehen. Wenn Sie nicht gehen, muss ich Sie leider mit der Angeklagten hier einschließen. Vergessen Sie nicht, dass die Dame wegen Mordes hier sitzt."

Wegen Mordes? Das war die Anklage, die ich versäumt hatte. Des Mordes an wem? War sie doch gemeingefährlich? Ich wünschte es mir so sehr.

„Ich danke Ihnen," sagte ich dem Saalordner. „Können Sie in der Kantine Bescheid sagen, dass wir hier heute Abend etwas zu essen bekommen?"

„Ich bedaure. In diesem Haus gibt es keine Kantine."

„Können Sie dann um 20 Uhr den Pizzaservice anrufen und uns eine Pizza marinera und eine Pizza vegetaria, einen großen gemischten Salat und 2 Cola bestellen? Das wäre sehr freundlich von Ihnen. Die Kosten übernehme ich."

„Ich bedaure. Das Gerichtsgebäude ist dann geschlossen. Der Lieferant wird nicht zu Ihnen kommen."

„Haben Sie denn keinen Wachmann hier beschäftigt? Das kann ich mir ja gar nicht vorstellen. Irgendjemand wird doch abends hier noch im Haus sein."

„Das übersteigt meine Kompetenzen. Ich wiederhole, dass Sie den Gerichtssaal gerne jetzt verlassen können."

„Vergessen Sie es einfach. Schließen Sie einfach ab und lassen Sie uns hier vergammeln. Wir werden uns schon amüsieren."

Er zuckte mit den Schultern, schloss die Tür von außen und drehte den Schlüssel zweimal im Schloss.

Ich war am Ziel meiner Träume. War ich dort nicht schon einmal gewesen, als ich wegen meiner angeblich ausgelaufenen Waschmaschine in ihre Wohnung eingebrochen war und sie dort unvermutet schlafend vorgefunden hatte? Damals hatte sie mich für eine Weile in ihrer Wohnung gewähren lassen, bevor sie mir bedeutet hatte zu gehen. Heute konnte sie das nicht tun. Sie hatte keine Macht über die Türen, die sie und mich gefangen hielten. Ich hatte hingegen kein Interesse, diese Türen zu öffnen, wenn mein fachmännischer Blick mir auch gleich verriet, dass dieses Schloss machbar wäre. Sicher, es fehlten einige Werkzeuge, aber irgend etwas würde sich schon im Raum finden, das sich zum Werkzeug umfunktionieren ließ.

Wie gesagt, ich hatte kein Interesse, uns zu befreien. Ich hätte sie nur für das Versprechen befreit, mit mir zu kommen, wenn ich auch selbst nicht wusste, wohin ich gehen würde, wenn ich diesen Raum verließ.

Das Ziel meiner Träume war dieses Mal perfekter geraten, weil sie keine Macht besaß, es zu zerstören. Dafür störte dieses merkwürdige gesichtslose Roboterwesen mit seinem nervtötenden Piepen eines Reiseweckers unsere Zweisamkeit. Eigentlich hätte ich von dem Moment an, da sie den Roboter unter Tränen in die Arme schloss, begreifen sollen, dass sie vollständig verrückt war. Statt dessen spürte ich nur einen Stich von Eifersucht, dass sie diesem Wesen, nein, es war kein Wesen, es war eindeutig eine Maschine, derartige Gefühlsausbrüche entgegenbringen konnte, während sie mich anscheinend gar nicht wahrnahm.

Noch immer fühlte ich mich nicht schuldig. Ich weiß, dass ich sie mit in diese Situation gebracht habe, und doch war das keine Notwendigkeit. Es war einzig und allein die beschränkte Denkweise des Kommissars Richter, der sich verpflichtet fühlte, die Informationen zu Gericht zu tragen, selbst wenn er sich darüber bewusst geworden war, dass meine Informationen bestenfalls Halbwahrheiten waren. Sein innerer Zwang, sie dennoch zu verwerten, statt sie für die Wahngebilde eines Verrückten zu halten, hatte gewonnen. Trotzdem hatten sie mich nicht als Zeugen geladen. Ich war ein Zeuge, mit dem sich jeder Staatsanwalt unglaubwürdig machte, und dessen Informationen man sich lieber aus anderer Quelle bestätigen ließ, oder sie anonymisierte. Wenn ihnen mein Erscheinen an diesem Ort unangenehm war, so war es ihnen zumindest nicht anzumerken. Oder vielleicht hatte sich das Hohe Gericht geeinigt, mich einfach nicht wahrzunehmen. Einen Zeugen, den man nicht sieht, kann man auch nicht vergessen haben zu befragen.

Ich habe den Kommissar auf die Idee mit dem Mord gebracht. Er hätte sie ja nicht gleich ernst nehmen müssen. Natürlich war ein Mord ein gern gesehenes Fressen unter Bullen. Plötzlich konnte man sich wichtig fühlen, endlich lag ein öffentliches Interesse an der Aufklärung.

Aber ich bin nicht Schuld daran, dass er versucht, meine Schöne hinter Gitter zu bringen. Er hatte sie schon vorher auf dem Korn, vielleicht nur, weil sie seine polizeiliche Vorladung einfach ignoriert hatte, damit natürlich seine Autorität untergraben hatte. Ich habe ihm nur einen schillernden Köder hingeworfen, dessen blecherner Geschmack ihm alsbald hätte auffallen müssen.

Ich hegte keinen Hass gegen den Herrn Manfred Richter, jedenfalls in diesem Moment nicht mehr. Der heutige Prozesstag hatte mich selbst für den Anblick des Polizeisiegels an ihrer Wohnungstür entschädigt.

Ich ging auf sie zu und befreite behutsam den Roboter aus ihrer Umarmung, so dass sie mich einfach wahrnehmen musste. Ihr Blick war mir nun nicht gerade freundlich gesinnt, aber zumindest sah sie mich an.

„Weißt du,“ begann ich, wusste dann aber gar nicht mehr, was ich eigentlich hatte sagen wollen. Ich fasste statt dessen den Roboter an, befühlte sein Blech, ließ die

Rollen seiner Fußrollschuhe durch meine Finger rollen, drehte seinen Kopf hin und her, um mich zu vergewissern, dass er wirklich kein Gesicht besaß. Sie beobachtete mich misstrauisch.

„Wie kann er nur ohne Augen sehen? Vor allen Dingen, wie kann er eine Kugel abpassen und sie mit dem Fuß in die Richtung einer anderen Person lenken, die er ebenfalls nicht sehen kann? Dem Professor habe ich ein Paar Augen geschenkt. Was würdest du tun, wenn du nicht sehen könntest? Stumm und blind wärst du isoliert in einer Welt, die die Sinne permanent überbeansprucht. Aber wahrscheinlich bist du schon jetzt isoliert. Isoliert, nur noch nicht abgeschirmt. Du bist gezwungen, den ganzen Tag alles zu sehen, weil du dich nicht ablenken kannst, indem du dir beim Reden zuhörst. Daher wahrscheinlich auch der höhlenartige Raum, in dem du schläfst. Ja, vielleicht wäre es sogar erholsam, nicht mehr sehen zu müssen. Aber werden dann nicht die Töne zu laut? Noch erholsamer wäre es sicher, weder zu hören noch zu sehen, noch reden zu müssen. Nur riechen und fühlen, das sind angenehme Sinne, die auch dann noch zugelassen sind.

Diesem Roboter hier fehlen seine Kollegen. Ihm fehlen die Schlammspuren an den Füßen. Er hat wahrscheinlich noch nie ein echtes Abenteuer erlebt. Seine Kollegen sind dabei, die Welt zu verändern. Ich nehme an, sie haben dir keine Tageszeitungen gebracht. Hättest du in der letzten Zeit die Tageszeitungen lesen können, dann wüsstest du, dass in Ecuador die Revolution ausgebrochen ist. Vielleicht würdest du mir jetzt entgegnen, dass Revolutionen in Bananenstaaten noch nie die Welt verändert haben. Was die Zeitungen allerdings nicht schreiben, ist dass eine Gruppe von elf Robotern, die auf mysteriöse Weise im ecuadorianischen Dschungel auftauchten, der Auslöser für diese Revolution waren. Was sie weiterhin nicht schreiben, ist, dass die Außerirdischen gestern auf der Erde gelandet sind, und zwar mitten im ecuadorianischen Dschungel. Es ist niemandem aufgefallen, weil die Regierung auf nordamerikanische Unterstützung aus der Luft wartet und die UFOs für amerikanische Kampfhubschrauber gehalten hat. In Wirklichkeit haben die UFOs aber die amerikanischen Kampfhubschrauber abgeknallt, weil die Außerirdischen dachten, sie selbst würden angegriffen. Die Beschäftigten der klandestinen Kokafabriken in der Region haben sich natürlich verpisst. Weder von den Amis noch von aufgebrachten Bananenbauern haben sie viel Positives zu erwarten und das mit den Außerirdischen übersteigt wohl ihre Vorstellungskraft. Nur die Roboter haben sie zurückgelassen. Die Außerirdischen werden sie sicherlich bald finden und sie für die wahren Erdenbewohner halten, die von der wilden Spezies Mensch versklavt worden sind, noch dazu auf ein klägliches Häufchen dezimiert. Das riecht nach Völkermord. Sie werden die Vereinten Planeten anrufen, und man wird einen robotirären Militäreinsatz auf der Erde beschließen. Wer weiß schon, ob sie vorher weitere Nachforschungen anstellen werden, oder ob die Last der Beweise schon reicht, um die Menschheit auszuradieren. Wer weiß schon, ob sie nur auf den südamerikanischen Kontinent oder auf die gesamte Erde einfallen werden. Die Wege der Außerirdischen sind unergründlich. Schade um die schöne Revolution, die gerade ausgebrochen ist. Vielleicht hätte noch etwas aus ihr werden können." Ich brach ab und suchte in ihrem Gesicht nach einer Spur von Verstehen. Nichts. Der Zeitpunkt war gekommen, die Frage aller Fragen zu stellen. „Für den Fall, dass sie morgen die Erdbevölkerung vernichten, würdest du mich küssen?"

Sie sah mich an. Ich glaube, sie sah mich zum ersten Mal an, nicht durch mich hindurch. Fragend, abwägend vielleicht. Ich mochte nicht besonders überzeugend sein.

Dann näherte sie ihre Lippen den meinen. Sie dachte nicht daran, die Augen zu schließen, wie es bei einem ersten Kuss vielleicht üblich war. So hielt auch ich die Augen geöffnet und betrachtete leicht nach unten schielend ihre Lippen. Sie waren voll, aber ein wenig spröde. Als sie die meinen trafen, vernahmen wir ein Schließgeräusch. Rasch wichen wir voreinander zurück wie zwei ertappte Teenager.

Der Gerichtsdiener kam mit zwei Bullen herein. Sie zogen ihre Hände auf den Rücken, legten ihr Handschellen an und führten sie kommentarlos aus dem Raum. Sie warf einen verzweifelten Blick zurück, so als wollte sie zu verstehen geben, dass sie nicht wieder getrennt werden wollte. Ich wusste nicht, ob sie mich oder den Roboter meinte, der nun einfach leblos da stand.

Ich fragte den Gerichtsdiener, was hier vor sich ginge.

Er zuckte mit den Achseln. „Wenn ich das so genau wüsste. Der Prozess ist auf einen unbestimmten Termin vertagt worden. Ich habe Anweisungen, den Raum für die nächste Verhandlung herzurichten."

Er klemmte sich den Roboter unter den Arm. „Verdammt schwer dieses Ding. Vorhin konnte es doch noch selber laufen."

Ich stand noch immer ratlos im Raum.

„Würden sie jetzt bitte gehen? Das hier ist kein Hotel."

Ich trat auf die Straße hinaus. Die Luft war kühl. Ich trug noch immer den Pullover, mit dem ich vor ein paar Wochen das Haus verlassen hatte. Es wurde wieder an der Zeit, Jacken zu tragen. Ich machte mich zum ersten Mal auf den Weg nach Hause.

Das Polizeisiegel war nicht mehr dort. Ihre Wohnungstür war nur angelehnt, das Schloss war von der Kripo zerstört worden, und niemand, weder diese noch die Hausverwaltung hatten sich die Mühe gemacht, die Tür wieder mit einem Schloss zu versehen. Ich öffnete behutsam die Tür und trat ins innere der Wohnung. Der Lichtschalter neben der Tür hatte keinerlei Effekt, und auch ein weiterer, der sich im Zimmer befand, nicht. Man hatte ihr offensichtlich schon den Strom abgestellt. Es war dunkel. Ich stieß mich an einem Sessel. Ich versuchte, den Raum ein wenig mit meinem Feuerzeug zu erhellen. Soweit ich etwas erkennen konnte, sah alles aus, wie bei meinem letzten Besuch. Ich drang weiter bis zu ihrer Schlafhöhle vor. Auch die Hängematte war immer noch an Ort und Stelle und schien nur darauf zu warten, dass sich wieder ein Körper in ihre Mulde schmiegte. So ließ ich es meinen Körper sein, auf den sie gewartet hatte. Ich legte mich dort hinein und schloss die Augen. Bald darauf schlief ich wie ein Baby.

Ich verbrachte die nächsten zwei Wochen in ihrer Wohnung. Nicht ein einziges Mal stieg ich die Treppen zu meiner eigenen Wohnung empor, obwohl es hier unten kalt war, da weder die Heizung funktionierte noch die Tür richtig schloss, so dass es immer kalt aus dem Treppenhaus hereinzog. Auch warme Kleidung hätte ich aus meiner Wohnung herunterholen können, aber ich bevorzugte es, den Tag in eine Wolldecke gehüllt zu verbringen, die ich hier gefunden hatte. Ich ging selten hinaus, nur wenn es unbedingt sein musste. Ich genoss die Stille ihrer spärlich eingerichteten Wohnung, vor allem die des dunklen Raumes, in dem sich die Hängematte befand. Einmal dachte ich vielleicht an meinen Fernseher dort oben, den ich seit Wochen nicht mehr eingeschaltet hatte, aber im Endeffekt war mir die Isolation ohne Fernsehen lieber. Ich verspürte keinen Drang nach Kommunikation und ihren absurden Effekten. Die ersten Tage verbrachte ich einzig und allein damit, gar nichts zu tun. Dann fiel ich über ihr Bücherregal her, das man wie fast alles ganz und gar unangetastet gelassen hatte. Nur das Buch, das bei meinem letzen Besuch auf ihrem Schreibtisch gelegen hatte, konnte ich an keinem Ort finden. So sollte ich nie lernen, was Meditation ist.

Zweimal erhielt ich in dieser Zeit Besuch, der genauso wie ich einfach durch die von der Polizei zerstörte Tür hineinspaziert war. Einmal handelte es sich um ein Pärchen von Punks, die so aussahen, als wären sie gerade von zu Hause weggelaufen und in die große Stadt Berlin gereist und suchten nun einen Unterschlupf, da ihr erspartes Taschengeld sicher nicht einmal für eine Jugendherberge reichte. Geschweige denn, dass ihnen der Sinn danach stand, sich in einer Jugendherberge einzunisten, wo sie noch dazu von den besorgten Eltern über das Jugendamt und die Polizei gefunden werden konnten. Als sie mich sahen, der gerade in der Hängematte im dunklen Zimmer hin- und herschaukelte und halb döste, halb meinen Gedanken nachhing, erschraken sie mächtig und entschuldigten sich tausendmal und aufs Höflichste. Sie hätten gedacht, dass die Wohnung leer stünde, weil die Wohnungstür offen stand. Sie hatten mich wirklich nicht stören wollen. Aber sie hätten von außen auch kein Geräusch gehört, das auf einen Bewohner hingedeutet hätte. Sie würden sich jetzt einfach wieder verpissen und mich in Ruhe lassen. Aber ob ich nicht wüsste, ob in diesem Haus noch mehr Wohnungen leer stünden. Sie hätten freilich keine Ahnung, wie man Wohnungstüren öffnete, sie räusperten sich ein wenig verlegen, na ja, sie hätten das eben noch nie gemacht. Ich fauchte sie nur an. Ich hatte weder Lust, mir ihre langweilige Lebensgeschichte der 16 auf dem Kaff verlebten Jahre anzuhören, noch wollte ich sie hier in der Wohnung meiner geistigen Freundin haben. Sie verschwanden ohne ein weiteres Wort, und an ihren Schritten im Treppenhaus konnte ich vernehmen, dass sie sich schleunigst aus dem Staub machten, ohne nach weiteren leerstehenden Wohnungen im Haus zu suchen.

Der zweite Besuch war vierbeinig und ungefähr so groß wie ein ausgewachsener Zwergpinscher. Die Ratte kam ebenfalls einfach zur Wohnungstür hineinspaziert. Ich war gerade dabei, mein Mittagessen zu mir zu nehmen ohne dabei meine Lektüre zu unterbrechen. So konnte ich nicht einmal mit Sicherheit sagen, ob sie zur Wohnungstür hereingekommen war, denn ich bemerkte sie erst, als sie neben meinem Teller auf dem Tisch saß und in trauter Eintracht mit mir von meinen Spaghetti aß. Ich muss zugeben, ich erschrak im ersten Moment ein wenig und zudem verschlug es mir den Appetit, denn ich wusste nicht, was dieses Tierchen zuletzt zuvor gegessen hatte, aber im großen ganzen blieb ich ruhig und versuchte, ein Gespräch mit ihr anzufangen. Die Ratte vertilgte jedoch schweigsam ihr Mahl, das ursprünglich meins gewesen war und ging dann in mein Schlafzimmer, ich nehme an, um sich nach dem für sie recht üppigen Mittagessen erst einmal auszuruhen. Sie erinnerte mich dabei in gewisser Weise an die eigentliche Bewohnerin dieser Wohnung, die ich doch sehr vermisste.

Einzig und allein die Ungewissheit über den Fortgang des Prozesses trieb mich Tag für Tag auf die Straße und die einzige Art, mich darüber zu informieren, ob seine

Fortsetzung stattfinden würde, war, mich zum Gerichtsgebäude zu begeben, und dort persönlich danach zu fragen, ob er für die nächsten Tage angesetzt war. Der Pförtner gab nicht besonders bereitwillig Auskunft und auch war ich mir über seinen Kenntnisstand nicht wirklich sicher, doch bald betrachtete er mich als einen alten Bekannten und meine Frage, die ich nun schon gar nicht mehr zu stellen brauchte, als die normalste Sache der Welt. Er begrüßte mich mit einem ewigen Kopfschütteln, begleitet mit einem dahingemurmelten: „Es gibt leider keine Neuigkeiten in Ihrer Angelegenheit." Ich bedankte mich stets höflich und manchmal brachte ich ihm einen Kaffee vom Automaten im vierten Stock, den er selbst unmöglich erreichen konnte, ohne seinen Arbeitsplatz länger als erlaubt zu verlassen. Eine leichte Panik überfiel mich bei dem Gedanken, dass der Prozess einem anderen Gericht übergeben worden sein könnte, wovon der ahnungslose Pförtner natürlich nichts wissen konnte. Die Wahrscheinlichkeit dieser Möglichkeit erhöhte sich, wenn man das unprofessionelle Verhalten der Angestellten dieses Gerichts in Betracht zog. Auf dem Rückweg zog ich die Tageszeitung aus einem fremden Briefkasten und las die Revolverseite durch. Es konnte ja immerhin sein, dass sie wegen eines besonders ungewöhnlichen oder blutigen Verbrechens verurteilt wurde, das in der Tagespresse Erwähnung fand. Jedoch war auch hier die Wahrscheinlichkeit nicht groß, da die Revolverseite in der Regel über das frische Blut, nicht das angetrocknete aus dem Vorjahr berichtete. Selbst die amtlichen Bekanntmachungen und die Auszüge aus dem Handelsregister studierte ich, man konnte ja nie wissen.

Und auch den Kontakt mit dem mir verhasst gewordenen Kommissar Richter versuchte ich wiederherzustellen, denn er schien mir der Drahtzieher hinter dieser ganzen Angelegenheit zu sein, nicht ohne dass ich Zugegebenerweise meinen bescheidenen Beitrag dazu geleistet hätte, ihn auf einen nicht vorhandenen Fall anzusetzen. Ich versuchte das über seine Sekretärin, eine geschwätzige Frau, die immer wieder bereitwillig mitteilte, wie hart doch die Arbeit der Kommissare bei der Kripo sei, die jedoch in ihrer Geschwätzigkeit wenig konkrete Informationen zu bieten hatte.

Ich schreckte noch nicht einmal davor zurück, ihr Blumen zu schenken und sie zum Essen einzuladen, um ihr die Ernsthaftigkeit meines Problems in aller Ruhe darlegen zu können und sie zur Kooperation, die ja nicht viel von ihr erforderte, ging es doch nur darum, einen Termin an mich weiterzuleiten, zu überreden. Doch das vollständige Fehlen von Sensibilität in dieser Frau war nicht zu übertreffen; sie nahm mein Anliegen einfach nicht wahr, dachte vielleicht sogar, dass ich sie zum Essen einlud, weil sie mir gefiel und steigerte sich in diese fixe Idee im Laufe des Abends so weit hinein, dass sie mir am Ende, als ich sie nicht mit nach Hause nehmen wollte, heulend am Hals hing, ihre künstlichen Fingernägel schmerzhaft in meinen Rücken gekrallt. Mir fiel kein anderes Mittel ein, als sie gewaltsam von meinem Hals zu trennen, wobei wohl einer ihrer Fingernägel in meinem Rücken stecken blieb und ich ihnen später in einer komplizierten Operation unter heftigsten Verrenkungen entfernen musste.

Insgesamt trug diese ganze Aktion nicht dazu bei, meine Beziehungen zur Abteilung von Manfred Richter zu verbessern. Von dieser Seite konnte ich also auch nicht mehr damit rechnen, zum Prozesstermin benachrichtigt zu werden.

Trotzdem wurde ich zum Termin der Urteilsverkündung gerufen. Man könnte diesen Akt eine Anrufung nennen. Eine Anrufung des Subjekts, das man annimmt, das ich sei. Eine metaphysische Anrufung, wie sie vielleicht nicht mehr stattgefunden hat, seit der Weltgeist sich durch Hegel in der Welt erklärte. Ich lag in ihrer Hängematte und plötzlich war mir klar: Jetzt ist der Moment. Ohne zu zögern begab ich mich zum Gerichtssaal, demselben, in dem jener absurde und abgebrochene Prozess stattgefunden hatte. Außer mir waren schon alle dort versammelt: derselbe schuppige Richter, die Gerichtsschreiberin, die noch schnell in der Gestalt von Lara Croft gegen fünf Krokodile kämpfen musste, der gewichtige Staatsanwalt, die unerfahrene Verteidigerin, Kommissar Derrick-Richter, der kindsgroße Roboter und natürlich meine schöne und lange vermisste Nachbarin.

Der Richter räusperte sich mehrmals, bis Ruhe im Saal eingekehrt war. „Sehr verehrte Damen, Herren und Roboter! Wir haben uns heute hier versammelt, um der Urteilsverkündung beizuwohnen, die durch meine Person, in ihrer Funktion als Richter vollführt werden wird.“

Ich fragte mich, ob der Richter eine gespaltene Persönlichkeit hatte, denn wie konnte er dem Urteil beiwohnen, dass er selbst aussprach? Zum anderen fragte ich mich, ob hier nicht ein Schritt übersprungen worden war, denn, wenn ich mich richtig erinnerte, war der Prozess nach wenigen Minuten abgebrochen worden, ohne dass alle Zeugen gehört worden wären. Wie konnte also zu diesem Zeitpunkt schon das Urteil verkündet werden? Natürlich konnte es sein, dass ich in meiner Höhlenexistenz der letzten Wochen einfach den Termin versäumt hatte, obwohl ich fleißig jeden Tag zum Gericht gegangen war. Das wäre wirklich sehr bedauerlich, denn es sah so aus, als wäre die Besetzung nicht geändert worden und so wären mir einige absonderliche Szenen entgangen.

„Das lang ersehnte Urteil lautet: (Die Spannung steigt, werte Anwesende...) Freispruch. Zwar ist die Indizienlage überwältigend, doch hinsichtlich des Fehlens des Verbrechens ist einfach nichts zu machen. Das Gericht weiß die Bemühungen des ermittelnden Kommissars, Herrn Richters, durchaus zu schätzen, die Beweise auch mit einem Verbrechen zu verknüpfen. Wann hat man schon einmal einen Fall mit so deutlichen Beweisen? Und dennoch, wenn das Verbrechen fehlt, nützen auch die schönsten Beweise nichts, so ist das nun einmal in unserem Rechtsstaat. Wem das nicht passt, der soll in die Politik gehen und neue Gesetze machen, die auch eine Verurteilung ohne Verbrechen ermöglichen. Mein Metier ist das nicht, ich halte mich an die Gesetzbücher...“

Ich hörte dem Sermon des Richters schon nicht mehr zu. Ich war aufgesprungen und zur Angeklagten gerannt, hatte sie stürmisch umarmt und nun sah ich sie ratlos an. Meine Euphorie schlug in Unsicherheit um, und ich wünschte mir, vom Erdboden verschluckt zu werden, wenn sie nicht sofort ein Wort sagen würde. Tief in meinem Inneren wusste ich, dass sie mit ihrem Schweigen recht hatte. Wenn ich das Geschwafel des Richters hörte, wenn ich fernsah, wenn ich die Zeitungen las, aber vor allem, wenn ich mir vorstellte, alle meine Gedanken in Sprache verwandelt zu wissen, wusste ich, dass es besser war zu schweigen. Und plötzlich verlor ich die Lust, im Erdboden zu versinken und sah sie mit verständnisinnigem Blick an.

Sie räusperte sich und sagte: „Du gehst mir schon lange auf die Nerven,“ nahm den Roboter an die Hand und ging mit ihm dahin, wo die beiden die Revolution vermuteten.

Siebenunddreißig

Ich erkläre die Angeklagte für schuldig, schuldig meiner kranken Phantasie entsprungen zu sein. Ich erkläre sie für schuldig, absolut kein Verbrechen begangen zu haben, in einem Roman, der auf der Basis beruht, dass ein Verbrechen geschehen ist. Was aber ist ein Kriminalroman ohne Schuldige, ja noch schlimmer, ohne Verbrechen? Eine Ansammlung von Paranoikern, wie eben auch ich eine(r) bin. Wer sollte auch erwarten, dass die Romanfiguren weniger charakterliche Fehler hätten, als ihr(e) Autor(in)?

Achtunddreißig

12. 11.

Die sinnvolle Ordnung, die ich versuche, aus meinen Worten zu vertreiben, und die ich doch in meinen Gedanken, die ebenfalls Worte aneinander reihen, so peinlich aufrechterhalte, vielleicht ist diese Ordnung ja gar nicht sinnvoll, würde ich sie einmal aus der Sicht eines Marsianers betrachten. Nun wissen wir nicht, ob die Marsianer über eine Sprache verfügen – abgesehen davon, dass wir uns ziemlich sicher sind, dass es Marsianer gar nicht gibt – wenn sie jedoch eine hätten, so würde unsere Sprache ihnen wahrscheinlich als bare Aneinanderreihung von Unsinn erscheinen. Was aber wiederum dafür spräche, dass die Sprache der Marsianer – genauso wie die unsere – einer sinnvollen Ordnung folgte, die zwar der sinnvollen Ordnung unserer Sprache ganz und gar widerspräche, was aber beweisen würde, dass Sprache nicht ohne eine sinnvolle Ordnung im allgemeinen auskäme.

Was ist nun das Fazit daraus, dass Marsianer, falls sie existieren und zudem sprechen, nicht aus dem Sinnproblem der Sprache herauskommen? Nun, wahrscheinlich dass ich, der ich nicht mit marsianischen Fähigkeiten ausgestattet bin, es schon gar nicht schaffen werde, aus der Ordnung des Sinns auszubrechen. Ich bin ihr Gefangener, egal, was ich tue. Nicht nur die Agenten der Psychiatrisierung lauern hinter jeder Ecke, nein, was noch viel schlimmer ist: der Sinn lauert hinter einer jeden Ecke. Egal, was ich tue, ob ich nun sinnvolle Sätze formuliere oder versuche, möglichst unsinnige Sätze zu formulieren, ich bleibe Sklave der Sprache und ihres Imperativs des Sinns.

Was folgt daraus: Nichts als das Schweigen. Und ist nicht auch noch das Schweigen eine Negation der Sprache und damit des Sinns? Und die Negation immer eine Bestätigung? Gibt es keine Möglichkeit zur Flucht?

Edition Noëma
Melchiorstr. 15
D-70439 Stuttgart

info@edition-noema.de

www.edition-noema.de
www.autorenbetreuung.de

MIX
Papier | Fördert gute Waldnutzung
FSC® C083411

Zeitfracht Medien GmbH
Ferdinand-Jühlke-Straße 7
99095 Erfurt, Deutschland
produktsicherheit@kolibri360.de